新编写作精讲 申论、管理类联考写作与解题技巧

XINBIAN XIEZUO JINGJIANG

SHENLUN，GUANLI LEI LIANKAO XIEZUO YU JIETI JIQIAO

主　编◎王晓晶　刘大鹏

副主编◎胡　畔　刘雪婷

首都经济贸易大学出版社

Capital University of Economics and Business Press

·北　京·

图书在版编目（CIP）数据

新编写作精讲 ： 申论、管理类联考写作与解题技巧 / 王晓晶，刘大鹏主编. -- 北京 ： 首都经济贸易大学出版社，2025. 1. -- ISBN 978-7-5638-3828-8

Ⅰ. H15

中国国家版本馆 CIP 数据核字第 2025YG1440 号

新编写作精讲：申论、管理类联考写作与解题技巧

主　编　王晓晶　刘大鹏

副主编　胡　畔　刘雪婷

责任编辑　胡　兰

封面设计　砚祥志远 · 激光照排　TEL：010-65976003

出版发行　首都经济贸易大学出版社

地　　址　北京市朝阳区红庙（邮编 100026）

电　　话　（010）65976483　65065761　65071505（传真）

网　　址　http://www.sjmcb.cueb.edu.cn

经　　销　全国新华书店

照　　排　北京砚祥志远激光照排技术有限公司

印　　刷　北京市泰锐印刷有限责任公司

成品尺寸　185 毫米×260 毫米　1/16

字　　数　426 千字

印　　张　19.5

版　　次　2025 年 1 月第 1 版

印　　次　2025 年 1 月第 1 次印刷

书　　号　ISBN 978-7-5638-3828-8

定　　价　45.00 元

前 言

PREFACE

近年来，随着公务员和研究生报考人数的急剧增加，考试的难度越来越大，这对广大考生都提出了新的挑战。目前，市面上还没有一本把申论和管理类联考写作结合起来的教材，为了帮助广大考生从容应对公务员和专业硕士考试，提高应试能力，我们精心编写了这套教材。本教材包括申论和管理类联考写作两个部分，分为四篇，共十二章。

第一篇概论，分为两个章节，重点介绍申论考试和专业硕士考试的基本情况及所需具备的能力。

第二篇申论考试技巧，分为六个章节，包括阅读材料的方法和技巧、归纳概括题、综合分析题、提出对策题、应用文写作题和论证写作题。

第三篇管理类联考写作技巧，分为两个章节，介绍论证有效性分析和论说文的写作方法及答题技巧。

第四篇真题，分为两个章节，选取申论考试和管理类联考的典型真题进行详细讲解，从审题到给出解题思路，再到给出参考答案。

本书的特色是：兼顾公务员考试和专业硕士考试，从提高应试者的能力入手，编写过程中遵循结构严谨、内容翔实、捕捉考点、重点突出、紧贴考试大纲的原则，本教材与其他同类书相比，具有内容全面、针对性强、点拨准确、真题讲解详细等特点，更注重答题技巧和方法。

在编写过程中，笔者参阅了大量的专著、教材、考试真题和网络资料，在此谨向有关作者表达诚挚的谢意。

本书由王晓晶、刘大鹏担任主编，胡畔、刘雪婷担任副主编。全书由王晓晶统筹，规划全书内容及校对稿件，编写第一、二、三、六、八、九、十章；胡畔编写第七、十一、十二章；刘雪婷编写第四、五章。刘大鹏老师对本教材的出版提出了宝贵意见，并对教材的成稿给予了支持。

在编写过程中，虽然尽力认真核对和校对，但由于水平有限，难免还存在纰漏和错误之处，敬请广大读者批评指正，使本书在以后的修订中能够更加完善。

编者

2025 年 1 月

目 录
CONTENTS

第一篇　概论

第一章　申论认知 …… 2
思维导图 …… 2
第一节　申论概述 …… 3
第二节　申论常考题型分析 …… 8
本章小结 …… 13

第二章　专业硕士写作认知 …… 14
思维导图 …… 14
第一节　专业硕士写作概述 …… 14
第二节　专业硕士写作意义 …… 17
本章小结 …… 18

第二篇　申论考试技巧

第三章　阅读材料的方法和技巧 …… 20
思维导图 …… 20
第一节　审题的方法 …… 20
第二节　阅读材料的技巧 …… 24
第三节　实战演练 …… 35
本章小结 …… 37

第四章　归纳概括题 …… 38
思维导图 …… 38
第一节　归纳概括综述 …… 39
第二节　作答方法和技巧 …… 40
第三节　实战演练 …… 47
本章小结 …… 49

第五章　综合分析题 …… 50
思维导图 …… 50
第一节　题型分析 …… 51
第二节　作答方法和技巧 …… 54
本章小结 …… 71

第六章　提出对策题 …… 72
思维导图 …… 72
第一节　题型分析 …… 72
第二节　作答方法和技巧 …… 75
第三节　作答原则及步骤 …… 89
本章小结 …… 96

第七章　应用文写作题 …… 97
思维导图 …… 97
第一节　应用文写作概述 …… 98
第二节　讲话稿 …… 101
第三节　宣传稿 …… 108
第四节　提纲 …… 112
第五节　汇报 …… 117
第六节　编者按 …… 121
第七节　短评 …… 125
本章小结 …… 129

第八章　论证写作题 …… 130
思维导图 …… 130
第一节　论证写作概述 …… 130
第二节　论证写作的三要素 …… 133
第三节　论证写作的结构 …… 142
本章小结 …… 150

第三篇　管理类联考写作技巧

第九章　论证有效性分析 …… 152
思维导图 …… 152
第一节　论证的基础知识 …… 153
第二节　论证有效性分析的写作方法 …… 159
第三节　常见逻辑谬误漏洞 …… 171

本章小结 …… 180

第十章 论说文 …… 181
思维导图 …… 181
第一节 论说文概述 …… 181
第二节 论说文题型 …… 190
第三节 论说文写作方法 …… 204
本章小结 …… 219

第四篇 真题

第十一章 公务员考试《申论》真题及参考答案对比 …… 222
2024 年国家公务员录用考试申论试卷
适用于省级以上（含副省级）机构的职位 …… 222
2024 年国家公务员录用考试申论试卷参考答案对比
适用于省级以上（含副省级）机构的职位 …… 230
2024 年国家公务员录用考试申论试卷
适用于市（地）级及以下机构的职位 …… 239
2024 年国家公务员录用考试申论试卷参考答案对比
适用于市（地）级及以下机构的职位 …… 247
2023 年国家公务员录用考试申论试卷
适用于省级以上（含副省级）机构的职位 …… 256
2023 年国家公务员录用考试申论试卷参考答案对比
适用于省级以上（含副省级）机构的职位 …… 264
2023 年国家公务员录用考试申论试卷
适用于市（地）级及以下机构的职位 …… 273
2023 年国家公务员录用考试申论试卷参考答案对比
适用于市（地）级及以下机构的职位 …… 281

第十二章 管理类联考写作真题及详解 …… 290
2024 年管理类联考真题及详解 …… 290
2023 年管理类联考真题及详解 …… 293
2022 年管理类联考真题及详解 …… 296
2021 年管理类联考真题及详解 …… 299
2020 年管理类联考真题及详解 …… 302

第一篇

概论

第一章 申论认知

思维导图

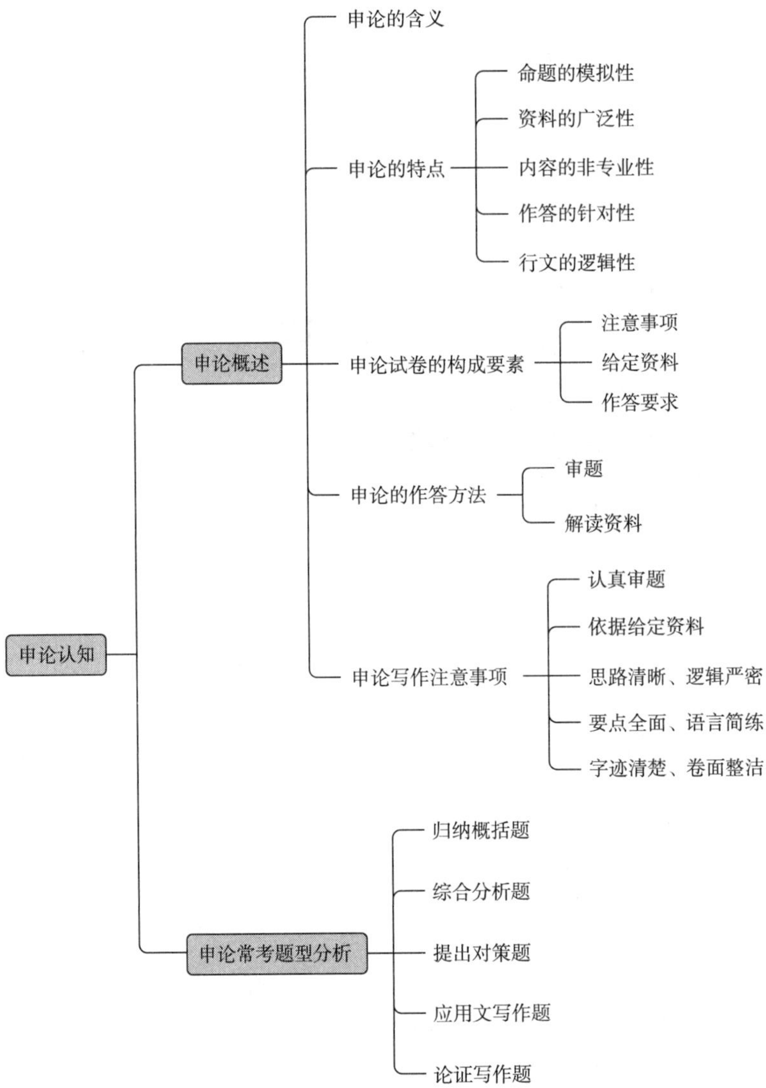

第一节 申论概述

申论是公务员考试公共科目笔试中的一科（另一科是行政职业能力测验）。它主要通过模拟公务员日常工作所需具备的基本能力和素质而设定，围绕给定资料，考查应试者的阅读理解能力、综合分析能力、解决问题能力以及文字表达等各方面的综合能力，以便在日常工作中能够胜任相应职务，更好地为国家和人民服务。要想高效备考这一科目，必须了解它到底考什么、怎么考，并熟悉近年的考题情况。

一、申论的含义

申论就词义本身来说，“申”有说明、申述之意，如“三令五申”“申明立场”等；“论”则是议论、论说、论证。申论除了“说明”“申述”之外，还要进行“论说”“论述”“论证”，即“申而论之”，就是说一而再，再而三地对事件、资料、问题、现象、事理等进行分析、说明和论证，阐述自己的主张，表明自己的观点。

二、申论的特点

（一）命题的模拟性

众所周知，申论考试是为了选拔国家各级机关所需公务员，所以无论是哪一年还是哪一个省的申论命题，都体现出模拟公务员日常工作实务的特点。首先，申论的给定资料所涉及的社会热点问题，均是各级政府相关部门所面临的问题；其次，从历年申论的命题思路来看，一般都是围绕某一热点问题的认识、分析和解决而展开，这也是各级政府部门的常规工作思路；最后，申论要求的题目设定中常常给定某公务员角色限定，要求以此拟定一份公文。如2010年国家公务员考试申论（市级）中第三题：A市政府准备大力宣传推进对近海水域的污染整治工作，请你结合给定资料，以市政府工作人员的身份，草拟一份宣传纲要。

（二）资料的广泛性

申论所给定的资料一般是社会热点问题。从近几年国家公务员考试资料来看，涉及政治、经济、法律、文化、教育等诸多方面，字数较多，范围较广，涉及问题和矛盾较为复杂。但是，这些资料中的问题一般已为大众所熟知，也有初步的讨论和定论，所以，需要考生在日常生活中注意收集、思考和整理。

（三）内容的非专业性

申论是面向各个学历层次、各个专业的考试，主要考查考生的基本素质能力，并不倾向于测查某一专业的知识。从历年的题型来看，虽然会涉及法律、土地管理等专业领域，但对于该类问题的理解和解答，具备一些基本常识就足够了。所以，在做应考准备时，不能采取死记硬背某专业知识的方式，应注意社会热点问题及政府工作常识的收集、整理，应注重对申论所考查的几种能力的训练。在答题时，作答应符合申论要求，内容不能过于专业化。

（四）作答的针对性

申论考试的题目是针对给定资料所设定的，目的是考查考生阅读理解能力、综合分析能力、提出问题和解决问题能力以及文字表达能力。所以，考生在作答时应牢牢把握以下几点：首先，注重对给定资料的阅读、理解、分析，理清资料中的相关问题、因果关系；其次，作答时应认真审读作答要求，细致分析资料中既定的环境、条件；最后，组织答案时应紧密结合资料，有针对性地回答问题。

（五）行文的逻辑性

很多考生把申论的写作等同于一般意义的写作。我们常说的“写作”一般指文艺创作，作者可以充分运用形象思维，进行最感性的认识、最大胆的想象。而申论的写作则主要运用逻辑思维。

所谓“逻辑思维”，是指舍弃具体表象，借助概念、判断、推理等思维形式能动地反映客观现实的理性认识过程。申论考试中的几个题目，一般按照人们对于某一问题的认识、分析、解决这一思路逐一设定，这符合人们认识事物的思维规律。而申论中每一个题目的思考及作答必须建立在对感性材料的理解、分析、综合的基础之上，尤其是最后一题，必须确立主旨及这个主旨统帅之下的各个分论点，再落实到具体的行文中。从结构安排到语言表达，都需要依靠严谨、清晰、理性的逻辑思维来组织。

三、申论试卷的构成要素

申论试题一直保持着较为稳定和规范的结构。申论试卷由注意事项、给定资料和作答要求三部分组成。

（一）注意事项

从历年申论试卷的注意事项来看，基本上没有太大变化。注意事项至少给了考生以下两点提示：

一是时间。以 2024 年国考为例，考试时限为 180 分钟。其中，阅读给定资料参考时限为 50 分钟，作答参考时限为 130 分钟。很多考生为了抓紧时间答题，并未在阅读资料上花足够的时间，十几分钟囫囵吞枣地看一遍给定资料就匆匆作答，殊不知这样反而本末倒置，降低答题效率。前文关于申论的特点介绍已经说明，申论的题目和作答都是针对给定资料而来的，一份高水平的申论答卷一定是建立在对给定资料的充分解读和答题时间的正确把握上的。

二是细节。在答题卡指定位置作答，这些细节问题一定要注意，有的考生没有在指定的区域答题，因此没有得分，这种情况一定要避免。

例如，2024 年度国家公务员录用考试申论试卷的注意事项如下：

1. 本题本由给定资料与作答要求两部分构成。考试时限为 180 分钟。其中，阅读给定资料参考时限为 50 分钟，作答参考时限为 130 分钟。

2. 请在题本、答题卡指定位置上用黑色字迹的钢笔或签字笔填写自己的姓名和准考证号，并用 2B 铅笔在准考证号对应的数字上填涂。

3. 请用黑色字迹的钢笔或签字笔在答题卡上指定的区域内作答，超出答题区域的作答无效！

4. 待监考人员宣布考试开始后，方可开始答题。

5. 所有题目一律使用现代汉语作答。未按要求作答的，不得分。

6. 监考人员宣布考试结束时，应立即停止作答，将题本、答题卡和草稿纸都翻过来留在桌上，待监考人员确认数量无误、允许离开后，方可离开。

严禁折叠答题卡！

（二）给定资料

申论的给定资料涉及我国政治、经济、教育、文化等诸多方面，大多是围绕热点问题、稍做加工整理的“半成品”。而这种“半成品”，一般是由几则甚至十几则小材料组成的，这些材料围绕申论考试的主题，从不同方面进行阐述。每则材料可能节选自一篇消息或发言稿，可能是一个具体事例，可能是一组数据，也可能是某个人或某个群体的评论，并且这些材料之间没有必然的先后顺序、逻辑关系。另外，近几年申论考试的给定资料也出现过谈话稿、访谈等类型材料，一般由一位记者就某一社会热点问题采访某位官员或专家。针对不同类型的给定资料，考生一定要认真分析把握。

（三）作答要求

申论资料中每题都有相应的作答要求，考生应根据具体要求进行作答。

从近几年的申论考试来看，虽然不断有一些尝试和改变，但始终未脱离认识问题、分析问题、解决问题的传统思路，这是由申论考试的性质和目的决定的。

我们可以将申论要求的题型分为以下四类：一是概括类，一般对给定资料中的问题、原因、观点、矛盾、措施等进行归纳概括；二是分析类，一般是对资料中某一观点、现象、词语、原因的分析；三是对策类，一般是对资料中的某一问题给出解决的建议对策；四是写作类，一般分为应用类写作和论证类写作。

以下是 2024 年国家公务员录用考试申论的作答要求。

1. “给定资料 1”中提到：“乡村需要的不仅仅是艺术家，更是对乡村有感情并能挖掘本土文化特色的运营官。”请根据“给定资料 1”，谈谈冯教授团队是怎样当好这个“运营官”的。（10 分）

要求：全面、准确、有条理。不超过 250 字。

2. “给定资料 2”中，隆金公司虽然做的是配件，但也成了市场中的主角。请你谈谈隆金公司为什么能成为“市场中的主角”。（15 分）

要求：

（1）紧扣资料，归纳准确；

（2）内容全面，条理清晰；

（3）不超过300字。

3. Y市拟在总结江平县做法的基础上，提出关于加强Y市基层卫生人才队伍建设的实施意见。请根据“给定资料3”，起草该意见的主要内容。（20分）

要求：

（1）包括指导思想、基本目标和主要措施；

（2）紧扣资料，重点突出；

（3）逻辑清晰，表述准确；

（4）不超过450字。

4. 请根据“给定资料4”，梳理S市公共文化空间建设和运营中存在的问题，并提出解决建议。（20分）

要求：

（1）问题梳理全面、准确；

（2）所提建议具体明确、有针对性、切实可行；

（3）不超过450字。

5. “给定资料5”中提到：“投入自己的领域，不断‘打磨’、不断‘修补’，为人们温暖笃定的生活秩序默默付出，稳步前行。”请根据对这句话的理解，参考给定资料，联系实际，自选角度，自拟题目，写一篇文章。（35分）

要求：

（1）观点明确，见解深刻；

（2）参考给定资料，但不拘泥于给定资料；

（3）思路清晰，语言流畅；

（4）字数1000~1200字。

要求考生根据指定资料及具体要求在指定的位置进行作答，切忌跑题、偏题以及在非作答区域进行作答。

四、申论的作答方法

（一）审题

拿到一份申论试卷，了解注意事项以后，首先必须认真阅读题干，然后再阅读给定资料，这样安排顺序的原因如下：首先，确定每一题涉及的材料，问题限定的是某一则材料，还是某几则材料，审题时一定要辨别清楚；其次，明确角色限定，不同的角色限定决定回答的内容和语言表达；最后，明确写作任务，具体包含写作的任务数量，写作的文种、目的、定位、用语要求、格式要求等。我们在阅读题干过程中，一定要字斟句酌，探索出题者的思路，谨防出题者预设的陷阱。只有清楚地了解了问题和要求，我们才能有目的、高效率地阅读和分析资料。

（二）解读资料

在解读资料时，考生一定要带着申论要求里的问题，从繁杂的资料里淘汰无用的信息，标注出有用的信息，为进一步归纳、分析打下坚实的基础。在筛选关键信息时，我们可以从以下两个层面来解读。

1. 事实与观点

细读每一则资料，标注或归纳出对答题有帮助的关键信息。申论资料庞杂繁多，但可以大致分为事实和观点。申论资料里的事实一般是一个个真实的事件、事例，或是具体的数据、图表，这些事件、数据和图表只需要快速浏览，大致了解即可，考生需要关注的是观点。申论资料里的观点一般在陈述事实的前面或后面，也有可能夹杂在事实的中间或单独形成段落，考生需要自己去辨别、标注。

2. 问题——原因——对策

申论历年的考试大纲已经明确说明主要测查考生概括、分析、解决问题的能力，所以申论给定资料的内容也体现了这一点。申论作答要求中的几个题目的设置同样贯彻这一点，只是每年考查的侧重点和题目在具体表述上会有一些变化。因此，我们在解读资料时也可以参照这一思路：提出问题、分析问题、解决问题。这样解读资料的好处在于：一是从原本庞杂繁乱的资料中理出一个较为清晰的逻辑思路，便于理解；二是这一思路很有可能暗含了作答要求的出题思路，便于资料中答题要点的梳理和集中。

五、申论写作注意事项

（一）认真审题

考生作答申论时一定要先看清题目要求，然后带着问题阅读资料，标注关键信息，一定要严格按照要求作答。

（二）依据给定资料

给定资料是申论作答的最主要参照来源，作答时的概括、分析、对策都要从资料里找依据、找思路，不能脱离资料进行解答。但要注意的是，不能完全照搬或大段摘抄资料。

（三）思路清晰、逻辑严密

每一题的作答都要保证思路清晰、逻辑严密，令阅卷者一目了然。概括、分析和对策的作答最好将要点分条列项地罗列出来，可以用汉字序号，也可以用“首先、其次、再次、最后”等关联词语。在论述类作答时，文章总论点、分论点一定要清晰准确，每个段落的详略与过渡也要合理安排。

（四）要点全面、语言简练

首先，每一个要点的归纳概括要全面，重点要素不能有遗漏；其次，尽量多找要点，确保要点全面，如果找到的要点过多，作答字数有限，就要按照重要程度和与题目的相近程度来挑选要点；最后，语言表达力求简明准确，因为申论每一题的作答都有字数限制，而且语言表达的简明概括也属于测查能力之一。

（五）字迹清楚、卷面整洁

作答时书写端正、整洁，令人赏心悦目，无形中会增加印象分。反之，书写潦草、乱涂乱改会影响给分，并且在申论考试阅卷的评分标准中也有明确规定，卷面整洁，无明显涂改，优秀者加 1~2 分；字迹潦草，涂改卷面则扣分。

第二节　申论常考题型分析

结合历年国家和各省公务员考试，现分析申论常考的题型，找出解题对策。申论试题虽然不断地发展变化，但总的来说有以下五类题型。

一、整体考查情况

以 2020—2024 年为例，国考申论省级和市（地）级真题题量均为 25 道，主要考查五大题型，分别是归纳概括题、综合分析题、提出对策题，应用文写作题、论证写作题，各题型的数量情况见表 1-1、表 1-2。

表 1-1　近五年国考申论省级真题

题型	2020 年	2021 年	2022 年	2023 年	2024 年	合计	占比（%）
归纳概括题	1	1	2	1	2	7	28
综合分析题	1	1	1	1	0	4	16
提出对策题	0	0	0	0	1	1	4
应用文写作题	3	2	1	2	1	9	36
论证写作题	0	1	1	1	1	4	16
合计	5	5	5	5	5	25	100

表 1-2　近五年国考申论市（地）级真题

题型	2020 年	2021 年	2022 年	2023 年	2024 年	合计	占比（%）
归纳概括题	2	1	2	1	2	8	32
综合分析题	0	1	0	0	0	1	4
提出对策题	1	1	1	1	1	5	20
应用文写作题	2	1	1	2	1	7	28
论证写作题	0	1	1	1	1	4	16
合计	5	5	5	5	5	25	100

对题型题量进行分析可以看出，国考申论真题具有以下特点：

①从试题总量上看，国考申论题量相对固定，每年每套试卷均为5道试题。

②从各题型的数量看，归纳概括题、应用文写作题、论证写作题（2020年除外）为每年必考题型，而综合分析题和提出对策题每年考查的侧重点不同。

二、具体题型介绍

（一）归纳概括题

归纳概括题是一个承上启下的重要环节。它既是对阅读资料环节的小结，又会直接影响提出的对策针对性，影响到综合分析全面性，影响到议论理论基础。概括要点的目的，在于准确把握住给定资料主要内容或部分内容，从而发现问题，以便进一步着手解决问题。申论归纳概括题形式多样，有时要求归纳概括主要内容，有时要求总结资料的主旨，有时又要求归纳概括资料的部分内容，或是原因，或是对策，或是现状，或是意义，或是危害。考生要注意审题，正确理解题目的要求，不要形成思维定式。

1. 概括问题

申论考试的给定资料一般都是给出一个热点问题，前文提到解读资料时按“提出问题——分析问题——解决问题”的思路，所以这一题型是较为常规和简单的题型。我们只需要去资料里找到题干中的有关问题，进一步加工整理即可。

【例1】

【2024年国考省级以上申论·第二题】新民乐走红引发了网民的诸多议论。请根据“给定材料2”谈谈这些议论主要涉及了哪些问题，并分别予以简要说明。(20分)

要求：归类合理、分条列示、简洁准确，不超过400字。

2. 概括措施（做法、经验）

概括措施题是近两年中央国考、地方省考出现频率较高的归纳概括题型之一，它不同于后面要讲的提出措施（对策）题，因为概括措施题重点在于让考生归纳概括指定资料中的措施，这些措施在给定资料中已有体现，只需归纳并概括出来即可。而提出措施（对策）题重点在于让考生根据给定资料中的问题提出相应的解决措施，这两者有本质区别。

【例2】

【2020年国考省级以上申论·第一题】根据“给定资料1”，请你概括L省在人才的政治引领方面的主要举措。(10分)

要求：全面、准确、有条理。不超过200字。

3. 概括观点

这类题型需要首先审清题目要求，然后在资料中标注出关键信息。在作答时，对所概括的观点一定要细致分析，理清解答思路。如果是两个针锋相对的观点，表述时最好体现出矛盾的焦点；如果是几个观点，大致可以以并列关系分点陈述。

4. 概括原因

申论考试的给定资料一般都包括问题、原因、对策几大块关键信息，所以，关于这一题型的作答主要是审清题目的要求，就哪一则资料，概括出什么原因，根据题目要求在资料中标注出关键信息，然后条理清楚地分点作答。

（二）综合分析题

综合分析类题型是近几年公务员考试比较常考的题型，着重考查考生分析和理解问题等能力。要求考生在准确把握题目要求和理解给定资料的基础上，找出资料反映的核心问题和主要观点，理清内在关系，条理清晰、简明扼要地分析问题，揭示问题本质和引申意义，阐释独立思考所得的观点，做出合理的推断或评价。

综合分析类试题是一种新题型，从 2005 年首次出现在国考试题中后，各地申论考试纷纷采用这一题型，而且分值较大。分析是一种认识事物的方式，也是一种论证说明的方法。考生在分析问题时，要有辩证的思维，不能只见树木，不见森林，要把握好整体与局部的关系，有的放矢，才能提高申论考试的分析能力。

【例 3】

【2020 年国考省级以上申论 · 第二题】“给定资料 2”中，M 农场的案例为新时代青年创业提供了哪些启示？（15 分）

要求：分析全面，条理清晰。不超过 300 字。

【例 4】

【2019 年国考市地级以下申论 · 第四题】“给定资料 4”中的座谈会上，主持人说：“如果不能打破这种种‘遮蔽’，就拿不出有分量的作品。”请谈谈你对“种种‘遮蔽’”的理解。（15 分）

要求：

（1）观点明确，紧扣资料，准确全面；

（2）不超过 200 字。

【例 5】

【2023 年国考省级以上申论 · 第二题】请你根据“给定资料 2”，谈谈为什么“有村民说，窑洞修复的过程，也是他们从旁观者变成参与者再到传承者的过程”。（15 分）

要求：分析全面，条理清晰。不超过 250 字。

（三）提出对策题

提出对策题是申论的关键环节，重点考查考生思维的开阔程度、探索创新意识、贯彻执行能力、应变能力和解决问题的能力。考生要在阅读理解和归纳概括的基础上，结合个人的知识阅历，针对资料中反映的问题或原因，提出切实可行的对策方案。

应该特别注意申论所提对策应是针对给定资料反映的主要问题，有很强的限制，不能超出资料给定的范围和条件，更不能随意自由发挥，必须写得合情合理、切实可行，还要符合我国的国情、民情、政策、法律和道德规范等。措施要切合实际、抓住要害，切忌面面俱到、舍本求末。

作答这类题型，首先要准确概括出给定资料所反映的问题，如果问题都没弄清楚，提出对策解决就更无从谈起了。其次，审清题意。有的题目设定了角色，假定考生是某职能部门的工作人员。如果脱离设定角色而大谈对策，则离题太远，势必影响分数。最后，认真解读给定资料，标注出解决问题的基本思路和具体措施。给定资料中都会直接或间接地给出解决问题的思路、意见、对策、措施，考生可以直接引用或转换运用。

【例 6】

【2020 年国考市地级以下申论 · 第四题】如果你是沙洲市市场服务中心工作人员，请根据“给定资料 4”分别梳理三个市场存在的问题，并提出相应的解决措施。(25 分)

要求：

(1) 问题梳理全面、准确；

(2) 所提措施有针对性、切实可行；

(3) 不超过 500 字。

(四) 应用文写作题

应用文是指国家机关、企事业单位、社会团体及人民群众在日常工作、生活中办理公务和个人事务时经常使用的具有惯用格式的文书，公务员在交流传递信息、解决实际问题时经常会用到这种文体。

应用文题型实际上是一道集归纳概括、分析、提出和解决问题于一体的综合性试题。从近几年申论考试情况来看，应用文题型出现的频率越来越高。这种题型具有很强的实用性，考生应在提出问题、分析问题和解决问题的基础上，深入领会题目要求，注意写作格式，写好应用文。

结合近几年国家公务员考试题目来看，作答要求中基本覆盖了一道应用文题型，常见类型如下。

【例 7】

【2023 年国考市地级以下申论 · 第四题】《金融报》“金融向善”专栏拟报道 M 市 F 银行的相关事例。假如你是该专栏的编辑，请根据“给定资料 4”，为该报道撰写一则短评。(20 分)

要求：

(1) 观点明确，简明深刻；

(2) 紧扣材料，重点突出；

(3) 语言流畅，有逻辑；

(4) 不超过 500 字。

【例 8】

【2020 年国考省级以上申论 · 第五题】假设你是 S 省委人才发展局的工作人

员，请根据“给定资料5”，以“海纳百川 聚四方之才”为题，为S省委人才发展局有关负责人撰写宣讲会上的推介讲话稿。(30分)

要求：

(1) 角色定位准确；

(2) 内容切合主题；

(3) 语言流畅，有感染力；

(4) 字数800~1 000字。

【例9】

【2022年国考省级以上申论·第三题】为进一步开发乡村旅游产业，临诗村所在的向江县计划举办“畅游美丽渔村，感受渔家文化”临诗村专场推介会。假如你是该县文化旅游局工作人员，请你草拟一份宣传材料，向参会旅游企业和游客推介临诗特色乡村旅游。(20分)

要求：紧扣资料，内容全面，条理清晰，语言生动，不超过500字。

(五) 论证写作题

论证写作类题型是申论考试的最后一题，也是分值最高的一题，要求考生依据给定资料和题目要求，在规定的字数内，针对某一问题全面论说自己的观点。这一题型主要是测查考生的概括能力、分析能力、解决问题能力、逻辑论证能力、语言表达能力。

论证写作的角度有许多，考生要有发散式思维，从多角度思考问题，既能做到立意新颖，深入浅出，不落俗套，又能结合资料，贴近生活，关注社会；同时，又各不相同，异彩纷呈。一些优秀的申论答卷立意高远，能透过现象看到本质，从中找出规律，这样的申论答卷往往是比较优秀的，能够拿高分。

【例10】

【2019年国考市地级以下申论·第五题】“给定资料5”提到“跟着时代的大潮往前走，尽到我所有的力量，做好我要做的事情”，请深入思考这句话，自选角度，联系实际，自拟题目，写一篇文章。(40分)

要求：

(1) 观点明确，见解深刻；

(2) 参考给定资料，但不拘泥于给定资料；

(3) 思路清晰，语言流畅；

(4) 字数1 000~1 200字。

【例11】

【2024年国考省级以上申论·第五题】“给定材料5”中提到“我们要用积极的态度对旧事物的价值进行最大挖掘，让它们重新焕发生机”，请你对此进行深入思考，参考给定材料，联系实际，自选角度，自拟题目，写一篇文章。(35分)

要求：

(1) 观点明确，见解深刻；

（2）参考“给定材料”，但不拘泥于“给定材料”；
（3）思路清晰，语言流畅；
（4）字数 1000~1200 字。

本章小结

本章通过对申论的含义、特点、试卷的构成要求、作答方法和组织答案的阐述以及对历年常考题型的归纳总结和举例，全面地对申论科目进行分析，主张考生有针对性地进行学习和训练，提高阅读理解能力、综合分析能力、提出问题和解决问题能力以及文字表达能力等各方面综合能力，能够真正灵活地把所学知识运用到工作和生活当中，把所学技能真正运用到实践中去，以便在日常工作中能够得心应手，胜任相应职务，更好地为国家和人民服务。

第二章 专业硕士写作认知

思维导图

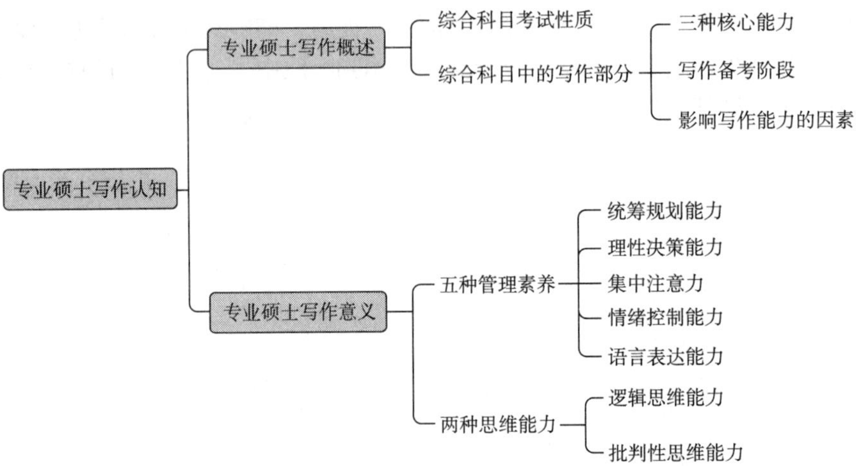

第一节 专业硕士写作概述

随着国家教育改革，硕士研究生招生比例和数量持续稳定增加，其中全日制专业硕士是考入硕士研究生的重要方式之一。在我国，硕士学位有专业硕士和学术硕士两种形式。与学术硕士招生相比，专业硕士更加侧重对考生实践能力的考查，注重理论知识和实践能力相结合，因此，也更加符合企业的人才需求战略。总之，我国专业硕士考试侧重对批判性思维能力、沟通表达能力、全球化视野和实践能力的考查。专业硕士入学考试又可以分为管理类联考和经济类联考，它们重要的组成部分都是综合科目。

一、综合科目的考试性质

管理类联考综合能力考试大纲中，对于综合科目的考试性质做了如下说明：综合能力考试是为高等院校和科研院所招收管理类专业学位硕士研究生（工商管理/公共管理/会计/审计/旅游管理/图书情报/工程管理等专业）联考而设置的具有选拔性质的全国联考科目，其目的是科学、公平、有效地测试考生是否具备攻读专业学位所必需的基本素质、一般能力和培养潜能，评价的标准是高等学校本科毕业生所能达到的及格或及格以上水平，有利于各高等院校和科研院所在专业上择优选拔，确保专业学位硕士研究生的招生质量。

经济类联考综合能力考试大纲中，对于综合科目的考试性质阐述如下：经济类联考综合能力是为了招收金融硕士、应用统计硕士、税务硕士、国际商务硕士、保险硕士及资产评估硕士而设置的具有选拔性质的联考科目。其目的是科学、公平、有效地测试考生是否具备攻读上述专业学位所必需的基本素质、一般能力和培养潜能。

以上考试大纲中提到的“攻读专业硕士学位所必需的基本素质、一般能力和培养潜能”，其实质就是联考考查的方向和综合科目的考查目标，也是考生努力的方向。

管理类和经济类专业硕士综合能力考试大纲中，对于考查目标做出如下共同的规定：

①具有运用数学基础知识、基本方法分析和解决问题的能力。

②具有较强的分析、推理、论证等逻辑思维能力。

③具有较强的文字材料理解能力、分析能力以及书面表达能力。

二、综合科目中的写作部分

硕士研究生入学考试的综合科目中，管理类联考和经济类联考都设置了“写作”这一科目。考查形式分“论证有效性分析”和“论说文”两部分。前者主要训练考生批判性思维能力，后者主要培养考生提出问题和解决问题的能力，两部分相辅相成，共同考查考生的逻辑分析能力和语言表达能力。管理类联考和经济类联考在写作部分的分值是不同的。在管理类联考中，论证有效性分析 30 分，论说文 35 分，合计 65 分。在经济类联考中，论证有效性分析 20 分，论说文 20 分，合计 40 分。虽然分值不同，但是写作要求和写作目标基本相同，后文就两类考试中涉及的写作部分一起进行阐述。

(一) 写作的三种核心能力

综合能力考试中的写作部分主要通过“论证有效性分析”和“论说文”两种形式进行测试，能够考查考生写作的三个核心能力，即分析论证能力、文字表达能力和信息处理能力。

首先是分析论证能力。它贯穿于整个综合能力考试过程，也被称为“批判性思维能力”，是遇到问题敢于质疑求证，不盲从，勤于思考，勇于追求事物合理性的能力。这种思维方法有助于我们认清事物的本质、分析问题的产生和由来、提出解决问题的对策，通过科学合理的训练可以提高批判性思维能力。为了应对考试，提高考生的批判性思维能力，可以从老师引导、学生练习两个层面进行学习，即老师讲解基本的道理和方法，考生在此基础上反复练习，把所学的东西迁移运用到日常生活中去，更加深刻地认知生活中的各种现象，逐步培养出自己的分析论证能力。

其次是文字表达能力。每个人的文字表达能力都是不同的，有些人天生擅长写作，而有人则需要后天的学习和努力逐步提升文字表达能力。文字表达是信息输出的过程，是写作成果的最终体现。在写作过程中注意遣词造句是否符合语言逻辑，对事件、观点和行为做出准确合理的说明、陈述或阐释，以表达自己的观点和态度，使得文章立意鲜明深刻，具有较强的理论深度和现实价值。通过专业硕士的写作训练，有效提升考生的文字表达能力和语言输出能力。

最后是信息处理能力。它包括信息筛选能力、信息分析能力、信息应用能力。信息筛选能力是对信息进行检索获取有用信息的能力。受时间限制，综合能力考试过程中考生必须善于快速提炼核心信息，去粗取精、去伪存真。信息分析能力是对所获取的信息进行分析处理的能力。信息应用能力是对分析处理后的信息加以运用的能力。

（二）写作备考阶段

第一阶段：扩展阅读。考生应当养成日常阅读的好习惯，通过强化阅读，可增加论据素材的积累，写作中可以游刃有余，同时也可以提高考生自身的综合素养。

第二阶段：系统学习。考生应该清楚地掌握《考试大纲》和《评分标准》，知道考试的命题规则、考查方向和考试要求，从而有针对性地复习和训练，使得备考有的放矢。

第三阶段：强化模块训练。总结论证有效性分析、论说文的主要知识要点；将历年真题中的考点进行分类整理，强化对考点的梳理和汇总；总结论说文的论据和论证有效性分析的重要谬误，为后期写作奠定深厚的理论基础。

第四阶段：模拟测试。考前的模拟测试就是训练考生在考场上的快速写作能力，通过日常复习和模拟测试来训练考生应对陌生题目的快速反应能力，使考生能够迅速将所学内容迁移到考试题目中，并且运用所学知识完成写作。

（三）影响写作能力的主要因素

影响写作能力的因素主要体现在内部和外部两方面。

外部影响因素主要是学校是否设置相关写作课程，是否有专业老师在写作方面给予指导以及师生沟通的有效性，对于硕士研究生考试是否有相应的激励机制，本科学位论文写作水平如何等。

通过优化外部影响因素，设置针对专业硕士考试的写作课程，加强专业教师对学生的写作培养和指导，强化有效的师生沟通机制，帮助学生提高写作能力，建立符合自身特色的激励机制，把好本科学位论文写作关，都可以从外部有效提高学生的写作能力。

内部影响因素主要是考生专业写作基础知识的储备是否牢固，投入写作练习准备的时间是否充裕，自主学习意愿是否强烈等。

通过分析内部影响因素可以发现，首先要求考生明确自己的考研目标，从而坚定考试信念，形成强烈的学习欲望和学习动机。其次，要有科学合理的规划，为写作练习提供充裕的时间准备。写作能力的提高并不是一蹴而就的，必须要经过系统性训练和日积月累才能达到。最后，要掌握一定的写作方法和技巧，达到事半功倍的效果。

第二节　专业硕士写作意义

专业硕士写作考试具有很强的目的性，就是为了对后续参加专业硕士学习的学生进行综合能力测试，以考查考生是否具备管理者常见的五种管理素养和两种思维能力。

一、管理者五种管理素养

第一，统筹规划能力。竞争类的考试都有时间限制，这是考查在有限时间内，考生能否进行统筹规划，快速选择能够得分的题目，从而实现有限资源的最大化收益。对于考生来说，有限的资源就是时间，最大化的收益就是分数。写作耗费时间过长，必然会影响到其他模块的作答时间，进而影响分数，这是考验考生的统筹规划能力。

第二，理性决策能力。决策能力是现代社会人必须具备的素养，体现在我们工作、生活的方方面面。参加硕士研究生考试的目的不是拿满分，而是拿到一个合理的分数，所以规定时间内如果做不出来某道题，就在战术上放弃。能够在紧张的考试环境中，有目的性地选择能够带来最大效益的方案，可以体现考生的理性决策能力。

第三，集中注意力。紧张的考试氛围会让考生将注意力集中在考试题目上，但有些考生心理素质较差，反而容易走神。走神的本质是注意力分散，常常导致忽略关键信息，关键信息没看到就会出现判断性失误，论据选择失误，论证的结论就不具备可靠性。因此，专业硕士写作要求考生高度集中注意力，在考试中能够把握文章主线，理解出题者思路，融会贯通，从而写出满意的作品。

第四，情绪控制能力。人应该要做情绪的主人，而不是情绪的奴隶，就是要求不论处于何种情况下，都能做到情绪稳定，不受环境或周围事物的影响，能够控制好情绪。控制不好情绪，考场发挥不畅，可能会导致考试成绩不理想。

第五，语言表达能力。好的管理者要会带领团队一起为了组织目标而努力，倘若无法与其他成员进行沟通，无法实现既定目标，管理者能力再强也将一事无成。良好的语言表达能力能够帮助组织形成良好的人际氛围，形成好的组织文化，促使团队高效快捷地完成工作。

二、考查两种思维能力

（一）逻辑思维能力

专业硕士写作的考查方向，不是关注考生对某种价值观的认知，而是考查考生分析问题的思路、角度和方法，这些都是以某一种思维能力为载体，这种思维能力就是逻辑思维能力。写作训练必须依托于逻辑思维能力。考生应该在完整学习过逻辑之后再开始写作的系统训练，这样可以与逻辑的学习相互印证。

（二）批判性思维能力

批判性思维能力的价值在于：第一，在信息大爆炸的当下，每天接收到海量信息，如何有效地分辨出各种真实信息和有用信息，避免被虚假信息误导，这也是当代人的重要能力。第二，能够在实践当中运用批判性思维分析问题，得到相对客观、公正的结论，这是形成自身思维优势的能力之一。

本章小结

自教育部开展专业学位研究生教育以来，在硕士专业学位政策的引导下，研究生规模日益扩大，数量日益增多，如何提升专业硕士学位研究生入学考试质量日益受到重视和关注。论文写作能力作为考查体系中的重要一环，具有重要意义，是考查研究生质量好坏的主要测评指标之一。专业化和系统化的训练可以帮助考生在考前逐步培养相应的能力，提升管理者的素养，为进一步进行“论说文”和“论证有效性分析”的写作奠定基础。

第二篇

申论考试技巧

第三章 阅读材料的方法和技巧

思维导图

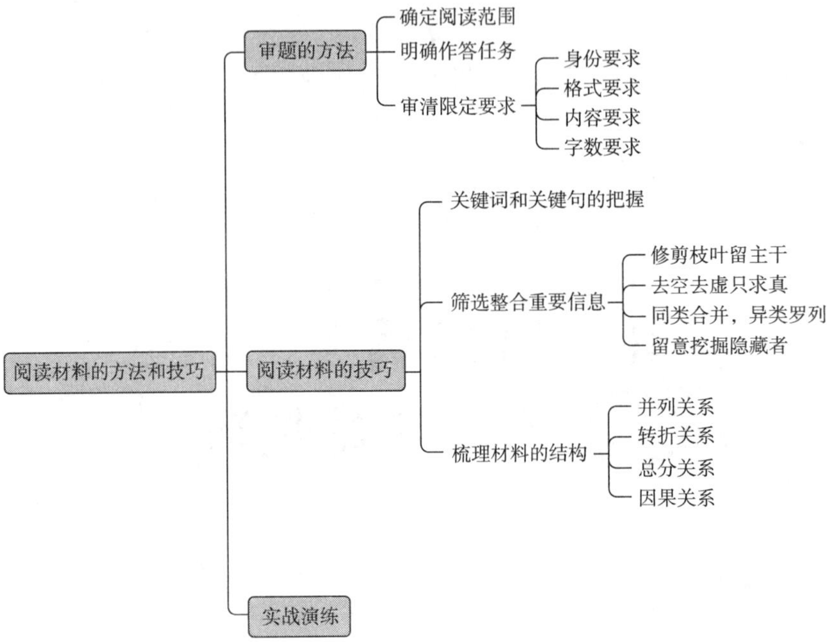

阅读理解能力是申论做题的基本能力，也是所有题目的基础，在做题时不仅要能读懂材料，更要明确题目的问法和要求，对材料的阅读主要是能在材料中找出关键词句，根据题目将材料进行整理归纳，并且能针对题目提炼出关键信息。有的答案可以直接摘抄材料中的内容，有的要通过分析总结归纳后才能得出，很多考生在阅读时能够找到材料中的关键词句，但是不知道如何把找到的关键信息总结成答案，这就要求我们掌握一些材料阅读的技巧，为答题做好充分准备。

第一节 审题的方法

公务员考试的目的是考查考生从事机关工作具备的基本能力，也就是说在从事机关工作的实践中，能否听懂上级领导或者公文要求你完成的工作内容，这就类同于审题。审题是做题的前提和关键，审好题、审准题是答题的第一步，也是最为基础的一步。现在申论的命题方式日益多样化，越来越模糊。命题专家为了寻求命题的创新和突破，往往会在题目中设置陷阱，而发现陷阱的方法就是读懂题干中的潜台词，题干中没有直接要求的，需要通过仔细分析找出来。审题主要包括以下几个方面。

一、确定阅读范围

阅读范围是作答范围的依据，需要考生看清楚题目要求，是根据全部材料作答还是根据部分材料作答。关于答案的来源，可以分为两种情况：一种是答案确定来自某个或某几个材料；另一种是没有给定具体材料，只是要求结合给定材料，这就意味着我们要在所有的材料中寻找答案，需要我们根据题干中的关键词对全部材料进行梳理。

【例 1】

【2023 年国考省级以上申论・第一题】“给定资料 1”中，青年画家以玉陵湖大桥作画并提名为《巧》。请你谈谈玉陵湖大桥“巧”在哪些地方。(10 分)

要求：全面、准确，有条理，不超过 250 字。

【例 2】

【2017 年国考市地级以下申论・第二题】根据“给定资料 2”，阐述城市水系所具有的功能。(15 分)

要求：

（1）准确、精练，条理清晰；

（2）不超过 150 字。

以上两个例子都是给出明确的阅读范围，就是根据给定资料 1、资料 2 作答即可，无须阅读其他资料。

【例 3】

【2015 年国考市地级以下申论・第一题】结合“给定资料 1”，谈谈你对文中画线句子“新技术是一种创造性的毁灭力量”的理解。(10 分)

要求：

（1）准确、全面；

（2）不超过 150 字。

这道题中出现的是“结合”，那就说明有可能所有的答案都可以通过资料 1 得出，也有可能资料 1 给出一部分解释，另一部分解释分散在其他材料中，这种题目就要求考生不仅要阅读资料 1，也不能放过其他资料，只不过资料 1 重点阅读，其他材料如出现相关内容就认真分析是否有关键信息，如果没有就可略过。

【例 4】

【2015 年山东公务员考试申论 C 类】“给定资料 5”中谈到，“博士生逃离科研选择去当中学教师”的现象引发了社会热议，请你参考给定资料，对这一现象进行评析。(20 分)

要求：观点明确，分析透彻，不超过300字。

该题说到的资料5只是说明现象的出处，只是为了引出题干，真正的阅读范围是全部材料，“参考给定资料”的意思就是答案有可能贯穿全文，但是根据写作的逻辑可以推断，大部分的答案应该集中在资料5，所以应该重点分析资料5，然后结合其他材料一起分析。

二、明确作答任务

作答任务就是题目要求答的是什么，有的题目问法明确直接，而有的题目问法模糊间接，搞清楚命题者的意图，这在审题中就显得尤为重要。

【例5】

【2018年国考省级以上申论·第一题】根据给定资料1，对调研组的调研材料，从成绩、问题和建议三方面进行概述。(15分)

要求：

(1) 准确、全面；

(2) 恰当提炼，条理清晰；

(3) 不超过350字。

该题属于明确直接的题目，作答任务是概述成绩、问题和建议。首先要弄懂概述，概述是指概括和描述，仅有概括不做具体描述是不可行的，从材料看，成绩、问题和建议是交叉混合出现的，考生要做的是先把三块内容分门别类整理，合并同类项、并列不同项，提炼总结要点说全面，不能就一个方面过分展开而挤压了其他内容的答题空间。

【例6】

【2019年国考市地级以下申论·第一题】根据“给定资料1”，请概括小张家乡出现的新变化。(15分)

要求：准确全面，条理清晰。不超过200字。

该题属于明确直接的题目，作答任务是概括小张家乡的新变化。“变化”从时间轴层面来讲，即与家乡原来的情况相比，有所不同的地方，可能是新做法带来的影响等，也可能是出现的新现象等。所以在阅读资料时，注意重点关注资料中出现对比关系的句子。将资料中“小张家乡”出现的所有“新变化”都提炼出来进行概括归纳，分条撰写，标清序号。

【例7】

【2020年国考市地级以下申论·第一题】根据“给定资料1”，请你谈谈老马是怎样“当好基层这根‘绣花针’”的。(10分)

要求：全面、准确、有条理。不超过200字。

该题属于模糊间接的题目，作答任务是谈谈老马是怎样“当好基层这根‘绣花针’”的。“怎样”即做法，习近平总书记说过，基层工作就是上面千条线、下面一根针，必须夯实基层，由此可知，我们要去材料中提炼老马做好基层工作的做法。

【例 8】

【2020 年国考市地级以下申论·第二题】“给定资料 2”反映了乡干部小雷在窦家梁村易地扶贫搬迁过程中遇到的一些问题，请你谈谈他是如何解决这些问题的。(15 分)

要求：内容全面，条理清晰。不超过 300 字。

该题属于模糊间接的题目，作答任务是谈谈小雷是如何解决这些问题的，而“这些问题”是小雷在窦家梁村易地扶贫搬迁过程中遇到的一些问题。考生作答本题的核心是归纳“解决这些问题”的对策，但要全面准确地找到这些对策，还需定位好问题，做到有的放矢。

总之，在阅读材料之前一定要先弄清楚题目问的是什么，特别是模糊间接的题目，这样才能到材料中找到相关的内容，更有针对性，从而提高准确性。另外要注意材料的取舍，有的材料并不是核心内容，可以简略说明，有的材料甚至可以舍去，这样才能在有限的时间里提高做题准确率。

三、审清限定要求

除了明确阅读范围、作答任务，还要注意题目中的限定条件，例如身份、用语、任务数量、格式、字数等。限定条件通常较为具体、细致，通过审清限定条件，可以更加明确地理解题目，在答题时才更有把握。

(一) 身份要求

作答身份决定了考生作答时所处的立场和角度——代表哪一部分人，应提取哪些要点，语言采用什么风格。一般情况下，提出对策题和应用文写作题会对作答身份做出限定。

【例 9】

【2020 年国考市地级以下申论·第四题】如果你是沙洲市市场服务中心工作人员，请根据“给定资料 4”分别梳理三个市场存在的问题，并提出相应的解决措施。(25 分)

要求：

(1) 问题梳理全面、准确；

(2) 所提措施有针对性、切实可行；

(3) 不超过 500 字。

题干中给出的作答身份是一般的工作人员，所以考生要按照题干设定的身份考虑答案内容和语言风格，提出的对策要具体，具有可操作性和执行性，并且要站在政府的角度和立场进行作答。

(二) 格式要求

一般会出现在应用文写作题中，在审题时可根据题干中的一些表述来判断该题的格式要求。如果题干中没有特殊说明，我们一般是按照应用文的格式要求来写。具体内容将在第七章进行详细介绍。

（三）内容要求

申论试题会在作答“要求”部分对答案做出细致、具体的规定，如“准确”“全面”“观点明确”等，这些要求是评分的重要依据。

准确：要求紧扣题目和材料，把材料的内涵用准确的语言表达清楚，不能加入自己的主观臆断和猜想。

全面：要求答题内容包含所有要点，不能有遗漏。

观点明确：要求考生明确写明自己的观点态度，是持肯定还是否定态度，把观点一一列明。

有条理：要求答题思路符合一定的逻辑，做到有条有理有层次，由浅到深、层层递进，或者存在并列等关系。

简明扼要：要求语言表述不啰唆繁杂，陈述答案的时候在准确全面的基础上尽量用精简的语言表达。

（四）字数要求

申论考试对作答字数有明确的限定，超出限定字数、字数过少都会影响得分。国考申论非作文题目对字数的要求通常为“不超过××字”，以 200 字为例，“不超过 200 字”建议写 180~200 字。作文类题目和大公文对字数的要求通常为“1000~1200 字”“800~1000 字”，此种情况下，字数控制在区间内即可。

第二节 阅读材料的技巧

阅读理解首先讲究的是“读懂”，读懂意味着要能够准确迅速提取材料的各个核心要素。这些要素包括核心句子、重要概念、主要信息、重要数字、重要细节、重要观点态度等，同时要能读懂材料之间的关系，把握材料的整体结构和思路，从而根据上下文合理推断出材料隐含的信息。在申论考试中，通常是要求根据题目的意思和要求，对给定材料进行通读、审视、分析、理解、把握，以确定材料反映的主要内容、主要观点、主要问题以及解决措施。只有全面掌握材料的形式、范围和文体等，我们才能准确理解命题者的初衷，有效地把握住关键问题。

一、关键词和关键句的把握

（一）关键词

材料中的关键词，包括了材料中的关键概念、文章主要内容的关键词语以及关键连词。关键概念是与材料主要内容相关的或者是主要信息表达的概念。只有回到材料中，结合材料的语境，才能准确分析出词语所要表达的准确含义，把握这些概念词语有助于准确理解材料。资料中常见的关键词有高频词、关联词、要素词。

1. 高频词

高频词指在一段或多段材料中，多次出现、频繁使用的词语。高频词一般与段落大意或主旨相关，极有可能就是答题要点。遇到高频词，一般可直接概括为要点。申论内在逻辑（表现、原因、对策）的特殊性决定了申论考试的材料往往涉及事件或问题的表现、原因、解决措施等。因此，与此相关的常见词也会经常出现，这些词主要有：根源、危害、教育、政府、学校、领导、体制、法律法规、监督、落实、经验教训等。

2. 关联词

关联词本身没有实际的意思，但在句子里起到关键的作用，表示词语与词语之间、段落和段落之间、句子与句子之间的关系。申论资料一般会用表并列、转折、因果、递进的关联词引出或连接问题、原因、影响、对策等重要信息，所以，关联词本身不是要点，在阅读时，要关注其前后的信息。申论资料中的关联词大致可分为四大类，如表 3-1 所示。

表 3-1　申论关联词常见类型

类型	关联词	答题点拨
表并列	既……又……、一方面……另一方面……、除了……还……、一边……一边……、同时、此外、也、加之、另外、并且等	并列关系说明前后都有重点，如与作答任务有关，则同时保留
表转折	虽然……但是……、尽管……但是……、但是、然而、却、可是、而、实际上等	要点往往在转折词之后
表递进	不但……而且……、不光……也……、不仅……还……、更……、乃至……、不但不……反而……等	后面的信息虽有更进一层的意思，但如与作答任务有关，应同时保留
表因果	由于、因为、于是、因此、导致、得益于、离不开、关键在于、之所以……等	根据需要找寻原因和结果

【例 10】

【2019 年国考市地级以下申论 · 给定资料 5 节选】

我创作历史剧的目的是，用艺术的手法对历史进行重新包装，通过故事唤起人们认识历史的兴趣。可是，有些作品为迎合当下的“娱乐精神”，将现代元素掺杂进历史，剥离具体的历史语境肆意发挥。虽然，让观众看着新鲜稀奇、招人耳目，收到了娱乐效果，但是，这种混淆现实与历史的做法，牵强附会、哗众取宠，是对历史的不尊重。

资料中有明显的转折连词，“可是”“但是”分别提示了在创作历史剧中存在的问题，转折后面的内容正是答题要点，即迎合当下的“娱乐精神”，剥离具体的历史语境，混淆现实与历史。

【例 11】

【2019 年国考省级以上申论 · 给定资料 5 节选】

有专家指出，我们在城乡关系认识上存在一些误区。他认为，不是城市文明高于农村文明，也不是农村文明高于城市文明，两者是相互依存、功能互补的关系，所以既不能把城市文明凌驾于乡村文明之上，也不能把乡村文明凌驾于城市文明之上。

通过这段材料可以找到“不是……也不是……是……”“所以……”“既不能……也不能……”三组词，重要的信息在“是”后面和“所以”后面，材料要表达的意思是城市和乡村的关系是相互依存、功能互补的，两者没有谁高于谁。抓住这个核心，就能知道材料的整体方向和主旨。

3. 要素词

要素词指与作答对象有直接关系的词，主要包括问题类、原因类、对策类、影响类、观点类词语。这些词与要点关系密切，所以要对这些关键信息保持敏感度，知道哪些词语是关键信息出现的标志。

（1）问题类

问题类要素词常用来提示问题或描述问题本身，是问题类要点的明显标志，如问题、难题、困境、瓶颈、短板、薄弱、不足、不够、缺乏、低下、滞后等。

【例 12】

【2018 年国考省级以上申论 · 给定资料 1 节选】

但数据显示：全市 7300 多家规模以上工业企业中实施智能化改造的比例不到 30%，部分中小企业尚未开展智能化改造。调研组认为，对于实施智能化改造，传统产业的绝大多数企业主存在不懂、不敢、不愿三种态度，主体意识并不强。同时，智能化改造的核心技术发展滞后、系统集成供给不足、人才和网络基础设施支撑有待加强等问题，也延缓了传统产业智能化改造的步伐。

这个例子体现的问题就是智能化改造比例低，传统企业主主体意识不强，核心技术发展滞后、系统集成供给不足、人才和网络基础设施支撑不够的问题。

（2）原因类

原因类要素词常用来提示或描述原因，是原因类要点较为明显的标志，材料中一般体现为由于、因为、于是、因此、导致、得益于、离不开、关键在于、之所以等词语。

【例 13】

【2018 年国考市地级以下申论 · 给定资料 5 节选】

由于综合管廊建设成本高，入廊管线大多具有公益性，且这一新生事物在使用过程中权、责、利还缺乏有效制衡和匹配，导致社会各方的投融资积极性都不高。为此，S 市借鉴国内外经验，特别规定除争取国家试点和省财政支持外，如果项目建成后特许经营期内收费不能实现预期目标，市财政将进行一定补贴，确保股东投资安全且获得基础收益。

根据工程内容、建设成本、运营周期、物价水平等多重因素，制定收费项目和收费标准，明确各单位可以以入廊或租赁的方式获得管线所有权、使用权，让管线需求者根据自身实际情况选择使用方式，调动其入廊积极性，增加管线使用效率和经济收益。

管廊收费之所以困难，很重要的一个原因是缺乏调动入廊单位积极性的有效方式。S 市创新性地以打造利益共同体的方式，吸引电力、给排水、通信等单位成为管廊建设主体——管廊开发公司的股东，让各单位根据自身需求充分参与管廊的规划、设计和建设过程。在合理确定收费标准的基础上，为盘活资产、提高综合收益，这些单位均愿以有偿方式使用管线。

原因是造成某种后果的条件，或者是引发某种事件的条件。这则材料说的是管廊收费困难的问题，原因是管廊建设成本高且入廊管线大多具有公益性，缺乏有效制衡和匹配，社会各方的投融资积极性低，缺乏调动入廊单位积极性的有效方式等因素。

（3）对策类

对策要素词常用来提示解决某一问题的对策、措施、建议、意见等，如应当、必须、加强、提升、整治、实行、建议、提出、完善等词语。

【例 14】

【2017 年国考省级以上申论·给定资料 1】

城市水系管理处负责人表示，今年，将在加强水系绿化管护的同时，重点对连心河两岸绿化水平进行提升。

对连心河沿线的重要部位，将进行高标准绿化整治，增加乔木数量；对河两岸的一般绿地，将以种植灌木、彩叶树及野花组合的方式，丰富绿化色彩，增加整个连心河绿地靓度。

…………

针对群众需求，水系管理部门决定让连心河沿线亮起来，对不能使用的照明设施进行维修，在需要照明设施的地段安装路灯。

…………

“太平河北岸应该多建几个停车场。”市民吴先生说。城市水系管理处负责人表示，在便民提质工程中，将结合水系实际，紧紧围绕解决市民反映的重点、热点问题，大力完善服务设施建设。

…………

为满足市民健身与观光的需要，将对太平河原有的 15 公里绿道进行完善。到 7 月底，自体育大街到植物园新开辟的 35 公里绿道全部投入使用。同时，在确保安全的前提下，在连心河、太平河沿线选择合适地点，设立垂钓区；在两岸规划修建公共厕所、停车场等，满足游人需求。

…………

为解决这一难题，今年，S 市成立了城市水系巡查大队，对侵占绿地、烧烤、破坏设施设备、私自下河游泳、河道排污等不法、不文明行为加大执法力度。

尽管水系管理部门不断通过各种举措加强安全管理，但仍无法完全阻止人们下河野游的行为，而随之发生的那些溺亡事故则让人揪心。

对此，S市水系管理部门大力强化安全体系建设，在水系河道易出现私自游泳等情况的不安全地段加装防护栏，并进一步加强安全管理。目前，已加装防护栏的河道达到15公里。

对策就是采取的措施和手段，主要为了解决问题而做出的改变和提出的办法。比如例子中出现的加强、提升、整治、维修、安装、完善、修建、成立等词语都是措施和对策的标志词，很多时候只要找到问题，就能顺藤摸瓜找到或者推导出解决问题的对策措施。

（4）影响类

影响类要素词常用来提示积极影响或消极影响，是影响类要点的明显标志，常见的标志词包括有利于、有助于、意义、价值、推动、不利于、制约、损害等。

【例15】

【2019年国考省级以上申论·给定资料5节选】

“城市和农村要互补发展，”某官员日前指出，“有些经济学家总是简单地认为，只要把农村的人口搬到城市里来，就完成了城镇化，生产效率会自动提高、社会分工会自动推进，这其实是有问题的。”该官员特别强调了一个误区，即将城乡一体化变为城乡“一样化”。当前，村庄大量被拆，数量急剧减少，部分基层干部梦想一步就把农村变成城市。其所造成的后果不是城乡互补发展，而是城乡“一样化”，这不仅可能导致宝贵的乡土旅游资源的丧失，也不利于现代化农业的建设。

影响是指对他人或者事件产生的启示或者作用，例子中的“不利于”就是反面说明城市和农村要互补发展才能对现代化农业建设起到积极的推动作用。

（二）关键句

材料中关键句通常是指材料的主旨句，一般情况下关键句涵盖要点，抓住关键句，就相当于抓住了要点。从位置看，关键句包括段首句、段尾句、中间句；从内容看，关键句主要包括观点句、数据句。

1. 首尾句、中间句

大部分申论资料中的段首句和段尾句都起着概括总结段落核心思想和内容的作用。一般情况下，段落首尾句的要点可通过直接概括提取，无须归纳推导。

段首句位于段落开头，一般情况下，首句和后面的内容在逻辑上为总分结构；段尾句位于段落最后，尾句中存在表总结的词和短语（总之、由此可见、综述、总而言之、因此、所以等），并且前文内容和尾句在逻辑上为分总结构。

【例16】

【2017年国考市地级以下申论·给定资料2节选】

城市水系是城市最美好的公共空间，是人工建筑之中反映自然景观、田园风貌的主要场所。我们在扬州可以看到，中国古代造园艺术中对水景观的处理，讲究师法自然。虽为人工，宛如天成。城市水系有多种美学功能。城市的特色离不开城市的水系，城市的水系就像城市的指纹。城市的意境美对人的心态有调节作用。城市水系有动态美，因为城市的水是流动的，它具柔性、运动性，有利于消化污染以及水生物的生成和养育。城市水系有人文美，因为它是文化的载体，历代的名人雅士常在水边留下了他们的痕迹。城市水系当然还有和谐美，因为它是一个整体复合的系统。从一个城市水系可以看到一个城市管理者的抱负，就像我国古代剧作家李渔所说的那样：山水者，情怀也；情怀者，心中之山水也。就是说，要在城市里面造就人工环境和保护自然景观，采用什么样的水环境治理思路是由决策者的美学修养和情操来决定的。什么样的情怀，就会造就什么样的城市山水景观。如果胸中只有“一根”单纯的调水排洪的“竹子”，那么城市的水景观肯定是十分单调枯燥，对历史文化遗存的水生态的“建设性”破坏就难以避免了；如果将美学功能凝聚在治理方案之中，造就出的城市就是美丽的。丽江古城最诱人的就是三条弯曲流动的溪水，这就是拨动心弦的城市水系之美。

该段落首句就已经指出城市水系是城市最美好的公共空间，结合后面的内容可知城市水系具有美学功能，即意境美、动态美、人文美、和谐美，不仅能够体现决策者的美学修养，还能保护历史文化底蕴。

【例 17】

【2016 年国考市地级以下申论·给定资料 1 节选】

2007 年 12 月 31 日，国务院办公厅发布了《关于限制生产销售使用塑料购物袋的通知》，这份被称为“限塑令”的通知明确规定，“从 2008 年 6 月 1 日起，在全国范围内禁止生产、销售、使用厚度小于 0.025 毫米的塑料购物袋”“在所有超市、商场、集贸市场等商品零售场所实行塑料购物袋有偿使用制度，一律不得免费提供塑料购物袋”。这一政策出台后，也有过一些争议：一是商家担心执行不严，有竞争者偷偷地继续提供塑料袋；二是消费者的心理感受差，原来不花钱的塑料袋，现在需要自己买，会有抵触情绪；第三，塑料袋毕竟价格低，消费者还会继续花钱购买塑料袋。从多年执行的情况看，我认为这一政策还是成功的。消费者逐渐理解了政策出台的意义，同时出于经济考虑，购物前一般会准备可以长期使用的环保塑料袋。一时忘记带，也可以购买能反复使用的环保塑料袋。所以说，政策是否有效，还要看其是否合理发挥了政府和市场两方面的作用。

材料中的结尾一句话即段落的总结句，既是对文段的总结，也是观点态度的表达，同时还是措施和建议的方向；表明出台的政策是否收到良好的效果，要综合政府和市场两方面的原因，不能单方面考虑。

材料中关键句通常出现在材料首尾，但是并非所有的材料都在开头或者结尾出现关键句子，有时可能会出现在中间，这就需要我们根据上下文在材料中寻找起关键作用的句子。

【例 18】

孔子尝曰：“未知生，焉知死?”生与死自孔子时起便是中国人始终关注的问题，并得到各种回答，尤其在汉代，人们以空前的热情讨论这两个问题，不仅是出于学者的学术兴趣，亦出于普通民众生存的需要。然而，正如孔子所说，在中国思想史上，对生的问题的关注似乎远胜于对死的问题的追问。有时候人们确实觉得后者更重要，但这并非由于死本身，而是因为人们最终分析认为，死是生的延续。

这则材料中，关键句子不在首尾，而出现在中间，关键句的前面讲生与死是中国人始终关注的问题，通过“然而”一词，表达了转折，着重强调作者的观点态度，认为“对生的问题的关注似乎远胜于对死的问题的追问”，后面句子中的“但”再次强调了“生”的问题更重要，可见，通过关键句子迅速锁定材料的真正含义是阅读材料的基础和关键技巧。

2. 观点句

材料中经常会引用知名人士、专家学者、组织机构、政府、学术著作等观点，用以强调或反驳，这类观点性的材料往往是要突出全篇材料的整体观点，能为考生更好理解材料真实意图提供线索，通常会出现认为、指出、表示、反映、强调、主张、资料显示、看出、告诉、据某某讲、据报道、初步推断、分析等词语。

【例 19】

【2019 年国考省级以上申论 · 给定资料 5 节选】

据此，该官员认为，未来的城镇化发展应该坚持“两条腿”并行，城市、农村协调统一，宜城则城、宜乡则乡，统筹区域发展、体现地方特色、做好产业支撑、保证公共服务、保护生态环境，让农村和城市同样美丽。

有专家指出，我们在城乡关系认识上存在一些误区。他认为，不是城市文明高于农村文明，也不是农村文明高于城市文明，两者是相互依存、功能互补的关系，所以既不能把城市文明凌驾于乡村文明之上，也不能把乡村文明凌驾于城市文明之上。

例子引用官员和专家的言论都是为了强调城乡应该协调发展，应该相互依存、功能互补。观点句对于把握城乡之间的关系有重要的作用。

3. 数据句

数据句阅读，主要针对数据型材料，阅读时需要对材料中包含的自然数据、百分比等进行重点分析，理解其背后想要强调、解释或说明的观点和现状，以帮助得出要点。

数据本身不是答案要点，要重点关注数据前后具有总结性的句子，以及数据前后表达增减、升降的词语，或者通过数据对比得出答案要点。

【例 20】

【2020 年国考省级以上申论 · 给定资料 4 节选】

结果显示，受访者中，每天工作时间超过 8 小时的占 88.32%，其中工作 8~10 小时的占 31.79%，工作 10~12 小时的占 27.66%，工作 12 小时以上的占 28.87%；每月休息时间不超过 4 天的占 94.84%，一天都没休息的占 25.09%。

有受访者表示，当前大部分快递公司制定了完善的用工制度，但仍有一小部分快递公司存在规避劳动法、不与员工签订劳动合同等问题。受访者中，没有与公司签订劳动合同的占6.74%，与公司签订劳动合同期限为1年的占60.52%，签2年的占22.33%，签3年及以上的占10.41%；从事快递工作的时间不足1年的占48.0%，工作1~3年的占32.6%，工作3年以上的熟练工仅占19.4%。

从第一段的对比分析数据可知，员工的工作时间长、强度大，休息时间不足；根本问题是缺乏权益保障。从第二段的对比分析数据可知，企业规避劳动法，不与劳动者签订劳动合同或者签订短期合同；根本问题是缺乏劳动保障。从最后一句的数据可知，快递员离职率高，职业发展困难。

二、筛选整合重要信息

如何筛选整合信息？就是根据题目的要求，经过有效阅读把相关的信息找出来，这是筛选的过程，然后将这些散乱的信息集中整合成文段，符合题目的作答要求，整个过程就是筛选整合信息。这其中有归纳总结、简要提炼、高度概括等方法，运用到阅读材料中其实就是筛选整合信息的过程。当然，有的材料中还会出现符号、图标、数据等，对这些材料也要给予特别关注，在理解的基础上翻译为符合作答要求的语言文字。筛选整合重要信息需要掌握以下几点：

①能够区分材料中重要信息、次要信息和非必要信息；

②能准确把握材料意思，提炼重要信息的同时要能用简洁的文字概括信息的本质意义；

③能够抓住题目所需，排除干扰信息；

④能够通过字面意思，看透其言外之意的隐含信息。

筛选整合信息的技巧：修剪枝叶留主干，去空去虚只求真，同类合并、异类罗列，留意挖掘隐藏者。

（一）修剪枝叶留主干

大部分材料都是由中心句和分析部分或者由分析部分和总结句组成，在概括总结的时候只用重点找出中心句、过渡句和总结句就可以，其他的部分可以暂时过滤，先通过关键句子的关键信息把握材料的整体。

（二）去空去虚只求真

材料中有时会出现大量解释说明、补充说明、背景说明等，还有拓展和引申部分，比如举例子、比喻、引用等，实际上这些内容都是为了强调和说明关键信息，其本身并没有太多实际的意义，还有的材料中会出现反比、正话反说等内容，其本质也是为了突出材料的真实意图和真正的意义，这时候就要靠我们自己能够理解材料所言，分辨是非和正反，将材料的真实意图提炼出来。

（三）同类合并，异类罗列

材料的关键词语和关键句子通常会以多人观点、多种角度、多层次分析的形式出现，有的集中在一起，有的散落在各段，当看到若干信息同时出现时，应当首先分析哪些信息是相同的，哪些是不同的，还有没有相关的信息，然后将这些相同和相关的信息合并在一起，简言之就是“合并同类项”，不同的信息并列起来，根据题目要求，总结概括成答案。

【例21】

近年来，互联网+、共享经济等新业态蓬勃发展，一大批形态多样、分工精细的新职业应势而生。然而，新职业火爆背后，从业人员却遭遇“成长的烦恼”。

某视频网站的UP主柳某：就新媒体运营而言，一旦作品更新速度变慢或是质量降低，账号便会迅速“掉粉”，收入也会大打折扣。想要维持热度和稳定收入就需要加大投入、组建团队，持续产出高质量作品，但个人UP主一般都是单打独斗，很少有行业内部交流协作，很难做到。

网约配送员平台负责人：走街串巷在城市里，永远只是“漂泊人”，戏称自己为大家身边“最熟悉的陌生人”，这是快递小哥们面临的普遍窘境。此前街道党工委和工会一起，把区域内的快递员聚集在一起成立行业工会。但在工会组建过程中，却出现了找不到行业主管部门的情况。如果能有一个强有力的组织，把1000个新职业青年变成10个组织，这样就可以将新职业青年有序组织起来，增强他们对当地的归属感。

资料提到了新媒体运营和网约配送员两种新职业所面临的职业困境，前者提到了单打独斗，行业内部交流协作少等问题，后者提到了缺少行业主管部门，难以有序组织。由此，前后可以合并表述，概括主旨句为“缺少组织保障”。

(四) 留意挖掘隐藏者

有的材料直言不讳，考生能够直接从材料中摘录语句形成答案，但是有的信息是隐含在字面意思之下，需要经过分析才能得出结论，比如言下之意、揭露的深层次含义和规律等。考生需要仔细推敲，结合上下文含义，总结归纳材料的精髓，搞清楚隐藏的本质和表达的内涵，然后用恰当的语言表达出来。

三、梳理材料的结构

从材料的结构来看，材料也是由不同和相似的文章组成的，梳理好材料的逻辑关系，考生才能做到心中有数，迅速找到答题范围和要点。材料中段与段的关系通常有并列关系、转折关系、总分关系、因果关系等。

(一) 并列关系

在同一篇材料中，并列关系是指材料的各部分内容从不同角度、不同观点、不同层次分别体现同一个主旨，没有主次，其中有不同点也有相同点，在阅读时根据材料的不同和相同分别归类概括，以便分析问题。

(二) 转折关系

材料的转折关系是指材料的前半部分和后半部分讲的是相反的意思，在语义上存在转折，通常情况下，前半部分内容是为后半部分内容做铺垫，实际上要强调的是后半部分的内容。

【例22】

【2018年国考省级以上申论·给定资料1】

传统产业是我市目前经济发展的主要支柱，占全市规模以上工业总产值的比重超过70%，是我市经济整体转型升级的主战场，更是智能制造推广应用的大市场。

调研中发现，在东南亚国家低成本吸引力和发达国家制造业回归双面夹击下，我市传统产业渴望通过智能化改造提升生产效率、产品品质，增强盈利能力的内生需求十分强烈。市委市政府也适时地把传统产业智能化改造列为建设“中国制造2025”试点示范城市的主要任务；建立了N市智能制造产业研究院，在全国率先成立智能制造协会。具有示范意义的项目也在不断涌现。传统产业智能化改造的动力很强、基础扎实。

但数据显示：全市7300多家规模以上工业企业中实施智能化改造的比例不到30%，部分中小企业尚未开展智能化改造。调研组认为，对于实施智能化改造，传统产业的绝大多数企业主存在不懂、不敢、不愿三种态度，主体意识并不强。同时，智能化改造的核心技术发展滞后、系统集成供给不足、人才和网络基础设施支撑有待加强等问题，也延缓了传统产业智能化改造的步伐。

推进传统产业进行智能化改造，就要引导创新协同，构建最大限度发挥大中小微企业、产学研用各方优势的协同创新创业共同体，集中攻克一批以软硬件一体化为主要特征、带动性强的智能装备，自主培育扶持一批具有很强市场竞争力的系统集成、装备研制、软件开发与智能制造新模式应用等领域的智能装备骨干企业。要开展试点示范，在化工、汽车、纺织、家电、机械制造等重点行业中开展智能化改造示范应用，培育一批“专精特新”的“工匠型”企业。

前半部分主要讲传统产业是目前经济发展的主要支柱，占全市规模以上工业总产值的比重超过70%，是我市经济整体转型升级的主战场，更是智能制造推广应用的大市场，而且传统产业智能化改造的动力很强、基础扎实。后半部分话锋一转由“但”字开启，表明存在智能化改造的核心技术发展滞后、系统集成供给不足、人才和网络基础设施支撑有待加强等问题，延缓了传统产业智能化改造的步伐。前面讲的是具备的条件和基础，后面讲的是还存在的问题，要解决问题才能大力发展，所以重点是在后半部分，这就是材料内部的转折关系。

（三）总分关系

总分关系就是第一段落起到总领概述的作用，后面的段落从不同角度和方面围绕总领段展开说明和叙述，总分段落是最容易迅速把握全文要点的结构形式，只要紧紧抓住总领段的具体含义和关键信息，其他段落的内容就更容易理解和归纳，大大提高了理解材料的速度和准确度。

（四）因果关系

因果关系是材料由原因和结果构成，先论述原因后论述结果，或者先论述结果后论述原因，总之材料整体呈现出原因和结果的关系。

【例 23】

【2015 年国考省级以上申论·给定资料 5】

塑料的发明曾给人的生活带来了相当大的便利，但也带来了一系列的环境问题。塑料在垃圾中占相当一部分比例，而且大大增加了垃圾处理的难度和费用。由于废塑料几百年都难以降解，若丢弃在自然环境中，会给蚊子、苍蝇和细菌提供生存繁育的温床，若埋在地下，则容易污染地下水，妨碍植物根系生长，破坏土壤品质；若焚烧处理，将产生多种有毒气体。“白色污染”已经成为危害环境的一大公害。

汽车的尾气、空调和电冰箱中的氟利昂都在破坏大气层。埃博拉病毒的暴发和流行也使全世界更加关注生物安全问题，并将其作为国家安全的组成部分。全球数以万计的原子弹更是高悬在人类头上的达摩克利斯之剑。

20 世纪的信息技术把人类活动的效率提升到了一个新的高度。但是另一方面，就像著名学者刘易斯·芒福德讲的那样，为了获得更多、更丰富的物质，人们牺牲了时间和当前的快乐，将幸福简单地与拥有汽车、浴缸和其他机械产品的数量画上等号，芒福德称之为“无目的的物质至上主义”。在计算速度越来越快、人工智能程度越来越高的潮流之下，人类的个性开始被故意忽略和遮蔽，陷入了追求更高、更快、更强的单向度技术目标的误区。有评论家因此指出：“当发展着的物质科技生产力忽略、脱离开民众精神力的时候，就会丧失它应受人控制并为人服务的真正本质，而变成与人对立的人的异化力量。”

观察家认为，未来科技最关键的发展方向是走人性化之路。闪烁着“人性”之光的产品将越来越多地出现，高科技产品也将被进一步赋予灵动的生命，在科技和人性之间架起桥梁。人性化的科技反映的是人类以下的思考：科技产品如何为人服务？它给人们的生活带来了怎样一种新的积极的变化？科技如何人性化？在盲目的物质化导向这一危途中，人性化之路将赋予高科技产品以新的价值观，那就是用大写的人性的光芒去逼视高科技这一之前高贵神秘、自视甚高的怪兽，使之形秽，让普通人也能看到这中间的无知和愚蠢来。

人性化的科技因此是在科技和人文、个性化与大众化、商业目标和社会使命之间去追求平衡，这种平衡不仅是一种美，也是一种智慧和态度。

该段内容讲述了科技发明为人类带来了便利，但是带来了环境问题，信息技术的发展提高了人类活动的效率，但是容易变成与人对立的人的异化力量，因此未来科技最关键的发展方向是走人性化之路。第一段到第三段都在讲述科技发展与现实之间的矛盾和问题，第四段开始详细说明发展的思路应该有变化。材料整体性呈现出了比较明显的因果关系，因为出现了发展的障碍和矛盾，所以应当考虑如何解决。理清材料脉络有助于对提出的问题针对性找答案。

每一篇材料都不是单纯地只出现一种逻辑关系，在表述完整的一件事或一个主题时往往会出现多种复杂的结构形式，但只要把握住材料的中心思想、观点和本质，就能准确理解材料。

第三节 实战演练

【例 24】

【2019 年国考市地级以下申论 · 第四题】“给定资料 4”中的座谈会上，主持人说：“如果不能打破这种种‘遮蔽’，就拿不出有分量的作品。”请谈谈你对“种种‘遮蔽’”的理解。(15 分)

要求：观点明确，紧扣材料，准确全面。不超过 200 字。

给定资料 4

为讲好新时代“中国故事”，某地市委宣传部组织文艺工作者到基层采风，体验生活。在活动结束的座谈会上，大家交流了参加此次采风活动的心得体会，以下是部分与会人员的发言记录。

甲：我创作历史剧的目的是，用艺术的手法对历史进行重新包装，通过故事唤起人们认识历史的兴趣。可是，有些作品为迎合当下的“娱乐精神”，将现代元素掺杂进历史，剥离具体的历史语境肆意发挥。虽然观众看着新鲜稀奇、招人耳目，收到了娱乐效果，但是，这种混淆现实与历史的做法，牵强附会、哗众取宠，是对历史的不尊重。

我正在创作一部反映改革开放 40 周年的作品。如何真实反映时代，塑造时代典型，通过人物命运变迁折射出整个时代的图景，是我常思考的问题。所有的人都是时代里的人，都有他的时代性，而追究时代性，就不能没有历史感，正是因为历史才造就了时代。岁月能滋养人的心性与才华。我们这一代人出生在改革开放开始的时候，到了这个年龄，有了一定的能力，有责任创作出富有新时代气息的作品来。

乙：我是乡村出来的 80 后。我的文字大多从儿童、女性视角入手，展现基层百姓的生活状态、普通人家的人生故事。我自己曾以一个乡村媳妇的身份在认真地生活，和乡村里那些小媳妇一样流汗流泪、上山下田、柴米油盐、家长里短。后来我进了城，但幼小多病的儿子只能暂时寄养在婆婆家里，成为“留守儿童”。从那时起，我就开始注意“留守儿童”，每当看到他们胆怯而忧郁的目光，我心里就有一种疼痛在撕扯。从此，我有空就往附近村庄跑，了解情况，搜寻故事，捕捉细节。我的写作就是从那时开始的。

我认为，创作不仅要表达自己，还要善于书写他人。如果我们的创作只停留在私人性的经验上，仅仅满足于自我倾诉的需要，那么作品就难以回应时代的提问，体现老百姓的真情实感。

丙：我写网络小说快十年了，在网上发表了不少作品。我们这一代人，在互联网的影响中建立和重构自己的精神世界。创作时我总是喜欢把自己投射到一个具体的情景中，在一个自我编织的虚幻氛围里，想象故事的情节然后记录下来，写成文字。有时需要写一些自己不熟悉的背景情节，只要坐在家里，上网搜索素材，我就能继续写。

这几年，我在网上写连载赚到了钱，但是没有写出自己满意的作品，感到现在的创作动力也没有之前那么强烈了。认真想来，手机、网络这些现代技术方便了创作，加上经济刺激，造就了我的“高产”。但是技术和金钱，在更深的层面上给创作造成了某种“遮蔽”，让我感受不到阳光的温度，忘记了创作的初心。

丁：我的新作是脱贫致富的故事。上个月，我走进大山深处的一处村落，才感到生活的落差太大了。城市经济发达、生活便利，很难想象为了供一个孩子上学，偏远地区的贫穷家庭要经历什么样的苦难。我感到，只有继续深入下去，进一步了解农村的生存状况和精神世界，对政策在基层执行有更多角度的观察，才能明白国家精准扶贫是多么伟大而艰巨的任务。现在我要把以前想象的人物情节全部推翻，重新创作。

这次采风让我感到，多走多看多聊实在太有用处了。“行走”要成为我们文艺工作者的生活常态，既要行走在书本中，更要行走在现实生活里，依靠“行走”才有可能打破乡间田野和城市高楼之间的隔阂。

…………

主持人：我们组织这次采风活动，就是希望大家能够更多地深入基层，到老百姓中间去走一走，创作出更多的优秀作品来反映我们所处的这个新时代。今天大家的发言都很精彩，也谈到了当前文艺创作中存在的这样或那样的问题。特别是，丙使用的“遮蔽”这个词很形象。如果不能打破这种种“遮蔽”，就拿不出有分量的作品。创作的力量只可能来自我们脚下的大地和身边的人民。我们只有将个人情感与国家命运紧密相连，才能创作出那些有时代精神、有思想深度、有生活温度的故事。

解题思路

题目是要分析材料中“种种‘遮蔽’”这个词语是什么意思，要求考生回到材料中，先定位这个词语出现的位置，然后根据上下文语境分析要表达的是什么。首先“种种”就说明不是单个而是多个，通过对材料的分析，总共有甲乙丙丁四个人发表了观点，那么综合信息，应当总结为四个问题。所谓“种种‘遮蔽’”是指文艺工作者在创作中出现的诸多问题，从而导致难以创作出有时代精神、有思想深度、有生活温度的作品。因此在整理答案的时候，要先解释“种种‘遮蔽’”是什么意思，然后分析概括这些问题的具体表现，最后总结概括做法，形成完整的答案结构，即解释表面意思+具体阐释+总结。

参考答案

“种种‘遮蔽’”是指文艺创作中出现的许多问题，导致文艺创作难以较好呈现，具体表现为：不尊重时代和历史，为了迎合“娱乐精神”而混淆现实；

只停留在私人性经验上，满足了自我倾诉却难以回应时代的提问，难以体现老百姓的真实情感；技术和经济的刺激让文艺创作盲目高产脱离现实，忘记初心；没有深入基层，到老百姓中间多走多看。因此，只有将个人情感与国家命运相连，才能创作出有时代精神、有思想深度、有生活温度的好作品。(198 字)

本章小结

阅读理解能力是归纳概括、综合分析、解决问题等能力的基础和综合体现。很多学生基于考试的功利心和得失心态，可能会认为阅读理解能力其实就是技巧方法的问题，但这只是比较片面的看法。掌握方法和技巧看似可以帮助考生在做题时走“捷径”，很多学生认为只要掌握技巧就可以在考场上发挥得更好，但其实不然，申论考试如果只是考查技巧，那未免也太容易，就变成了技能比拼，太注重方法而丢弃了阅读理解能力的训练是本末倒置的。阅读理解能力的提升非一朝一夕就能获得，尽管针对问题的解题技巧可以短时间内迅速掌握，但如果忽视阅读理解能力的训练、太急于求成反而容易“捡了芝麻，丢了西瓜”。从一定程度上来讲，申论的考查其实就是阅读理解能力的综合考查，这是所有题型解题的基础，因此解题技巧只是申论考查的形式，真正需要考生们积累的是信息、知识和经验，训练的是考生的思维能力和逻辑判断能力。

第四章 归纳概括题

思维导图

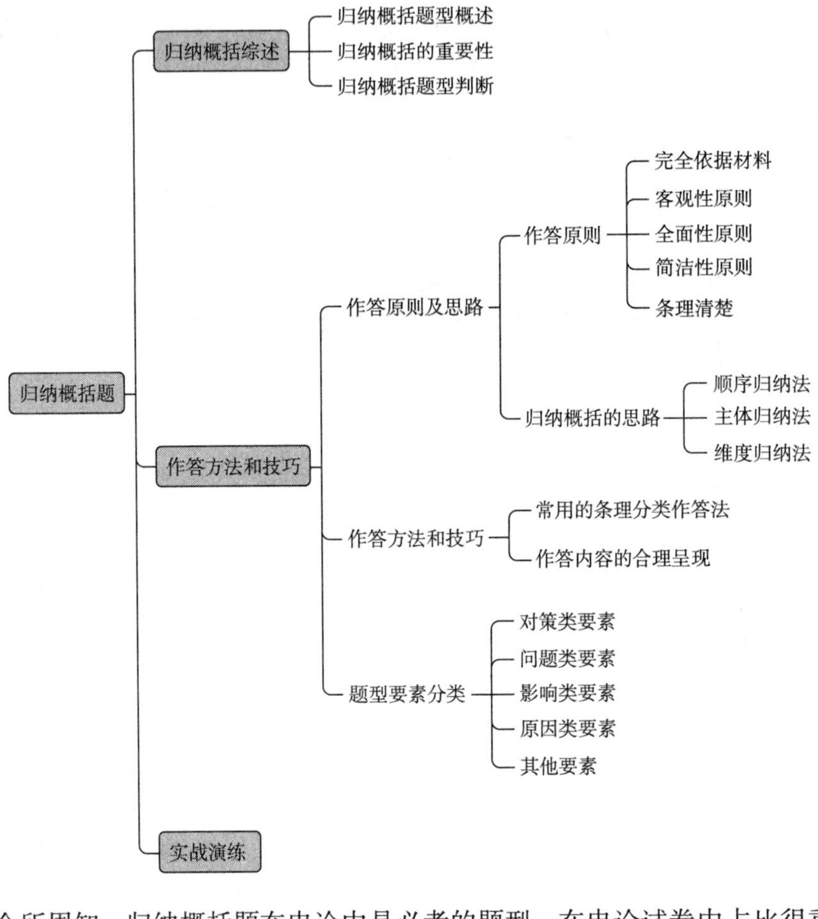

众所周知，归纳概括题在申论中是必考的题型，在申论试卷中占比很重。除此之外，其他客观题，如综合分析题、提出对策题、应用文写作题的内核都是归纳概括。可以说，“得归纳概括题者得申论”。归纳概括的本质就是找点要全面、准确，换句话说，会读材料的考生才能在归纳概括题中拿高分。因此，我们对归纳概括（含阅读方法）如何快速提分做出如下说明，供考生借鉴参考。

第一节　归纳概括综述

一、归纳概括题型概述

归纳概括题是申论考试重点考查的题型，也是其他题目的作答基础。归纳概括是对资料中的主要内容进行概括、提炼、加工的过程。其出题内容主要为归纳概括现状、问题、影响、原因以及影响等。掌握归纳概括的作答思路对于整个申论考试具有重要意义。

二、归纳概括的重要性

归纳概括能力是申论考试中考生必须具备的基本能力，它不仅关系到归纳概括类试题的作答，还关系到其他类型试题的作答。其重要性主要体现在以下几个方面。

（一）阅读时需要归纳概括

申论给定资料的字数较多，且材料之间毫无逻辑顺序可言。篇幅长，缺乏逻辑性，很可能使考生读完一则材料就忘了上则材料讲了什么。因此，在阅读时对每一则材料的内容或者重点信息进行简单标记是非常有必要的，这时就需要用到归纳概括。归纳概括每段材料的主要内容可以使考生对材料有一个总体的把握，了解材料是围绕什么问题而展开论述的，同时，对捋顺材料的逻辑关系也有帮助，可以知道哪几则材料论述的是同一个问题。

（二）作答归纳概括题需要归纳概括

申论考试通常会要求考生归纳概括材料内容，材料反映的问题或现象，问题产生的原因、危害、意义，能够借鉴的经验、教训，等等。这种带有或明显或浅显归纳概括要求的题型称为归纳概括题。通常在这种题型中会出现概括、概述、归纳、整理等字样，提示考生此题意在考察归纳概括能力。

归纳概括题是申论考试中的老题型，从申论考试刚刚起步的三道题阶段，到现在日臻成熟、题型越来越丰富的四道题、五道题阶段，对考生归纳概括能力的考查从未停止过。只是随着考试竞争激烈程度的不断加剧，归纳概括类题型的难度越来越大了。从最初要求考生归纳概括材料的主要内容，到现在要求考生针对材料中反映的问题整理一份供领导参阅的汇报材料，可以看出对考生归纳概括能力的要求在不断加强。

（三）作答其他题型需要归纳概括

作答归纳概括题需要考生具备良好的归纳概括能力，作答其他类型申论试题同样需要考生具备这一能力，尤其是分析类试题与归纳概括的联系非常紧密，通常都是既需要分析，又需要对给定资料进行归纳概括才能得出答案。

三、归纳概括题型判断

作答任务是对某个特定要素进行概括、归纳、总结、提炼等，要求当中一般会有“准确全面”“分条陈述”“条理清晰”等。

常见要素包括对策、原因、问题和影响等。偶尔会出现特殊要素，如流程、要求、内涵、理念、品质等。

【例1】

【2021年湖北县级卷·第一题】根据“资料2”，请概括L县“苹果产业后整理”的主要举措。(15分)

要求：全面、准确，有条理。不超过200字。

【例2】

【2019年安徽A卷·第一题】请根据“给定资料2”概括信用体系建设对当前社会具有的积极影响。(15分)

要求：

(1) 准确全面；

(2) 分条概括；

(3) 不超过150字。

第二节　作答方法和技巧

一、作答原则及思路

(一) 作答原则

归纳概括题无论是简单的还是复杂的，无论是要求归纳概括主要内容、问题，还是原因、意义，都需要遵循归纳概括题的基本作答原则。只有保证按照以下一些作答原则作答，才能称得上是合格的归纳概括。

1. 完全依据材料

给定材料是作答所有申论试题的根本，作答任何类型的申论试题都不可能完全脱离申论材料。综合分析、提出对策需要依据给定材料，写作论证也需要从材料中寻找灵感和论证角度，对归纳概括题来说就更是如此，更需要依据给定材料了。给定材料对于归纳概括题和写作论证题的意义是不同的，作答写作论证题只需要参考给定材料即可，在参考的前提下提出自己的观点并进行论证，写作需要考生进行充分发挥，仁者见仁智者见智，有什么高见就表达什么高见，不能局限材料，要基于材料而高于材料。而归纳概括题则不然，作答的全部要点必须都来源于给定材料内容，不能有脱离给定材料的内容出现。

有些考生平时比较关注社会问题，对社会问题有一定的了解，当在考试中遇到自己非常熟悉的问题时往往成竹在胸，马上按照以往自己对这一问题的理解写出答案。但是，并不是对问题的了解越深刻，就越能得高分。

【例 3】

【2009 年贵州省公务员申论考试 · 第一题】根据上述材料，归纳出造成“豆腐渣工程”的主要原因。要求：概括全面，条理清晰，语言流畅，字数在 200 字以内。(25 分)

有些考生在归纳原因时提到了“法律法规不完善，处罚力度轻，高回报低风险，促使承建者偷工减料”。抛开给定材料来看这一原因会觉得非常合理，这确实是造成“豆腐渣工程”的一个原因。但是看过材料后就会发现这样一个问题，材料中并没有反映“处罚力度轻”的问题，这就脱离了给定材料，不能称之为概括了。

社会问题都是错综复杂的，现象、原因、作用、意义多种多样，受到材料篇幅以及命题者对问题认识深度的影响，材料选取的事例所反映的内容都是有限的、不全面的，因此，即使考生曾经复习过这一社会问题，看过关于这一问题现象、原因、对策的相关材料，也很难与命题者选择的材料不谋而合。就拿上面这道试题来说，命题者要求考生概括的造成“豆腐渣工程”的主要原因都必须是材料中所反映的原因。当然，材料中反映的原因不一定是全部的原因，但这不是考生需要考虑的问题，考生只需要把材料中涉及原因的内容总结概括出来，不仅是这道试题需要这样作答，其他归纳概括类试题同样需要这样作答。

在这里需要澄清的一个问题是，完全依据给定材料作答并不等同于照搬照抄给定材料的内容，而是要求所概括出来的内容能够在材料中找到依据。照搬照抄材料只是对材料反映的表面问题的摘录，并没有经过总结和概括，因此也不能称之为归纳概括。

2. 客观性原则

客观即不以特定人的角度去看待事物，也就是事物本身的属性不以人的意志为转移。对于归纳概括而言，就是将材料中反映的问题一是一、二是二地总结复述出来，不要把自己对问题的认识、态度、观点反映到归纳概括中。这就决定了归纳概括的语言形式一定是中性的，不能带有强烈的感情色彩。

还是以 2009 年贵州省公务员申论考试第一题为例，说明怎样的答案才是客观的答案。下面是两位考生关于这一题的作答，我们来对比一下：

【作答一】

承建单位丧尽天良、泯灭人性，置人民的生命安全于不顾，违规招投标，擅自修改设计图，偷工减料、以次充好，随意缩短工期，降低工程质量标准。

【作答二】

出现“豆腐渣工程”的主要原因包括：在工程招投标阶段，存在违规招投标现象，对承建单位的资质审核不严，使缺乏资质的单位承接工程项目；工程设计不合理，或违反设计程序规定擅自修改设计图，修改不当造成隐患；在施工过程中偷工减料、以次充好，随意缩短工期，擅改施工顺序，降低工程质量标准；部分质量监督人员受利益驱使玩忽职守，把关不严。

两份考卷孰优孰劣，相信考生一眼就能看出。作答二的归纳非常客观，没有掺杂自己的感情色彩。作答一中“丧尽天良、泯灭人性”这样的词语虽然充分表达了考生对建造“豆腐渣工程”的人的愤怒之情，但是却偏离了归纳概括的宗旨，不像是概括，更像是自己感情的一种发泄。

归纳概括只是对材料的客观总结，不需要考生慷慨激昂地进行评论，因此，考生在作答时一定要提醒自己，将材料内容准确地、如实地总结概括出来。

3. 全面性原则

全面即不能遗漏答题要点，所有与题目要求概括的内容相关的要素都要归纳概括出来。申论题目是按点给分的，每道题都有采分点，归纳概括题也是如此。阅卷老师从考生的答卷中寻找与采分点吻合的要点，找到一点即给出一点的分数，因此，归纳概括得越全面得分越高。要想使归纳概括的内容更加全面，就必须从多角度、多层面概括问题，不放过材料中的任何细节。

4. 简洁性原则

概括要用最简练的语言把最主要的意思表现出来。要简单明了，一看就明白。概括是要把所有复杂的问题简单化，用最精练的语言把主要信息浓缩起来。因此，在概括时要防止琐碎和具体。一定要注意，千万不要把材料当中的那些零零碎碎的东西、细节的东西拿进来。在概括问题时，一般来说，过分具体的东西是不出现的，比如说数字基本上不出现，除非写经济汇报材料，数字必须有。地名、人名一般都不出现。

（1）舍弃时间、地点、人物

申论考试中的归纳概括题不是新闻简讯，只要把主要问题概括出来即可，不需要在概括中提及时间、地点、人物等要素。下面举例说明：

【概括一】在上世纪90年代轰轰烈烈的建校潮中，李某所在的枣园镇延店则村建起了柳延希望小学，几年后，经过新的农村教育布局调整，许多希望小学被关停，如今学校的一部分教室被村委会用作办公室，一部分办起了幼儿园。

【概括二】以柳延希望小学为例，介绍了新的农村教育布局调整后，希望小学遭废弃的问题。

好的概括一定不能大量地照搬照抄原材料，但又不能脱离材料，因此要学会把自己的连接词和材料中的关键词结合起来进行表达。

好的概括 = 考生的连接词 + 材料中的关键词

（2）舍弃细节描写

如前面所讲，归纳概括是对材料内容的浓缩，而不是扩充，因此不需要描述细节。细节越多，概括出来的答案废话越多、越臃肿。考生只有分清什么是描写，什么是概括，才能使归纳概括变得简洁。

例如，要求概括一个人的嘴部特征，可以用“唇红齿白”来概括，如果用“这个人长着一张像樱桃般鲜红的嘴唇，牙齿像雪一般洁白”来描述则不属于概括，而是对这个人特征的描述。概括是需要言简意赅、具有概括性的，描述则偏重对细节的描绘，越详细越好。

5. 条理清楚

条理清楚即层次分明，有逻辑，有条理，给人一目了然的感觉。很多归纳概括类试题都会提出条理清楚的要求，即使没有提出这样的要求考生也要做到这一点，这是因为条理清楚一方面可以体现考生良好的逻辑性，另一方面也便于阅卷老师寻找采分点。

（二）归纳概括的思路

当一个概括题中出现了归纳、分类合理等要求时，就需要我们对信息点按照共同特征进行合并、归类。如果一个概括题的字数在200字以内，没有要求归纳还是尽量直接写要点，避免为了归纳而占用很多字数，导致要点不全。归纳的方法主要有以下几种。

1. 顺序归纳法

顺序归纳法指按照时间顺序或事件处理流程进行归纳，分别对同一事件的不同环节，如事前、事中、事后进行归纳。这种归纳方法适用于对材料中的一个独立完整事件进行归纳概括。

【例4】

【2016年多省联考（海南卷）申论真题 · 第三题】假定你是有关部门的一名工作人员，准备将“比逗咖啡馆”的创业经验向广大学生进行推介，请根据给定材料3~5，归纳总结“比逗咖啡馆”的主要成功经验。要求：内容准确全面，总结有深度、有条理。不超过300字。

通过阅读资料3、4、5，根据时间顺序可得出“比逗咖啡馆”的主要成功经验有：

众筹前：1. 针对个体特征设计和提供有效的定制产品；2. 转变创业模式，将消费者转化为投资者和生产者，把外部交易转化为内部合作；3. 通过调查问卷了解参与众筹意愿；4. 科学选址，选择临街铺位。

众筹中：1. 发布股权众筹计划书，出让公司股份，获得融资和创业团队；2. 实现项目裂变，由项目带来更多合作机会；3. 聚集众多资源，通过服务股东获得收入，促进创新；3. 建立董事会，给予股东建议权，决策权交给运营团队。

众筹后：1. 设置股权流转计划，部分股东成为永久股东，其余流转给在校学生；2. 承办创业交流线下活动，获得创业资源和指导；3. 开发股东App，加强股东之间交流、提高活跃度，通过完成任务获得奖励。

2. 主体归纳法

“主体”指材料中所体现出的个体或组织。当材料中主要内容分别围绕不同主体进行表述时，就可以按照材料中的主体来进行归纳概括。这种概括方式适用于主体特别明显，同时各主体重要程度比较一致的题目。

【例5】

【2020年天津申论真题 · 第一题】根据“给定资料2”，请你概括三位脱贫攻坚第一书记所展现的优秀品格。（15分）

要求：全面、准确、有条理，字数不超过250字。

通过阅读给定资料 2，根据不同主体，可归纳出三位脱贫攻坚第一书记所展现的优秀品格。

沈浩：1. 一心为民。带领村民修路打井，支持青年创业致富，找到适合小岗村发展新路。2. 贴近群众。艰苦朴素，把村民联系电话放在床头，随时接待群众，赢得群众认可。

隋耀达：1. 真抓实干。做事雷厉风行，让贫困户成为致富能人，发展各种产业，为贫困户分红增收，实现良性循环。2. 谦虚谨慎。虚心向农民请教学习。3. 无私奉献。带病服务群众，保护群众，见义勇为。

黄文秀：1. 勇于担当。主动到贫困村工作。2. 开拓创新。融入群众，完善基础设施，发展特色产业，建立电商服务站。3. 信念坚定。孝顺父母，责任感强，追求人生意义和价值。

3. 维度归纳法

当材料中的内容不适用以上方法时，就应当对概括出的要点内容进行整合，将具有共同属性的点放到一起进行归纳概括，这一共同属性称为“维度”。在申论考试中主要采取这种方法，按照自然段进行归纳，将一段中的核心关键词或主旨作为小标题。

【例 6】

【2014 年国考市地级以下申论 · 第一题】“给定资料 3”是 F 市实施心理健康促进项目的工作大事记，请据此对 F 市所做工作进行分类总结。(15 分)

要求：分类合理，内容全面。不超过 200 字。

通过阅读给定资料 3，从四个不同维度进行分类，可归纳概括出 F 市所做工作如下：

1. 加强领导。成立项目领导小组，制定相关方案，确立会议机制，部署各项活动，召开各类会议，明确工作月报制。

2. 完善设施。构建三级网络系统，建立市心理卫生协会和心理健康辅导中心，在学校、总工会、妇联、残联和各社区建立心理咨询场所。

3. 培养人才。聘请专家指导，招聘大学生，实施心理咨询师培养计划，培训知心姐姐。

4. 开展活动。开通咨询热线提供服务；开设心理课程，提供辅导；开展宣传活动，发放资料，普及知识。

二、作答方法和技巧

(一) 常用的条理分类作答法

1. 主客观分类法

该类方法主要是将内容分为客观与主观两个方面，而在归纳概括原因、条件、因素等内容时可根据材料要点主客观属性进行相应划分。

2. 主体分类法

该类方法主要涉及个人、家庭、学校、企业（社会组织）、政府（国家）、社会等类别，在归纳概括题目所用材料中，若出现上述主体的相应提示，考生可根据相应主体来进行划分。

3. 范围分类法

该类方法从宏观、中观对社会各领域范围进行划分。

宏观：政治、经济、社会、文化、生态（五位一体）、农（林渔牧）、工业（建筑、制造）、第三产业（服务、IT、金融）。

中观：衣、住、行、教育、医疗、就业、养老等民生领域，农民、商户、企业家等，教师、公务员等职业。

近年来申论宏观话题考查较少，主要考查中观主题，因而中观分类法中民生领域需多加理解记忆。

4. 层面分类法

该类方法主要来源于社会实际和政府工作，包括思想意识、技术操作、监督处罚、制度体系等方面，该类方法多在归纳概括原因和对策中出现。

5. 材料逻辑法

如果说以上四类条理划分方法有较强的预设性，那么根据材料逻辑来划分条理层次就更加稳妥。该类分析方法遵循以下原则：第一，同则材料各段落主题一致，则合并为一类；第二，同则材料出现明显并列词，如“同时”“另外”等，则可以并列词为界限划分要点。

（二）作答内容的合理呈现

在考场上，作答概括题要做到全面、准确、高效。在阅读过程中，要把主要的点进行标注，建议将题目结构写在草稿纸上，确定要作答的要点数，结合答题卡空格进行字数安排，然后进行作答。

1. 整体组织

概括性提出题目的要求：1. ……；2. ……；3. ……。或（1）……。（2）……；（3）……。

2. 关键信息点的承接

在作答过程中尽量用短句来进行作答，字数较少的题目可以直接将要点罗列出来。

3. 做题步骤

（1）审题

确定答题结构，包括题号、阅读范围、问题、关键词等，确定作答时间。

（2）阅读

按题目给定材料顺序阅读，根据材料类型选择阅读方法，查找要点，同时查找作答需要的素材。

（3）标注

关键词、关键句特征：符合题目要求，表述精炼简洁。对表述不规范的内容进行语言转化，找到要点后标注编号。如题干要求归纳，则提炼核心内容进行归纳。

(4) 列出答题提纲

确定要点数量、每个要点作答的内容。根据字数确定作答要点的内容，对于字数比较少的题目，可以直接通过数数确定要点，对字数比较多的题目要明确每个点大概的范围，并且用铅笔在答题卡上进行标注；在试卷上可以用铅笔标注每个要点写的位置，然后开始进行作答，根据字数对内容要点进行取舍。概括题一律不分段，按照 1、2、3 分点依次列出即可。

三、题型要素分类

(一) 对策类要素

对策类要素就是行为举动、要做的事情、解决问题的办法，包括对策、举措、做法、经验、建议、思路等。

在材料中，对策要素主要呈现为动宾结构，但某些名词性表述、事实性表述也可以转化为对策。例如，“在财政资金的帮扶下，群众生活日渐改善”，对策：提供财政帮扶资金。例如，“信用合作社在乡村振兴中发挥了重要作用”，对策：建立信用合作社。

此外也要注意，不是所有的动词性表述都是对策，它也有可能充当目的或影响。比如，“加大科技投入力度，推动制造业转型升级”，影响：制造业转型升级。或者“加快制造业发展，需要政府企业协调配合”，目的：制造业发展。

(二) 问题类要素

问题类要素一般就是消极负面表述或否定性表述，包括问题、不足、困境、挑战、难点等。可以在材料中关注问题类词汇、消极否定表述、转折对比信息。例如，“农民种粮，要面对自然和市场双重风险，真希望政策能给我们撑起更强的保护伞”，问题：政策对农民种粮的保护力度不够。

(三) 影响类要素

影响类要素即一件事情带来的结果，包括作用、影响、意义、效果、好处、危害、后果等。影响表述中可能会出现一些提示词，如“着”“了”“使”“让”“能”等。例如，“探索公共文化服务项目外包，提高了服务效率和利用率”。

也可以按照“问题—后果”“目的—实现目的”“对策—影响”的逻辑来确定影响类要素。例如，“单位每周组织读书分享座谈会，营造读书氛围，打造书香单位”。

(四) 原因类要素

原因类要素就是引发事情的条件，包括原因、成因、理由、根源等。重点关注因果关联词，如“因为……所以……”“之所以……是因为……”“如果……就……”“在……之下”“使得”“源于”“导致”等。

(五) 其他要素

其他要素主要有现状、目的、品质、理念、流程等。有些比较直观，根据经验就可以准确判断，有些需要结合已知要素进行转化。

①流程历程：重点关注时间线索，以先后次序呈现关键信息。

②内涵：事物的内在性质、本质特征，“是什么”“包含什么”。

③理念：关注行为做法、讲话内容，从中总结出相应的指导思想。

④品质：关注行为做法、讲话内容，从中总结出对象的关键特征。

⑤亮点：积极内容，要求具备个性化特色、与众不同，包括可借鉴的做法、积极的影响、过人之处等。

第三节　实战演练

【例 7】

【2020 年国考省级以上申论 · 第一题】根据“给定资料 1”，请你概括 L 省在人才的政治引领方面的主要举措。(10 分)

要求：全面、准确、有条理。不超过 200 字。

给定资料

在中国特色社会主义进入新时代、决胜全面建成小康社会、开启现代化新征程的大背景下，把各方面优秀人才团结凝聚到党和国家的事业中来，显得比以往任何时候都更加重要和紧迫。明确要求“在知识分子和广大人才中大力弘扬爱国奉献精神，激励他们的爱国之情、报国之志。要加强对人才的政治引领，做好各类人才教育培训、国情研修等工作，增强他们的政治认同感和向心力，实现增人数和得人心有机统一”。

L 省是经济大省、人才大省、开放大省，遇到的矛盾问题更早更多。面对一系列难题，L 省以习近平新时代中国特色社会主义思想和关于人才工作的重要论述为指导，紧紧围绕“实现增人数和得人心有机统一”的总目标，探索出了一条对人才的政治引领实效化的新路径。

L 省始终坚持党管人才这一根本原则，着力构建权责明确、务实管用的组织架构。坚持一把手抓、抓一把手，省委书记批示要求“认真落实党的知识分子政策，加强政治引领”，各级党委（党组）都把加强对人才的政治引领作为“书记项目”。2018 年，L 省调整了机构布局，进一步整合了人才工作的相关力量，明确了对人才的政治引领职能职责。

L 省把习近平总书记关于人才工作的重要论述作为人才培训的第一课，引导广大人才同党中央保持高度一致。通过实施“爱国、奋斗、奉献”精神教育三年行动计划，引导广大人才树牢“四个意识”、坚定“四个自信”、做到“两个维护”；通过常态化组织人才赴井冈山、遵义等红色教育基地学习，让广大人才在切身感受中提高对世情国情党情的认识，坚定理想信念。

此外，全省集中举办高层次人才“爱国、奋斗、奉献”精神主题学习会，邀请省委讲师团专家作报告。学习会上，为高层次人才颁发证书、授予奖牌，增强其荣誉感和成就感。会后，制作主题学习会视频，放大典型示范效应。同时，开展“身边的榜样——知识分子群像群塑”活动，分层分级分类别，评选出一批可看可知、可比可学的先进典型，通过榜样的力量感召广大人才投身全省建设。

L省积极响应“一带一路”、脱贫攻坚等国家战略和重点工作，动员人才开展对口帮扶、对口支援。仅2018年，全省就选派各类人才3109名到对口帮扶地区服务锻炼，并依托博士服务团计划，选派经济金融、医疗卫生等领域博士教授16批140余人次，到西部地区和革命老区援助帮扶，让人才在祖国最需要的地方绽放青春、追逐梦想。

感情亲近，思想才能贴近。L省建立健全专家联系制度，各级班子成员、部门党委（党组）书记分别结对联系一批专家教授、名医大师、技术骨干，形成横向到边、纵向到底的工作机制。各级党组织坚持“四必访两必到”，在重要节日、专家取得重大成就时、逢十生日、罹患重大疾病时领导干部必访，逢年过节、逢有喜事时问候祝福短信必到。注重“关键小事”，以周到贴心的服务把专家人才紧密团结凝聚起来。

解题思路

根据材料内容，进行段落内容总结概括。

举措1：构建组织架构。坚持党管人才这一根本原则，将人才工作作为“书记项目”，调整机构布局，明确对人才的政治引领职能职责。

举措2：加强精神教育。进行人才培训，引导人才同党中央保持高度一致，实施主题精神教育，组织人才到红色教育基地学习，坚定理想信念。

举措3：树立典型示范。为高层次人才颁奖，增强荣誉感和成就感；评选先进典型，通过榜样力量感召广大人才投身全省建设。

举措4：开展对口帮扶。响应国家战略，选派各类人才到对口帮扶地区服务锻炼，在祖国最需要的地方绽放青春、追逐梦想。

举措5：团结凝聚人心。建立健全专家联系制度，关心人才生活，注重“关键小事”，以周到贴心的服务把专家人才紧密团结凝聚起来。

参考答案

1. 坚持党管人才。构建组织架构，明确对人才的政治引领职能职责。2. 加强精神教育。开展主题教育和红色基地教育，引导人才同党中央保持高度一致，坚定理想信念。3. 树立典型示范。为高层次人才颁奖，增强荣誉感和成就感；评选先进典型，感召广大人才投身全省建设。4. 开展对口帮扶。选派人才到对口帮扶地区服务锻炼，响应国家战略，绽放青春、追逐梦想。5. 团结人心。健全专家联系制度，服务贴心周到，把人才团结凝聚起来。

本章小结

本章在归纳概括的概述、重要性、作答原则及技巧等方面对归纳概括这一题型进行了介绍。归纳概括是最基础且最核心的题型，是其他一切题型的前提，所以，掌握了归纳概括的方法，也就掌握了申论解题的大部分要领。考生在考试前要充分地进行归纳概括训练，掌握其要领和方法，注意解题思路及具体作答要求，准确地进行作答。

第五章 综合分析题

思维导图

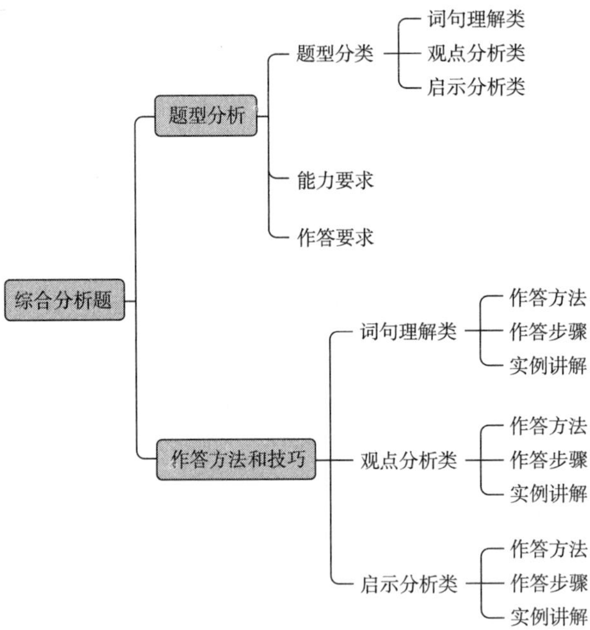

在大纲中命题人这样解释综合分析："要求对给定资料的全部或部分的内容、观点或问题进行分析和归纳，多角度地思考资料内容，做出合理的推断或评价。"简单来说，其实就是对于材料中的某一句话、某些事例或者部分人的观点，依据材料展开多角度的分析理解，最终得出合理客观的观点和推断。结合日常生活，就像我们评价某一部电影或某个人。

现在申论考试材料多为案例型材料，在分析题中要求围绕材料中某个内容如原因、影响、启示等内容的题目比较多。这类题目要求我们准确理解材料内容，并针对问题进行分析。作答思路上与概括题类似，问什么答什么，要点之间是并列关系，根据给定资料对要点进行直接提炼即可，部分内容需要语言转化。

分析要素题可以视为概括要素题的升级版本，要在归纳概括的基础上，进一步深挖本质、提炼精髓。分析要素类一般包括分析原因、分析问题、分析影响等，其中以分析原因类的题型最常见。

第一节　题型分析

一、题型分类

综合分析题，按照分析对象和问法的不同，可分为三大类：词句理解类、观点分析类、启示分析类。

2019—2024 年，综合分析题在国考申论试卷中的考点分布如表 5-1 所示。

表 5-1　2019—2024 年国考申论试卷综合分析题的考点分布

考点		省级	市（地）级	行政执法类
词句理解类	理解词语	2	2	0
	理解句子	2	0	1
观点分析类	对某一观点/现象谈看法	0	0	0
	对不同态度进行评析	0	0	0
启示分析类	分析/谈谈启示	2	0	0

在三类试卷中，省级试卷考点最为密集，共考查过 6 次，行政执法类考查最少，只考查了 1 次。其中，词句理解类是高频考点，共考查了 7 次，理解词语考查最为频繁，且三类试卷都有考查。观点分析类在 2019—2024 年国考申论试卷中并未考查，但是，2012 年和 2015 年曾考查过。为让考生全面备考，本书将列出各地考查的典型提问方式，以供参考。

（一）词句理解类

词句理解类，一般要求对题目中给出的词语或句子进行理解和阐释，得出其在给定资料中的含义。词句理解类具有以下特征：

①“分析理解……的内涵”“谈谈对……的理解”是常见问法，题干中出现这类表述，基本可以判定题目是一道解释分析题。

②题干给定的分析对象要么是词语，要么是句子，它们往往内涵深刻，作答时需结合资料，分析本质含义。

【例 1】

【2021 年国考市地级以下申论 · 第二题】“给定资料 2”中说：“我们不仅仅是为乡村群众唱几场戏，更重要的是要‘种戏’。”请你谈谈对“种戏”的理解。（15 分）

要求：分析全面，条理清晰。不超过 300 字。

【例 2】

【2019 年国考市地级以下申论 · 第四题】“给定资料 4”中的座谈会上，主持人说：“如果不能打破这种种‘遮蔽’，就拿不出有分量的作品。”请谈谈你对“种种‘遮蔽’”的理解。（15 分）

要求：观点明确，紧扣材料，准确全面。不超过 200 字。

【例 3】

【2022 年国考行政执法类申论 · 第二题】根据“给定资料 2”，谈谈你对“现在撤掉的是‘眼中的柜台’，但我们更要在撤掉‘心中的柜台’上下功夫”这句话的理解。（15 分）

要求：分析全面，条理清晰。不超过 300 字。

（二）观点分析类

观点分析，一般要求考生针对资料中出现的社会现象、观点等进行评论。观点分析类具有以下特征：

①“谈谈……见解/看法/认识”“对……进行评析”是常见问法，题干中出现这类表述，基本可以判定题目是一道评论分析题。

②评论的对象可能是某一现象或观点，也可能是多种不同的观点或做法。

【例 4】

【2015 年国考省级以上申论 · 第二题】新技术的使用能否突破社会结构的屏障，是很多人关心的问题。根据给定资料，谈谈你的看法。（25 分）

要求：

（1）观点明确，有理有据；

（2）论述全面，语言简明；

（3）不超过 250 字。

【例 5】

【2020 年山东省公务员考试申论真题 B 类 · 第一题】请根据“给定资料 2”，谈谈你对 Q 县干部直播带货的认识。（20 分）

【例 6】

【2018 年江苏省申论真题（B）· 第二题】请对“给定资料 7”中执法部门对火车站广场晒谷一事的处理进行评析。（20 分）

要求：全面准确，分析透彻，观点正确。篇幅 250 字左右。

（三）启示分析类

启示分析，一般要求考生准确理解资料中的案例，根据其中的经验或教训总结出具有普遍性的工作方法和可行措施。启示分析类具有以下特征：

①“启示”是标志词，题干出现这一关键词，基本可以判定题目是一道启示分析题。

②要求分析的案例可能是一个或者多个，如果是多个，要根据题目要求考虑是合并还是分别罗列启示。

【例 7】

【2022 年国考省级以上申论 · 第一题】根据“给定资料 1”，请你谈谈 B 公司的案例为企业科技创新提供了哪些启示。(10 分)

要求：分析全面，条理清晰。不超过 200 字。

【例 8】

【2020 年国考省级以上申论 · 第二题】“给定资料 2”种，M 农场的案例为新时代青年创业提供了哪些启示？(15 分)

要求：分析全面，条理清晰。不超过 300 字。

二、能力要求

国家公务员考试大纲对综合分析能力提出了要求，“综合分析能力——对给定资料的全部或部分的内容、观点或问题进行分析和归纳，多角度地思考资料内容，做出合理的推断或评价”。(《中央机关及其直属机构 2020 年度考试录用公务员公共科目笔试考试大纲》)

(一) 内容、观点和问题

内容、观点和问题是指综合分析的对象，是对材料中的具体内容、某人（包括专家、名人、普通民众、网友、官员）的观点，或者是一句话、一个问题进行综合分析。

(二) 分析和归纳

要求考生根据给出的材料，结合题目要求，运用分析和归纳的方法整合出答案。分析主要是化整为零，把材料整体分解成部分进行总结，比如将材料内容拆解为问题和建议等多方面；归纳主要是集零为整，将零散的部分总结为一体，例如海洋污染、雾霾、沙尘暴等问题整体来说都是生态问题。

(三) 多角度思考资料内容

多角度就是从不同的方面全面综合分析。从内容上来说包括现象、原因、经过、结果、对策、本质、影响等方面。从性质上来说，要看到问题的两面性，包括积极的一面和消极的一面。就思考的角度来说，要考虑到方方面面，但是作答过程中不必面面俱到，而是要根据题目要求，针对具体问题有目的地思考。

(四) 做出合理的推断或评价

推断是根据事实或者提供的条件进行推演判断，在一些题目中就是要求考生做出判断；评价是通过对材料详细的研究分析，确定分析对象的价值意义，从而得出观点和态度。这两点在做题中其实就是强调要得出结论。这不是独立存在的，合理的推断或评价是对给定资料进行分析和归纳，然后从多角度思考后的结果。

综合分析题是申论科目考查的重点，也是难点，考生要在平时的阅读训练中多练习，才能掌握其中的技巧方法，做到融会贯通。

三、作答要求

在作答要求中，综合分析类题型往往提出要条理清楚，分析透彻，观点明确、准确，论述全面、简明，论据充实、紧扣材料、有说服力等，实际上都是对分析问题的能力做出的具体要求，归根结底其实都是要求考生能够做到以下几点。

（一）有条理、有层次

要求考生分析问题时能够遵循一定的规律，仔细斟酌，运用逻辑思维组织答案，在思考的过程中要学会加工整合答案，如果逻辑混乱，就不可能呈现出有条理的答案。所谓的有条理，基本要遵循总—分、总—分—总、分—总、宏观—微观、整体—部分、是什么—为什么—怎么办等结构框架进行组织。在语言方面也要有明显标志以体现层次逻辑，比如：首先，……其次，……再次，……最后……；一、……二、……三、……四、……；一方面，……另一方面，……；主要是……，次要是……；等等。

（二）有观点态度

如果题目要求给出明确观点，那么考生对于支持、反对、肯定、否定、赞成什么等都要做出明确表态并陈述，不能含糊其词，一般来说在答案开头就要明确。观点不明确主要体现为：一是对问题缺乏评价和观点；二是对问题的表象、原因、性质、影响和解决的必要性等缺乏判断分析，只注重问题的表现方式而忽视了对问题的定性；三是对问题的表象、本质、原因、影响和解决的必要性有分析，但是缺乏明确的表述。当然，观点明确是建立在材料的宏观大背景基础上的，透过现象看本质，如果观点有悖于正确的价值导向或者歪曲了价值伦理道德，就算表述清楚也是不行的。

（三）分析合理

首先要看清楚题目要求分析的对象是什么，确保分析对象符合题目要求；其次要符合客观事物或者分析对象发展的逻辑和规律，一般按照由浅入深、由表及里、由外到内、由显性到隐性、由主要到次要的认识顺序和表达顺序，可以是正向表述也可以是反向表述，总之要符合正确的表达顺序，同时也要符合辩证法中关于联系发展、内因外因、量变质变、对立统一、原因结果、偶然必然、现象本质等原理。在答题中，有时候要求在一定程度上适当引申，在依据材料的基础上有自己的判断和言论，但是原则上不脱离材料，不能凭空想象、主观臆断。

第二节　作答方法和技巧

分析问题的能力体现在综合能力上，通过题型分类可以对综合分析类的题目做到心中有数。近年来出题非常灵活，不会直接告知考生是综合分析类的题目，考生要结合作答要求，问什么答什么。

一、词句理解类

所谓词句理解就是对材料中出现的一个词或者句子进行解释说明，通常的考法是在材料中拿出一个词语或者一句话，要求考生谈谈对这个词或者这句话的认识、理解、看法等，考查的是考生的分析能力、概括能力和表达能力。

（一）作答方法

一是要审清题意，这类题目审题比较容易，一般就是要求考生谈谈对某个词或某句话的理解等；二是要回到材料中提炼要点，删繁就简，删选材料内容，把不重要的、次要的、表象的内容删减，留取核心的部分，抓住材料的中心思想和本质；三是懂得加工要点，形成答案。

（二）作答步骤

1. 解释表层含义

如果资料中有完整的、深刻的解释，就可以直接提取作为解释含义的内容。解释含义的表述常出现在给定词句的前后文中或权威观点中，如政府人员、专家学者等所“认为”“表示”的内容中。

如果资料并没有出现这样的表述，则要先初步理解词句，再回到给定资料提取关键信息，并通过全面分析、归纳概括，得出词句的含义。

2. 多角度分析

在解释完含义后，必须以资料具体内容为依托，从问题、原因、对策、意义、危害等多个角度去分析，从而对词句作出更全面详细的阐释。

3. 作出结论或提出对策

多角度分析完成后，要立足资料对给定词句所表达的内容进行总结，得出结论或提出相应对策。可使用“因此”“所以”“由此可见”等标志词，以使答案首尾呼应。

如果资料有正面的经验、启示，这部分可以引用作为对策。如果资料以反映问题、介绍教训为主，也可以根据问题、教训等推出合理的对策。

若给定词句本身仅是对概念的阐述，没有倾向性，资料主要介绍原因、做法等内容，那么最后可以进行适当引申，如引申出意义，对词句的本质含义做简单的总结。

（三）实例讲解

【例 9】

【2018 年国考省级以上申论·第四题】根据“给定资料 4”，谈谈你对“想象力经济”的理解。（10 分）要求：准确、全面；不超过 200 字。

给定资料 4

人类经过了农业时代，工业时代，进入了现在的互联网时代，接下来的时代应该是“想象力经济时代”。设计师将是那一个时代的主人。

2016年，一场以“创造不可能”为主题的全球创新设计大会走入了人们的视野。数十位设计大咖通过对时代痛点与未来发展趋势的解读与畅想，让我们第一次了解了“新物种”、“爆款计划”以及“想象力经济”这些概念中隐含的巨大价值。中国领先的创新设计平台，则以“众创”的模式推动想象力向生产力转化，致力于用设计创造更多经济价值。

这里面所体现的“共享设计”的理念，激发了个人创造力的觉醒，并由此引领设计新风潮。这一全新理念，意在打造一个集企业、用户、设计师为一体的共享生态圈，同时将设计上升到了一个“众创”的维度，赋予每个参与者以创造者和受益者的双重身份，由此推动想象力的价值链实现最大化的延展。

让想象力产生价值乘数效应，这正是“众创”所希望的结果。共享价值的实现，激发了更多人加入共享设计生态圈。

设计师可以通过与用户进行交流汲取全新的创意灵感，与企业沟通将设计转变为惠及大众的创新产品。企业家也有了机会向用户展现自身的创意产品，聆听他们的想象进而洞察他们的需求，让具有创造力的设计师助力企业的产品创新，进而创造更大的商业价值。

当用户需求被设计师解读，并对产品进行重新创作，优秀的产品便产生了，这个产品再造并走向市场形成商业价值的过程，就是想象力经济的落地体现。想象力经济的本质正是将人的创新精神转化为商业价值的一个过程。

想象力是消费升级的原动力，消费升级反映了消费水平和发展趋势，让消费者为内心的归属感买单，其突破口在于找到消费者真正的欲求。

每个时代都会出现某种经典产品来推动社会的发展和变革，互联网时代是手机、电脑等终端产品，智能时代是智能机器人。智能机器人普及后，对人类来说，想象力将会成为下一个时代的主导，设计师将成为推动社会进步的重要力量。

互联网技术的进步使万物产生共联，共享经济的产生让社会资源得到优化配置。个体创造力的连接与共享是想象力经济发挥价值的基础。个人创造力的觉醒、企业创新力的横空出世推动想象力成为未来经济发展的新驱动力。而创造力共享让每一个天马行空的创意设计变现，从而创造更多颠覆时代的爆款产品，充分挖掘设计师个体的价值。

只要拥有想象力，敢于创新，就有可能迎来想象力经济的时代。

解题思路

根据关键词定位，发现材料的每一段基本围绕想象力、经济、共享、价值等词语展开叙述，信息分布比较零散，经过对每个段落的分析可以归纳总结出结论。

第一段通过“接下来”可以得出想象力经济是未来的发展方向；第二段表明了想象力经济的概念，想象力经济隐含巨大价值，可以实现更多的经济价值；第三段表明想象力经济中“共享设计”的理念，能够激发个人创造力的觉醒，从而推动想象力的价值链实现最大化的延展；第四段表明想象力产生的价值最大化与共享密不可分；第五段证明了想象力经济的经济价值主要通过设计师的创造力实现；第六段直接点明想象力经济的本质是将人的创新精神转化为商业价值的一个过程；第七段直接说明想象力经济的突破口在于找到消费者真正的欲求；第八段重复强调想象力是未来经济的发展方向，设计师将成为推动社会进步的重要力量；第九段讲述了互联网技术、个体创造力与共享是想象力经济发挥价值的基础；第十段第三次强调想象力是未来经济的发展方向。

根据我们的作答步骤来看，第一步首先要解释“想象力经济”这个词本身的含义，第二步再分析这个词在材料中的意义、影响、价值、目的和作用等。从文中可以得到一个关键信息：“想象力经济的本质正是将人的创新精神转化为商业价值的一个过程。”其意义在于“推动想象力的价值链实现最大化的延展”和成为“推动社会进步的重要力量”。根据每一段的意思分析，有三次说明想象力是未来经济的发展方向，围绕这个中心合并同类关键内容要点，就可以得出答案。

参考答案

想象力经济是互联网时代的新走向，蕴含巨大的价值，能够转化为生产力，创造更多的经济价值。其本质是将人的创新精神转化为商业价值的一个过程。想象力经济代表着未来的经济发展方向，它将推动想象力的价值链实现最大化的延展，成为推动社会进步的重要力量。集企业、用户、设计师为一体的共享生态圈，放在“众创”的维度，加之个体创造力的连接与共享是想象力经济发挥价值的基础。(176 字)

【例 10】

【2017 年国考市地级以下申论 · 第二题】依据“给定资料”，阐述画线句子“城市的水系就像城市的指纹”的意思。(10 分) 要求：准确、全面，有逻辑性；不超过 200 字。

给定资料

城市“现代化”的负面影响之一，就是使得城市不透水地表面积不断增加，严重地削弱了地表蓄洪、植物拦截和土壤下渗的功能。对洪水截流作用的消失，造成的后果就是地下水补给日益不足，地表径流量逐年提高。而且由于城市所产生的空气污染物为降水提供了大量凝结核，所以一般而论，城市化地区的降雨量要比农村高 5%~15%，雷暴雨天气多 10%~15%。因此，城市水系应更多地承担起蓄积雨洪、分流下渗、调节行洪等功能。但是由于水系的破坏，这些功能都极大地衰退了，而这些功能绝不是目前城市中广泛采用的管道排水或防洪工程所能取代的。

城市，大都是因为水而兴起，因水而繁荣、发展。绝大多数历史悠久的城市，都是先有河，后有城，许多城市的历史是沉淀在河道、湖泊、海滨和湿地上的。如北京城区所有的河流，几乎都可以找到与其相关的历史文化古迹或典故；杭州城里的浣纱河，传说是西施浣纱的地方。许多城市因水而建，也因水而具有“灵气”。一些原本没有水面的城市，为了创造生态景观而人工修造出一系列的水面。如澳大利亚首都堪培拉的葛里芬湖。葛里芬是一位美国的规划师，他设计的堪培拉规划方案在多个投标方案中胜出，按他的规划修建的堪培拉是非常秀美的，尤其是中间的人工湖，虽为人工开挖，但利用了山谷地形，蜿蜒曲折，调节了城市内部的气候，造就了堪培拉秀丽的景观。所以，堪培拉市民就把这位设计师的名字作为这个城市湖泊的名字。

自古以来，内河船运由于其低成本、高可靠性、安全性和可观赏性，一直得到人们的重视。英国许多地方近几年还纷纷疏通古代运河以供城市间输送游客和农产品所需。城市水系又是各城市之间的天然隔离带。在古代，所谓的护城河就具有保护城市、阻隔敌人的功效。而在现代，这些天然的河流是城市最壮观的公共空间，在人口日益稠密的现代城市中，城市水系与绿带公园结合在一起，构成了城市最漂亮、最令人流连忘返、最具有生态和文化功能的城市亮点。

城市水系可以成为廉价、有效的净化城市污水的天然场所。如果按照生态的方式而不仅仅是按水利的要求、当地的要求来修建城市水系，使水面与岸边的生态系统相连接，就可以将水系改造为“城市之肾”，大大增强对污水的自然降解能力。城市的许多水生植物、微生物吸收磷化合物等污染物的能力强，而投资成本又很低，如果换算成每吨污水处理费用，通常仅为传统二级污水处理厂的五分之一到二分之一，运行成本只有十分之一到五分之一。由此我们可以得出，什么是环境友好型和资源节约型的城市发展模式，通过这些数据我们就可以找到答案。将这种人工湿地式的城市水系与污水处理厂的尾水回用再处理系统相连接，就可以将四类水净化处理后达到饮用水源取水标准，实现城市水源的循环利用。这是从根本上解决城市缺水的百年大计。

生态学家卡琳·克里斯坦森在《绿色生活——21 世纪生活手册》一书中指出，“乡土感情可由本地多种多样特有的生物来增强”，忠告“不可破坏现存的生态系统和荒野”，建议要“在花园和邻近地区提供野生动物活动场所”，“建造一个池塘”并种植本地特有的野花、灌木和树，构建一个因草林多、昆虫长、鸟类聚、小兽生而形成的完整的小水系生物群落。这种生物群落在城市里面尤为宝贵。有专家曾提出西湖整治成功与否的一个简单的生态标准：“当野天鹅、野鸭子在西湖里生出蛋而且孵出小天鹅、小野鸭的时候，我可以据此判断西湖的整治是成功的。”我们许多城市的水系远没有达到这个标准，而且有许多城市水系改造更是偏离了这个标准。城市水系作为均质人工城市中的异质斑块，一旦与城市绿地系统相互连接，使野生动物可以通过廊道在斑块间进行迁徙，就可以提高城市生态系统整体抗风险的能力。按这样的思路发展的城市，不仅是人工的，而且是生态的、环境友好的，也是资源节约型的。

城市水系是城市最美好的公共空间，是人工建筑之中反映自然景观、田园风貌的主要场所。我们在扬州可以看到，中国古代造园艺术中对水景观的处理，讲究师法自然。虽为人工，宛如天成。城市水系有多种美学功能。城市的特色离不开城市的水系，城市的水系就像城市的指纹。城市的意境美对人的心态有调节的作用。城市水系有动态美，因为城市的水是流动的，它具柔性、运动性，有利于消化污染以及水生物的生成和养育。城市水系有人文美，因为它是文化的载体，历代的名人雅士常在水边留下他们的痕迹。城市水系当然还有和谐美，因为它是一个整体复合的系统。从一个城市水系可以看到一个城市管理者的抱负，就像我国古代剧作家李渔所说的那样：山水者，情怀也；情怀者，心中之山水也。就是说，要在城市里面造就人工环境和保护自然景观，采用什么样的水环境治理思路是由决策者的美学修养和情操来决定的。什么样的情怀，就会造就什么样的城市山水景观。如果胸中只有“一根”单纯的调水排洪的“竹子”，那么城市的水景观肯定是十分单调枯燥的，对历史文化遗存的水生态的“建设性”破坏就难以避免了；如果将美学功能凝聚在治理方案之中，造就出的城市就是美丽的。丽江古城最诱人的就是三条弯曲流动的溪水，这就是拨动心弦的城市水系之美。

如果城市发生火灾，城市水系的储存用水就可以用于灭火救灾。城市水系又是很好的备用水源。如果出现自来水供应安全事故，就可以用地表水作为水源。城市水系是城市生活生产用水的备用系统、防灾系统和城市安全的保障系统。

解题思路

阅读材料可以得知，第一段是介绍城市水系承担的功能，第二段和第三段主要通过例子介绍城市与水的关系，第四段和第五段通过例子介绍了城市水系承担的生态功能，第六段主要介绍了城市水系的美学功能，第七段主要介绍了城市水系的社会功能。

回答句子的含义，首先要定位句子所在的位置即第 6 段的第 5 句话。其次，结合上一句话“城市的特色离不开城市的水系”，可以知道“城市的水系就像城市的指纹”是对上文的形象比喻，强调城市水系对打造城市特色的重要作用和影响，主要围绕的是美学功能的内容。由此可以得知，答案只需从第 6 段中找出即可，其他段落暂时忽略。最后，综合画线句子前后的内容，主要从城市水系与城市特色之间的关系进行了阐述，然后从如何通过城市水系打造有特色的城市入手加以分析。应当先解释句子的表面意思，然后从城市水系的特点入手，分析打造特色城市方面的内容。

参考答案

这句话主要是指城市水系如同指纹，具有独一无二的特性，打造城市特色离不开打造城市特色水系。城市水系是反映自然景观、田园风貌的主要场所，体现城市独有的自然环境；城市水系承载了历史文化古迹和典故等历史文化资源，体现着城市与众不同的人文美；城市水系通过不同的山水景观展现了城市治理者的抱负情怀。因此城市管理者要提高美学修养情操，把美学功能凝聚在治理方案中，以特色的城市水系造就特色的城市之美。(192 字)

二、观点分析类

观点分析类题型是对材料中出现的一个或几个观点、现象、做法进行评价，然后给出看法、见解或者认识的一种题型，针对一种观点、现象、做法做出评价和针对几种观点、现象和做法做出评价的作答方法不同。

(一) 作答方法

1. 针对一种观点、现象、做法进行评价

(1) 表态

针对一种观点、现象、做法做出评价的题中，要先表明自己对评价对象的看法、态度以及立场等，即说明自己的判断结果，是否同意或支持这种观点、现象和做法。但是要注意结合材料，材料本身透露出来的态度、观点是回答的重点，而非自己一厢情愿的看法。

(2) 具体分析

运用材料中已知的相关信息，进行判断推论以证明判断的正确性，这是一个根据已知为真的判断来确立另一判断真实性的思维过程。可以从观点、现象或者做法的原因、影响等因素入手论证自己的观点，要说明为什么自己会持有这种判断。

(3) 总结

根据材料和题目具体要求，如材料出现的是一个问题，根据分析可能会谈到问题的解决办法或者提出对策的可行性等，那在总结的时候可以适当谈启示或者措施。如果没有出现对问题的措施、对策等内容，也可以根据上下文和问题的原因、影响等内容推断出措施、对策。如果材料和题目中完全没有出现也不需要提出对策，那总结就是对论点和论据的总结陈述。

2. 针对几种观点、现象、做法进行评价

(1) 归纳概括

针对几种观点、现象、做法做出评价的题中，要先归纳概括评论对象，简明扼要地概述几种不同观点、做法的主要内容。

(2) 表态

根据归纳概括的几种不同观点、做法，表明自己对这些不同观点、做法的看法、态度以及立场，对哪些观点、做法持肯定态度，对哪些持否定态度，对哪些持辩证态度，不管是什么判断结果，都是基于材料本身的情况做出的判断。

(3) 具体分析

综合对所有分析对象的判断，对不同的观点、现象和做法进行统筹分析，运用材料中已知的相关信息，从原因、影响等因素进行具体分析，证明自己的判断。

(4) 总结

根据统筹分析具体的不同观点、现象和做法，肯定积极的、正面的经验，否定消极的、片面的内容，辩证分析双面性的内容，得出结论，并对结论进行解释说明。

（二）作答步骤

1. 审题并归纳概括

在作答过程中，无论是对一种观点、现象和做法进行评价还是对几种不同观点、现象和做法进行评价，都应该有归纳概括的基本思维，毕竟作答要求有字数限制，只有具备高度概括能力，才能在不遗漏要点的同时符合答题要求。

2. 表态

这是观点分析题的特点，即要有自己的观点态度，在作答时要将表态句放在优先位置。

3. 具体分析

结合材料，在材料的语境中分析观点、现象和做法，既不能脱离材料，又要把握住材料的综合性和全面性。

4. 得出结论

根据材料的分析得出判断结论。

5. 加工答案

将自己的判断结论，结合材料进行总结归纳，注意简明扼要，用顺畅的语言表达出来。

（三）实例讲解

【例 11】

【2015 年国考省级以上申论·第二题】新技术的使用能否突破社会结构的屏障，是很多人关心的问题。根据“给定资料 2”，谈谈你的看法。(20 分)

要求：

（1）观点明确，有理有据；

（2）论述全面，语言简明；

（3）不超过 250 字。

给定资料 2

新技术有没有可能穿透社会结构的屏障？这是某大学社会学系 G 教授关心的问题。她比较关注社会当中的普通人怎样生活，怎样面对新技术、新媒体，新技术是不是促成社会转型的决定性力量。

2014 年某研讨会上，G 称自己一直比较关注农民工，特别是新生代农民工，比如新生代农民工如何使用信息技术。当时她和她的团队曾经对此抱着很大的希望，认为新技术可能有助于新生代农民工融入城市、融入社会。

“按照常识，如果大家是在同一个社会时空中生存，拥有同样的硬件条件或者数据终端，按道理来说可以平等地获取信息、资源，各种各样的机会。从理论上说，非常有利于消除城乡之间的社会鸿沟、不同社会阶层之间的不平等，有助于促进社会的公正。”她说。

但经过实际研究，她发现，现实没有想象中的那么简单，在新技术的使用中，城乡之间显现出非常明显的马太效应。“马太效应”来自《新约·马太福音》中的一则寓言：“凡有的，还要加给他叫他多余；没有的，连他所有的也要夺过来。”指强者愈强、弱者愈弱的现象，常常被用以描述社会生活领域中普遍存在的两极分化现象。

事实证明，信息技术的发展，只是在一定程度或者相当程度上填平了——比如普通人和彻底掌控信息的垄断者之间的——某种鸿沟。但从现在看来，新技术能否穿透社会结构的屏障，还要在未来的研究中继续观察。

不过，G还是认可了信息技术为农民工带来的一些改变。G大体上从三个方面观察农民工使用信息技术的情况，包括新媒体和自媒体。

首先，从他们日常生活的使用情况来看，信息技术确实给他们的生活、交往，特别是给他们就业求职带来了很多的便利，作用非常大，超过2.6亿的农民工“流散”在全国各地，他们中的相当一部分人缺失城市居民能享受到的基本生活内容，是靠信息勾连起的“孤独个体”。他们通过手机、互联网等，获得娱乐、消费甚至精神的寄托和心理抚慰。这些人背井离乡，父母子女、夫妻、兄弟姐妹是分散的，甚至一年见不上一面，基本上是靠通信来维系家庭和亲属关系，更不用说在他们求职、经营自己的小买卖等工作机会方面，信息技术提供了非常大的帮助，从这个角度来讲，技术对他们的生活有很大的帮助和改变。

第二个方面，从表达的角度来看，一般来说，农民工群体平时没什么表达渠道，在原来状态下，他们的声音基本上是不会被外界听到的，但是有了新媒体技术后，他们不仅扩展了视野，转变了意识，而且有了表达的渠道，G把这种方式视作一种主体性的表达。

第三个方面更为重要，从信息技术和新生代农民工组织化的集体行动角度来看，你会发现信息技术真的非常了不起，比如他们可以即时调用各种所需要的信息、知识以及各种经验。他们也可以利用信息技术，在没有领头人的情况下，用QQ群建立维权组织；同时他们通过信息技术更容易获取外界的声援和帮助。有的农民工说，如果没有自媒体技术，他们自身的权益就不可能得到外界更多的关注。

G认为，也不可因此过度夸大信息技术的作用，因为线上和线下一定要结合起来才会有作用。农民工在互联网上虚拟的团结需要和他们已有的传统人际网络、社会关系产生联系，需要和他们所在工厂、企业的组织管理机构有直接关联。

更重要的是，当农民工从互联网这类新技术中获益的同时，那些拥有更多的财富和资源的人们却有能力从新技术中获得更多的收益。从长远来看，两者之间的效益差距实际上拉大了，而后者所增益的部分，大概有相当一部分就是从农民工身上获得的。

解题思路

题目要求对“新技术的使用能否突破社会结构的屏障”这一问题谈谈看法，阅读全文后分段分析如下。

第一段通过提问的方式引入话题，直指要讨论的问题，只介绍了背景，并未对这个问题表明态度，也没有更多的信息量。

第二段主要讲述G比较关心的问题，通过“曾经对此抱着很大的希望”这句话能读出来，现实并未像希望中的那样，现实与希望之间并未统一，可以理解为新技术的使用不能突破社会结构的屏障。

第三段主要是G的说法，通过“按照常识”“按道理来说”“从理论上说”的语气来看，再次印证了新技术的使用不能突破社会结构的屏障的现实。

第四段开头“但”字为转折，转折之后是重点，再次表明现实没有如希望那样，通过马太效应的具体解释，“强者愈强、弱者愈弱”“两极分化现象”进一步说明了新技术的使用不能突破社会结构的屏障。

第五段从“只是在一定程度或者相当程度上填平了”和“但从现在看来，新技术能否穿透社会结构的屏障，还要在未来的研究中继续观察”两句话可以读出，此段表明了态度，表明新技术的使用目前还不能突破社会结构的屏障。

第六段至第九段讲述了G对信息技术为农民工带来的一些改变持肯定的态度，从三方面观察农民工使用信息技术的情况，包括新媒体和自媒体。首先，信息技术给农民工日常生活、交往，特别是给他们就业求职带来了便利，作用非常大；其次，信息技术帮助农民工扩展了视野，转变了意识，有了表达的渠道；最后，信息技术可以帮助农民工获取信息、知识和经验，建立维权组织，获取外界的声援和帮助，得到外界更多的关注。

第十段通过“不可因此过度夸大信息技术的作用”得知，此段讲述的是信息技术的作用是有限的，要具备前提条件，需要与传统的人际关系和组织管理机构产生关联才有作用，因此这是一个不利的方面。

第十一段“两者之间的效益差距实际上拉大了”再次强调了新技术的使用目前还不能突破社会结构的屏障这一结论。

首先要表明自己的观点态度，再进行具体分析，就本题而言，通过对材料的具体分析，对一个问题做出判断和结论。要求观点明确，有理有据，论述全面，语言简明且字数不超过250字。说明不仅要有明确的观点，还要给出理由和根据，并且论述充分全面，用精练的语言表述，不能有遗漏。

整合答案后，可以分析出态度是“新技术的使用目前还不能突破社会结构的屏障”，论证包括两个部分：一部分是信息技术为农民工带来的积极方面，给农民工日常生活、交往，特别是给他们就业求职带来了便利；帮助农民工扩展了视野，转变了意识，有了表达的渠道；帮助农民工获取信息、知识和经验，建立维权组织，获取外界的声援和帮助，得到外界更多的关注。另一部分是信息技术的不利方面，不能突破的理由和局限性。结论加对策是线上和线下要结合起来，信息技术才会有作用。

参考答案

新技术的使用目前还不能突破社会结构的屏障。积极的一面是信息技术给农民工日常生活、交往，特别是给他们就业求职带来了便利；帮助农民工扩展了视野，转变了意识，有了表达的渠道；帮助农民工获取信息、知识和经验，建立维权组织，获取外界的声援和帮助，得到外界更多的关注。存在的局限性是城乡之间显现出非常明显的马太效应，强者愈强、弱者愈弱，普遍存在两极分化现象。因此，只有线上和线下结合起来，与传统的人际关系和组织管理机构产生关联才会有作用。(213 字)

三、启示分析类

启示是指从现象、做法和问题中，以及通过借鉴获得的经验教训，总结出适合自身发展的原理和做法。

(一) 作答方法

启示分析类题型在答题时有大体的规律和技巧，就是要先找出材料中出现的现象、做法和问题，然后归纳出经验教训，结合材料中的实际情况，总结出自身使用的规则、思想和可行性措施。

1. 获得经验

经验就是通过与事物接触后获得的认识、掌握的方法和技巧。经验不是符合所有事物发展的真理，而是蕴含在具体问题中的一种正面获得，一般来说都是从别人做得好的方面获得灵感和技巧，从别人那里借鉴和引进，经验主要强调的是要做什么。在申论中一般就是从正面例子中得到经验。

材料中涉及的经验问题，一般要看对于本国、本地的问题是否适用，是否值得借鉴。能够从材料中直接摘抄或者只用稍加整理就可形成答案的叫直接经验；需要经过分析，从具体事例中总结本质，再结合实际情况转化为经验的叫间接经验。

【例 12】

【2019 年江苏省公务员考试真题 C 类】“给定资料”中的“新把式”们扎根乡村，取得了事业上的成功。请对他们成功的因素加以分析。(20 分)

要求：分析透彻，理解深刻。篇幅 250 字左右。

给定资料

以往种田靠的是“老把式”，如今新型职业农民开始出现。这些“新人”有技术、会管理、懂营销，既下得了田，又上得了网，是乡村沃土上涌现的“新把式”。

小郑是一位 90 后，大学毕业后回到家乡，起因是舍不得父母。小郑的父母是花椒种植大户，基本上是靠天吃饭，遇到天时不好的年头，农活增多，花椒减产，人就更加辛苦。每当看到父母劳累的背影，小郑就深切意识到，他们渐渐老了，事业需要有人来接手。于是，她下定决心回家乡帮助父母发展花椒产业。小郑的花椒创业与众不同，她不打算像父母那样，一味地在土里刨食，而是想把产业做大，提高产品附加值，创造更多效益。回乡不久，她就想方设法成立了花椒专业合作社。如今，合作社不仅种植花椒，还拓展了深加工业务。合作社开发了专利产品，在花椒油中科学地配入微量元素，生产出新型的保健食疗产品。小郑还为产品注册了商标，创立了品牌。合作社的花椒产品凭借过硬的质量，成功打入了邻近几个县城的超市，2018 年销售额超过 300 万元。说起当年的回乡创业，小郑深有感触："我要是不回来，也可能在哪个城市忙碌，但是我回来实现了自己的理想，不仅照顾了父母，还创立了值得骄傲的事业。今天看来，我这条路走对了。"

乡土人才技艺技能大赛是 J 省实施"乡土人才关爱行动"的系列举措之一。小傅第一次参加全省木工项目比赛，就获得了第一名，因此被推选代表国家参加世界木工技能大赛。乡亲们称赞小傅有出息，小傅自己也很开心："能靠手艺为家乡争光，为国争光，我感到很骄傲!"小傅出身于木匠世家，对木工手艺有着天然的热爱之情，中学毕业后报考了技校，学习木工专业。他深情地说："很多同学看不上这一行，觉得太土、太苦，但我就是喜欢。这些年国家政策好，大力扶持乡土专业人才，特别鼓励年轻人传承乡土特色技能。我真是赶上了好时候。"在 J 省农村，像小傅这样具有一技之长的专业人才还有很多，得益于"乡土人才关爱行动"的春风，篾匠、陶匠、漆匠、绣娘、织娘、茶娘等纷纷发挥才能，开创和经营自己的特色产业，并逐渐产生了良好的辐射效应。

轻轻一按按钮，大棚里的机器便自动匀速移动喷洒，不到半小时，60 多米长的黄瓜大棚就已经喷洒完毕，这是 M 村村民小谢的蔬菜大棚里的一个场景。小谢介绍说，这台由他参与研发的既能打药又能施肥的机器，便捷实用，工作效率是人工喷洒的两三倍。小谢从十几岁就跟随父亲在大棚里干活，那时，浇水、打药全靠双手，除了苦就是累。在与蔬菜打交道的过程中，他开始琢磨怎么样让活干得更省劲、更高效，想通过自己的努力让种菜轻松一点。现在，小谢的蔬菜大棚内，自动化喷洒机、自动化放风机、电动轨道车……这些"高大上"的设备让人耳目一新。由于使用了新设备，劳动效率大大提高，蔬菜产量比原来增加 20%左右。高中学历的小谢，还购买书籍，上网查阅资料，潜心钻研，认真学习有机质无土栽培蔬菜技术。这项技术不仅省肥、省水，而且基本上没有土产病害。小谢生产的放心菜、健康菜深受市场欢迎，他的日子越过越富裕。在多年种菜的过程中，小谢总结出不少"接地气"的种植技术和经验，成为当地的"创业达人"。为带动大家一起致富，他手把手、面对面，毫无保留地把"秘诀"传授给乡亲。村民称赞道："跟着他学了不少技术，种菜的效益提高了，日子更有奔头了。"

养殖奶山羊是 L 县农民"发羊财"的重要途径。该县养殖奶山羊已有十多年的历史，目前优质奶山羊存栏量达到 12 万只以上，形成了较大规模，其系列羊奶产品成为该县的一张名片。取得这样的成绩，该县的农业科技人员和养殖户功不可没。L 县原来养殖的奶山羊，每只日均产鲜奶仅有 1.2 公斤，每年产奶 260 天。农业科技人员推荐引进的优质奶山羊，每只日均产鲜奶 3 公斤以上，每年产奶300天。但在面临“更新换代”，推广优质奶山羊时，很多农民信心不足，担心养不好，反而影响经济效益。当时有几位年轻人勇于“吃螃蟹”，引进了一百多只优质奶山羊，开始用心试养。在此过程中，县农业科技人员经常上门指导，为养殖户保驾护航。最终，这些养殖户不仅掌握了先进的养殖技术，而且收入也大大增加。年轻人的示范效应让很多村民动了心，纷纷加入养殖优质奶山羊的队伍。这些“羊专家”示范户毫无保留地向村民们介绍自己的做法和经验，帮助他们掌握养殖技术，共同走上“发羊财”的道路。

N大学一位农业经济专家说，从很多地方的实践经验来看，近年来乡村中出现的一批“新把式”，是在乡土环境中生根、发芽、成长、壮大的，是一些“含金量”高的人才。他们有理想、有干劲，体现了新一代农民的优势，在乡村发展中会发挥越来越大的作用。

解题思路

题目要求对“新把式”们扎根乡村，取得了事业上的成功因素进行分析，就是要求考生分析他们成功的原因，总结这些“新把式”们做得好的地方，其实也是经验性的总结。材料通过小郑、小傅、M村村民小谢、L县农民四个成功事例分别讲述了他们各自的成功之道。按照分段分析来看，应先对段落大意进行总结。

第一段概述了新型职业农民即“新把式”们的总体特征。

第二段讲述了小郑的事迹，她的成功是得益于创新创业形式，推行产业化发展，成立专业合作社，创立品牌，拓展深加工业务，提高产品附加值。

第三段讲述了小傅的事迹，他的成功是因为国家政策支持，扶持乡土专业人才，举办技术技能大赛，鼓励传承特色技能、开创经营特色产业。

第四段讲述了M村村民小谢的事迹，他的成功得益于研发技术设备，主动学习钻研，利用绿色节能技术，提高了劳动效率。

第五段讲述了L县农民的事迹，他们的成功是因为农业科技人员和养殖户勇于“吃螃蟹”，掌握了先进的养殖技术，毫无保留地向村民们介绍自己的做法和经验，共同走上致富的道路。

第六段借用N大学一位农业经济专家对新型职业农民的特点进行概括，就是他们不仅在乡土环境中生根、发芽、成长、壮大，并且有理想、有干劲。

通过分析，思路就比较清晰了，大部分要点都可以直接从材料中获得，只需要提炼总结，分门别类整合即可。

参考答案

第一，自身优势显著。有技术、会管理、懂营销，专业技能强，互联网应用水平高；有理想、有干劲、有决心，受家庭熏陶，热爱传统手艺。

第二，国家政策支持。扶持乡土专业人才，举办技术技能大赛，鼓励传承特色技能、开创经营特色产业。

第三，创新创业形式。推行产业化发展，成立专业合作社，拓展深加工业务，提高产品附加值。

第四，研发技术设备。研发自动化设备，主动学习钻研，利用绿色节能技术，劳动效率高。

第五，打造优质产品。发明专利，注册商标，形成品牌，扩大规模；勇于尝试，引进优质品种，及时更新换代。

第六，发挥示范效应。总结实用经验，推广先进技术，毫无保留传授秘诀；带领村民致富，发挥辐射作用。

2. 吸取教训

与获得经验相反，教训是从错误的现象、做法和问题中获得的知识、技巧。在实践中已经采用的做法出现了问题，造成了损失，因此要避免错误的做法再次发生。教训是反面获得，虽然获得的途径不同，但是教训和经验一样，都是通过与事物接触后获得的认识、掌握的方法和技巧，教训主要强调不要做什么。在申论中一般是从反面例子中得到教训。

材料中涉及的教训问题，目的在于要掌握正确的方法技巧，从而指导实践，在做题中要注意不仅要总结问题，还要通过问题找到正确的解决方案。有的题目只要求总结问题，有的题目不仅要求总结问题，还要求对问题进行总结分析，找到解决方案。

【例 13】

【2010 年公务员联考申论真题 · 第三题】结合“给定资料”中东梁煤矿被低价转让这一事例，指出煤炭资源整合应从中吸取哪些教训。(25 分)

要求：概括准确，条理清楚，具有针对性。300 字以内。

给定资料

这是发生在山西某市一桩令人费解的事。一家被视为拥有巨额市场价值的煤炭企业“东梁煤矿”，以 1 万元的价格被私人竞买者买下。而更让人匪夷所思的是，在该企业挂牌出售的前一个半月，转让结果的文件已经出笼，且文件所述内容与最终的转让情况几乎完全一致。

据悉，该市某区经贸局将“东梁煤矿”的产权以 1 万元的价格转让给徐某个人。区政府对“1 万元”的价格做了如下解释：经评估，“东梁煤矿”总资产约 3 210 万元，总负债约 3 209 万元，净资产约 1 万元。对于这一转让价格，当地不少人认为“简直低得离谱”。区煤炭工业局某负责人在接受记者采访时也坦承：“根据当时的煤炭市场价格，1 万元确实太低了。”他表示，在煤矿权属、企业性质存在争议的情况下进行改制转让“确有不妥”。

那么，“东梁煤矿”到底值多少钱呢？记者为此专门采访了相关专业评估人士。他们认为，煤矿价值主要取决于煤炭储量。而记者在采访中却发现，“东梁煤矿”的煤炭储量有两个大相径庭的版本：来自山西省煤炭资源管理委员会等多个部门 1988 年的数份文件显示，“东梁煤矿”年生产能力 21 万吨，煤炭储量为

1 151 万吨；而“东梁煤矿”2007 年底做出的改制方案中称，煤矿年生产能力 21 万吨，储量 229 万吨。一些业内人士质疑，在煤矿开采的 20 年里，即便是每年都按照 21 万吨足额生产，也就开采了 420 万吨，到煤矿转让时煤炭剩余储量起码也还有 1 000 余万吨，为何在改制方案中只剩下了 229 万吨储量？按照专业评估人士的算法，如果以储量 1 000 万吨估算，按照当时煤炭保守利润每吨 50 元计，1 000 万吨大约价格 5 亿元，乘以约 60%的回采率，价值约 3 亿元，再加上“东梁煤矿”以“国有”身份上交 1 500 万元的资源价款必须纳入转让价格，因此，“东梁煤矿”的保守价值应为 3.15 亿元。

法律界人士和有关专家在接受记者采访时均表示，煤矿转让主要包括实物资产与无形资产两部分。实物资产主要是指地上地下建筑、设备等，无形资产主要是指采矿权。事实上，在煤矿的财产结构中，采矿权是重中之重，通常占总转让价格的百分之八九十。因此煤矿的转让实际上主要是采矿权的转让。就“东梁煤矿”而言，如果此次转让包括了采矿权，那转让价格就严重背离了煤矿价值，涉嫌造成国有资产重大流失；而如果没有涉及采矿权的转让，那么，这次交易就违反了国家有关政策，属无效交易。

解题思路

题目要求通过东梁煤矿被低价转让的事例，总结煤炭资源整合应从中吸取哪些教训。分段来分析：

第一段“匪夷所思”说明，文件提早出笼存在暗箱操作，交易流程有问题，缺少相关规范监管等问题已经到了令人震惊的地步。

第二段通过他人之口得知，煤矿产权价格与市场严重背离，煤矿权属、企业性质存在争议。

第三段以比较分析的方式得出结论，东梁煤矿的保守价值应为 3.15 亿元。

第四段用权威人士的意见说明，东梁煤矿交易价格违背煤矿价值，造成国有资产重大流失，并且违反国家政策。

参考答案

①煤炭资源整合应该首先明确权属和企业性质。

②应该遵守法律法规和国家政策，防止违法、违规交易。

③建立完善的国有资产评估体系和标准，进行科学、客观评估，防止造成国有资产的流失。

④制定规范的交易流程，保证交易过程公开、公平、公正，防止人为操作和暗箱操作。

⑤加大监管力度，明确责任主体，建立责任追究制度。对导致国有资产流失的事件，严格按照党纪国法进行处理。

（二）作答步骤

1. 审清题意

在审题环节就要搞清楚题目要求是总结经验还是教训，如果没有明确说明，要求谈启示，就要回到材料中通过具体分析找到材料中的经验教训，是只有好的一面或者不到位的一面，还是好与不好都有，要懂得灵活变通，根据题意作答。

2. 具体分析

回到材料中分别出现经验教训的地方，把零散的材料整合归类，提取要点。

3. 加工答案

对提取的要点进行加工，采用总领句+（要点句 1+说明）+（要点句 2+说明）的形式总结答案，注意简明扼要，用顺畅的语言表达出来。

（三）实例讲解

【例 14】

【2022 年国考省级以上申论·第一题】根据“给定资料 1”，请你谈谈 B 公司的案例为企业科技创新提供了哪些启示。(10 分)

要求：分析全面，条理清晰，不超过 200 字。

给定资料

B 公司是我国一家著名的装备制造企业，研制出了全球首款热效率突破 50%的商业化柴油机。

“刚提出能不能挑战 50%热效率时，就遭到技术专家的质疑：国外那些先进企业都没有做到，我们凭什么能做到?”该公司负责人王经理说，“我们就是要做别人没做过的。”他认为，在云谲波诡的行业市场变化中，只有通过超前研发，拥有强大的差异化竞争力，才能抵御风险，赢得优势。

公司专门成立了热效率技术攻关团队，通过大量的仿真和台架试验，经过上千种方案的探索分析，不断尝试与改进，最终把发动机各个方面的功能发挥到极致，实现了热效率突破 50%。

“思路决定出路。”王经理说，以往一些科技企业遭遇挫败是因为单纯以技术为主导，按已有的技术去做产品，再去找销路，结果市场并不认可。现如今，货运市场竞争十分激烈，运费普遍不高，油耗成本却水涨船高，如何“开源节流”才是卡车客户重点考虑的问题。“卡车司机驾驶搭载我们新款发动机的车辆，每百公里油耗能省 10%左右，按照一年跑 20 万公里计算，以目前的油价一年就能省下三四万元的油耗成本。”王经理介绍说。

创新是一个不断尝试和失败的艰苦卓绝的过程，在一次新方案的台架试验中，当热效率即将突破 50%时发生了意外，烧了发动机，所有人都做好了写检讨的准备，但让大家没想到的是，不仅没有被批评，还拿到了当月的前置奖励奖金。

前置奖励是 B 公司独具特色的激励措施，新技术新产品的开发周期较长，如果等到结项时再评审嘉奖，就会导致激励效果大打折扣，所以 B 公司将激励前置，在项目重要节点或者思维实现新突破时，就给予员工丰厚的奖金。“我们允许科研失败。”王经理说，在团队攻坚克难中，很多方案都是失败的，大家通过对失败案例的分析，甄选出更好的方向。

对于这种文化和生态，B公司发动机研究院姜院长印象也很深刻，2017年，姜院长成立博士工作室，专攻50%热效率项目。博士工作室研究经费上不封顶，没有人约束，可以做任何事，没多久他就成功申报了500万元经费，一个博士工作室刚成立就能给这么多钱，姜院长感慨万分。

B公司每个研究院每年有2000万元研发经费，无须审批，干什么自己说了算；公司连续两年拿出1亿元重奖科技人才；科研人员收入是管理人员的2倍以上；晚上加班有免费工作餐，下班打车报销，从本科到博士都有住房补贴……

更为难得的是，公司每年拿出1000万元用于支持“没有直接经济效益”的基础研究。“你能想象，一个博士团队，可能用5年、10年攻关一个科研项目，然后失败的情景吗？我们现在做的都是创造性的科研项目，一些基础研发时间很长，失败率也很高，唯一支撑大家的就是勇攀高峰的信念。”王经理言语中透露着坚毅。

近10年来，B公司仅在发动机业务方面就累计投入300亿元，研发费用、研发经费的比率保持在8%以上。“无论是抓住机遇抢抓行业‘黄金期’，还是积极应对行业‘寒冬’，我们始终心无旁骛攻主业。”王经理说，“我们的创新战略提出了两个‘不’：一是‘不关门’，以开放姿态利用世界上好的资源开展自主品牌建设；二是‘不违反’，遵守国际知识产权保护相关规定。”

近10年来，B公司先后收购了法国、意大利、德国等国家的多家企业。收购法国某公司时，B公司出价仅为299万欧元，而一家外国竞标者出价一度高达1500万欧元。B公司如何以低价取得了胜利？原因是B公司承诺该公司100多个员工一个也不下岗，而竞争对于则要求立即裁员30%，最终B公司提出的“文化融合，善意收购”得到了认可。

目前B公司在多个国家建立了研发中心，通过创新全球研发体系实现了技术共享、全球研发、协同共赢。公司对发动机研发流转进行了优化，建设了具有强大功能的、完整的，基于互联网支撑的全球协同研发平台。该平台秉持“统一标准、全球资源、快速协同、最优品质、集中管控”五大原则，充分考虑数据安全性，依托明确的信息共享机制，通过分布式部署，加快了研发进程，大大缩短了新产品推向市场的时间。B公司利用“互联网+”的技术优势，构建了一套数字化协同研发机制，聚集全球智慧，为新产品研制提供优质资源，实现了传统制造技术的又一次创新飞跃。

从海外并购整合到合资建厂、技术输出，一张愈渐清晰的B公司国际化蓝图成为引领中国制造业的风向标。目前，B公司产品远销全国100多个国家和地区，一带一路相关出口占集团出口总量的90%以上。

解题思路

“谈谈启示”为作答任务，由此可以判断本题属于启示分析题。题目要求谈谈B公司的案例为企业科技创新提供了哪些启示，阅读资料要重点关注B公司进行科技创新的具体做法，从中提炼要点。梳理出要点后，按照要点内容进行分类整合，采用“主旨词+具体阐述”的结构写作答案。注意，对资料的分析要透彻，概括要点要齐全，答案要有层次性。

作答启示分析题时，一般要从具体的案例中提炼普遍适用的做法，考虑其针对不同主体的适用性，而非简单的对资料内容的概括。

参考答案一

1. 超前研发。提升差异化竞争力，敢为人先；成立技术攻关团队，不断尝试和改进，追求极致。2. 客户导向。转变思路，根据客户需求倒逼技术革新。3. 激励科研。前置奖励，构建容错生态；给予科研人员更大经费自主权；重奖科技人才，科研福利待遇优渥。4. 专攻主业。支持基础研究，勇攀高峰；始终坚持高研发投入，心无旁骛。5. 开放协同。利用世界资源，遵守国际规定；海外并购整合，在多国建立研发中心，构建协同研发机制。

参考答案二

1. 敢于超前研发。树立首创精神，敢为人先，形成差异化竞争力，抵御风险，赢得优势。2. 加强技术攻关。成立专门团队，进行大量试验，不懈探索分析，不断尝试改进。3. 市场需求导向。转变技术指导市场的思路，从客户需求出发，确定产品创新方向。4. 优化科研生态。激励创新，包容失败，增加科研经费，允许自由支配，重视基础研究。5. 国际化发展。利用世界优质资源，遵守国际规定，海外并购、建厂，创新全球研发体系。

本章小结

本章主要介绍了分析问题能力运用到申论考试中的具体情况，通过分析申论考试中综合分析类的题型，让考生了解综合分析类的题目要求，并且介绍了在具体题型中应该如何思考和作答，掌握分析问题的方法和技巧，提升在阅读中的综合分析的能力。

本章把综合分析的题型详细分为词句理解类，观点分析类，启示分析类，并进行讲解和技巧介绍，目的是使考生能够较快识别哪类题目是需要综合分析后才能得出答案的题型。但实际上，在具体的申论考试中，分析问题的能力始终贯穿在各类题型中，与其说分析问题能力是一种技巧，不如说是一种思维方式。在实战中，分析问题的思维需时时谨记，其对领悟题目、理清做题思路和掌握方法有不可或缺的作用。

第六章 提出对策题

思维导图

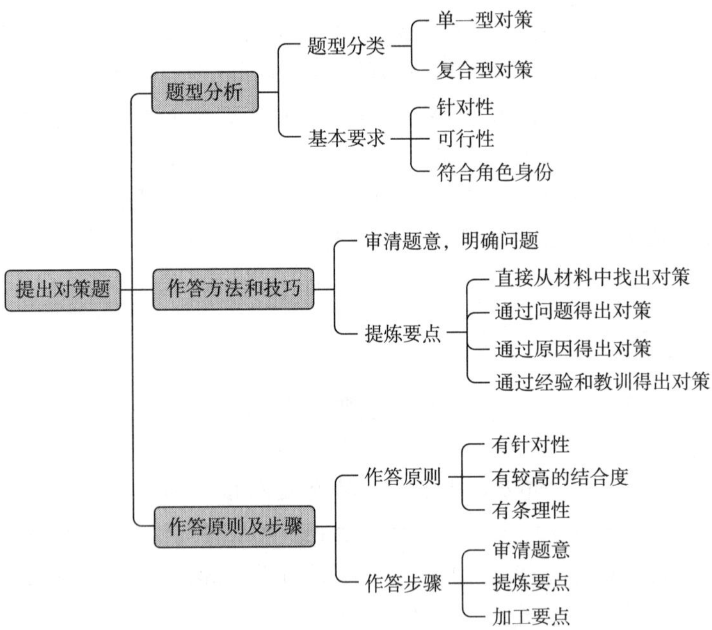

针对特定问题提出对策的能力，即解决问题的能力，是当前申论考查的重点。提出对策题要求考生根据给定资料涉及的范围和条件，结合自身的知识、阅历，提出切实可行的对策方案。这是对考生的思维开阔程度、探索创新意识、应变和解决问题能力的全方位考查。

第一节 题型分析

一、题型分类

按照作答任务的不同，提出对策题主要分为两种常见类型：单一型对策和复合型对策。从2019—2024年的国家公务员申论真题来看，涉及提出对策题的情况如表6-1所示。

表 6-1　2019—2024 年申论真题的提出对策题

考点		省级	市（地）级	行政执法类
单一型对策	措施	0	0	0
复合型对策	问题/原因+措施	1	5	1

由表 6-1 可知，国考申论试卷共考查了 7 次提出对策题，省级、市（地）级、行政执法类试卷均有涉及，并且考查的都是复合型对策题。

（一）单一型对策

单一型对策的作答任务只有一个，只要求考生提出解决措施，不需要概括具体问题、原因等。

【例 1】

【2022 年四川行政执法类申论真题 · 第三题】假如你是 G 市政府办工作人员，请根据“给定资料 3”，就做好“小饭桌”管理工作提出建议，供领导老赵参阅。(25 分)

要求：内容全面、条理清晰，针对性强，切实可行。不超过 400 字。

上述例题的作答任务只有一个，即要求考生就做好“小饭桌”管理工作提出建议，不需要归纳问题或者原因。单一型对策题的问法一般是“提出……对策/建议”，题干中出现这类表述，基本可以断定是单一型对策题。

（二）复合型对策

复合型对策一般作答任务有两个：第一个任务是归纳概括某个要素如问题、原因等；第二个任务是提出对策建议。需要注意的是，两个任务需分别作答、对应书写。这种类型的题在近几年的申论考试中出现较为频繁，需引起重视。

【例 2】

【2021 年国考市地级以下申论 · 第四题】请你根据“给定资料 4”，对 Z 市人行道存在的问题进行梳理，并提出解决建议。(20 分)

要求：

（1）问题梳理全面、准确；

（2）所提建议与问题相对应，具体明确、切实可行；

（3）不超过 450 字。

【例 3】

【2024 年国考省级以上申论 · 第三题】“给定资料 3”提到，小李感觉自己陷入了“两难”境地。请分析小李产生这种心态的原因，并提出走出这种困境的对策。(15 分)

要求：分析全面、对策得当、逻辑清晰，不超过 350 字。

上面两个例题都属于一题两问的复合型对策题，例 2 要求梳理问题和提出解决措施，例 3 要求分析原因和提出对策。复合型对策题的问法一般是“梳理……并提出建议/措施”，题干中出现这类表述，基本可以断定是复合型对策题。

二、基本要求

提出对策题的基本要求一般包括针对性、可行性、符合角色身份等。这实际上是公务员具体工作成绩的评判标准之一，政策的制定最终要通过实践来实现，实践是检验政策质量高低的最终标准，不合适的政策不仅会造成政府工作的失职，还会影响社会的正常运转。

（一）针对性

针对性是指紧扣材料，结合分析对象，根据材料中呈现的线索，找出问题及问题产生的原因等，然后再给出相应的解决措施。

【例 4】

【2019 年湖北公务员考试申论真题 · 第三题】请针对“给定资料 5”中提到的信用体系建设问题，提出解决措施。（25 分）

要求：

（1）紧扣资料，内容具体；

（2）层次分明，有逻辑性；

（3）不超过 400 字。

上述例题要求根据具体问题提出解决措施，在作答时需先找出问题，然后针对主要问题提出相应的对策。

（二）可行性

可行性是指从政治、法律、经济、技术、社会等方面考虑是否可行，所提措施是否能真正解决问题，切勿空喊口号。提出对策的目的就是要解决问题，如果不能解决问题或者无法操作，那就失去了提出对策的意义。比如政治方面要考虑是否符合党和国家的大政方针；法律方面要考虑是否在法律法规的限定范围之内，不能违反法律规定；经济方面要考虑投入与产出的比例是否可行；技术方面，在当下的技术水平层面是否可以达到。总之对策必须能够符合社会现实的方方面面，有具体的操作步骤和方法，有具体的部门或者机构可以落实对策，并且对策有时效性。

（三）符合角色身份

考生在答题时要有一定的角色身份定位，提出的对策要符合相应的身份。关于角色意识，考生需要分两种情况对待：

第一种情况，题干中没有虚拟身份要求的试题。考生要站在政府工作角度，综合运用法律手段、行政手段、宣传手段等提出解决措施。

第二种情况，题干中有虚拟身份要求的试题。部分试题会在题干中要求考生以某种虚拟身份作答，此类题目提出对策一定要符合题目限定的身份要求。可以代入验证，看相应的做法是否符合提出对策人的身份和社会角色。

【例 5】

【2020 年国考省级以上申论 · 第三题】假设你是队长小陈，请根据“给定资

料3”提供的调查日志内容，拟定脱贫攻坚队下一步工作的主要任务及措施。(20分)

要求：要点完整，措施具体，条理清晰。不超过500字。

上述例题就是要求考生模拟“队长”的身份，针对问题提出具体对策，只要从“队长”的角度出发，提出可行的方案即可，不需要面面俱到，否则不符合具体要求。

第二节　作答方法和技巧

一、审清题意，明确问题

当题目只要求针对材料提出措施时，只需要回答措施、举措、对策即可。

【例6】

【2018年山东公务员考试申论真题B卷·第三题】根据“给定资料7”，对我国企业更好地“走出去”提出对策建议。(25分)

要求：合理可行、有针对性，条理清晰；不超过450字。

这道题就只是要求针对我国企业该如何更好地“走出去”提出举措，没有涉及其他问题，因此，作答时只用写出举措方面的内容即可。

另外一类题不仅要求提出对策，还要求概括问题或者原因，那么在回答问题时，要注意把问题或者原因写清楚，然后再写对策，对策同样要求具有针对性、可行性。答案要将问题、原因和对策分别表述。

【例7】

【2020年国考市地级以下申论·第四题】如果你是沙洲市市场服务中心工作人员，请根据“给定资料4”分别梳理三个市场存在的问题，并提出相应的解决措施。(25分)

要求：

(1) 问题梳理全面、准确；

(2) 所提措施有针对性、切实可行；

(3) 不超过500字。

本题题干中出现了两个要求，一是要梳理存在的问题，二是要提出相应的解决措施，作答时要分开表述清楚。

二、提炼要点

在考试时间有限的情况下，有些考生往往会因为神经绷得太紧，阅读的时候来回琢磨，拿不准到底哪些内容是问题，哪些问题是对策，到作答时胡乱归类或者答非所问。实际上有的材料不仅说明了问题本身，也可能说明了问题产生的原因以及后果，导致问题产生的原因、结果、对策都已经蕴含在材料中，只要仔细分析推敲就能理出答案。有以下几种情况。

（一）直接从材料中找出对策

直接从材料中找对策运用的是关键词定位的方法，这有赖于我们在阅读材料时的敏感度和分析能力，通过对关键词的锁定，找到表达对策的句子。对策关键词包括：要、应该、必须、完善、需要、加强、搭建、要求、将、鼓励、拓宽、优化、推动、建立、探索、整合、创新、支持、路径、方向等。看到这些词语的时候，就应该反应过来是对策的内容，整合以后直接誊抄材料的内容即可。比如，如何进一步推动网络教育发展？教育部原副部长杜占元表示，要建立优质数字教育资源共建共享机制，完善利益分配和知识产权保护机制，搭建优质教育资源公共服务平台，将优质资源辐射到每个学习者，缩小数字教育鸿沟和差距。同时，鼓励多样化教育服务，优化利用信息技术开展教育创新的政策环境，建立数字教育资源质量标准和监管制度，将其作为教学必备的内容。探索利用市场机制优化配置教育资源的新机制，整合线上线下资源，创新服务供给模式，为终身学习提供丰富的教育资源公共服务。

材料中直接出现了自问自答的内容，先提出问题然后提出对策，出现这样的材料，只需要直接从材料中摘抄对策即可。

【例8】

【2018年山东公务员考试申论真题B卷·第三题】根据“给定资料”，对我国企业更好地“走出去”提出对策建议。(25分)

要求：合理可行、有针对性，条理清晰；不超过450字。

给定资料4

F机构近日发布《2016—2017年度中国企业“走出去”调研报告》，以下是报告节选内容：

从“走出去”的风险分布看，企业在“走出去”过程中，尽职调查成本较高或信息收集较困难的区域是非洲和中亚、西亚。40%左右受访者提及在境外投资项目中遇到“东道国法律不健全”“东道国政府腐败、政策不稳定、行政效率低”等政治风险，尤其以撒哈拉以南的非洲政治风险最高。44%的受访者表示在海外投资中遇到过政府审查；其中，有超过四分之一的被访者提及企业曾遭遇反商业贿赂、反腐败调查、环保审查及反垄断审查，地域以北美、南亚、东南亚、中亚、西亚居多。36%的受访者表示企业在境外投资项目中遭遇“本地化”要求，以中亚、西亚居多；市场风险则在非洲、中亚、西亚较为显著。16.8%的受访者表示企业在境外投资项目中遭遇群体性劳动纠纷，南亚、东南亚提及率超四成。34%的受访者表示企业在境外投资项目中遭遇税务争议，南亚、东南亚、撒哈拉以南非洲、北美风险较高。21%的受访者表示在境外投资项目中遭遇知识产权争议，以南亚、东南亚、北美、西欧居多。因此，“走出去”第一步的海外利益风险评估非常重要，与此同时投资的国别安全形势的动态数据也至关重要。

从企业税务争议结果看，受访者中有52个企业对税务争议进行了具体阐述。其中46个企业未能充分调研、准确理解东道国的税收法律法规；39个企业缺乏经验，面对税收争议时，在技术、人员、预算、管理等方面准备不足；37个企业未能与当地政府和税务机构进行有效沟通和谈判；36个企业对海外项目的税务监管不予重视、未建立合规审查机制。此外，只有49%的企业购买保险，如人身保险、财产保险、政治风险保险、信用保险；46%的企业设立标准合同流程，并设专职合同审查人员；43%的企业建立财务和金融上的风险控制机制，如金融风险预判机制以防范汇率风险，财务预警机制加快资金回收等；43%的企业设立项目定期评估机制和退出机制；仅有34%的企业选择已经与中国签订投资保护协议的东道国进行投资。

从2014年起，中国财团对国外体育俱乐部产生浓厚兴趣。2014年7月，合力万盛国际体育发展公司以800万欧元的价格购买了荷兰海牙俱乐部100%的股权。2015年9月，万达以4 500万欧元的价格购买了马德里竞技20%的股权。而海外体育并购案异常火热的时间段出现在2016年，从1月至8月共有10宗入股或收购宣告；其中手笔最大的是中欧体育投资管理长兴有限公司以5.2亿欧元的价格购买了意大利AC米兰俱乐部99.93%的股权，其次是苏宁以2.7亿欧元的价格购买了国际米兰70%的股权。据不完全统计，自2014年至今，至少有15家海外足球俱乐部的股权被中国资本收购，总耗费资金超过150亿元人民币。海外足球俱乐部很少有经营状况良好的，且大多数都处于亏损状态，甚至濒临倒闭。从2016年年底开始，商务部、国家发展改革委、外汇管理局、央行多部门要求5 000万美元及以上的转移出境业务须获得特别批准。2017年2月21日的国新办新闻发布会上，时任商务部部长高虎城就提到，在对外投资快速增长的背景下，部分企业开展非主业、非理性的大额对外投资，盲目投资房地产、酒店、影城、娱乐业、体育俱乐部等领域，存在着较大的风险隐患。2016年11月初，万达集团宣布10亿美元收购美国好莱坞电视制作公司Dick Clark Productions。但在2017年初，在线娱乐新闻网站The Wrap引述匿名消息人士报道，中国房地产和娱乐巨擘——大连万达集团以10亿美元收购美国Dick Clark Productions Inc（DCP集团）的交易已经破裂。The Wrap表示，收购破裂的主因是中国政府方面的监管批准问题。

2016年，中国企业进行了2 500亿美元的海外收购交易。在海外并购越是凶猛的中企，其背负的债务负担越重，其中包括万达、复星、海航集团、中联重料、安邦保险、罗森内里等公司。其中，中联重科债务是EBITDA（税息折旧及摊销前利润）的83倍；复星集团截至2015年6月，其债务总额是自身EBITDA的55.7倍；中国远洋控股集团负债总额达到企业自身EBITDA的41.5倍；中粮集团下属子公司中粮国际债务总额相当于其自身EBITDA的52倍；光明食品债务总额是自身EBITDA的24倍。

中国台湾的富士康科技集团与日本夏普公司的“联姻”显然是一个典型的成功案例。据了解，日本夏普公司长期在液晶显示、净离子群等领域拥有强大技术优势，然而，由于近年来在投资方向、创新活力、商业运作等方面乏善可陈，优势尽失。对此，富士康经过充分调研后敏锐地发现，自身在产品设计、制造工艺、成本管控及优化整个垂直供应链等方面的优势，恰好可以与处于低谷的夏普实现资源整合与优势互补，因此便积极寻求与夏普“联姻”并对其进行注资。经过双方不懈的努力与磨合之后，夏普强势回归中国市场并在“6·18”电商节一举夺得大屏电视销售冠军，富士康也借此形成了一个“日本并购、大陆设厂、本地化供货、全球化移植”的共赢新模式。

根据联合国贸发会议（UNCTAD）投资争端解决统计，2016年，投资者依据国际投资协定起诉东道国的已知仲裁案件共计62件，累计达到767件。该案件数低于2015年的历史最高纪录（74件），但高于此前十年的平均数（49件），仍然处于增长态势。同时，从被诉东道国的分布上看，东欧和中亚国家占31%，南美国家占17%，西欧国家占15%，中东和北非国家占11%，南亚、东亚和太平洋国家占8%，北美三国、中美和加勒比及撒哈拉以南非洲国家各占6%。“一带一路”沿线国家占比超过一半。从公开的数据来看，除国际投资争端解决中心（ICSID）于2014年受理的北京城建集团公司诉也门政府案外，中国企业通过国际投资仲裁机制解决与东道国之间的海外工程承包投资争议的案例少之又少，说明中国企业运用国际投资仲裁机制的经验和实践仍不充分。

解题思路

此题要求根据“给定资料”，对我国企业更好地“走出去”提出对策建议，是典型的提出对策题。首先限定了作答范围是此段资料，其次要准确理解“走出去”的意思。具体要求是合理可行、有针对性、条理清晰，就是说要求符合当下社会政治、经济、文化等方面的背景，具有操作性，并且要针对问题以及原因提出对策，分条分层作答。

第一段介绍了资料的来源。

第二段是列举数据，说明了中国企业“走出去”的风险分布。比如在其他国家或地区遇到了政府腐败、政策不稳定、行政效率低、反商业贿赂、反腐败调查、环保审查及反垄断审查、群体性劳动纠纷、税务争议、知识产权争议等问题，段尾的结论可以得出对策，“因此，‘走出去’第一步的海外利益风险评估非常重要，与此同时投资地国别安全形势的动态数据也至关重要”。

第三段是对第二段的补充说明，对具体问题深入分析了原因，比如未能充分调研、准确理解法律法规，缺乏经验、未能与当地政府和税务机构进行有效沟通和谈判，对合规审查机制不予重视，没有设立标准合同流程和专职合同审查人员，没有设立风险控制机制、评估机制和退出机制，大部分没有在与中国签订投资保护协议的东道国进行投资。这一系列问题是可以分析规避的，那么就可以推出一个对策，即要做好全方位的准备，具体措施从问题的原因中得出。

第四段具体讲述了中国财团在海外投资体育俱乐部的案例。但其结果是“很少有经营状况良好的，且大多数都处于亏损状态，甚至濒临倒闭”。因此，“商务部、国家发展改革委、外汇管理局、央行多部门要求5 000万美元及以上的转移出境业务须获得特别批准”，原因是“部分企业开展非主业、非理性的大额对外投资，盲目投资房地产、酒店、影城、娱乐业、体育俱乐部等领域，存在着较大的风险隐患”，国家通过宏观调控有效控制风险。

第五段通过具体例子阐述“海外并购越是凶猛的中企，其背负的债务负担越重”，说明企业海外收购背负了较重的债务。

第六段通过富士康与夏普公司“联姻”的成功案例，提出了成功的经验，可以直接推导出对策。

第七段从最后一句“中国企业通过国际投资仲裁机制解决与东道国之间的海外工程承包投资争议的案例少之又少，说明中国企业运用国际投资仲裁机制的经验和实践仍不充分”，可以说明中国企业已经在积极运用国际投资仲裁机制。

这样分析就知道材料通过大量的案例和数据，其目的就是要阐明应该怎么做才是正确的。

参考答案

我国企业更好地“走出去”需要政府和企业合力：

一方面企业要做好准备，应对挑战。①做好海外利益风险评估，掌握投资国家地区的安全形势的动态数据。企业做好全方位准备，做好风险评估，充分了解当地法律法规，在技术、人员、预算、管理方面做好准备，与当地政府有效沟通，订立防范风险的制度，选择有制度保障的合作伙伴。②企业加强国际合作。跨国企业利用全球化市场加强国际合作，发掘自身优势，实现各方优势互补，形成互利共赢的新模式。③善于使用仲裁机制解决问题。中国企业积极掌握国际仲裁的规则，敢于和善于运用国际投资仲裁机制解决在“走出去”过程中的贸易争端等问题，维护自身合法利益。

另一方面，政府要有效管理，加强调控。政府有效管理控制风险要通过政策手段，对企业“走出去”做好严格审批。要限制企业进行非主业、非理性的大额投资，通过行政手段降低企业运营和经济运行的风险。

（二）通过问题得出对策

给定资料只提出了存在的问题，没有直接的对策，这时候就需要考生灵活变通，从问题中推出对策，或者先找出材料中的问题，归纳总结后再推出对策。

【例 9】

通过教育手段让更多的贫困家庭走向致富之路，这是“教育扶贫”的根本目标。在扶持贫困家庭“脱贫攻坚”的同时，我们切不可忽视教育自身的短板——乡村教育，乡村教育之“贫”势必影响教育部门“脱贫攻坚”。乡村教育之“贫”已经是一个沉积已久的难题。

一是乡村教师数量贫乏。农村学校大多条件艰苦，不少教师不愿意到这些地方工作；虽然城乡编制标准一体化，但由于学生少，班级多，形成编制规定上的绝对富余与学校运行需要的绝对贫困；一些地区在投放招考教师指标时，对边远学校虽有倾斜，但因乡村学校条件差，报考人数依然较少；即使招进来了，也往往是招得进，留不住，最终造成乡村学校教师始终难以补足。

二是乡村教育资源缺失。相对于城区学校，乡村学校无论是办学硬件条件还是师资配置，都存在较大差异。一些乡村学校别说现代化教育手段不足，甚至于连起码的图书资源都难以配齐，教育资源的缺失导致教育质量的落后。

三是乡村教师待遇需进一步落实。随着国务院《乡村教师支持计划（2015—2020年）》的出台，各地也相继制订了切合本地实际的乡村教师支持计划，把对乡村教育的支持发展提到了政府层面，乡村教师待遇得以提高，乡村学校办学条件有所改善。但是，也有的地方因区域经济发展不均衡，一些计划落实不到位。

四是乡村教师专业技能短缺。乡村学校由于学生人数较少，教学班级多，多数教师工作量大，工作任务繁重，教师要发展专业素养困难较多，能“走出去”接受培训的概率是很低的。（资料来源：《莫让乡村教育拖“教育扶贫”的后腿》，人民网-观点频道）

通过材料可以得知教育自身的短板是乡村教育，乡村教育之“贫”势必影响教育部门脱贫攻坚，出现的问题是缺乏教师、资源，乡村教师待遇低、专业技能短缺。反过来推对策，那就是解决乡村教育之“贫”：首先要增加乡村教师的数量，通过国家人才选聘政策从宏观方面加以调控，留住人才；其次要提高办学硬件条件和师资配置，增强现代化教育手段建设；再次要提高乡村教师的待遇，积极改善办学条件；最后要提供乡村教师专业技能培训，提高乡村教师的专业能力。

【例10】

【2012年国考省级以上申论·第三题】“给定资料”中反映的问题需要妥善处理，假定你是某市政府职能部门的一名工作人员，领导安排你处理此事，请你提出解决问题的具体措施。(20分)

要求：条理清楚，所提措施具体、有针对性。不超过400字。

给定资料

某报记者在调查食品安全领域问题时，发现了一个地下黑加工点。记者暗访了该加工点利用双氧水、工业碱等有害添加剂，发制、漂白百叶、毛肚等食品的全过程。记者发现，雇用工小张的工作就是用煮、晾、泡等工艺制作百叶、茄参、毛肚等水发食品。制作过程中加入起增重作用的工业碱，起漂白、防腐作用的双氧水和起中和碱作用的盐酸。平时厂房里就小张一个人负责加工，产品有专人运往市场。据小张讲，利用工业碱、双氧水等食品添加剂，制作水发产品，在这个行业不是少数。另外，在其他行业也有类似运作。

这个地下黑加工点，有自己的运货车、批发点、销售点，有毒、有害的水发制品从生产到销售只需要两天时间。每天生产500公斤左右的水发制品，在凌晨三四点钟用专门的运货车将成品运到老板指定的海鲜市场出售。“我知道做这项工作是昧良心和不道德的，实际也是违法的，整日生活在恐惧中。但看着老板不断地加薪，我的心又开始活动了，我从心里也在说服我自己，不就是加点添加剂嘛，吃的时候用高温水烫一下也就没事了。况且干了这么长时间，政府也没有一个单位有人来管。”小张向记者坦言。

这个地下黑加工点一个月就销售非法加工的茄参1.3万公斤，销售额30余万元，毛利润能达到10万元。记者向有关单位反映地下黑加工点的情况时，发现处理此事牵涉工商、质监、农委、公安等多家单位。“三个和尚没水吃”，在实际管理过程中，出现了“好事人人都管”“坏事人人管不了”的现象。

解题思路

首先，分析一下题目要求，身份角色是某市政府职能部门的工作人员，没有具体说明哪一个部门，那么就要做到所提对策面面俱到，不能遗漏。其次，材料中只说了该黑加工点存在生产加工、运输、销售、消费、事后监督等环节的问题，那么对策就是：第一，查处黑加工点；第二，有记者参与调查此事，那应该曝光该事件；第三，针对此行为要严厉打击，对该行业进行整顿；第四，联合多家职能部门进行有力监管；第五，运用法律手段进行行业规制；第六，通过小张的说法可以得知，具体操作人员是迫于老板的压力才去做的，那么就应该提高从业人员的法律意识和职业道德。整理思路后可以得出答案。

参考答案

①依法查处加工违法水发食品的地下黑加工点，依照法律规定处理相关责任人。

②及时对该事件进行曝光，并设立举报监督电话，发挥社会监督的力量，及时制止有毒、有害水发制品的销售。

③在全市开展对食品加工企业、运输车辆、销售企业的检查，严厉打击违法加工企业。

④充分发挥政府食品监管部门的职能，明确工商、质检、农委、公安等多家单位的共同责任，加强合作，通过部门之间联动，形成合力，全面解决食品安全问题。

⑤完善我国食品安全生产的相关法律法规，加大处罚力度。

⑥加大对从业人员的培训力度，普及安全生产的相关知识，制定行业标准，提高从业者道德修养和素质。

（三）通过原因得出对策

有问题必然就有问题产生的原因，因此，找到问题的原因不仅能分析问题本身，还能根据原因找到解决问题的办法。申论考试中的材料有时候只出现问题本身，然而问题只是表象，要能够通过分析原因找到问题的本质和关键，根据原因找到对策。有的材料只表述原因，这时候也需要考生通过分析问题的内在原因，找到解决措施。

诸如材料中出现了“因为”“由于”“因此”“故而”“所以”“源于”“归

咎于”等标志性词语，就可以知道问题的原因，如没有出现关键连词，也要根据句子的作用分析是否是问题的原因。

【例 11】

【2012 年公务员联考申论真题 · 第三题】根据“给定资料”中的媒体报道，概括 H 区暴发狂犬病疫情以及“屠狗”行动的前前后后所暴露出的问题，并针对这些问题提出你的解决建议。(25 分)

要求：

(1) 对存在问题的概括准确、扼要；

(2) 所提建议具体简明、有针对性；

(3) 不超过 500 字。

给定资料

进入 3 月以来，某市 H 区暴发狂犬病疫情，截至目前，有 11 人患狂犬病死亡，6 200 多人被狗咬伤，这些数字还有继续增加的趋势。随后，当地政府部门为控制疫情，捕杀了三万多只狗，遭到众多爱狗人士的激烈批评，使 H 区一度陷入“屠狗风波”的舆论旋涡。

H 区许多群众有养犬的习惯。全区拥有各类犬 37 万多只，这意味着平均每 10 人就拥有一只狗。部分群众认识不足、管理不善，随意遗弃造成大量流浪犬，犬只随意流动是导致狂犬病疫情蔓延的主要原因。

H 区连续召开狂犬病防控紧急会议，指出狂犬病已严重危害到群众的身体健康和生命安全。一场为期 30 天的集中整治犬类活动在全区紧急开展。政府强调：所有犬只必须进行免疫并办理相关证件，一律实行拴养和圈养。严禁携犬进入商场、市场、学校、公园等公共场合，一经发现一律予以强制捕杀。记者在政府发布的通告上看到如下条文：“各乡镇实施组织由公安、农业、城管等部门组成的专业队伍对未免疫的犬只进行捕杀，犬主不得进行阻拦、不得要求赔偿，群众也可自行组织捕杀犬只。”许多养狗人惶恐不安：以前 H 区对犬类实行挂牌管理实施并不完善，大部分养狗者都没有主动进行免疫、办理证件。这就意味着，禁令期间，如果不及时主动检疫或没有办理证件，这些狗将在劫难逃。

5 月 23 日，“禁犬令”实施，“打狗队”开始出现在 H 区的大街小巷、村镇市集，随着行动成果的不断扩大，一些现场捕狗、杀狗的视频开始在网上传播。对流浪狗的围剿，引来潮水般的争议质疑声。“H 区一直是狂犬病的老疫区，只是今年比往年要厉害些。如果及早加强管理，哪有今天这些事？”H 区街头，一位执勤的民警向记者坦承他并不赞同以“杀狗”代“防疫”。

“人的利益至高无上，狂犬病疫情严重，为了保证人的安全为何不能杀！”也有一些支持政府行动的声音，认为人和狗的生命同样值得尊重，但是当两者发生冲突时，当然应该以人为重。H 区当地网友认为，狗是可以养的，但一定要纳入日常管理，要建立档案，发给狗证，对应当进行免疫而不愿免疫的狗的主人，可以发出警告限期免疫。

“当我们换位思考一下，如果有公民患流感，肯定要采取有效的隔离并积极治疗。狂犬病的传染速度和危险性与当前的流感相比要小得多，对于没有攻击性的狗和看护好的狗，即便携带病毒，也应该是治疗，而不是将其杀死。现在，屠刀伸向了没有确定携带病毒的狗！”动物救助中心的一名女士对记者说。

随着时间的推移，打狗行动出现扩大化。疫情重灾区之一的H区Y乡政府发出通知，要求凡是家养犬5月底前一律自觉送到社区，由社区捕杀队统一进行捕杀和尸体处理，凡阻挡灭犬和藏匿犬只的将严肃处理，3年内不得再养犬只。

“我们山里人平时出门干农活，让狗看家很放心，待它也像家里人一样。现在为了完成任务残忍地把它处死，全家人都难受得很。”Y乡的一位村民告诉记者，“村干部组织起来的打狗队，挨家搜查，见狗就杀，不少狗即使打过了狂犬疫苗，也被强行拉出处理。”

“狂犬病疫情严重如果是事实，那么依照传染病防治法和动物卫生防疫法采取必要的紧急措施无可厚非。”某大学行政法学院教授表示，但是，政府日常就应该加强犬类的管理，等到情况失控才紧急处理，这就造成了许多养狗者的痛苦。政府的行政行为应当把握平衡原则，尽最大努力在社会利益与个人权利之间寻求合理界限。该教授认为：“毕竟狗是个人财产，公民面对社会公共利益的需要，有时应当付出代价。不过考虑政府行为的必要性，是不是一定要通过大范围捕杀来实现防治疫情的目的？对那些有主人且本可以通过严格检疫、限制活动范围等方式实现管理的狗采取非常措施，其合理性就值得思考。”

某政法大学动物保护法研究中心主任认为，全国各地政府出面捕杀狗的事件一再发生，根源是我国动物保护立法的缺失和立法的不完善造成的，此外政府和民众的动物保护意识也至关重要。“这些被捕杀的宠物是无辜的，我国虽然还没有对驯养动物进行全面保护的法律，但目前我国对家养动物检疫防疫的法律规定还是有的。之所以出现狂犬病，是因为饲主没有尽到对所饲养伴侣动物的义务，政府动物行政主管部门监管不力，关于伴侣动物登记、年检制度、防疫制度执行不彻底造成的。”H区屠狗事件中很多网友称要保护的“狗权”，指的就是动物福利。而且很多人已经感受到了动物福利层面立法的缺失给社会发展带来的压力，这是社会文明进步的表现。

解题思路

首先审清题意。要求有两个，一是概括H区暴发狂犬病疫情以及“屠狗”行动中暴露的问题，二是针对问题提出对策建议。阅读时要先弄清楚材料中反映的问题是什么，哪些现象的问题需要概括，然后根据这些问题提出有针对性的对策并写出建议。

其次要回到材料中提取要点。第一段是现象和做法，由此引出问题。第二段总结为“部分群众认识不足、管理不善，随意遗弃造成大量流浪犬，犬只随意流动是导致狂犬病疫情蔓延的主要原因”。直接表明问题的主要原因，由此可以总结出一个对策，就是要加强宣传，提高群众的认识。第三段至第九段是政府采取的具体做法以及民众对政府采取措施的不同意见。通过“一律”“一经发现”“强制捕杀”“惶恐不安”“潮水般的争议质疑声”“而不是将其杀死”“凡阻挡”“将严肃处理”“全家人都难受得很”这些词句的描述，可以推断政府采取“一刀切”的措施没有经过全面的考虑，虽然防疫效果显著，但明显在做法上过于偏激，不够科学合理。因此可以得出的对策是，政府应当合理制定政策，并且要综合各种因素采取合适的执法方式。第三段中还出现“以前 H 区对犬类实行挂牌管理实施并不完善，大部分养狗者都没有主动进行免疫、办理证件……禁令期间，如果不及时主动检疫或没有办理证件，这些狗将在劫难逃”。表明大部分狗被捕杀的原因是之前对犬类实行挂牌管理实施不完善，由此可知对策是政府要加强动物饲养日常管理工作。最后一段出现带有原因关键词的句子，“根源是我国动物保护立法的缺失和立法的不完善造成的，此外政府和民众的动物保护意识也至关重要”和“之所以出现狂犬病，是因为饲主没有尽到对所饲养伴侣动物的义务，政府动物行政主管部门监管不力，关于伴侣动物登记、年检制度、防疫制度执行不彻底造成的”，两句话已经点明了原因。根据原因可以得出两个对策：一是要加强动物保护意识，加快动物保护相关法律法规出台；二是政府部门加强监管并强化政策执行力度。

最后对以上要点进行合并整理，按照题目要求先详细阐述问题，再根据问题推出对策即可。

参考答案

主要问题有：一是政府和民众的认识不足。民众在养犬过程中对犬只的证件办理及免疫意识欠缺，未尽到防疫义务，并随意遗弃造成流浪犬只随意流动，造成狂犬病疫情的产生与蔓延；政府部门在“屠狗”行动中对动物的保护意识远远不足。二是相关部门在对犬类的日常管理上并不完善，未能做好及时对饲主进行免疫和证件办理等监督和管理工作。三是政府在政策制定和执行方面过于偏激，不够科学合理。四是我国在动物保护立法方面缺失和不够完善，缺乏法律上的保障。

应采取措施：一是加强宣传，强化防范意识。通过媒体推广、发放宣传手册等手段和途径，提高民众的日常防范意识以及政府的动物保护意识。二是政府加强动物饲养管理工作。在管理过程中要有预见性地加强对饲主的监督，按照规定使饲主对犬类进行必要的免疫并办理相关证件。三是合理制定和执行政策。政府的行政行为要把握平衡原则，协调社会利益和个人利益，保证政策的合理性和科学性。四是加快出台并完善相关立法事项。设立并完善保护动物的相关法律法规，保证对各类情况的规制管理全面、标准、细化到位。

【例 12】

【2011 年国家公务员考试申论真题 B 卷 · 第三题】假定你是一名派到农村的支教人员，请根据“给定资料”简要分析希望小学遭废弃的原因，并提出解决希望小学遭废弃问题的具体建议，供上级有关部门参考。(20 分)

要求：

（1）对原因的分析准确、全面，不超过100字；

（2）所提建议具体、有针对性、切实可行，不超过300字；

（3）条理清楚，表达简明。

给定资料

柳延希望小学是李某当村主任的时候筹资修建的，可惜只用了七八年就撤了，留下了空荡荡的校园。上世纪90年代，和中国大多数农村一样，李某所在的枣园镇延店则村，也经历了轰轰烈烈的建校潮。然而时隔几年，新的农村教育布局调整又让很多农村小学陷入“沉睡”状态。这其中，也殃及部分希望小学。

柳延希望小学的几间教室已被村委会用作办公室。当年的筹建者、已不再担任村干部的李某，如今也搬到了学校住。他的任务是看守校园，清除杂草。

如今，村里还有50多个孩子在邻村的裴庄希望小学上学。由于路有点远，又不能住校，大人们只好每天骑车接送孩子。“现在除了房子，什么都没了。”在校门外的一堆砖头瓦砾里，李某找到了唯一能见证这所学校历史的一块石碑，那上面盖满了泥土，看不清碑文。他让孙子端一盆水过来浇在石碑上，然后用手慢慢地抹去碑身上的泥土，这才露出了清晰的字样：延店则村希望小学占地1 260平方米，共建教室10间……

和李某不同，同样是校园看护人的向老师不甘心学校就这么闲着，他在已经撤掉的学校里办起了幼儿园。撤校前，向老师是校长。学校原来只有12口窑洞。2004年3月，经联系，香港某纺织有限公司董事长赵先生捐赠20万元，为学校修建了一栋两层教学楼。然而，当教学楼建好投入使用时，四至六年级的学生却并到了乡中心小学，学生一下子少了一大半。“这一并，低年级家长的心就动摇了，学生哪里多就往哪里送。”向老师说，“2007年后半年，就没有学生了，学校也就撤了。”于是，几个村民又找到向老师，鼓动他在学校里办一所幼儿园。他雇了一名老师、一名司机，还买了一辆面包车用来接送孩子，办起了幼儿园。可一年多后，向老师又开始发愁了，“娃娃少，成本太高了。”原来，每个孩子一学期收费1 000元，每天上下学接送不说，中午还管一顿午饭，每个月还要给请来的教师、司机开工资，不赚钱不说，还赔钱了。幼儿园再往下办，也很难了。

2009年是希望工程实施20周年。20年来，希望工程共募集资金56.7亿元，资助346万名家庭困难青少年继续学业，资助建设15 940所希望小学，为支持经济落后地区基础教育事业，促进青少年发展做出了积极贡献。

从1999年开始，中国青少年发展基金会经过调查论证后，开始实行希望工程战略重点转移：由过去对贫困失学儿童的普遍救助，转到对优秀受助生的跟踪培养；而希望小学也由起初的硬件建设为主，转向教师培训、现代化教育设施软件建设为主。

根据教育部公布的数据，2007年全国小学在校生10 564万人，而1998年全国小学在校生是13 953.8万人，9年间减少了3 300多万人。随之而来的是乡村小学数量的锐减，20余年间，中国的乡村小学从1985年的83万所，至2007年已撤并至34万所，其中还包括部分早期建设的希望小学。

据2010年10月25日报载：截至2008年12月，G省长阳县76所希望小学中有53所被废弃。这样的情况随着“撤点并校”的政策大规模推广，在越来越多的地区出现，很多希望小学被撤销，要求与镇小学或中心小学合并，因个别条件无法合并的，直接被闲置。部分校舍被当地村委会再利用，作为临时教学点等，服务于周边村民。但更多是被闲置下来，甚至直接被用作仓库，有的操场被翻垦成了田地，准备种上苞谷，有的学校甚至养起了猪和鸡。

来自Y市共青团市委希望工程办公室的统计数据显示：截至2008年4月25日，Y市某区运行的希望小学有119所，撤并38所，其中最早兴建的京温希望小学，已经变成了红枣产品加工厂。这里原来每个行政村都有一所小学，可如今只剩下3所了。教办主任张某介绍：21世纪初，生源开始锐减，2001年，有一个镇在校学生2 400多，可现在不到1 100人，这个镇流动人口占到一半左右。随着越来越多的人外出务工，部分学龄儿童只好随家长走，异地就读。记者采访过程中见到了不少“空巢村庄”，年轻人纷纷外出打工，留在村里的，基本上都是四五十岁以上的中老年人。

农村税费改革后也引发了农村学校经费的紧张。2001年，我国农村实行税费改革，取消了原来的教育集资和教育附加，学校的经费由财政支持。而学校过多让有限的经费投入像撒胡椒面一样，有效投入降低，于是进行大撤并。撤并之后，留下了大量校舍，在有些村子，学校校舍依然是最漂亮的建筑。可这些校舍有的被用作村委会办公室、党员或者群众活动室，有的被村集体租赁出去成为厂房或仓库，还有一部分仍处于闲置状态。

解题思路

通过阅读材料，可以看到本题的具体要求包括两个部分：一是分析希望小学遭废弃的原因，二是提出解决希望小学遭废弃问题的具体建议。并且分别对两个作答内容做了具体的要求。

首先，分析希望小学遭到废弃的原因。

原因一：“新的农村教育布局调整又让很多农村小学陷入‘沉睡’状态，其中也殃及部分希望小学”，“随着‘撤点并校’的政策大规模推广，在越来越多的地区出现，很多希望小学被撤销，要求与镇小学或中心小学合并，因个别条件无法合并的，直接被闲置”两句话，表明了希望小学遭到废弃的一个原因就是政府推广撤点并校的政策，由此带来新的农村教育布局调整。

原因二：从“随着越来越多的人外出务工，部分学龄儿童只好随家长走，异地就读”可以得出，希望小学数量减少是因为学龄儿童跟随家长异地就读。

原因三：从“农村税费改革后也引发了农村学校经费的紧张”和“而学校过多让有限的经费投入像撒胡椒面一样，有效投入降低，于是进行大撤并”这两句话可以得出，农村税费改革引发农村学校经费紧张，财政经费的有效投入降低。

希望小学遭废弃的三个原因找到了，那么根据原因可以直接找到问题，结合原因和问题提炼和推出对策。

针对政府推广“撤点并校”的政策，由此带来新的农村教育布局调整的问题，得出对策一：建设希望小学要根据实际情况和当地政策科学合理规划。

针对生源减少导致希望小学数量减少的问题，可以得出对策二：增加当地就业机会，鼓励农民工在本地就业，从而减少其子女异地就读。

针对农村税费改革引发农村学校经费紧张、财政经费的有效投入降低的问题，可以推出对策三：建设希望小学要合理利用资源，充分发挥闲置资产的价值。

根据整理出来的思路组合答案。

参考答案

希望小学遭到废弃的原因包括：一是政府推广“撤点并校”的政策，新的农村教育布局调整；二是生源锐减，部分学龄儿童追随外地务工的家长异地就学；三是农村税费改革引发农村学校经费紧张，财政经费的有效投入降低。

解决希望小学遭到废弃问题的具体建议包括科学规划、宣传引导本地就读和合理利用资源三个方面内容：一是科学规划。希望小学的建设要符合当地教育布局和教育政策，不管是哪里出资建设都要先了解当地教育部门的发展规划，一旦政策调整，要及时进行资源整合和处置。二是宣传引导。通过政府宏观调控增加就业岗位，增强学校基础设施和师资力量等方面的建设，鼓励农民工在家乡务工、子女在本地就学，保证希望小学生源。三是根据实际情况合理利用资源，充分发挥闲置资产的价值。比如废弃小学的校舍属于集体财产，应当最大限度地利用起来，采取积极措施建立乡村图书馆、村文化活动中心等村民文化娱乐场所，提高农村居民生活质量，实现废弃校舍的“零闲置率”。

关于建议的另一种参考答案：

一是处置闲置资产，回收资金。对闲置校舍进行租赁或拍卖，推动乡村经济发展，吸引农民工本地就业，子女当地就读。二是合理利用资源。对闲置的校舍、场地充分利用，进行开办幼儿园、办公室、党员活动中心或者乡村文化建设基地等，促进乡村文化建设。三是提高乡村教育水平。改善办学条件，加大基础设施的投入，提高办学质量，吸引农村学生就读。四是结合政策，合理规划。熟悉当地教育政策和规划，结合当地的教育布局，不要随意增加学校建设的投入，应根据实际情况统筹安排，科学引入投资和助学项目。五是引进师资，提高乡村教育水平。引进优秀教师，提高教师待遇，留住教育人才，同时对乡村教师进行专业技能培训，吸引当地学生就读。

（四）通过经验和教训得出对策

在综合运用以上三种提出对策的方法后，还可以适当结合自身的实践经验和教训，给出针对材料中问题的解决办法。有些资料会介绍国内外的成功经验，需要考生从中总结对策。这种情况通常可以直接引用资料中的经验做法作为对策，但要注意所得对策还需转换主体，并将其转化为本地适用的可行措施。而有些资料会介绍国内某些地区的一些错误做法，即教训，需要考生进行反推。这种情况就需要找到错误做法的原因所在，并以此为突破口进行推导，得出正确的做法，即对策。

【例 13】

某街道办事处负责人：现在我们社区的风险应对工作主要依赖社区干部，社区居民参与意愿不足，“干部干、群众看”的现象比较突出。我们社区其实经常开展一些风险防控的宣传活动，但是参与的居民并不多，有一部分居民对此漠不关心。

为了让居民在灾难面前保持积极、坚强的心态，不因恐慌而自乱阵脚，B街道运用线上线下多种方式加强安全教育，提升居民防灾意识，宣传、推广应急知识，普及突发情况下的生存技能，并适时举行自然灾害、恐怖袭击、疾病传播等方面的救灾演练。据B街道办李主任介绍，自2017年以来，街道组织各类相关培训50余场，培训2万余人次，居民的安全意识和防范能力得到了极大提高。2020年全年街道辖区共发生火情7起，与2019年同期相比，事故总数减少3起，下降30%。自2018年起，未发生责任安全事故和亡人安全事故。

问题：针对社区在应急管理方面存在的问题，提出相应的建议。

第一段首先介绍了社区风险应对工作存在的居民参与意愿不足的问题。随后第二段介绍了B街道的成功经验。“安全教育”“救灾演练”等提示了街道办采取的措施，并通过一组数据展现取得的成果，具有借鉴意义，可总结其经验得出建议要点。

参考答案

动员群众参与。运用线上线下多种方式加强安全教育，宣传、推广应急知识，普及突发情况下的生存技能，适时举行自然灾害、恐怖袭击等救灾演练，提高居民的安全意识和防范能力。

三、总结要点，加工成答案

从材料中提取的要点往往比较零碎分散，将这些零碎分散的要点组织成答案需要对内容重新加工，从内容分类、语言组织、结构和字数等方面进行整理。

从结构上看，建议答案遵循并列或者总分结构的形式，这样的结构更容易一目了然，层次清晰，方便阅卷老师寻找得分点。

（一）并列结构的答案

如果你是沙洲市市场服务中心工作人员，请根据“给定资料”分别梳理三个市场存在的问题，并提出相应的解决措施。（25分）

要求：

（1）问题梳理全面、准确；

（2）所提措施有针对性、切实可行；

（3）不超过500字。

针对题干“分别梳理”的要求，答案格式建议写为并列结构。

莲池农贸市场的问题：①……；②……；③……。对策：①……；②……；③……。

豹岭农贸早市的问题：①……；②……；③……。对策：①……；②……；③……。

月湖市场的问题：①……；②……；③……。对策：①……；②……；③……。

（二）总分结构的答案

假设你是队长小陈，请根据“给定资料3”提供的调查日志内容，拟定脱贫攻坚队下一步工作的主要任务及措施。（20分）

要求：要点完整，措施具体，条理清晰。不超过500字。

针对题干“主要任务及措施”的要求，答案要先把主要任务和措施分别列出，然后根据具体内容进行总分结构的答案编排，如具体措施建议采取总分结构，先对每项措施进行总结，再详细说明，也就是在具体措施部分采用“总结句+详细说明”的格式。

主要任务：……。

具体措施：

总结句一。①……。②……。③……。④……。

总结句二。①……。②……。③……。④……。

总结句三。①……。②……。③……。④……。

总结句四。①……。②……。③……。④……。

第三节　作答原则及步骤

针对问题提出对策的题型中，提出对策最终目的是要能解决问题，就是对实际执行设计一种具体方案或者提供一种思路，作答有其自身的规律和特点。

一、作答原则

（一）有针对性

综合所有题型来看，有的同学可能会觉得掌握归纳概括能力来应对对策题是比较简单的，毕竟综合国考申论的试题中，很多材料都会直接提供解决问题的措施和方法，但是在实战中，很多同学往往会陷入一种困惑，为什么明明已经整理清楚对策了，分数却还是不高。那是因为在答题过程中，很多同学往往习惯看到提建议、找措施的题目后就沉迷于去材料中找对策，有时候材料中的对策句分布比较散乱或者比较隐晦，在时间有限的情况下，有的同学就会一厢情愿随意发挥，写出来的对策常常画蛇添足或者偏题，这就造成答非所问。因此，答题时要把握住针对性的原则，针对材料提出对策，针对问题提出对策。基于材料又不局限于材料，不能只看到材料里的对策，还要想想是否还有别的对策可以解决问题。

（二）有较高的结合度

较高的结合度是指在寻找解决问题的办法时，要基于材料本身，提出的对策要在材料的情境里，结合材料中的问题、原因进行反推，或者结合材料和经验教训进行总结，更直接的是从材料中找出直接或间接的建议进行摘抄，从而得出答案。无论如何，我们提出的对策和答案都要植根于材料，从材料中来，从材料中合理引申。

（三）有条理性

在这一点上，题目的具体要求也明确提出，对策通常不会只有一条，需要考生从多方面、多角度，全面思考解决问题的办法，要求考生结合归纳概括的能力，所提对策要条理清楚，分门别类、分层作答。建议大家多关注习近平的重要讲话以及《人民日报·评论版》《瞭望》《理论热点面对面》等报刊、书籍，培养自己的分析能力。

二、作答步骤

（一）审清题意

任何题目的作答都必须遵循问什么答什么的原则，近年来大多数对策类考题都是一题多问的形式。对于提出对策类考题，审题时首先要关注题目问几个要素，一般是把成绩、问题、任务、举措等要素综合在一个题目中。具体出题形式如下。

1. 只有一种要素

针对材料所反映的……问题，提出解决对策。（问题明确）

例如，针对材料所反映的食品安全问题，请你提出解决对策。

2. 多种要素

①请你概括材料所反映的食品安全问题，并提出解决对策。（概括问题+对策）

②针对材料所反映的问题提出解决对策。（找出问题+概括问题+对策）

③给定资料介绍了……内容。假如你是……，请概括该做法的理由和相关措施。（找出问题+概括问题+身份+对策）

（二）提炼要点

1. 直接对策

对策关键词：应该、需要、建议、要……，在材料中直接找出进行摘抄。

2. 间接对策

找出问题——→对策。

找出原因——→对策。

总结经验教训——→对策。

3. 补充对策

根据在材料中找到的要点，结合实践经验和生活知识，对措施进行细化完善和必要的合理引申。

（三）加工要点

1. 内容

内容方面，要进行要点的合并同类项，把分析出来的要点根据具体内容分门别类。一般来说可按照部门职责来划分，也可按照政治、经济、法律、文化、技术、宣传等方面进行划分，但具体的划分还是要根据材料的内容和题目要求来进行。

2. 结构

结构方面要根据问题采取并列或总分结构。

并列是根据题目要求，把要点通过"第一……第二……第三……""一方面……另一方面……""首先……其次……再次……最后……"等形式罗列出来。

总分结构是在开头第一句就有总领句，高度概括答案的要点，然后再分条具体阐述做法。其实在并列结构中的单条措施中，也应该采取总分结构进行概括。比如：要加强法律的保障。立法部门应该加快……方面的法律出台，为……提供法律制度的保障，规范……行为，保障……的权益。

3. 字数

字数按照题目控制在要求的范围内，时间允许情况下，最好在草稿纸上列一个要点，以便写答案时心中有数。

三、实战演练

【例 14】

【2023 年国考市地级以下申论 · 第三题】假如你是 S 市新能源办公室调研组成员，请根据"给定资料 3"，梳理 S 市在推进整县屋顶分布式光伏开发试点过程中存在的问题，并提出解决问题的建议。(20 分)

要求：

（1）问题梳理全面、准确、有条理；

（2）所提建议具体明确，切实可行；

（3）不超过 400 字。

给定资料 3

"光伏电站装到一半，村里突然来人告诉我不要装了，说是后面会有其他厂商统一安装，可是我已经装好的那部分怎么办？总不能拆掉吧？"

近日，S 市的一些群众陆续向市能源局反映，在安装屋顶光伏电站过程中遇到了一些麻烦事。对此，市新能源办公室牵头组成调研组进行了深入的实地走访调查。

2021年9月，国家有关部门公布了整县（市、区）屋顶分布式光伏开发试点名单，强调各试点地区要严格落实“自愿不强制、试点不审批、到位不越位、竞争不垄断、工作不暂停”的工作要求，不断改善新能源开发建设营商环境，降低屋顶分布式光伏开发建设成本，减轻投资开发企业负担，相关部门要加强监管。其中，S市有10个县被列入试点名单。

“随着分布式光伏‘整县推进’步伐不断加快，屋顶光伏行业迎来跨越式发展，吸引了大型国企民企和众多中小企业前来角逐。”S市C县一光伏品牌代理商陈经理告诉调研组，“一个县的屋顶资源有限，僧多粥少，竞争自然非常激烈。”陈经理说，为此他特意扩大了业务人员规模，准备逐村逐户进行“地毯式”开拓。但是，就在他准备大展身手之际，却发现当地屋顶光伏的建设进度放缓了。

为何更多企业参与之后，反而“拖累”了屋顶光伏“整县推进”的步伐？调研组了解到，与这一现象同时出现的，是不少地方正在探索“一企包一县”的开发模式。

“所谓‘一企包一县’，就是地方政府将整个县的屋顶资源，都打包交给一家企业去做。”分布式光伏行业资深专家谭先生告诉调研组，“农户屋顶资源是建一户少一户，谁掌握了这些终端资源，谁就能在未来的市场竞争中拥有话语权。”

B县的一位光伏代理商汪经理也告诉调研组，自己已经半年没有新项目了。半年前，B县政府曾发布一则通知，暂缓全县范围内一切光伏项目。他说：“虽然文件也明确指出支持各类市场主体参与整县分布式光伏开发，企业可根据自身条件和优势，通过市场竞争方式参与整县规模化开发，但最终政府还是将整县资源打包交给了一家大型国企。”

B县政府相关部门工作人员告诉调研组，在建设初期，屋顶光伏领域一度处于鱼龙混杂的状态，一些不负责任的企业损害农户利益。地方政府在执行“整县推进”时，确实需要优先选择有实力的企业，先把市场的良性秩序建立起来。调研组了解到，在光伏发电开发实施过程中，确实出现过村民受骗的情况。D县南坞村的村民老宋就向调研组讲述了自己被骗的经历。“前年夏天，有人来我家说可以建屋顶光伏，通过阳光发电，不仅家里以后不用交电费了，多余的电还可以卖钱。”老宋对调研组说，一开始，对方说自家不用花一分钱，只用提供自家屋顶就行，结果等到要安装时才发现，自己要垫付一部分费用，而且安装过程中还会收取很多杂七杂八的费用。如果拒绝安装，就需要交一部分违约金，最终他只好选择继续安装。“问题是，东西才装了不到一年就坏了，再找对方维修时，人都找不到了，白白亏了不少钱。”正是市场中有人浑水摸鱼，地方政府才不得不格外谨慎，在选择“整县推进”的合作伙伴时，更倾向于大型企业。

调研组在调查中还发现，在S市其他没有实行“一企包一县”的区域，当地农户在自家屋顶安装一个光伏电站，每块太阳能光伏板的大致收益是一年50元左右，而在S市已实行“一企包一县”的区域，收益则普遍降低至40元左右。

“一般一个农户家的屋顶光伏电站会用到60多块板子，如果实行‘一企包一县’，一年下来老百姓就会减少不少收入。”谭先生告诉调研组，由于光伏电站收益周期较长，对农户而言，多年累积下来，就会损失一笔不小的收入。因此农户会质疑，别家给的租金多，有什么理由不让他们装别家的？

那么，为什么会存在差价？谭先生透露说：“这可能是因为目前一些‘整县包干’的大型企业，对市场有些水土不服。要知道，大型企业一般都是主攻集中式光伏的，对分布式光伏市场并不熟悉，其竞争优势得不到体现。因此，有些企业也考虑过把这项工作转包给在地方上有经验的中小公司去做。可一旦转包，在部分地区就可能存在政策、流程、质量等诸多不确定性风险。”

E县的一名光伏代理商吴经理对调研组说：“去年我们公司主要做的是三县党政机关和学校的屋顶，不过县政府并没有专门对接这项业务的人，屋顶的产权开发协调需要企业单独去跑。今年开始安装户用，但到底是一户一户单独备案，还是打包备案，目前这一块还没明确。”

“如今市场环境变了，原有格局被打破，新的模式尚未成熟，这个过程中，必然会暴露出各种各样的问题。”谭先生认为，“在这个时候能够及时发现问题、暴露矛盾也不是坏事。如果能积极探索出一种政府有为、企业有利、百姓受益的解决路径，就真正达到了试点的目的。”

解题思路

首先审清题意。本题的作答任务为“梳理问题”“提出解决问题的建议”，属于复合型对策题。阅读资料时，要准确找出S市在推进整县屋顶分布式光伏开发试点过程中存在的问题，并站在S市新能源办公室调研组的角度，根据问题提出建议。概括问题要点要齐全，答案要有层次性，可将问题和建议分开书写；所提出的建议不能含糊空泛，要符合实际，具有可操作性。

参考答案

问题：1. 政策执行走样。地方“一企包一县”开发模式违背国家政策初衷，造成市场垄断、工作暂停。2. 开发模式单一。资源打包给大型国企，民企没有新项目，国企不熟悉市场，缺少竞争优势，光伏收益降低。3. 服务监管缺位。行业准入门槛低，市场鱼龙混杂，国有企业乱收费、质量差、无售后，损害农户利益；缺少专人对接业务，备案方式不明确。

建议：1. 及时纠偏政策。严格落实国家有关部门“五个不”的工作要求，把握好地方主管部门的工作重点，收回不合理通知，出台规范性文件，破除各类限制壁垒。2. 坚持市场化导向。制定市场公平竞争规则，鼓励国企与民企强化深度合作、联合开发、取长补短，大规模、高效率推进项目，降低开发建设成本。3. 加强监管服务。加快制定行业准入门槛、建设标准、审批条件，明确相关要求，遴选优质企业，建立良性市场秩序；改善新能源开发建设营商环境，做好对接企业服务，减轻企业负担。

【例15】

【2020年国考市地级以下申论·第四题】如果你是沙洲市市场服务中心工作人员，请根据"给定资料"分别梳理三个市场存在的问题，并提出相应的解决措施。(25分)

要求：

(1) 问题梳理全面、准确；

(2) 所提措施有针对性、切实可行；

(3) 不超过500字。

给定资料

2019年年初，沙洲市启动城区农贸市场的改造升级工作。针对不同的市场现状，改造升级怎么进行更切合实际？为此，沙洲市市场服务中心调研走访了几个市场。

先把镜头对准莲池农贸市场，这个市场有40年的历史了，附近的社区从一个发展到七八个，居民从千把人变成四五万人。随着周边居民的大量增加，市场脏乱得不成样子。"过道没两尺宽，并排都站不下两个人，买菜要侧着走。有时大夏天实在受不了，宁可走老远到一家超市买菜。"居民刘阿姨说。市场管理员最怕春夏之交："下大雨，水一下子能积二三十厘米深。还有，消防设施配备也不全，存在安全隐患。"摊主王女士也愁，菜摊旁有条水沟散发着异味，市场内空气流通又不畅，顾客经常一边挑菜一边捂着鼻子，她不得不找木板盖着。

莲池街道办事处廖主任认为，老市场虽然问题多，但是居民有需求，搬不走，拆除重建代价又太大，最合理的办法就是对准问题改造。他说："改造期间，老市场得关门施工，几万人的'菜篮子'不管不顾可不行。改造之前有准备，改造当中才好应对。"市场管理员提议："要不先找个地方过渡一下。"居民刘阿姨对"过渡"有点担心："那下雨天买菜方便不方便？卫生还有没有人管？"摊主王女士考虑的是："在这里做了几十年生意，就在一个位置上没动过，老顾客都熟悉，如果进行改造，工程完工后，还能不能重新回到老地方？"

镜头摇到豹岭农贸早市。摊贩周大姐一早就来到处于小巷子的早市卖菜，5点半开始，8点就得收摊。她打比喻说："我就是个'流浪'的摊贩。""早市起先只有周边的菜农卖自产蔬菜，后来逐步有一些外来摊贩加入。考虑到确实能解决居民的买菜难题，社区一开始默许了其存在，只对开市闭市时间稍加限制。"豹岭社区党支部范书记介绍。几位居民代表也一致抱怨："每天早上，摊贩们将小巷堵个严严实实，出行极不方便。""大清早就吵吵闹闹，觉也睡不好。"

社区深感为难。直接禁止，太粗暴；开了口子，管理力量又跟不上。"有时候八点已过，摊贩还不愿意走。"城市管理大队副大队长说，"我们和社区工作人员去管，摊贩们就一哄而散，人一撤，他们又继续贩卖。""过去几年，社区周边的楼盘如雨后春笋般建起，人口激增，买菜的需求越来越多，之所以流动摊贩多、临时市场乱，恰恰是因为缺少规范稳定的农副产品交易场所。”范书记建议，“这附近有一片闲置老厂房，是不是可以盘活起来做点文章?”

镜头转到沙洲市中心最大的农贸市场——月湖市场。这个市场各个道口没有设置栏杆，加上停车坪被货物堆满，更显得拥挤不堪。“经营户的手推车、三轮车，居民的电动车、自行车，通通往市场里扎。”居民张大妈说，“占道经营也很普遍，经营户的纸箱、塑料筐，全扔在过道上。”沙洲人喜好买活禽，但活禽是月湖市场环境污染的主要来源。如果直接取消活禽供应摊位，居民大多不同意，经营户也很难接受。参加调研走访的丁工程师在实地考察后指出：“目前活禽摊位的存放、宰杀和售卖三位一体不够科学，通风也不顺畅，这些都是造成污染的重要原因。”

“月湖市场本身建筑设施比较齐全，硬件上施工不需要伤筋动骨，只要预先做好安排特别是安全防范，完全可以就地边营业边整改。”月湖街道办事处李主任说。他认为，市场改造为的是利民、便民，相比于“一刀切”，还应该寻找更好的办法。“即使是改造提升后，管理也不只是政府部门和市场管理方的事，消费者和经营户，都是参与主体。要走出‘治理—变乱—再治理’的循环，还得在制度层面上下功夫。”

解题思路

题目要求分别梳理三个市场存在的问题，并提出相应的解决措施。首先，要梳理三个市场的问题，每个市场都分别讲述了各自存在的问题，并且直接或间接地提到对策。要通过分别对三个市场的材料进行分析，提取要点进行合并同类项，确保全面。分析材料得出三个市场的问题和解决措施不尽相同，要把三个市场的问题和措施分开作答比较合适，不能揉作一团。其次，要针对不同的问题提出不同的解决措施。最后，注意身份是沙洲市市场服务中心工作人员，要结合市场服务管理的特点进行答题。

参考答案

莲池农贸市场的问题：①市场脏乱、过道窄；②排水不畅，消防设施、通风设施不全，存在安全隐患。

对策：①对市场进行改造，拓宽过道，完善排水、消防、排风设施；②合理选择过渡区，专人管理，做好卫生管理、改造后摊位分配等工作；③改造后摊主尽量回原摊位经营。

豹岭农贸早市的问题：①缺少规范稳定的农副产品交易场所，流动摊贩多，临时市场乱，经营时间短；②交通拥堵；③噪声扰民。

对策：①盘活附近闲置老厂房，建设规范稳定的农副产品交易场所，为流动摊贩提供固定摊位，解决流动经营和经营时间短的问题；②出台市场管理规定，规范经营行为。

月湖市场的问题：①管理欠缺，占道经营问题普遍；②活禽摊位设计不够科学，通风也不顺畅，市场环境污染严重。

对策：①根据实际情况就地边营业边整改，完善市场管理硬件设施，禁止或有序规范非机动车进出市场，解决市场拥挤问题；②政府部门、市场管理方、消费者、经营户参与治理工作，加强日常管理，及时劝阻占道经营，合理规划活禽摊位，解决市场环境污染问题。

本章小结

提出和解决问题能力不仅是考查实践能力，更是所有能力的综合体现，申论考试最终的目的是要考查一个人能否思考问题、解决问题。带着问题去阅读是我们在平常的训练中要重点关注的方面。在具体的对策题中，解决问题的能力除了可以运用归纳概括和综合分析的方法技巧之外，还有一部分需要结合实践经验和生活知识进行推断，这就要求我们除了大量阅读之外，要在平时的生活中注意观察，积累丰富的生活经验。纵观近年来关于对策的考题，仅仅就措施或者对策提问的比较少，通常是一题多问的形式。此外，提出和解决问题能力在应用文写作中也是重要的部分。因此，申论考试是多项能力的综合考查，这就要求我们不断加强思考问题、解决问题的训练，全面提升综合素质，只有这样，才能应对更加复杂多变的考题。

第七章 应用文写作题

思维导图

- 应用文写作题
  - 应用文写作概述
    - 应用文的含义
    - 应用文的分类
      - 法定公文
      - 事务性应用文
    - 应用文的要素
      - 标题
      - 称谓（或发文对象）
      - 正文
      - 落款
      - 格式要求（根据文种不同而有所差异）
    - 应用文的特点
      - 实用性
      - 真实性
      - 针对性
      - 时效性
      - 格式化
  - 讲话稿
    - 讲话稿的含义
    - 讲话稿的特点
    - 讲话稿的种类
    - 讲话稿写作要求
  - 宣传稿
    - 宣传稿的定义
    - 宣传稿的特点
    - 宣传稿的写作要求
  - 提纲
    - 提纲的概念
    - 提纲的种类
    - 提纲的结构
    - 提纲写作注意的事项
  - 汇报
    - 汇报的定义
    - 汇报的类型
    - 汇报的写作要求
  - 编者按
    - 编者按的含义
    - 编者按的特点
    - 编者按的作用
    - 编者按的写作格式
  - 短评
    - 短评的定义与特点
    - 短评的格式与结构
    - 短评的写作技巧

第一节　应用文写作概述

一、应用文的含义

广义的应用文，也就是我们所说的实用文章，是指文学文章之外的，为解决一定实际工作问题而写的所有实用性文章。

狭义的应用文，是指党政机关、企事业单位、社会团体或个人，在日常生活、学习、工作中，处理公务或个人事务时，用于交流情况、沟通信息所使用的具有某种法定格式或惯用体式的实用性文章。

二、应用文的分类

根据性质和用途可以把应用文分为两大类：法定公文和事务性应用文。

（一）法定公文

法定公文是依据相关法律法规和规章制度，在特定行政环境中使用的正式文件。这类公文具有法定的权威性和约束力，其格式、内容和语言都有严格的规定。

在公务员申论考试中，虽然法定公文一般不在考查范围之内，但了解其基本知识对于理解其他类型的应用文写作仍有一定帮助。法定公文主要包括以下类型。

决议：用于经会议讨论通过的重要决策事项。

决定：对重要事项或重大行动做出安排，具有强制性。

命令：用于公布行政法规和规章，宣布施行重大强制性行政措施，嘉奖有关单位及人员。

公报/公告/通告：用于向公众发布重要信息或事项。

意见：对重要问题提出见解和处理办法。

通知：传达要求下级机关办理和需要有关单位周知或者执行的事项。

通报：用于表彰先进、批评错误、传达重要精神或者情况。

报告：向上级机关汇报工作、反映情况、答复询问。

请示：向上级机关请求指示、批准。

批复：答复下级机关的请示事项。

议案：用于各级人民政府按照法律程序向同级人民代表大会或人民代表大会常务委员会提请审议事项。

函：用于不相隶属机关之间相互商洽工作、询问和答复问题，请求批准和答复审批事项。

（二）事务性应用文

事务性应用文是在日常工作、学习和生活中，为处理具体事务而撰写的具有实用价值和一定格式的文书。这类文书在公务员申论考试中较为常见，主要包括以下类型。

发言稿/讲话稿/讲解稿：用于会议、演讲或讲解场合的文稿，具有明确的主题和目的。

宣传稿：是一种具有宣传性质的文稿，向目标受众传递信息，以达到提升知名度、促进销售、塑造形象或引发讨论等目的。

提纲：是一种概括地叙述纲目、要点的公文，它主要用于汇报工作、传达会议精神和讲话发言。

汇报材料/工作总结：向上级或相关部门汇报工作进展、成果和经验的文书。

新闻稿/新闻报道：用于报道新闻事件的文稿，要求客观、准确、及时。

短评：对某一事件或现象进行简短评论或阐述的文稿。

调研报告：对特定问题进行调查研究后撰写的报告，包括现状分析、问题诊断和对策建议等。

建议书：针对特定问题或情况提出的建议性文书。

倡议书：为发起某项活动或倡议而撰写的文书，旨在激发人们的积极性和参与度。

活动方案：为组织某项活动而制定的详细计划，包括活动目的、时间、地点、参与人员、活动内容等。

在申论考试中，考生需要根据题目要求和材料内容，选择合适的文体进行写作。同时，要注意不同文体的格式要求、行文逻辑和语言表达方式，以确保文章的准确性和规范性。

三、应用文的要素

结合公务员考试申论科目中所涉及的应用文，应用文的要素包括以下几个方面。

（一）标题

标题是应用文的门面，应居中书写，简洁明了地概括文章的主题。在申论考试中，标题的拟定要符合应用文写作规范，既要体现文章的核心内容，又要具有一定的吸引力。

（二）称谓（或发文对象）

称谓是应用文写作中用于指明接收者的部分，对于特定对象的应用文（如发言稿、倡议书等），称谓需要顶格书写，并明确指出接收者的身份或群体。在申论考试中，称谓的确定需要根据题目的具体要求来确定，以确保信息的准确传达。

（三）正文

正文是应用文的主体部分，也是最为关键的部分。正文的结构通常包括开头、主体和结尾三个部分。开头部分要简明扼要地交代发文目的或文章主题；

主体部分要逻辑清晰、论述严密，详细阐述观点或具体信息；结尾部分要简洁明了地总结全文或给出解决方案、建议等。在申论考试中，正文的写作需要紧扣题目要求，结合给定材料进行分析和论述，确保文章内容的针对性和实用性。

（四）落款

落款是应用文的结束部分，包括发文机关（或个人姓名）和日期。落款的位置通常在正文下方，靠右下角书写，时间需要紧随落款之后书写，并呈梯形中心对称形式。在申论考试中，落款的书写要符合公文写作规范，确保发文机关名称的准确性和日期的真实性。

（五）格式要求（根据文种不同而有所差异）

不同的应用文类型有不同的格式要求。例如，倡议书、公开信等需要包含完整的四个要素（标题、称谓、正文、落款），而新闻稿等则可能只需要包含标题和正文两个要素。在申论考试中，考生需要根据题目的具体要求来确定应用文的格式和要素。

四、应用文的特点

（一）实用性

应用文在内容上十分重视实用性。它是用来办事、解决实际问题的，具有很强的实用性。

（二）真实性

“真实”是文章的生命，一切文章都要求具有真实性。对于这一点，各类文章要求不同。它反映的情况、问题、叙述的事实是客观存在的，发布、传达上级指示精神是确有的，不能经过任何艺术加工。

（三）针对性

它根据不同的领域、不同的具体业务、不同的行文目的，选用不同的文种。

（四）时效性

为了在传递信息、解决实际问题方面取得好的效果，应用文必须注意时间、效率，讲究时效性。一般来说，应用文往往是在特定的时间来处理特定的问题，尽快地传递相关信息，因此时效性很强。不及时发文，拖拖拉拉，或时过境迁再放马后炮，使信息传递失败，应用文就会失去实用价值。

（五）格式化

应用文有其惯用的外观体式和主体风格。有不少体式是社会长期约定俗成的，也有一些体式由国家统一规定，如公文。还有一些应用文格式比较简单。不论体式如何，都是为了提高办事效率，更好地发挥它的工具作用。

第二节　讲话稿

一、讲话稿的含义

讲话稿有广义、狭义之分。广义的讲话稿是指讲话人在一定的公开场合，针对一个主题，把事先要表达出来的话拟定出来的书面文字材料。狭义的讲话稿通常指领导人在会议上用于口头发表的、带有一定指示性或指导性的文稿。

领导讲话稿提倡由领导人自己撰写，也可由领导授意，秘书代写，最终由领导审定使用。领导讲话稿不像大会工作报告那样有着鲜明的集体意识性，它可以有领导个人的观点。有些领导在胸有成竹的情况下，也可以不用文稿，直接在大会上演说，由别人记录下来才形成文稿。

讲话稿的质量往往决定会议的质量，传达会议的精神主要是传达领导的讲话。领导讲话在传达政令、布置任务、指导工作和交流经验中，发挥着不可替代的作用。

二、讲话稿的特点

（一）主旨鲜明，重点突出

每个会议都会有一个主题，主题是讲话稿的灵魂，所以讲话首先要围绕会议主题讲，不能离开会议主题，信口开河。主题集中、突出才能让听众听明白，把握要领，如果一个领导在台上讲话，说了很多，听众还不知道他要表达什么意思，这个讲话稿一定是不成功的。讲话稿中针对什么问题，表明什么观点，拥护什么方针，传达什么政策，批评什么错误，提出什么要求，等等，都要集中明确。

（二）语言通俗，表达生动

面对会议听众讲话，要尽可能让个性不同、情况各异的与会者都能听懂，这就决定了讲话稿必须具有通俗性。即使是专业性、学术性很强的内容，也要尽可能明晰准确，以与会者理解为标准。同时使用生动活泼的语言，创造轻松愉快的气氛，增强讲话的效果。

（三）台上台下，双向交流

讲话稿在引起台下人思想和感情的共鸣时，才算是真正被听众接受了。事实上，讲话稿虽然是一人说、众人听的单声话语，但台下听众用表情与讲话人进行的无声交流，决定了讲话不是单向性的，而是跟听众的相互交流。为此，撰写讲话稿时必须心中有听众，要预测听众可能出现的反应，力求与听众形成共鸣。

三、讲话稿的种类

根据讲话内容侧重点的不同，可以把讲话稿分为宣传鼓动性讲话稿、分析指导性讲话稿、总结评论性讲话稿三种。

（一）宣传鼓动性讲话稿

在誓师会、动员会、庆祝大会、成立大会、运动会开幕式等群众集会上，运用较多的是宣传鼓动性的讲话稿。这种讲话稿重视思想的宣传和精神的鼓舞，一般不做指示、不部署工作，但可以改变听众的精神面貌，唤起听众投身某项工作或事业的热情。

（二）分析指导性讲话稿

布置中心工作，或研究某一问题，或统一与会者思想的会议，运用较多的是分析指导性讲话稿。这种讲话稿针对某项工作、某一问题，进行深刻的理性分析，深入浅出，循循善诱，逻辑性强，说服力强。

（三）总结评论性讲话稿

总结会、表彰会、办公会、经验交流会上的领导讲话，往往侧重于总结评论。对前一段的工作，或对大会的成果，或对各种有价值的意见或建议，做一番总结评论，肯定成绩，指出问题和今后努力方向，是这种讲话稿的主要内容。

四、讲话稿的写作要求

（一）讲话稿的结构与写法

从结构上看，讲话稿一般由标题、日期、称谓、正文几部分组成。

1. 标题

讲话稿的常见标题有三种形式。

①三要素式，即“讲话者+会议名称（发言目的）+文种名称”的标题，如“××同志在××××会议上的讲话”。

②主题式，即以标题揭示主题，如“时代的先锋，民族的希望”。

③复合标题，类似于文章写作中的副标题写法，即将主要内容或中心思想概括为一句话做主标题，副标题用三要素，如“儿童节，不该是‘儿童表演节’——2019年××区教育局关于儿童节工作要求的讲话”。

2. 称谓

讲话稿是讲话者与听众面对面的交流，因此，在正式发表讲话内容之前，需要称呼与会者，以示礼貌和引起注意。根据发言的场合、性质，受众群体的身份来确定讲话稿的称谓。如果是代表会议，一般称呼“各位代表”；如果是一般工作会议，可称“同志们”；如在学校内发言，常用“各位老师、各位家长、各位同学”等。

3. 正文

讲话稿的正文一般由引言、主体、结尾三部分组成。

（1）引言

讲话稿的开头要根据不同的会议内容、讲话内容、讲话者的身份和听众对象来写作，在写作上相对较为灵活，总的原则是要能用精练的语言抓住听众，引起听众的注意。

（2）主体

在引言已经点出讲话稿主题的情况下，正文的主体要承接这一中心观点，展开论述；在引言并未点明讲话稿主题的情况下，首先要在主体中提出主题，再根据这一主题列出几点，分别进行论述。在就所提出的问题进行分析说明时，要做到中心明确、内容充实、表达流畅、条理清晰，展开议论时注意论据要充分，论证要严密，层次要清楚，文字要准确。

对于主体部分的结构层次安排，通常采用并列和递进两种方式。

并列式结构就是把问题分为几个方面，每个方面都作为一个分论点，分论点之间的关系是并列的。主体部分采用这种结构时，分论点之间可以互换位置，一般不影响意思的传达。在部署工作会议或总结性会议上的讲话稿，并列式的写法比较常见。

递进式结构就是按照人们的认识规律，由现象到本质、由表层到深层安排文章层次，层层递进、逐层深入。在统一思想的会议上发表的领导人讲话稿，较多地采用这种写法。

（3）结尾

讲话稿的结尾是对讲话的主要内容加以概括，总结全篇，照应开头，发出号召，或者征询对讲话内容的意见或建议，加深听众对讲话主要精神的印象。

写结尾需要注意两点：

首先，结尾的出现应当与前文相吻合。主要内容表达完毕了，主体部分结构完整了，文章就到了需要结束的地方，此时若还未结尾，听众自然会不耐烦；当然，如果主要内容还未表达完毕，或主体结构还未完整便仓促结尾，也不是一篇完整的讲话稿。

其次，结尾部分除了常规性的总结，一般建议使用结束语，如：以上是我今天的发言，谢谢大家！通过结束语让听众有一个心理认知，让整个发言过程更加完整。

（二）具体写作要求

1. 有的放矢

讲话对象是谁，有什么问题和要求，要达到什么目的，事先要搞清楚，要针对不同对象、不同要求、不同场合确定讲话的具体内容。

2. 观点鲜明

讲话中，坚持什么、反对什么、赞扬什么、批评什么等，都必须旗帜鲜明。

3. 语言通俗生动

讲话稿是供口头表达使用的，所以写作讲话稿时，要做到通俗易懂，生动感人。

五、实战演练

【例1】

【2016年国考省级以上申论·第四题】某区一所中学举办“文明素养教育主题宣传周”活动，假如你是该区文明办的负责人，校方请你在这次活动的开幕式上讲话。请结合“给定资料5”，写一篇题为“素质养成，从学会道谢和应对致谢开始”的讲话稿。(20分)

要求：

(1) 内容具体，符合实际；

(2) 对象明确，切合主题；

(3) 语言生动，有感染力；

(4) 不超过500字。

给定资料5

“善待自己，让自己的心态平和；善待家人，有任何问题好好思考、好好解决；善待周边亲友和陌生人，不让自己成为垃圾人，不给身边人传递负能量。”当调查问卷问及应当如何提升国民素质、优化社会生态环境时，网友“巫眯”如是回答。

“自己努力做一个讲文明有教养的人，教育孩子做一个文明礼貌的人，监督家人亲友做一个文明礼貌的人，在社会公共空间做文明的表率，积极传播正能量。”网友“心灵之约”说。

“我温柔地对待这个世界，也得到了这个世界的温柔对待。”网友“夏河”说，她会微笑地对待生活中接触到的人，时刻记得使用礼貌用语，感恩生活中每一个帮助过她的人。正因为她的礼貌与温和，多次轻易地化解了一些小麻烦。有一次，她开车等红灯时，将挡位挂在空挡，孩子说要喝水，她就伸手到副驾驶座上拿水。因为路面有下坡，车子下溜，碰到了前面的一辆卡车。“夏河”赶紧停车上前表达自己的歉意，并主动询问卡车司机要赔多少钱。没想到对方大度地说：“没关系，车子撞得不严重，不用赔钱了。”“夏河”连声道谢，并主动留下自己的手机号码，让那位好心的司机如果发现遗留问题可以随时找到她。

网友“子曰”和“雨后”认为，传统文化被漠视也是导致教养缺失的原因之一。网友“子曰”说：“家长、老师必须从自身做起，以身作则，践行传统文化精髓，领会其中真谛，并结合当今社会大背景，努力修身养性，三五个月内，肯定会影响到一些人。”

“我是老师，也是家长。从学生的作文中，从儿子的讲述中，我不时能看到、听到孩子礼貌言行遇冷的情形。每当那样的时候，我都很痛心，会及时跟孩子沟通，纾解他们心中的委屈和郁闷。”

说起生活中的礼貌言行遇冷，某小学校长D很有感触。她认为，孩子的文明礼仪培养和教养养成离不开家长、老师和社会的呵护与培育，而来自家长和老师的每一次疏忽，带给孩子心灵的伤害会远远超过其他人。

前两年，国内媒体曾聚焦教师无视或漠视学生问候这一现象，并引发了社会诸多层面的讨论。对此，D深有感触。她要求老师必须与孩子“温暖互动”，对孩子的问候与需要及时给予温暖回应，要有目光接触，要面带微笑。如果发现不小心冷落了个别孩子，一定要及时跟孩子沟通说明情况。

D说，言行举止有教养，一方面是为了真诚表达自己内心的感激，让别人感到愉快，另一方面也是因为这样做能让自己感到愉悦，更何况，旁边或许还有儿子或者学生呢。作为家长和老师，必须时刻以身作则，注意言行礼貌，不断提升自身素养。

某大学教授N说：“国民素养提升非一日之功，家长、教师应率先垂范，言传身教，多给青少年正能量。从我做起，从现在做起，一定有希望！”

解题思路

本题要求写一篇活动开幕式上的讲话稿。作答时，要结合“给定资料5”，从材料中挖掘与“文明素养”“素质”“道谢和应对致谢”相关的要点，依据题目要求，需要加上一些讲话稿中不可少的过渡句连接起来。要注意自身身份和讲话对象，作为该区文明办的负责人，在学校主要面对老师和同学们讲话，内容既要体现一定的理论高度，也要将倡导行动落实到小事中。同时应注意字数要求，不超过500字。

参考答案

素质养成，从学会道谢和应对致谢开始

各位老师、同学：

大家好！我很荣幸受邀参加本次文明素质教育主题宣传周活动，文明素质的养成需要从一点一滴做起，从学会道谢和应对致谢开始。

中国是礼仪之邦，文明礼貌是最基本的要求。一句简单的“谢谢”和“不客气”在生活中常常被我们忽略，但对于同学们的素质养成来说，却至关重要。大家真诚地表达自己的感激，不仅能让他人感到愉悦，而且自己也能收获快乐，甚至还能化解生活中的许多小麻烦。文明礼仪培养和教养养成离不开家长、老师和社会的呵护和培育。遗憾的是，孩子们的礼貌言行，有时候可能会受到老师和家长的冷漠，给孩子们的心灵造成了很大的伤害。

因此，作为家长和老师，对孩子们的问候应及时给予温暖的回应，必须时刻以身作则，注意言行礼貌，不断提升自身素养。对于帮助过我们的人，大家也应该真诚地表达感谢。素质养成，就让我们从学会道谢和应对致谢开始。

最后祝愿本次活动圆满成功！谢谢大家！

【例2】

【2020年国考省级以上申论·第五题】假设你是S省省委人才发展局的工作

人员，请根据“给定资料5”，以“海纳百川 聚四方之才”为题，为S省省委人才发展局有关负责人撰写宣讲会上的推介讲话稿。(30分)

要求：

(1) 角色定位准确；

(2) 内容切合主题；

(3) 语言流畅，有感染力；

(4) 字数800~1000字。

给定资料

2019年4月，S省省委人才发展局在外省某高校举办引进高层次人才政策宣讲会。宣讲会吸引了来自全国各地的1000多人参加。

刚从国外归来的医学博士小田就是此次参会者之一。S省优美的环境、清新的空气、便利的交通、广阔的前景都吸引着她，使她对宣讲会充满着期待。

小田一早便来到会场，在入口处，她收到了工作人员发放的一本《S省引才政策选编》。小册子的首页写着：栽下梧桐树，引得凤凰来。入座后，小田翻开小册子，仔细阅读起来：

S省坚持把人才作为第一资源，以习近平总书记关于人才工作重要论述为指导，加强全省人才工作顶层设计和制度安排。以制定实施《百万人才进S省行动计划（2018-2025年）》（以下简称《行动计划》）为主要抓手，不断创新人才引进培养机制，实行更加积极、开放、有效的人才政策，向国内外优秀人才敞开最热情的怀抱。《行动计划》明确，从2018年至2025年，S省将引进各类人才100万人，并从4个方面提出30条含金量十足的政策，不断完善人才引进、管理、评价、流动、激励、保障等领域的制度体系，为广大人才来S省干事创业提供有力的制度保障。

《行动计划》出台后，S省全面梳理现有人才政策，制定了一批急需政策，调整了一批过时政策，逐步建立健全人才制度体系。特别是在人才服务方面，制定出台了《关于引进人才住房保障的指导意见》《S省高层次人才子女入学实施办法》《关于引进高层次人才配偶就业安置实施办法》等制度，基本形成覆盖人才落户、安居、购房、购车、子女入学、配偶就业、医疗保障、出入境、居(停)留等全方位的人才服务保障政策体系，着力解除人才来S省就业创业的后顾之忧。

以新一轮党政机构改革为契机，S省成立省委人才工作委员会，加强对全省人才工作的宏观指导、科学决策、统筹协调和督促落实，着力提升人才工作地位；组建省委人才发展局，并加挂省委人才工作委员会办公室牌子，进一步整合人才工作相关力量，统筹全省人才政策、项目、资金、力量等资源，建立起统一高效的党管人才领导体制，用前所未有的力度推进招才引智工作。

翻看完小册子，小田注意到了会场左侧的展板。她走到展板前，看到展板上列出了S省针对高层次人才制定的重点项目——大师级人才、杰出人才引进计划。该计划聚焦航天领域重大科技创新基地、国家深海基地南方中心、国家南繁科研育种基地、国家热带农业科学中心、全球动植物种质资源引进中转基地5大平台，以及教育、医疗、科技、文化等重点领域，积极推动高校、医院、科研院所、企业等用人单位引进大师级人才、杰出人才。人才来省后可以直接纳入省委联系服务重点专家范围，享受免租金、可拎包入住的人才公寓；在薪酬待遇、科研资助等方面，采用"一人一策、一事一议"的方式给予支持。同时，鼓励用人单位采用年薪制、协议工资制的方式提供报酬，并配备工作助手。对于大师级人才、杰出人才领衔的团队式引进，S省将集中政策和财力给予重点支持。

正看着展板上的内容，一阵优美的旋律吸引了小田的注意。此时，会场前方的屏幕开始播放宣传片。"改革的动力、创新的活力，正让我省穿山越水一路向前，让每一个梦想都有生长的土壤，让每一种奋斗都有驰骋的天空。你的舞台就在眼前，在这里，你的未来更加精彩！"时长8分钟的宣传片让在场的所有参会者充分感受到了S省的魅力。

宣传片播放结束后，宣讲会正式开始，S省省委人才发展局有关负责人发表了热情洋溢的推介讲话，向广大优秀人才发出诚挚邀请。

解题思路

（1）格式方面，标题、称谓、正文三个部分齐全。标题材料中已经确定，按给定材料要求以"海纳百川 聚四方之才"为题；称谓按宣讲会场合，可以写各位来宾。（2）正文部分，开端便以围绕着"海纳百川 聚四方之才"这一主题展开，表达S省坚定人才引进的决心。其次，从几个方面包括听众关心和感兴趣的方面展开，在顶层设计和制度安排以及发展平台上进行说明。最后引用材料"栽下梧桐树，引得凤凰来"再次呼吁，回归主题，前后呼应。

参考答案

海纳百川　聚四方之才

尊敬的各位来宾：

大家好！我是S省省委人才发展局负责人×××，感谢大家拨冗参会。我省以习近平总书记关于人才工作重要论述为指导，坚持把人才作为第一资源，特别举办本次引进高层次人才政策宣讲会，希望能为大家提供最佳选择，助力大家实现人生梦想。下面请让我来为大家介绍我省人才引进政策。

为了让大家能在我省放心逐梦，我们加强顶层设计和制度安排。我省已制定实施《百万人才进S省行动计划（2018–2025年）》，创新人才引进培养机制。到2025年，我们计划引进100万人才，并提供30条含金量十足的优待政策，不断完善制度体系，为大家干事创业提供有力制度保障。目前，我省已成立省委人才工作委员会，组建省委人才发展局，由此提升人才工作地位，整合力量，统筹资源。我们会用前所未有的力度推进招才引智工作。为了让大家能在我省全心筑梦，我们提供全方位的配套服务。我省已经制定出台《关于引进人才住房保障的指导意见》《S省高层次人才子女入学实施办法》《关于引进高层次人才配偶就业安置实施办法》等制度，基本形成覆盖人才落户、安居、购房、购车、子女入学、配偶就业、医疗保障、出入境、居（停）留等全方位的人才服务保障政策体系。相信这能为大家来我省就业创业解除后顾之忧。

为了让大家在我省安心圆梦，我们提供多样化的发展平台。各位来宾，会场左侧展板上列有我省针对高层次人才制定的重点项目——大师级人才、杰出人才引进计划。该计划聚焦航天领域重大科技创新基地、国家深海基地南方中心、国家南繁科研育种基地、国家热带农业科学中心、全球动植物种质资源引进中转基地5大平台，以及教育、医疗、科技、文化等重点领域。人才来省后即可纳入省委联系服务重点专家范围，享受免租金、可拎包入住的人才公寓；在薪酬待遇、科研资助等方面，采用“一人一策、一事一议”方式。同时，我们更鼓励用人单位采用年薪制、协议工资制的方式提供报酬，并为大家配备工作助手。对于大师级人才、杰出人才领衔的团队式引进，我们将集中政策和财力给予重点支持。

梧桐树已栽，唯等凤来栖。如今，以改革、创新为引领，我省正穿山越水一路向前。我们衷心期盼大家能来我省享受优美的环境，呼吸清新的空气，体验便利的交通，获得广阔的前景，实现人生的梦想！谢谢大家！

第三节　宣传稿

一、宣传稿的定义

宣传稿，顾名思义，是一种具有宣传性质的文稿。它运用文字的力量，结合特定的传播渠道（如报纸、杂志、电视、网络等），向目标受众传递信息，以达到提升知名度、促进销售、塑造形象或引发讨论等目的。

二、宣传稿的特点

目的性：宣传稿具有明确的目的性，旨在实现特定的宣传效果。

针对性：针对不同受众群体，宣传稿的内容、语言和风格会有所调整，以确保信息的有效传达。

创新性：为了吸引受众注意，宣传稿往往采用新颖独特的创意和表达方式。

可读性：宣传稿的语言应简洁明了，结构清晰，便于受众快速理解和接受。

传播性：宣传稿需适应多种传播渠道，便于在不同平台上广泛传播。

三、宣传稿的写作要求

（一）宣传稿的结构

宣传稿通常由标题、称谓、正文和落款四部分组成。

1. 标题

结合宣传内容拟定，突出特色亮点，确保宣传内容一目了然，能够激发受众阅读兴趣。

2. 称谓

结合题干给定的宣传主题来确定。比如，面向广大村民开展环境整治的宣传，称谓可以用“亲爱的乡亲们”；面向广大市民开展全民健身的宣传，可以用“广大市民朋友们”等等。

3. 正文

正文是宣传稿的核心部分，包括宣传的背景、目的、内容、措施等。

（1）开头

亮明以问题、目的、意义、效果类信息为主要内容的宣传事由，而后顺势提出要宣传的对象，如典型特征、先进做法、光辉事迹、发展前景等。

（2）主体

资料中的事实为主体论述，以“我们需要宣传什么”和“受众希望了解什么”为出发点，突出特色亮点。

（3）结尾

或围绕宣传主题作出总结，或发出呼吁号召。可以使用“让我们共同……”“期待大家的积极参与”等句式。

4. 落款

在正文右下方写明宣传稿的写作单位，并署上日期。

（二）宣传稿的具体写法

1. 明确宣传主题

在撰写宣传稿之前，首先要明确宣传的主题和目的。主题应突出、鲜明，能够吸引读者的注意力。

2. 了解宣传对象

深入了解宣传对象的特点和需求，以便有针对性地制定宣传策略。例如，针对学生的宣传稿可以更加注重趣味性和互动性。

3. 注重语言风格

宣传稿的语言应简洁明了、生动有力。可以使用排比、比喻等修辞手法来增强语言的表现力。

4. 突出亮点和特色

在宣传稿中突出宣传活动的亮点和特色，以吸引读者的关注。例如，可以强调活动的创新性、实践性或影响力等。

5. 合理布局结构

宣传稿的结构应清晰合理，层次分明。可以使用小标题、段落分隔等方式来增强文章的可读性。

6. 注意细节和准确性

在撰写宣传稿时，要注意细节和准确性。确保时间、地点、人物等信息的准确无误，避免误导读者。

四、实战演练

【例 3】

【2019 年公务员多省联考申论（云南乡镇卷）·第四题】王家村拟参照兴隆村的模式改进农家书屋，但有些村民认为“改不改，没多大关系”。假设你是王家村农家书屋的管理员，请你写一篇宣传稿，向本村村民介绍“兴隆村农家书屋”发挥的作用。(40 分)

要求：

（1）紧扣材料，内容全面；

（2）逻辑清晰，语言流畅；

（3）字数不超过 600 字。

给定材料

近日，王家村支部书记老王带领村支两委一行人来到“农家书屋示范村”兴隆村考察学习，以下是考察学习的相关情况：

“我们这个农家书屋占地 300 多平方米，不仅有 9000 多册图书，还有 8 台电脑！设有开放阅读区、老年人沙龙活动区、儿童阅读区、借阅工作区等。”兴隆村支部书记老马介绍道。

“早上有老人下棋，下午有学生看书写作业，周末文化活动很多。”村民颜大妈笑着说，“以前大家业余生活啊就是唠嗑打牌。这儿，给老人和孩子们张罗了一个好去处。这里一周七天都开着门哩，平时能看看书、上上网，多了解下外面的世界是啥样的。到了周末还有‘兴隆故事会’、电影、科普宣传、讲座，这些活动都挺有意思的。有了这个书屋，我们觉得生活有滋味得很呢。”

“共建共享是我们的理念，这里对全村村民免费开放。”书屋管理员小蔡介绍道，“当初建这个书屋不仅得到县、镇的支持，也受到村里群众的欢迎。这里有 4000 本图书、2 台电脑是村民们自发捐的。这里的近万册图书覆盖了农业生产、农村生活、儿童科教等多个方面，并严格按照《中国图书馆分类法》编码分类，各类图书非常好找。针对儿童阅读速度快、阅读需求量大的特点，我们与邻村的书屋会定期轮换儿童图书，让它们在农村‘转’起来。”

现在，更多的村民成了农家书屋的常客，在病虫害防治、生产技术改良、市场需求变化等问题上，村民都学会了主动从书籍和网络上寻找答案。年过六旬的村民老贾说：“前些年市里有个扶贫项目，免费为我们引进了一批新柿子，价钱能比老品种高几倍哩。就是需要砍了老树嫁接，大家大眼看小眼，谁都不行动。

现在想想啊，这都是不晓得村外的世界是啥样。”

“孩子们一到放学就会到书屋来做作业，看看课外书。每到周日，这里就更是孩子们的乐园，看书、画画、练字……”管理员小蔡说，“村民以前最担心的就是一到放学放假，孩子到处乱跑有危险。自从农家书屋开设这个免费的课后托管中心，孩子们放学就可以来这里写作业，我也能稍微辅导下；放假了还有大学生志愿者来支教，这给家长们帮了大忙。毕竟，阅读、作业、课后辅导，都是孩子成长中的大事啊。”

“但我们的农家书屋不仅仅有图书馆的作用，它也是一个微型的农村电商服务中心和培训基地。”老马书记骄傲地介绍道，“我们兴隆村不是家家户户都拉了网线，买了电脑，村民也不是人人都熟悉电脑操作。那为啥不可以利用农家书屋的联网电脑提供农村电商培训和服务呢？这样，我们的柿子、土蜂蜜、杏干等土特产都不差销路啦。”

这种“农家书屋+电商”模式极大地增加了农家书屋的吸引力，使农家书屋人气大增，越来越多的村民一手拿着锄头、一手拿着鼠标，在书屋工作人员的帮助下，开起网店，做起电商。

在书屋外墙上，有大字标语写着“让兴隆的优质农产品不再难卖”，各种包装精美的产品排列整齐。管理员小蔡说，书屋不但帮衬村民卖农产品，还为他们代收快递、代缴水电费用等，这极大地方便了大家的生活。

解题思路

（1）格式上“标题+称谓+正文+落款”四个部分要齐全。（2）正文部分，从内容来看，围绕着“兴隆村农家书屋”这一主题，开头可以先介绍村支两委到兴隆村考察学习及农家书屋的基本概况，主体部分可以分别从“丰富业余生活”“共享共建，免费开放”“实现增产增收”“帮助孩子成长”“打开产品销路”“方便日常生活”这六个方面对农家书屋所带来的好处进行分条撰写，结尾部分进行呼吁号召。从形式来看，做到分段撰写，为体现公文题的逻辑性，加上连接词来承接上下文。

参考答案

改进农家书屋，便利农村生活

各位村民朋友：

日前，我村的村支两委到“农家书屋示范村”兴隆村进行了考察学习。该村农家书屋占地300多平方米，有9000多册图书、8台电脑，设有开放阅读区、老年人沙龙活动区、儿童阅读区等，这给村民的生活带来了诸多好处：

一、丰富业余生活。人们可以在此下棋、看书、上网、了解世界，周末还有故事会、电影、科普宣传、讲座等趣味文化活动。

二、共享共建，免费开放。图书覆盖面广，查找方便；儿童图书定期轮换更新，满足孩子需求。

三、实现增产增收。可通过书籍和网络学习病虫害防治、生产技术改良等知识，还能了解市场需求变化，拓宽视野，指导行动。

四、帮助孩子成长。孩子可以在这里看书、写作业、画画，提供免费课后托管和辅导，减轻了家长的负担，还能确保孩子的安全。

五、打开产品销路。建立“农家书屋+电商”模式，提供电商培训和服务，帮助村民开网店做电商。

六、方便日常生活。农家书屋还能帮助村民代收快递、代缴水电费用等。

我们希望大家能多多理解和支持我村改进农家书屋的工作，以发挥农家书屋作用，让我们的生活变得更加美好！

王家村农家书屋

××××年××月××日

第四节　提纲

一、提纲的概念

提纲是一种概括地叙述纲目、要点的公文，它主要用于汇报工作、传达会议精神和讲话发言。

公务员在处理日常事务时，有些情况、资料很烦琐，复杂而又很具体，不需要把全文的所有内容一一写出来，只需把纲目性的内容罗列出来，把有关资料串联起来。

二、提纲的种类

提纲从用途上可分为发言提纲、汇报提纲、情况介绍提纲、调研报告提纲等。

（一）发言提纲

发言提纲是指发言时为了条理清晰地表达出自己的意思，避免遗忘，预先把所要讲的内容提纲挈领式地写出来的一种提纲。

【例 4】

【2021 年国考市地级以下申论 · 第三题】H 市近期准备召开“社区治理与服务经验交流座谈会”，你作为石板街道负责人，将在座谈会上发言。请你根据“给定资料 3”，以“清河社区的治理之道”为题，写一份发言提纲。(20 分)

要求：

（1）内容全面、具体；

（2）有逻辑性，语言流畅；

（3）不超过450字。

这道题明确要求以“清河社区的治理之道”为题，写一份发言提纲，作答时要以石板街道负责人的身份展开写作。

（二）汇报提纲

汇报提纲是指下级向上级领导机关口头汇报工作或经验交流推广时使用的一种公文。

【例5】

【2023年国考行政执法申论·第三题】D市语言文字规范化联合整治工作组拟向上级汇报实施整治工作的思路。请你根据“给定资料3”，草拟一份汇报提纲。（20分）

要求：

（1）内容全面，重点突出；

（2）层次分明，条理清晰；

（3）不超过450字。

这道题要求根据实施整改工作思路拟写汇报提纲，结合给定资料，从规范户外设施用字、规范网络用语、规范汉字书写等方面进行作答。

（三）情况介绍提纲

情况介绍提纲是一种概括性地叙述某种情况或现象的公文形式，主要用于向读者或听众介绍某个特定领域、项目、事件或问题的基本情况、背景、现状以及相关的重要信息。

【例6】

【2020年国考地市级以下申论·第三题】邻区有关部门准备到锦林区学习考察，了解“智慧锦林”综合平台在社区治理方面的特点和运行情况。如果你是锦林区负责接待的工作人员，请根据“给定资料3”，写一份情况介绍提纲。（20分）

要求：要点完整，内容具体，条理清晰。不超过500字。

这道题结合题干要求，需要从社区治理方面的特点和运行情况两方面介绍。

（四）调研报告提纲

调研报告提纲是用于整理和呈现调研结果的一种公文形式，主要用于反映调研者对某个问题或现象进行深入调研后所获得的信息、数据和分析结果。

【例7】

【2019年国考地市级以下申论·第二题】假如你是被派到Y县的调研组的一员，请根据“给定资料2”中的调研记录，就山岔村值得肯定的做法写一份调研报告提纲。（20分）

要求：

（1）紧扣资料，要点完整；

（2）内容具体，条理清晰；

（3）不超过500字。

这道题结合给定资料，通过作者调研后的信息和结果，内容上可从上下帮扶联动、转型发展致富、融合文化元素、发展乡村旅游、形成文明家风、推动良好社风等方面提炼可用材料，简明扼要进行作答。

三、提纲的结构

提纲的基本结构分为标题、正文两部分，也可结合各类提纲所要求的不同文体进行灵活增加，如发言提纲，除了标题、正文之外，还可增加称谓。

（一）标题

提纲的标题比常用公文相对自由、灵活，一般是公文式标题，由事由和文种组成，如“关于×××工作的汇报提纲”“关于××会议的传达提纲”等。

（二）正文

1. 开头

一般概括性地交代发文背景和目的、存在的问题、主要做法、取得的成绩等。

2. 主体

主体因提纲不同有些差异。发言提纲的主体要写清楚开头语，然后把讲话的主要内容用大小标题的形式列出；汇报提纲的主体要写基本情况、经验体会、问题教训和今后打算等；情况介绍提纲的主体是基本情况和相关背景；调研报告提纲的主体是调研方法和调研结果。

3. 结语

结语可长可短，汇报提纲要写请领导批语批示之类的用语。发言提纲、情况介绍提纲和调研报告提纲无固定格式，视情况而定。

四、提纲写作的注意事项

（一）简洁扼要、提纲挈领

写作提纲时要把汇报、传达和发言的纲目、要点提纲挈领地写出来，不用一字不漏地写全部内容，要做到简洁扼要、突出“纲目”和“要点”。

（二）条理清晰、重点突出

提纲写作应条理清楚，共有几个大问题，每个问题之下分几小点，要一目了然、眉目清楚，同时要做到重点突出，不要面面俱到。

五、实战演练

【例8】

【2020年国考省级以上申论·第四题】调研结束后，共青团H省委拟起草一

份关于促进快递配送从业青年职业发展和社会融入的调研报告。假设你是该调研组成员，请根据“给定资料4”，撰写调研报告中“问题”与“建议”这两部分内容的提纲。(25分)

要求：

（1）问题梳理全面、准确；

（2）所提建议有针对性、切实可行；

（3）不超过500字。

给定资料

为了促进快递配送从业青年的职业发展和社会融入，共青团H省委邀请了部分省人大代表、省政协委员，走进快递企业开展调研，并与企业代表、从业青年代表等进行座谈交流。以下是座谈时所收集到的部分资料。

共青团H省委权益部部长：习近平总书记明确要求共青团主动关注、积极联系、有效覆盖快递小哥等新兴青年群体。为了解并解决快递配送从业青年在职业发展和社会融入方面面临的一些问题，今年年初，我们面向这一群体开展了一次问卷调查。

结果显示，受访者中，每天工作时间超过8小时的占88.32%，其中工作8~10小时的占31.79%，工作10~12小时的占27.66%，工作12小时以上的占28.87%；每月休息时间不超过4天的占94.84%，一天都没休息的占25.09%。

有受访者表示，当前大部分快递公司制定了完善的用工制度，但仍有一小部分快递公司存在规避劳动法、不与员工签订劳动合同等问题。受访者中，没有与公司签订劳动合同的占6.74%，与公司签订劳动合同期限为1年的占60.52%，签2年的占22.33%，签3年及以上的占10.41%；从事快递工作的时间不足1年的占48.0%，工作1~3年的占32.6%，工作3年以上的熟练工仅占19.4%。

关于职业发展，47.15%的受访者表示所在快递公司职业发展通道设置不合理，而在这些受访者中，有60.5%的人表示不愿意在公司继续工作，有“跳槽”意愿；在社会融入方面，20.79%的受访者表示城市归属感差，身在城市却无法融入城市。

解决快递配送从业青年面临的问题，需要社会各方的关心支持，需要各位人大代表、政协委员的建言献策。

快递人员代表：我今年22岁，来公司有一年了，每天都处于“抢时间”的状态。上个月在派送中和一辆面包车发生了擦碰，幸好人没事，可是误点导致客户投诉，公司扣了绩效，结果一天就白干了。这种事在同事身上也常有发生。借着这次机会，我想建议公司确定更加合理的配送量、送达时间和薪酬标准，不能“以罚代管”。我喜欢我工作的这座城市，想留下来和这个城市的青年们一起努力奋斗，创造美好生活。可是，每天累得下班就想睡觉的工作压力，让我没精力参与正常的社会交往、体验这座城市的美好。我感觉我始终像一个过路人。

某快递企业负责人：公众对快递人员的辛苦和安全风险缺乏了解，对他们不够尊重、理解与认可。有些地方，甚至存在客户辱骂、敲诈快递从业人员的问题。这些都导致快递人员离职率很高，我们的用工成本也随之提高。

省人大代表A：经过这次调研，我们对快递人员的劳动保障、安全风险和权益保护等问题有了更深入的了解。我们会建议相关部门统一快递人员的职业准入和培训标准，对快递人员的业务水平、职业素养等加以提高。快递企业也要给快递人员提供发展通道和晋升平台，让他们有盼头。

省政协委员B：大多数快递小哥缺乏应有的保障，要想办法减轻他们的生活压力。还要提升公众对快递小哥的理解和尊重，让他们工作得有尊严、更体面。我们会呼吁全社会进一步关注快递小哥面临的诸多问题。

解题思路

这道题的要求已经表明撰写调研报告中“问题”与“建议”这两部分内容的提纲，首先从给定资料找寻问题所在逐条列出，其次要将建议有针对性进行罗列。

参考答案

关于调研报告的提纲

一、问题

1. 缺乏权益保障。工作时间长、强度大、压力大，个人空间少，休息时间不足。

2. 缺乏制度保障。企业规避劳动法，不与员工签订劳动合同，或签订合同期限短；绩效考核、薪酬标准等机制不合理，以罚代管，使得员工抢时间，易造成交通事故。

3. 职业发展困难。职业发展通道设置不合理，离职率高，员工忠诚度不足。

4. 难以融入社会。社会交往、城市体验不足，缺少归属感；缺乏社会尊重、理解和认可，遭受辱骂、敲诈。

二、建议

1. 加强劳动监管。定期巡查，督促整改，规范企业的劳动合同签订；拓宽举报投诉渠道，鼓励从业者合法维权。

2. 完善制度保障。统一快递人员的职业准入和培训标准，提高从业者业务水平、职业素养标准；明确从业者应有的权益。

3. 优化企业管理。加强对从业者的业务培训；完善晋升机制，提供畅通的职业发展通道；合理制定薪酬标准、绩效考核体系。

4. 改善工作环境。缩短工作时间，减轻工作压力；加强团队建设，开展社交活动，丰富娱乐生活。

5. 加强社会关怀。加强正面宣传，呼吁社会尊重、理解与关注从业者，转变社会观念，提高认同感。

6. 发挥组织作用。共青团主动关注、积极联系、有效覆盖快递员群体，开展关怀行动，切实解决问题。

第五节　汇报

一、汇报的定义

汇报是指下级或工作人员向上级、领导或相关部门，就某一特定事项、工作进展、问题及解决情况、经验总结等，进行口头或书面的报告和说明。汇报的目的是沟通信息、反映情况、总结经验、解决问题，以及接受指导和监督。

二、汇报的类型

根据形式和内容的不同，汇报可以分为多种类型，其中最常见的包括：

情况汇报，主要反映某一事项或工作的当前状态、进展程度、存在的问题以及可能的解决方案。它侧重于提供全面、准确的信息，帮助上级或相关部门了解实际情况，以便作出决策。

书面汇报，以书面形式呈现的汇报，通常包括正式的报告、总结、提案等。书面汇报具有记录性强、易于保存和传播的特点，适用于需要详细阐述、深入分析或长期保存的情况。

口头汇报，通过口头语言进行的汇报，常见于会议、讨论、工作汇报等场合。口头汇报要求汇报者具备良好的表达能力和沟通技巧，能够简洁明了地传达信息。

阶段性汇报，在工作或项目进展的不同阶段进行的汇报，旨在总结前一阶段的工作成果，规划下一阶段的工作计划。

专题汇报，针对某一特定问题或主题进行的汇报，通常要求深入分析问题、提出解决方案或建议。

但在近五年的国考中，只出现过关于对调研情况进行汇报，也就是情况汇报。

【例 9】

【2023 年国考省级以上申论 · 第四题】“给定资料 5”中调研组拟向乐原市政府汇报调研情况，汇报的重点是如何借鉴“给定资料 4”中的 N 市和 M 市的经验，促进与新远眼镜公司的合作以及乐原市相关产业的发展，请你为调研组草拟汇报的主要内容。(20 分)

要求：

（1）观点明确，内容全面；

（2）条理清晰，有逻辑性；

(3) 不超过 500 字。

此题便是情况汇报中对调研情况进行汇报，要求是借鉴给定资料 4 中两市的经验，并结合给定资料 5 中调研的结果草拟汇报内容，此题包含了情况汇报和书面汇报两种。

三、汇报的写作要求

（一）汇报的结构与写法

从结构上看，汇报一般由标题、正文两部分组成。

1. 标题

简洁明了地概括汇报的主题或内容，便于读者快速了解汇报的核心。例如，“关于×××工作的情况汇报”等，或按给定材料，按材料要求以××为题。

2. 正文

汇报的正文一般会包含背景介绍、工作概况、问题困难、改进措施与建议等内容。

(1) 引言（或开头）

汇报的开头一般简要介绍汇报的背景、目的和重要性。可能包括时间范围、涉及的部门或项目等基本信息。

(2) 工作概况

概述汇报期间的主要工作内容、进展、完成情况，取得的成效。

(3) 问题与改进措施

列出在工作中遇到的问题、挑战和困难，简要分析问题的原因和可能的影响，针对问题提出具体的改进措施和建议。

(4) 结尾

总结汇报的主要内容和成果，同时表达感谢、期望或呼吁等情感或态度。

（二）撰写技巧与注意事项

第一，语言简洁明了，避免冗长和复杂的句子结构。第二，逻辑清晰，各部分内容之间要有逻辑联系，避免跳跃式叙述。第三，数据准确，引用的数据要准确无误，避免误导读者。第四，突出重点，在汇报时要突出重点内容，避免面面俱到。

四、实战演练

【例 10】

【2024 年国考省级以上申论 · 第四题】“给定材料 4”反映了 C 市高标准农田建设过程中的一些情况，调研结束后，督导调研组拟向局领导汇报调研情况，并提出改进建议。假如你是调研组成员，请草拟汇报的主要内容。(20 分)

要求：

(1) 紧扣材料，内容全面；

（2）简明扼要，条理清晰；

（3）不超过500字。

给定资料

我国自古以来就是一个农业大国，农田种植是我国传统农业中最广泛的种植方式。但是，传统农业生产方式资源消耗较大、生产效率较低且产量不稳定。建设集中连片、旱涝保收、节水高效、稳产高产、生态友好的高标准农田，是推动传统农业向现代农业发展，巩固和提高粮食生产能力、保障国家粮食安全的关键举措。习近平总书记强调，建设高标准农田是一个重要抓手，要坚定不移抓下去，提高建设标准和质量，真正实现旱涝保收、高产稳产。

近年来，C市在高标准农田建设中全面落实藏粮于地、藏粮于技战略，截至目前，全市高标准农田上图入库面积约400万亩。为深入了解全市高标准农田建设情况，C市农业农村局的高标准农田建设督导调研组深入辖区开展了实地走访调研。

“政府帮我们修好水利、完善田间配套设施，现在种田轻松了、产值提升了，大家种粮的积极性也高了。”南里县正清村的种粮大户丁大哥对调研组说。据他介绍，在正清村农田灌溉薄弱区域未实施灌溉工程之前，每年农田灌溉都是大家最烦心的事。经过高标准农田改造，他们的烦心事解决了。调研组了解到，该县利用高标准农田建设项目资金，对田间沟、渠、桥、涵、路进行修复重建，把原来只能种植玉米等作物的旱田，改造成为能种植水稻的水浇田。通过高标准农田改造，亩均效益增加了200多元。

长平县农业农村局刘局长对调研组介绍，在土地整理之前，有的村里想搞土地流转，每亩700元的租金也无人问津。经过高标准农田建设改造后，分散的土地被统一整合，租金一下子涨到了每亩1000元，很快就被种粮大户承租，成功搞起了规模化种植。现在村民们除了固定的土地租金，还可以通过务工增加工资收入。自高标准农田建设以来，长平县农田基础设施条件得到显著改善，各乡因地制宜推进产业结构调整，稻油、稻鱼、稻虾、稻蛙等特色优势产业稳步向前，农业综合效益明显提升。

高标准农田建设给农村、农业和农户们带来翻天覆地的变化。不过，调研组也发现个别地方在高标准农田建设过程中还存在一些问题。

在凤溪县福树村，村民林大叔指着自家屋后的果园告诉调研组：“这些苹果树已经种了二十多年了，也不知道为什么要将这块地划为高标准农田，总不能让我把这些树都砍了吧？”在《凤溪县2022年高标准农田建设项目工程规划图》上，林大叔屋后的果园所占地块，恰好是标号为325的高标准农田。上级文件要求，高标准农田原则上全部用于粮食生产。图上明明是高标准农田，为何实际是果园呢？调研组沿着福树村村道逐一查看，发现至少有30处标号地块“图文与实际不符”。

“高标准农田建设项目是上面给划分区域、分派任务的，实际和规划有出入很正常。”凤溪县农业农村局负责规划工作的小周解释说，“我们最终确认建成的高标准农田，就是以我们最终实施的地块为准。这个项目已经过县级验收，现在市级验收还没有结束，市级验收结束后我们才正式上图入库。”

高标准农田的建设地块，真的如小周所说的那样，可以随意变更吗？根据C市农业农村局的批复文件，凤溪县2022年高标准农田建设项目区涉及福树村等7个行政村4530户，建设任务达1.6万亩。文件要求严格执行批复的初步设计，不得随意调整和变更，要严格按照《高标准农田建设通则》及相关政策规定组织施工。如果有变更的，必须先上报变更申请，待上级批复同意以后，才可以调整。

据小周所说，目前该项目已通过凤溪县级审核验收。那么这样的项目，究竟是如何通过县级审核验收的？“图片仅供参考，以实物为准，建设项目中大多数都是这样实施的。”凤溪县农业农村局赵局长表示，“只要完成数与规划数是一致的就行，此前好像都是这样做的，大家可能认为这样没什么问题。”

根据《高标准农田建设通则》，田间道是指连接田块与村庄、田块之间，供农田耕作、农用物资和农产品运输通行的道路。但调研组实地调查采访、对照规划图后，发现福树村用高标准农田建设资金修建的“田间道”，并不连接任何田块。

调研组在走访中还发现，在C市部分已建成的高标准农田中，田间管理也并未按要求进行。按照市农业农村局的要求，改造后的高标准农田均需增施有机肥，且有机肥应通过施工单位统一实施入田，严禁“以发代施”，但C市洪林县的多个村庄按照人口直接把肥料发放给了村民。

“上面确实是按土地亩数发放的，但我们村里都是按人口发放的。”洪林县贵康村郑主任说，“如果按地给，有的一家两三口人有四五亩地，有的一家人都没有地，这就不好弄了，大家也都同意了按人口发。”

调研组在贵康村走访发现，有农户家中还存放着2021年下发的肥料，还有农户正将本应施于高标准农田地块的有机肥挪给果树使用。村民柳嫂说：“村里把肥料发下来，不就是给我们了吗？我不知道这个肥料不能给果树施。”

解题思路

根据题干可知，本题定位到“给定材料4”，需要根据调研情况向领导汇报，并提出改进建议。首先，讲现状，现有的情况可以从做法和成效入手；其次，讲问题，可以从材料中提炼出存在的问题；第三，根据题干提出建议和改进。

参考答案

关于C市高标准农田建设情况的汇报材料

建设高标准农田，是推动传统农业向现代农业发展、巩固和提高粮食生产能力、保障国家粮食安全的关键举措。习近平总书记高度重视，要求建设高标准农田。近年来，C市全面落实藏粮于地、藏粮于技战略，取得了良好的成效，但也存在一些问题。现将相关情况汇报如下：

一、做法及成效：1. 利用高标准农田建设项目资金，对田间沟、渠、桥、涵、路修复重建农田旱改水，提升产值、亩均效益，提高农民种粮积极性。2. 整合土地，规模化种植，农田基础设施条件得到显著改善，村民收土地租金或务工，收入增加。3. 推进产业结构调整特色优势产业稳步向前，农业综合效益明显提升。

二、问题：1. 对高标准农田建设政策的宣传不到位，村民不了解。2. 审核验收不严格，图文与实际不符，随意变更。3. 政策执行走样，资金使用、农田建设和管理均不合要求。

三、建议：1. 紧抓宣传。成立宣传队伍，利用平台或入户方式宣传相关政策，确保村民充分了解。2. 严格审验。上级划分区域、分派任务、通过验收前须实地调研，确保地块图文与实际一致。3. 强化监督。明确任务要求，加强对实际工作成效的考核，防范应付、形式化问题。

第六节　编者按

一、编者按的含义

编者按是编辑人员对一篇文章或一条消息所加的意见、评论或解释，目的是让读者更好地理解文章的内容、背景和意义。它是对作品的一种引申或补充说明，起着强调重点、表明态度的作用。在申论科目中，编者按常用于对转发的事迹材料、反面典型等做出评论，表明政府立场，提出贯彻落实或学习、发扬、批评、改进的意见。

二、编者按的特点

（一）位置灵活

编者按通常放在文章或消息的前面，有时也放在文章的中间或后面，位置相对自由。

（二）篇幅简短

一般200字左右，甚至更短，有时仅三言两语，但要能够切中要点。

（三）内容精炼

言简意赅，省略缘由和论据，直截了当地做出分析、评判和表态，让读者迅速得其要义。

（四）形式多样

可以是介绍性的、评论性的，也可以是综合性的，具体形式取决于文章的体裁和题材。

三、编者按的作用

第一，提示要点，帮助读者快速把握文章的重点和中心思想。第二，交代背景，为读者提供文章相关的背景信息，增加理解的深度。第三，表明态度，通过评论和解释，明确编者的立场和态度。第四，引导阅读，在文章前起引导作用，激发读者的阅读兴趣。

四、编者按的写作格式

编者按的写作格式虽然相对灵活，但通常遵循一定的结构和规范以确保信息的清晰传达和读者的有效理解。

（一）标题

通常简洁明了地在行文前写上“编者按”，有时也可根据内容特点稍作变化，如“特别编者按”“编者提示”等，但应保持其识别性和功能性。

（二）正文

编者按篇幅短小，没有明显的开头和结尾等结构，其内容一般包括引语、主体、结语三个部分。

1. 引语（引言/背景介绍）

简要介绍引发编者按的缘由，可能是概述一篇文章、一条新闻、一个事件的背景，或是提出某种社会现象、问题。

要求：语言精练，迅速吸引读者注意，为下文做铺垫。

2. 主体（分析与评论）

（1）内容

对文章或事件进行深入浅出的分析，指出其重要性、意义、影响或存在的问题。表达编者的观点、态度、建议或呼吁，可以是正面的肯定、赞扬，也可以是负面的批评、警示。

（2）结构

可以是一个段落，也可以是多个段落，每个段落围绕一个中心思想展开。使用清晰的逻辑结构，如总分总、因果关系、对比论证等，增强说服力。

3. 结语（总结/号召）

对主体部分进行简要总结，重申编者的核心观点，或提出具体的行动建议、号召。

要求：语言简洁有力，给读者留下深刻印象，激发其思考或行动。

【例 11】

编者按：近日，本报收到一篇关于“数字鸿沟下老年人生活现状”的深度报道，引发了社会各界的广泛关注。文章详细描述了老年人在使用智能手机、互联网服务等方面遇到的种种困难，以及这些困难如何影响他们的日常生活和社会参与度。在此，我们不禁要问：在快速发展的数字时代，我们是否忘记了那些曾经为社会做出巨大贡献的老年人？他们理应享受到科技进步带来的便利，而不是被时代所遗忘。因此，我们呼吁社会各界，特别是科技企业，能够更多地关注老年人的需求，设计更加友好、易用的产品和服务，让科技之光温暖每一个角落，让每一位老人都能享受到有尊严、有质量的晚年生活。

本例子开头通过一篇深度报道对老年人使用智能手机、互联网服务等方面遇到的困难这种社会现象简要介绍了编者按的缘由。主体部分通过反问的形式表达编者对这一问题的观点，老年人应该享受科技进步带来的便利，而不是被时代所遗忘，结尾呼吁社会更多关注老年人的需求，让每一位老人都能享受到有尊严、有质量的晚年生活。

五、实战演练

【例 12】

【2022 年国考地市级以下申论·第三题】F 市教育局准备根据“给定资料 3”中任校长的发言稿编一期简报，推广第三中学“五育”融合育人的做法。请你为该简报撰写一则“编者按”。(15 分)

要求：全面、准确、简明扼要。不超过 250 字。

给定资料

2021 年 9 月 10 日，F 市教育局、市基础教育改革与发展研究中心召开全市“五育融合”教育教学改革实践研讨会。F 市第三中学任校长在会上做了经验分享，以下是其发言内容：

中共中央、国务院印发的《中国教育现代化 2035》提出，要更加注重全面发展，大力发展素质教育，促进德育、智育、体育、美育和劳动教育的有机融合。“五育”分别承载着自身的育人目标和价值，在各司其职的基础上走向融合，达到彼此渗透、创新融活，共同促进学生的全面发展、整体发展、个性发展。

经过多年的教育改革和创新实践，我校确实取得了一些办学成绩，也获得较高的社会荣誉，被批准为省教育科研基地学校、全国首批普通高中课程改革基地学校、全国首批示范性高中建设学校、国家级体育传统项目学校等。在学校的发展过程中，我们始终根植于学校原有历史传统的沃土，进行大胆创新探索，形成了“五育”教学各美其美、相互融合的育人模式。

一直以来，我校将党建工作和德育有机结合，党员教师在思想和教育工作上始终发挥着模范引领作用。与此同时，我们又大力打造德育课程一体化：德育智慧课程，包括思想政治课程、家国情怀和责任培养课程，保证教学质量和育人效果的融通；德育情感课程，包括感恩教育、传统文化等方面的课程，培养学生高尚情操和文化认同，让其情动而辞发；德育意识课程，包括遵纪守法、规范养成、生命教育等类型的课程，由内而外增加德育的效果；德育行动课程，包括身心健康、艺术审美、创意社团等方面的课程，构建起浸润渗透性德育课程，形成综合育人、多元育人、特色育人的模式。

课程是落实教育内容、完成培养目标的重要载体。我校大力加强课程教学模式的研究，坚持教学相长，注重启发式、互动式、探究式教学，鼓励学生多动手、多动口、多动脑，发挥学生的主观能动性，促进学生认知的发展。在我们学校，课程内的学习不仅仅是启发学生智力、增长学科知识的主要手段，学校的一切教育活动均被纳入了课程的范畴。我们将课程对标“德智体美劳”总体育人目标和各学科课程标准，构建“德智体美劳”五大类课程群，将每个教学单元打造成育人单元，将教学目标、教学内容、教学过程、教学资源以及课程评价等相关工作紧密结合，建立起教师发展带领学生发展、学校发展的课程有机融合系统，这也让我校的“五育”融合教育改革和教学实践充满着不竭动能与活力。

自学校创办时，我校便组建了足球队，成为我国最早开展校园足球运动的学校之一。这一传统至今从未间断，足球已植根于每个三中人的心中，成为最重要、最独特的校园文化印记，形成了特色，且赢得了无数奖杯。在三中，足球的传承超越时空和年龄限制，即使是 80 岁的老校友也可以回校踢一脚，与年轻学子一起感受足球的魅力。在我们学校，足球教育带动了各项体育运动的蓬勃发展。虽然不是每个走上运动场的学生都能成为体育明星，但是从小接受体育精神的熏陶，积极参与体育锻炼，能使他们拥有团结勇敢、坚忍不拔的优良品质，成为身心两健的未来社会建设者。

让音乐在校园中流淌，让美与人在校园里相遇、相知。我校的学生合唱团历史悠久，多次登上大赛领奖台，已成为学校的一张亮丽名片。近年来，我校合唱团多次受邀参加国家级大型活动展演，走进社区、敬老院进行公益表演，不但传播了艺术之美，还实现了超越音乐本身的价值。我们组织了高强度的训练来培养他们，同时引导他们学习处理学业和合唱训练的双重任务和压力。大家既锻造出了刚毅坚强的品格，也培养出了同舟共济的团队精神。

劳动教育是从志愿服务开始的。志愿服务项目是我校“五育”融合育人模式的重要载体，它让德智体美劳在实践中贯通融合为一体。为此，我们建立了学生志愿服务考核机制，让“学习雷锋、奉献他人、提升自己”的志愿服务理念真正落地。全国足球赛事志愿者、洁净沙滩志愿者、春运志愿者、海岛游览区志愿者等等，都是三中学生的社会角色。同时，我们将劳动教育渗透到各学科之中，从学科实践入手，劳动与技术通过专业教师的指导渗透到学科教学之中。如组织学生到博物馆提供义务讲解，既传播了优秀传统文化，也增强了学生社会责任感和实践能力；成立文化小使者服务队，制作文创产品，将美术、物理、化学、文学、历史等学科知识引入劳动之中，沉浸式培养了学生的兴趣爱好、审美情趣和个性特长，使之成为具有社会使命感和专业精神的社会服务者。

解题思路

首先，通过引言部分引出了编者按的缘由。其次，主体部分表达编者对这一问题的观点，指出其重要性，阐明“五育”的意义和影响。最后，结尾表达编者对F市第三中学做法的肯定和赞扬，并分享经验。

参考答案

编者按：中共中央、国务院印发的《中国教育现代化2035》提出，要更加注重全面发展，大力发展素质教育，促进德育、智育、体育、美育和劳动教育的有机融合。“五育”承载着自身的育人目标和价值，在各司其职的基础上走向融合，达到创新融活，共同促进学生全面发展、整体发展、个性发展。2021年9月10日，F市教育局、市基础教育改革与发展研究中心召开了全市“五育融合”教育教学改革实践研讨会，F市第三中学根植学校历史传统沃土，在教育改革和创新实践中进行大胆探索，形成了“五育”教学各美其美、相互融合的育人模式。本期特分享经验，供参阅。

第七节 短评

一、短评的定义与特点

短评是新闻评论中常见的一种文体，篇幅短小、内容单一、分析扼要，适用于报纸、广播、电视等多种媒体平台，其中报纸上的短评最为常见。短评通常字数控制在500字左右，特点是短小精悍、评析内容具体、立论角度集中、结构简约和文字精练。它要求作者找准分析对象，围绕对象进行有针对性的评论。

二、短评的格式与结构

短评的格式一般包括标题和正文两部分。

（一）标题

标题是短评的“眼睛”，要求灵活拟写，能够概括短评的核心观点或主题，并避免直接使用“短评”作为标题。

（二）正文

正文通常遵循“开头、主体、结尾”的三段式结构。

开头阐述背景，引出短评的主题或观点，为全文定下基调。

主体结合材料或实际案例，对主题进行深入分析论证，体现作者的见解和立场。分析时要注重问题的关键要素，如问题、原因、影响等。

结尾总结观点，展望未来或提出解决问题的对策。结尾部分应简洁明了，呼应开头，形成完整的论述体系。

三、短评的写作技巧

（一）紧扣题目与材料

要紧密围绕题目要求和给定材料，确保内容相关、重点突出。

（二）观点明确，论述深刻

要旗帜鲜明地表达观点，并通过深入的分析论证来支持观点的正确性。论述过程中要注重逻辑性和条理性，避免杂乱无章。

（三）结构完整，语言精练

短评的结构要完整，开头、内容、结尾缺一不可。同时，语言要精练简洁，避免冗长和啰唆。

（四）注重灵活性与创新性

要避免公式化、套路化，要善于灵活运用多种手法和技巧来表达观点，如对比、类比、引用等。同时，要注重创新，努力写出具有个性和特色的短评。

四、实战演练

【例 13】

【2023 年国考市地级以下申论 · 第四题】《金融报》“金融向善”专栏拟报道 M 市 F 银行的相关事例。假如你是该专栏的编辑，请根据“给定资料 4”，为该报道撰写一则短评。（20 分）

要求：

（1）观点明确，简明深刻；

（2）紧扣资料，重点突出；

（3）语言流畅，有逻辑性；

（4）不超过 500 字。

给定资料

M 市是一座有名的制造业城市，汇聚着成千上万的中小微企业。然而，这些企业因自身资金有限，风险降临时，可能无力抵御；机会来临时，也往往难以把握。2020 年 3 月，M 市 F 银行召开了普惠金融战略启动大会，宣布要加大对中小微企业的服务力度。

风馨达环保科技公司是 M 市一家以专业化、精细化、特色化、新颖化为特征的“小巨人”企业。2020 年底，公司决定贷款新建一条废旧线路板及其边角料规模化回收生产线。需求一提出，F 银行工作人员便向其推荐了“小企快贷”。针对小微企业金融需求“短、频、急”的特点，“小企快贷”业务通过系统整合，运用大数据分析审批申请。相比以往的线下调查等流程，企业无须再人工提交资料，只需授权 F 银行查阅相应数据即可。最终，这家企业顺利通过 F 银行审批，很快获得约 200 万元的贷款。

对此，F 银行的张经理感受很深："以前一线业务都需要客户给流水，然后我们去考察这个流水和客户规模、经营是否匹配，时间很长、流程复杂，而且一些小微企业是没办法提供流水的。电子化之后就很方便，后台直接根据他们的水电费、税款等各项开支做出计算和判断。门槛低了很多，大部分小微企业都可以去申请。"他谈到，这两年普惠金融业务在云技术的支持下，改变了不少。

同业务量一起上涨的，还有员工们的成就感。F 银行内部转发的一名客户经理对普惠金融战略的心声，曾引发广泛共鸣："对比动辄千万元的大业务，这一笔笔微不足道的'小业务'或许就是一家家企业和背后许多家庭的救命钱。"

2021 年底，张经理又跟进了几笔餐饮店的贷款。新冠疫情期间，M 市多地实行了小区封闭管理，不少餐饮店也只能"放长假"。"那期间，这些餐饮店几乎没有什么生意，他们也没有做外卖，资金链就很容易出问题，可能三个月都撑不住。"

为此，F 银行联合 M 市美食协会、M 市餐饮协会创新推出了"美食贷"。通过企业授权，统一从行业协会获取相关数据，以作为对应的贷款依据，让这些餐饮店能够更快拿到资金。

这些餐饮店正是靠着"美食贷"挺了过来。再后来疫情趋于平缓，餐饮店的生意也陆续恢复。张经理感叹，相比大企业，小企业数量更多。若这些"小草"能在浇灌中成长，就能为新时代的发展带来更多的生机。

小林是 F 银行派驻到苗种村的第一书记，她用两年的时间，为村里打开了脱贫致富的出路——建设特色乡村旅游区。然而民宿和餐馆的前期投入不小，而且在短期内无法回本。刚开始，这一点吓退了很多村民。面对这个难题，她想到可以借助创新信贷政策为村里筹集建设资金。这样，村民们就不用承担过高的资金压力。

在此基础上，考虑到乡村的交通困境、资金往来的不便，小林在 F 银行的帮助下，将小型移动银行——"惠农达"开在了村中的小卖部里，村民得以在家门口办理金融业务，行动不便的老人直接就可以在村里领取养老金、办理社保了。实现金融服务覆盖的苗种村，业务办理呈现出新活力。

"我们始终坚持'金融向善'的理念，让全体社会成员公平享有金融服务的机会。我们将服务公众需求作为业务目标，更有温度地回应人民对美好生活的向往。"F 银行黄行长说道，"为此我们更加广泛地进行业务拓展，自身发展也更具有韧性。"

"叮咚"，伴随着清脆的手机提示音，老杨的工资到账了。老杨是一名外来务工人员，每天辛勤地忙碌着，最开心的时候就是每月发工资的日子，而为此提供帮助的，正是 F 银行的"务工达"。

F 银行的"务工达"运用互联网技术，通过连接整合政府部门、总包、劳务公司、外来务工人员和用工管理平台等多方资源，打通产业链各环节，利用供应链融资驱动，为外来务工人员提供量身定制的专属服务。老杨说："现在直接由银行把钱打到我们卡上，准时足额，这样发工资的方式真好！"除此之外，F 银行还为外来务工人员开通手机银行等便利服务，提供个人快贷服务，以备不时之需。

对于F银行而言，普惠金融不仅是一种业务，更应是一个平台。“企心助农”就是F银行带领爱心小微企业主一起做公益的平台，除了定向捐助，还会提供技术支持和工作岗位，从源头上解决农户返贫问题。不少小微企业主都是从农村出来的，多年打拼成功后，回过头来看到同村、同宗的人需要帮助，他们的感触往往都很深。自己被雨淋过，所以也想为别人撑把伞，或许这便是那些小微企业主愿意参与进来的原因之一。这些年来，F银行帮助了不少企业成长壮大。如今，它也在不断创造机会，让更多企业家参与进来，为实现共同富裕出一份力。

解题思路

首先，开头阐述背景，引出短评的主题或观点，为全文定下基调。其次，内容上结合材料，从材料中提炼出M市F银行始终坚持“金融向善”理念，具体表现在创新金融产品、广泛拓展业务等方面，展开评论。最后，结尾总结观点，再次点题。

参考答案

坚持“金融向善”服务情暖人间

M市F银行始终坚持“金融向善”理念，启动普惠金融战略，加大对中小微企业的服务力度，帮助企业和个人抵御风险、把握机会，让服务温暖人间。

创新金融产品，快批小微企业“救命钱”。针对小微企业推出的“小企快贷”，运用大数据分析审批申请，提高审批效率，降低申请门槛，满足“短、频、急”金融需求；针对餐饮店推出的“美食贷”，将行业协会数据作为贷款依据，助其更快拿到资金渡过疫情寒冬。

广泛拓展业务，实现金融服务“全覆盖”。小型移动银行“惠达农”，开在村小卖部，让村民在家门口办理金融业务，带来建设资金，助力脱贫致富；专属服务“务工达”，为外来务工人员量身定制，联通整合多方资源，准时足额发放工资，开通便利服务，提供快贷以备不时之需。搭建公益平台，带领企业撑起“爱心伞”。公益平台“企心助农”，创造机会让企业互帮互助，提供定向捐款、技术支持、工作岗位，防止农户返贫，帮助企业成长壮大，助力共同富裕。

F银行致力于发展普惠金融，以金融之善回应人民期盼，为新时代发展带来生机活力。

本章小结

本章从应用文的含义、分类、要素、特点等几方面进行总体概述，并选取了比较有代表性或常用的应用文种类，如讲话稿、宣传稿、提纲、汇报、编者按等进行了具体介绍，旨在让学生了解并能熟练掌握各类文书的写作方法及要求，掌握应用文的各类写作基本知识和技能，更好地解决实际工作中的具体问题。

第八章　论证写作题

思维导图

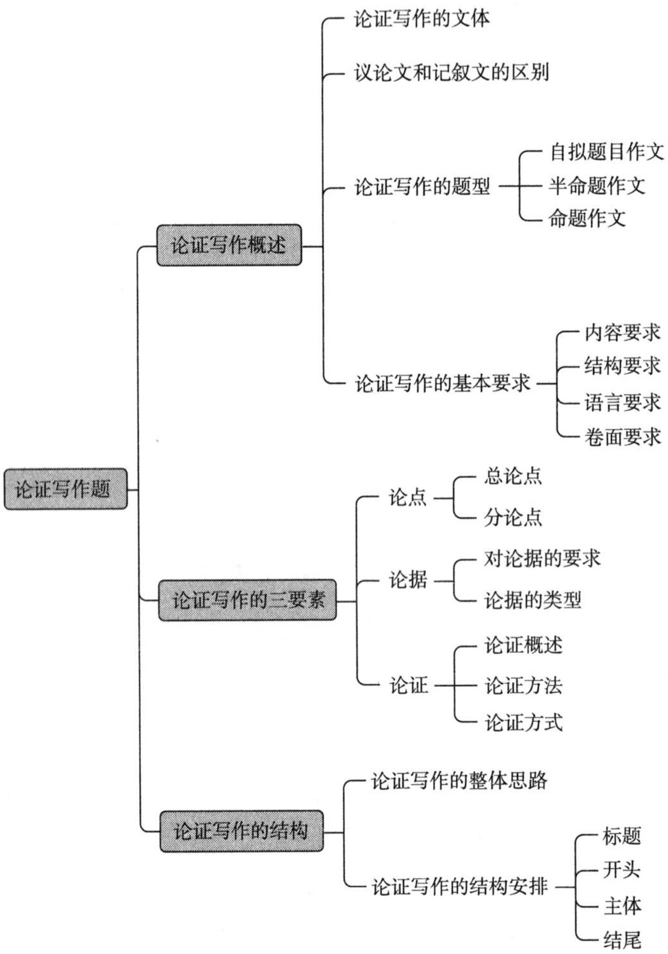

第一节　论证写作概述

论证写作是申论考试的最后一个环节，它是对考生能力的全面考查，是全面体现考生写作水平及其他各方面综合素质的过程，分值也是所有题目中最高的，所以需要加大笔墨。论证写作题要求考生在准确理解并充分利用给定材料的基础上，综合分析，切中主要问题，然后依据给定命题或自拟标题，全面阐明、论证自己的观点。申论考试中论证写作部分所考核的主要文体多为议论文。所以，本节将以此为中心，全面介绍论证写作的基本知识，以帮助应试者更好地应对申论考试。

一、论证写作的文体

在申论考试中，论证写作部分所考核的主要文体多为议论文，认真学习议论文的有关知识，可以为考生更好地驾驭申论写作打下坚实的基础。

（一）议论文的定义

议论文也称论说文，它是以议论为主要表达方式，通过摆事实、讲道理对某个问题或某件事进行分析、评论，表明自己的观点、立场、态度、看法和主张的一种文体。

何谓议论？议论是一种行文方式，它是写作主体对客观事物进行分析、评论，通过列举事实和逻辑推理，来表明自己观点和态度的一种表现手法。议论的特点是以理服人，它通过说理的方法，以概念、判断、推理等逻辑形式，直接地对客观事物进行分析、评论、证明。写作时，表现为表达自己观点、阐明某种道理，以此来影响读者。议论带有较强的主观色彩，它能使文章鲜明、深刻，富有哲理性和理论深度。

（二）议论文的特点

1. 科学的理论性

议论文写作的直接目的，是阐述作者对某种现象或事理的是非判断。这就要求作者能够透过表象，通过分析、综合，揭示出事物的本质和规律。因此，作者的是非判断不能停留在就事论事的层面上，更不能无事生非，强词夺理，凭随意发挥的想象来做出结论，而是要上升到科学理论层面进行分析评说，其终极目的就是要获得具有普遍意义的认识结果。对人与事、理与法，要旗帜鲜明地表明作者自己的见解和主张。说白了，赞成也好，反对也罢，都要以科学理论为依据，对读者晓之以理，以理服人，从而给读者以启发和教育。可以说，科学的理论性是议论文的价值体现。

2. 严密的逻辑性

文章层次的逐段递进，段落的逐层铺排，内容的逐步深化，直到作者的观点水落石出，都是体现着议论文的说服力和感染力，依赖于议论文的作者在议论过程中所表现出来的严密的逻辑性、推理性。在真凭实据、条理分明、全面综合的分析、判断之上，由此及彼，由表及里，或演绎推论，或归纳论证。没有严密的逻辑性，议论文就没有存在的基础，就不能发挥它应有的作用。

3. 鲜明的主观性

议论文的写作都是有明确的议论对象的，这些议论对象作为现实世界中的客观存在，与周围其他事物有着千丝万缕的联系，也正是这种联系往往使它的本质被罩上了一层迷雾，具有多重性、多义性的特征。议论文的作者要有追求真理的信心和毅力，有捍卫真理的勇气和胆识，在文章中坚持自己的主张和见解，在透视现象、探寻规律、揭示联系的过程中亮出自己的真知灼见，态度绝不暧昧。这就使得议论文带有鲜明的主观性。从主观出发而最终归于客观，突出主观性而又防止片面性，强调全面性而又重视针对性，这是议论文的本质特征所在。

二、议论文与记叙文的区别

很多考生所写的申论文章文体不符，议论成分偏少，记叙成分偏多，这主要是因为很多考生无法弄清楚议论文和记叙文的区别。在很多文章中，议论有两种方式：先叙后议和先议后叙。议论能使文章见解独到，令人深思，具有启发性；记叙能使读者很快进入对将要叙述的事物的思考，引起读者对下文的注意。在写作的时候，各种表达方式会因为文章中心需要而相互交叉、综合运用，只是不同文体有所偏重与偏重不同而已。例如，记叙文中以记叙、描写为主，但又有少量而精辟的抒情性议论，以此来深化文章主题，或使结构趋于严谨，这就是夹叙夹议。又如在议论文中，虽然以议论为主，但又夹有一些叙述性的文字，使文章的论证方法更为活泼，达到说理透彻、以理服人的效果。

三、论证写作的题型

申论考试中论证写作部分的考查类型多样，按照试题给出的作文标题的情况，大致可以分为自拟题目作文、半命题作文、命题作文三大类。

一是自拟题目作文。若题目要求自拟题目，且出现“以……为主题”“围绕……”“对这句话的理解”等这类表述，可以判定该题是自拟题目作文。这种类型的试题如今成为论证写作的主流。例如，2024 年国考省级申论第五题，“给定材料 5 中提到‘我们要用积极的态度对旧事物的价值进行最大挖掘，让它们重新焕发生机’，请你对此进行深入思考，参考给定材料，联系实际，自选角度，自拟题目，写一篇文章”；又如，2022 年国考省级申论第五题，“给定资料 5 中说‘今天的思维和播种，决定了我们未来的收获’，请结合对这句话的理解，参考给定资料，联系实际，自选角度，自拟题目，写一篇文章”。

二是半命题作文。若题目中出现“以……为题”，但是以画线或省略号形式省略了部分标题，要求“画线部分自拟”“用文字替换省略号部分”，基本可以判定该题为半命题作文，考生需根据资料主旨将标题补充完整，并利用其中的信息预判作文的立意或论述角度。例如，2013 年国考市地级申论第五题，“请以‘让……大放异彩’为题，写一篇内容充实的文章。用恰当的文字替换‘让……大放异彩’中的省略号部分，使之构成一个完整具体的文章标题”。

三是命题作文。若题目中出现“以……为标题/题目”，明确给出了作文标题，基本可以判定该题为命题作文，考生需将试题中给出的标题作为作文标题，不可另拟题目。例如，2023 年国考省级申论第五题，“长河奔腾不息，在流动中焕发生机。纵横交错的桥梁路网，构成了经济发展的动脉，不断产生新的发展机遇。产业通过转型升级迸发出新的活力，不断释放新的动能……请参考给定资料，联系实际，自选角度，以‘流动与新生’为题目，写一篇文章”。

四、论证写作的基本要求

（一）内容要求

1. 观点明确

明确表达自己的看法，支持什么、反对什么，都要表达清楚，不能模棱两可。

2. 见解深刻

对作文主题的认识和分析不可流于表面，要把研究的问题“吃透”，抓住本质，并综合运用背景知识和自身储备，深入剖析意义、影响，或提出可行的措施、建议。

3. 联系实际

作文的主题、论点来源于给定资料，但论证使用的理论和事例等不拘泥于给定资料，可结合时事热点、政策理论等进行论述。

（二）结构要求

1. 结构完整

结构完整指论述结构完整。在形式上，应包括标题、开头、主体、结尾；在内容上，应包括提出观点、分析论证、得出结论。

2. 思路清晰

思路清晰指论述层次清晰。每个层次包含的内容，以及各方面内容之间的关系，要呈现得清晰、合理；各方面内容编排有条理，不交叉，不重复。例如：作文开头要提出总论点，主体要分别提出不重复、不交叉的分论点并恰当论证，结尾应重申总论点；分论点可采用“分论点+分析论证+总结”的论证方式。

（三）语言要求

语言流畅，语意清楚，表述简洁明了；不能前言不搭后语，不啰唆，无语病。

（四）卷面要求

卷面整洁，字迹清晰，书写工整。

第二节 论证写作的三要素

申论作文部分的写作，体裁为议论文，包括论点、论据、论证三个要素。

一、论点

论点是申论文章的灵魂，决定着文章是否跑题或者偏题。只有不跑题不偏题的文章，才能赢得高分。而其他的语言、辞藻，是在此基础上的修饰和升华。

论点就是作者在文章中所要发表的议论、阐述的观点和主张，它是作者世界观和价值观的反映。申论文章的好坏，首先要看其论点是否正确、鲜明。议论文一般只有一个中心论点，但有的议论文会围绕中心论点提出几个分论点，分论点是用来补充或证明中心论点的。论点是明确的判断，是作者看法的完整陈述，在形式上应该是完整的句子，可位于文章标题、文章开头、文章结尾、文章中间，有的则需要读者概括。

（一）总论点

总论点也称为中心论点，是考生对所论述问题的最基本看法，是考生所提出的最主要的思想，是全部分论点的高度概括，全篇文章都应围绕此点展开议论。总论点一般遵循首尾句原则，写在文章的开头或结尾，一篇文章的主题通常只有一个，而文章的最佳总论点也只有一个，那就是命题人对主要话题所持的观点。这通常体现在材料中，考生只要通过阅读材料，深刻理解材料，掌握命题人的态度、看法，就能找到这个总论点，同时结合题干，进行加工梳理。

（二）分论点

分论点从属于中心论点，从中心论点发散开来，从多方面阐释中心论点的思想观点。各分论点也需要加以论证，总论点和分论点的关系是证明与被证明关系，凡经证明而站得住脚的分论点则可以成为总论点的有力论据。因为分论点是用来补充和证明中心论点的，所以同样来自材料。这是很多考生学习写作的难点，不知道如何确定准确的分论点，也是考生作文低分的重要原因，接下来重点介绍分论点的寻找和确定方法。

1. 通过题干确定分论点

寻找分论点的最好方法还是要先看题干给定信息，分析题干给定标题或者给定话题，判断是否存在两个到四个表示并列或者递进关系的对策、意义的语句，这是最为直接的办法，但是这种情况出现次数较少。

2. 梳理材料提炼对策或意义的分论点

分论点是在总论点之下进行寻找。根据文章结构，分论点可以从分析或对策两个方向论述主题，如：以向传统文化致敬为题，写一篇议论文。那么这篇文章的写作方向，一是向传统文化致敬的意义；二是如何向传统文化致敬，以对策为主。所以我们只需从材料中提炼出对策或者意义即可。

3. 通过前面小题内容确定分论点

文章的分论点基本来自材料的内容，而前面小题的出题内容往往也是来自材料。因此从题干的小题内容，我们也可以提炼出部分分论点。

【例 1】

【2017 年国考省级以上申论·第五题】参考“给定资料”，以“以水为师”为题，联系实际，写一篇文章。（40 分）

要求：

（1）见解明确、深刻；
（2）参考“给定资料”，但不拘泥于“给定资料”；
（3）思路清晰，语言流畅；
（4）总字数 1 000~1 200 字。

解题思路

本题是给定题目的写作题，属于命题作文，要求考生以“以水为师”为题，很显然，“以水为师”就是文章的中心论点。再参考给定资料理解，为什么要以水为师（结合水的特点），如何以水为师，来确定文章的分论点。

首先，要判断可以向水学什么。材料中讲述水的特性集中在资料 3 和资料 5。资料 3 以水喻道，给出了水的两个特性：随物赋形和以柔克刚。资料 5 的三个自然段分别从不同的角度分析水的特性：一是水“变”的特性，表现在随境而适、千变万化，这和资料 3 中水的特性可进行合并；二是水“简”的特性，表现在结构简单；三是水“仁”的特性，表现在包容性、惠及一切生物、中庸。因此，我们提取出了水的三个品质——变、简、仁，文章的分论点也就显而易见了。

其次，要结合实际解决怎么学的问题。我们可将上述提炼出的内容与政府部门的政务服务工作进行联系。“变”可体现在政务工作中结合实际以变通的工作方法解决问题，“简”可体现在简化工作理念和简化工作方法两个方面，“仁”可体现在广纳良言、正确处理政府和市场的关系等方面。从而确定分论点：学习水之“柔”，顺应形势，灵活变通；学习水之“简”，以民为本，简政放权；学习水之“仁”，容忍异见，把握分寸。

二、论据

在申论写作中，考生为了证明自己的论点，必须摆事实、讲道理，论据即是考生用来证明论点正确的事实、道理或根据，它是议论文的支撑。论据是为论点服务的，它担负着回答“用什么证明”的任务。好的论据不仅能够很好地支持论点，而且能使整个论证过程更加轻松自如，同时也能够增强文章的可信度。

（一）对论据的要求

1. 论据要真实、可靠、准确

要有严肃认真的态度，不能对材料断章取义。另外在引用其他事例论据时，一定要是实际生活中真实发生的事例，并且要进行客观准确的描述，不能任意地进行艺术加工。

2. 论据要典型

只有从事物的一般状态及其内部的必然联系出发去掌握事实，这样的事实才能胜于雄辩。所以选择论据要注意排除那些偶然的、个别的事例，而选择那些最能反映事物本质和规律的典型材料。这样的材料才能以少胜多，以一当十。

3. 论据要充分

即使是真实的论据，如果不全面，其说服力也不会强。论据要全面、充分才有说服力。要尽可能地从多角度、多层面选取能够说明论点的论据。

4. 论据要新鲜

从心理学的角度来分析，新的东西总是吸引人的，对旧的论据阅卷者不会很感兴趣，自然也就影响文章的说服力。

（二）论据类型

论据大致分为两类：事实论据和理论论据。

1. 事实论据

事实论据是对客观事物的真实的描述和概括，是证明论点最具有说服力的依据，包括典型事例、各种统计数字和各种自然社会现象等。在复杂的议论文里，分论点对所论述的部分来说是论点，而对全文的中心论点来说，也起论据的作用。理论论据要有权威性，事实论据要有典型性。下面列出事实论据的具体表现形式（短文中画线部分为事实依据）。

（1）典型事例

上海某报记者：20 世纪 90 年代以来，上海的道路长度和道路面积分别增长了 108%和 142%，修建了地铁、高架路、跨江大桥、越江隧道等许多道路基础设施，中心城区初步形成现代交通网络，但同期的机动车总量却增长了 470%以上。市民的感觉是路越修越多，车越来越堵。最近几年，上海投资 500 亿元，增设高架路内环匝道，拓宽地面交通要道，新建越江隧道和中环线，从根本上缓解中心城区的道路拥堵状况，与此同时将大力发展智能交通系统。但人们担心，明天会不会还是继续拥堵。10 多年前的“出行难”是上海进入三个“三年大变样”的前期发生的，是城市大发展前的一段“阵痛期”。而今，上海又再次进入了一个“阵痛期”。

（2）统计数字和图表

山西各类矿山采空区已达 2 万多平方公里，全省超过 1/7 的地面悬空，地质灾害范围波及 1900 多个自然村、220 万人。

2. 理论论据

作为论据的道理应该是读者比较熟悉的，或者是为社会普遍承认的，它们是对大量事实抽象、概括的结果。例如，经典著作、理论文献、古圣先贤、至理名言、民间的谚语和俗语等。

（1）经典著作

魏徵在《谏太宗十思疏》中写道：“求木之长者，必固其根本；欲流之远者，必浚其泉源。”企业自主创新是国家自主创新的基础与核心，离开企业自主创新，国家自主创新将是无本之木、无源之泉。因此我们必须牢固树立自主创新理念，全面提高企业科技自主创新能力。

（2）古圣先贤

敏而好学，不耻下问。

知之为知之，不知为不知，是知也。

默而识之，学而不厌，诲人不倦。

（3）民间的谚语和俗语

“当官不为民做主，不如回家卖红薯。”这是中国传统戏剧《七品芝麻官》中一句家喻户晓的台词，是封建制度下为官的最高境界。时过境迁，现在为官当然不可和封建社会同日而语，但这句谚语，对我们今天的领导干部仍然适用，作为人民公仆的领导干部，要为人民执好政、用好权，应该多为老百姓办实事、做好事，不能无所作为。

三、论证

（一）论证概述

论证与论点是证明与被证明的关系，议论文中的论点和论据是通过论证组织起来的。论证是运用论据来证明论点的过程和方法，是论点和论据之间的逻辑关系纽带。论点解决“需要证明什么”，论据解决“用什么来证明”，论证解决“怎样证明”。

（二）论证方法

议论文最关键的问题是如何证明论点。采用什么方法将论据和论点有效联系起来，并能够证明论点。这就是论证方法的问题，论证的方法多种多样，考生可以根据不同需要灵活地运用。

1. 事实论证

又叫举例论证，就是在提出问题或论点后，用令人信服的典型事例来证明自己论点正确的一种方法，即通常所说的“摆事实、讲道理”的方法。所谓“事实胜于雄辩”，在典型的事例面前，道理不言而喻。使用事实论证时列举的事实可以有两种形式，即概括总体性事实和枚举个别事实。概括总体性事实的说服力在于事实所体现的普遍性，它是对事实的总体或全局的全面性统计或概括。采用枚举个别事例的论证方式，不要求全面周到，只需枚举几个事例即可。枚举事例要求有一定的典型性，同时也要考虑到经济原则，尽可能不要同类重复。

2. 道理论证

又叫引证、事理引申，就是运用人们已知的理论论据，像引用名人名言、古诗文、科学原理、公理、定理以及谚语、成语等，来证明自己观点正确可信的一种论证方法。引证权威性的话语，使文章更具有说服力，更加深刻、透彻，体现文章理论的力量和思想深度。

理论论证的逻辑形式是演绎推理，就是将归纳所得的论点，用人类已知的科学原理去衡量。除了引用普遍性原理和原则外，各门学科的理论也可以作为论据，如物理学理论、文学理论等。理论论证的论据还可以是某些经过时间检验的、广为流传的谚语、格言和成语等。这也包括有些文章中所谓的“引用论证”。由于道理论证引用的材料都是被客观实际证实的科学结论，或是人们公认的道理，具有理论的权威性和思想的深刻性，因而具有不可辩驳的力量和说服力。

【例 2】

郭沫若说："人是活的，书是死的。活人读死书，可以把书读活。死书读活人，可以把人读死。"郭老的这几句话，道出了读书活动的这个特点，读书，就是人要将死书读活，读者与活书做朋友，交流对话，从中了解作者所描写、记载的事件和意义，体验作者所传递的思想和感情……进而使自己增长智慧、知识，增添快乐和力量，收"开卷有益"之效。

许多前辈早悟到了读书的这种奥秘，一再以各种表述提醒读者。茅盾："读死书是没有用的，要怎样用眼睛去观察，用脑子去思想才行。"歌德说："经验丰富的人读书用两只眼睛，一只眼睛看到纸面上的话，另一只眼睛看到纸的背面。"而高尔基则说得更具体、形象："每一本书都是一个用黑字印在白纸上的灵魂，只要我的眼睛、我的理智接触了它，它就活起来了。"（节选自吴泰昌《将书读活》）

本段使用了引用论证法，引用了大量的名人名言，像郭沫若、茅盾、歌德、高尔基等人的话，来证明读书一定要把书读活这一观点。使用引证法还应注意所引言论、事理的准确性和针对性，并不是所有的引言都是道理论据，虽然引用名人名言能够构成道理论据，但是只有那些对论点具有理论支撑作用的引言才是道理论据。

3. 比较论证

比较论证是一种由个别到个别的论证方法。通常将它分为两类，一类是类比论证，另一类是对比论证。

（1）类比论证

类比论证是根据两个对象在某些属性上的相同或相似，推论两者在其他属性上也有相同或相似，其逻辑形式为：A 具有 a、b、c、d 的属性，B 具有 a、b、c 的属性，所以，B 可能具有 d 的属性，属于形式逻辑中的归纳推理。类比论证属于偶然性推理，是一种从特殊到特殊、从个别到个别的推理方式，其结论不一定为真，只有一定程度上的可靠性。在某些情况下，有时无法获得更确切的论据。运用类比论证，有时是有效的。

【例 3】

我们决不要以为，调查研究只知道一个结果就够了，事实证明，这是绝对不够的。有许多同志常常只晓得某一件事情的现状或工作的最后总结数字，而不晓得这些东西是从何而来的。因此，他们有时候根据一些表面的现象所做出的判断，就不免与实际情况不符。也有的同志只注意收集和调查许许多多零碎的现象，而缺乏系统的研究，以致他对客观事物的认识只能形成若干分散的概念，根本不能做出完整的科学的结论。这样的人即便知道了很多的一个一个分散的互不连贯的现象，实际上还必然是一问三不知；或者知其一而不知其二；或者知其二而不知其一。（节选自马南邨《变三不知为三知》）

这段文字将那些对客观事物不进行历史的、现实的、全面的调查研究的几种人相互加以比较，进一步论证其观点，鼓励人们真正做到“三知”。这几种人之间及他们与持正确态度的人之间的联系就是对事物的调查及认识，这就是运用类比论证法的基础，不同的人因不同的调查而产生不同的认识，读者就十分容易鉴别是非真伪了。

（2）对比论证

对比论证则是一种求异的思维方式，它侧重于从事物相反或相异的属性的比较中来揭示需要论证的论点的本质。

对比论证方式的运用范围很广，因为可以进行比较的事物很多，中与外、古与今、大与小、强与弱等，都适合进行比较，在比较中分析和阐明了两者的差异和对立之后，是非昭然，自然就能够确立论点了。对比可以是两个对象之间的比较，也可以是同一对象自身前后不同阶段之间的比较，前者称为横向比较，后者称为纵向比较。运用纵向对比的论证方式，不能停留在形式逻辑的静态判断的层面上，否则，有时会显得说服力不够。

【例 4】

白求恩同志毫不利己专门利人的精神，表现在他对工作的极端的负责任，对同志对人民的极端的热忱。每个共产党员都要学习他。不少的人对工作不负责任，拈轻怕重，把重担子推给人家，自己挑轻的。一事当前，先替自己打算。然后再替别人打算。出了一点力就觉得了不起，喜欢自吹，生怕人家不知道。对同志对人民不是满腔热忱，而是冷冷清清，漠不关心，麻木不仁。这种人其实不是共产党员，至少不能算一个纯粹的共产党员。从前线回来的人说到白求恩，没有一个不佩服，没有一个不为他的精神所感动。晋察冀边区的军民，凡亲身受过白求恩医生的治疗和亲眼看过白求恩医生的工作的，无不为之感动。每一个共产党员，一定要学习白求恩同志的这种真正共产主义者的精神。（毛泽东《纪念白求恩》）

这段文字先提出论点：“白求恩同志毫不利己专门利人的精神，表现在他对工作的极端的负责任，对同志对人民的极端的热忱。”接着把白求恩这种“毫不利己专门利人的精神”与“对工作不负责任，拈轻怕重，把重担子推给人家，自己挑轻的”和“对同志对人民不是满腔热忱，而是冷冷清清，漠不关心，麻木不仁”两种人进行对比，突出了白求恩“毫不利己专门利人的精神”的伟大，表现了作者对这种精神的高度赞扬。

4. 比喻论证

比喻论证是指用比喻者之理去论证被比喻者（论题）之理的论证方法。在比喻论证中，比喻者是一组形象事例，其中包含着一定的关系和道理，被比喻者则是一种抽象的道理。比喻者和被比喻者虽然是两类不同的事物，但在它们之间存在着一个共同的一般性原理，因此它们之间具有推理关系。比喻论证是以比喻者作论据去论证被比喻者（论题）的论证方式。

运用比喻论证要注意几个问题：一是用来作为喻体的事物，应当是为大家所熟悉的、具体的、浅显的，这样，才能既通俗又生动地说明另一个事物。二是比喻应当贴切、自然，要能恰到好处地说明被论证事物的特点。可以把老师比喻成蜡烛、春蚕，说明他们无私地献出自己的一切，却不能将他们比喻成能使别人干净起来，自己却越来越脏的抹布、扫帚，这样运用比喻法，叫“引喻失义”。三是因为比喻的双方缺乏本质上的内在联系，所以任何比喻都是有缺陷的。要完整、深刻地论述一个问题，不能仅靠几个比喻，应把它和例证法、分析法等结合起来使用。

【例5】

譬如罢，我们之中的一个穷青年，因为祖上的阴功（姑且让我这么说说罢），得了一所大宅子，且不问他是骗来的，抢来的，或合法继承的，或是做了女婿换来的。那么，怎么办??我想，首先是不管三七二十一，“拿来”！但是，如果反对这宅子的旧主人，怕给他的东西染污了，徘徊不敢走进门，是孱头；勃然大怒，放一把火烧光，算是保存自己的清白，则是昏蛋。不过因为原是羡慕这宅子的旧主人的，而这回接受一切，欣欣然的蹩进卧室，大吸剩下的鸦片，那当然更是废物。“拿来主义”者是全不这样的。

他占有，挑选。看见鱼翅，并不就抛在路上以显其“平民化”，只要有养料，也和朋友们像萝卜白菜一样地吃掉，只不用它来宴大宾；看见鸦片，也不当众摔在茅厕里，以见其彻底革命，只送到药房里去，以供治病之用。却不弄“出售存膏，售完即止”的玄虚。只有烟枪和烟灯，虽然形式和印度、波斯、阿剌伯的烟具都不同，确可以算是一种国粹，倘使背着周游世界，一定会有人看。但我想，除了送一点进博物馆之外，其余的是大可以毁掉的了。还有一群姨太太，也大以请她们各自走散为是，要不然，“拿来主义”怕未免有些危机。（节选自鲁迅《拿来主义》）

这两段文字非常成功地运用了比喻论证。在这里，鲁迅把文化遗产比喻成“大宅子”，用“孱头”“昏蛋”“废物”来批判三种对待文化遗产的错误观点和态度，用“鱼翅”“鸦片”“烟枪和烟灯”“姨太太”来比喻文化遗产的几个组成部分。比喻十分贴切，浑然一体，令人信服并不由得拍案叫绝。

（三）论证方式

议论文从论证方式看，一般分为立论和驳论两种。

1. 立论

立论是对一定的事件或问题从正面阐述作者的见解和主张的论证方法。写立论性的文章，必须做到：

①论点要正确、鲜明。正确就是论点本身要符合马列主义、毛泽东思想和邓小平理论，符合客观实际，并经得起实践的检验。鲜明就是说作者必须旗帜鲜明地表示肯定什么，否定什么，赞成什么，反对什么，绝不可含含糊糊、模棱两可。

②论据要真实、充分。就是说，必须举出足够的事实或公认正确的道理，证明论点的正确性。

作为论据的事实，包括有代表性的确凿的事例或史实，以及统计数字等。用事实作论据，有很强的说服力。

用科学道理作为论据，也具有极大的说服力。如用自然科学的原理、定律和公式等作为论据，也能有力地起到证明论点的作用。

③论证必须符合正确的推理形式。写立论性的文章，要言之成理，合乎逻辑。论点统帅论据，论据证明论点。论据必须足以证明论点，论点必须是从论据中推断出来的必然结论。

2. 驳论

驳论是就一定的事件和问题发表议论，揭露和驳斥错误的、反动的见解或主张。

驳斥错误的、反动的论点有三种形式：

①直接驳斥对方的论点。先举出对方的荒谬论点，然后用正确的道理和确凿的事实直接加以驳斥，揭示出谎言同事实、谬论与真理之间的矛盾。有的文章，首先证明与对方的论点相对立的论点是正确的，以此来证明对方的论点是错误的。

②通过反驳对方的论据来驳倒对方的论点。论据是论点的根据，是证明论点的。错误和反动的论点，往往是建立在虚假的论据之上的，论据驳倒了，论点也就站不住脚了。

③通过反驳对方论证过程的谬误来驳倒对方的论点。驳倒了它的论证中的关键问题，也就把谬论驳倒了。

常用的驳论方法有直接反驳、反证法、归谬法等。

①直接反驳，就是运用论据或推理，直接证明对方论点是错误的方法。

②反证法，为了证明对方的论点是错误的，可以先证明与其相矛盾的另一论点是正确的，这就是所谓反证法。例如，鲁迅的《中国人失掉自信力了吗》一文，为了驳斥“中国人失掉自信力了”这一错误论点，就提出“我们有并不失掉自信力的中国人在”这个正面论点，然后运用古往今来的事实，证明这一论点的正确性，从而驳倒了反面论点。

③归谬法，先假定对方的论点是对的，然后以它为前提，推导出一个明显荒谬的结论，从而证明对方论点是错误的。例如，如果按那些政治“精英”们所述的理论来分析，只会产生这样一个现实，即凡是走上资本主义私有化道路的国家，全部或至少大部都比社会主义经济发展得快。但可惜的是，这种现实还不存在，这种理论在现实世界还没有。

写驳论性的文章，还应注意以下几点：①要对准靶子。写驳论性的文章，首先要摆出对方的谬论或反动观点，竖起靶子。怎样竖起靶子呢？通常有两种方式：一是概述。即用概括的语言，将所批驳的谬论复述一下。概述时，可适当引用一些原词句，但要有重点，倾向性要鲜明。二是摘引。即把反面材料的关键部分或有关部分，摘录下来，然后对准靶子，进行驳斥。②要抓住要害。鲁迅说：“正对‘论敌’之要害，仅以一击给予致命的重伤。”对谬论，一定要抓住其反动本质，深入地进行揭露和批判。③要注意分寸。对于敌人的反革命谬论和人民内部存在的错误思想，必须加以区别。对敌人，要无情揭露，痛加批驳，给以致命打击；对于人民内部的错误思想，就要本着“团结——批评——团结”的原则，绝不可相提并论。

第三节　论证写作的结构

结构就是文章中材料的组织与安排的技巧，它是作者思路的体现。申论中议论文的逻辑结构大体是一致的，即是什么——为什么——怎么做。议论文是说理的，它要完全按照人们认识事物的规律来安排结构。

一、论证写作的整体思路

议论文的结构大致可以分成三个部分：引论、本论和结论。引论就是文章的开头，有领起全文的作用，或者提出论题，或者点明论点，或者概述议论范围，或者交代写作目的，或者摆出反驳的错误观点等。有的单用一种，有的兼用几种，一般都是把文章所要论证的论点整个或部分地告诉读者。引论一般都写得比较简要，有的只用几句话就引入本论。本论是文章的主要部分，对提出的论点进行分析和论证，往往需要用较大的篇幅，内容复杂的还要分成几节或者几个部分分别论述几个方面的问题。本论的论述内容决定整篇文章质量的好坏。结论就是文章的结尾，或者归纳论点，或者总结全文，或者明确任务，或者提出希望等，根据表达的需要，内容可详可略，但一般都与引论相呼应。

议论文按照这样的顺序分成三个基本部分，是文章内在逻辑性的反映。一般议论文总是先提出问题、点明论点，这就是“引论”。问题提出以后，进一步加以分析，提出证明论点的论据，组成论证过程，这就是“本论”。问题经过分析，证明论点是正确的，最后需要向读者再做一番交代，这也就是“结论”。从提出问题、分析问题到解决问题，在文章的结构上也就必须构成从引论、本论到结论具有一定逻辑性的三部分。

二、论证写作的结构安排

审题、立意后不要马上动笔，要进行充分的构思，写出文章提纲，即理清思路，建构框架，完成布局，这是最为关键的。提纲是写好文章的关键所在，列提纲的好处在于，让应试者心里有数，便于控制速度和字数，快速成文，不跑题。从某种程度上讲，应试者成绩的高低取决于在考场上能不能列一个简单明了的写作提纲。

拟写提纲的方法如下：首先，应将所写内容思考一遍，即确定论点、论据、论证方法与议论程序。其次，按照引论、本论、结论三部分写入各项内容。在“引论”内写入议论的事实或问题，有时也可在引论内直接写出论点；在“本论”内写入中心论点或各分论点，以及各项论证的论据或论证方法；在“结论”

中写出主要的结束语。最后，写完提纲后应该复核一遍，并根据新的想法做一些必要的修改。

提纲的内容包括：

标题──→开头（总论点）──→每一段的开头（分论点）──→结尾

（一）标题

申论写作的题目一般分为自拟题目和给定题目两种。对于自拟题目来说，题目的拟定十分重要。一个好的题目，往往可以给人留下很深的印象，可以使文章“先声夺人”，引起评卷者阅读文章的兴趣。“题好一半文”的说法就是明证。若题目草率，平淡乏味，甚至错字迭现，语病百出，就会大煞风景，使评卷者产生成见：题目如此，内容可想而知。

题目是文章的“眼睛”，传达文章的基本思想。好的题目，既能以“目”传神，也能以“目”传情，在让评卷者对文章内容或见解一目了然的同时，一下子吸引和打动评卷者，使他们产生看完整篇文章的欲望；在阅读完文章之后，反观文章的题目仍感到贴切、精练，回味悠长。

1. 标题的基本要求

（1）贴切

贴切有三层含义，一是指题目的含义与文章的内容要一致，也就是说，题目对论题范围的概括、对中心论点的提炼、对态度倾向的表述与文章的内容和思想要一致；二是标题词语的运用恰当准确，即拟定题目、遣词造句时，不可望文生义，也不可滥用辞藻；三是题意确切妥帖，不会产生歧义或误解。

（2）具体

虽然申论考试中的给定资料经常关乎一些重大事件、重大典型或重大问题，但标题并不是越大越好，应尽量具体，避免空洞乏味，大而无度。但也不能太小，太小则不能涵盖文章内容，所以需适当把握尺度。

（3）鲜明

作为一种写作的形式，题材的标题应当鲜明，提倡什么，反对什么，褒扬什么，针砭什么，都应在题目中有所反映，即标题应该有立场、有观点、有态度、有倾向。

（4）精练

这是指申论的标题文字不能太多，一定要简明扼要，同时又能涵盖文章内容，起到以一当十的作用。要做到精练这一点，一是要结构简单，多用单行题；二是要文字简约，要言不烦。

（5）生动

这是指申论设计的标题要力求做到先声夺人，赋予文章以新意和活力，抓住阅卷老师的注意力，让阅卷老师过目不忘。具体的方法有很多，如：变换句式，将陈述句变为假设句、疑问句、感叹句等，使标题具有浓郁的感情色彩；活用惯用语，把成语、谚语、俗语等直接或加以变化地引入标题；利用修辞手法；等等。

2. 标题的种类

①结论型题目，如“天才出于勤奋”“人贵有自知之明”“千里之行，始于足下”“实践出真知”等。这些题目是人们长期在劳动实践中得出来的真知，对这类题目，应了解它们的出处、意义，然后加以论证和引申。

②概念型题目，如“谈理想”“论立志”“说谦虚”“奋斗与成才”“说和做”“贡献与索取”等。这类题目以名词或词组形式出现，提供一种概念，由作者阐述、发挥。

③问题型题目，如“人的一生应该怎样度过”“金钱是万能的吗”“什么是真正的幸福”“我们应该树立什么样的理想”“机遇出人才吗”等。这类题目，对于直接提问的，就直接作答；对于反问性质的，如“金钱是万能的吗”等，应按驳论的方式去写。

（二）开头

俗话说“万事开头难”，申论文章也不例外，开篇定下文章的基调，确立文章总的方向。高尔基曾说：“写文章，开头第一句是最难的，好像音乐里的定调一样，往往要费好长时间才能找到它。”别开生面、新颖别致的开篇，能给人一种强烈的震撼力，吸引人欲读之而后快。申论文章一般要求写议论文，字数在800~1 200字，开头不需要玩弄技巧，绕弯子，最好单刀直入，开门见山，直接揭示文章主题。那么，申论文章应该如何开篇呢？

1. 开头的结构

开篇不要太复杂，一般有三层。第一层引出论题。无论采用什么方式，一定要引出文章的论题，最好的办法就是由给定资料所涉及的话题自然而然地过渡到文章的话题。在交代给定资料所涉及的话题时，要按认识的顺序，具体、简洁地交代清楚所涉及的问题或事件。第二层是过渡层。由文章的论题过渡到文章的中心论点，这一层或进一步探讨给定资料涉及问题（事件）的重要性，或分析影响（危害），或仅仅解释说明。总之，要有意识地制造机会，以便下一层次提出中心论点。第三层提出中心论点。经过第二层的铺垫，第三层结尾时，一定要提出文章的中心论点。

2. 开头的句式

（1）阐释主题式

阐释主题式是指先对题干中给出的写作话题、主题或标题进行引述，继而适当展开分析，再引出作文的总论点的开头方式。写作思路是：阐释主题+展开分析+亮明总论点。

【例6】

长期以来，我们在城乡关系的认识上存在一些误区，即将城乡一体化变为城乡“一样化”——村庄大量被拆，数量急剧减少，部分基层干部梦想一步就把农村变成城市。这不仅导致了宝贵的乡土旅游资源的丧失，也不利于现代化农业的建设。痛定思痛，城镇化发展应该坚持“两条腿”并行，实现在城乡之间自由游走。

此例中，第一句阐释主题，最后一句亮明总论点，中间部分展开分析。这类开头能降低作文跑题的可能性，但是必须做到理解深入、阐释到位，切不可浮于表面，泛泛而谈。

（2）引经据典式

引经据典式是指先引用名言、诗句、俗语、谚语、党和政府的政策文件等引出写作主题，继而对写作主题进行分析、阐释，引出作文总论点的开头方式。写作思路是：恰当引用+阐释主题+亮明总论点。

【例 7】

庄子认为，“天地与我并生，万物与我为一”。世间万物，归根结底都是一体的，在融合中取长补短、互促提高。但融合不是简单的嫁接，简单相“加”无法带来持续深刻的变化。习近平总书记指出，融合发展关键在融为一体、合而为一。我们只有以融合促融活，才能做好融合文章，“融”出崭新的未来。

此例中，第一句是恰当引用，最后一句亮明总论点，中间部分阐释主题。这种开头方式能增强作文的文采，迅速吸引阅卷人注意并博得好感。但需强调的是，引用不能牵强，一定要恰当、直接，切合作文主题。

（3）实例导入式

实例导入式是指先举一个或多个实例，继而将实例同写作主题联系起来进行分析评论，顺势亮明作文总论点的开头方式。写作思路是：一个或多个实例+展开分析+亮明总论点。

【例 8】

“人水共存”的理念把洪水纳入城市景观，实现人与水之间的和谐共存；都江堰工程采用因势利导、巧夺天工的办法对水加以调节使之造福人类。这些水系治理方式能够取得成功正是因为借鉴了水的智慧。水至柔，却能够以柔克刚；水至简，却得以千变万化；水至仁，乃孕育一切生物。在政府工作中，为政者同样要学习水的品格，提升服务水平。

此例中，第一句举实例，最后一句亮明总论点，中间部分展开分析。这是较为常用的一种开头方式，所举实例可以是给定资料中的，也可以是给定资料以外的，但举例的同时，要注意融入自己的思考，做到举例恰当、分析透彻。

（三）主体

在主体部分要旗帜鲜明地提出几个分论点，然后对每个分论点展开论证，分论点之间可以是并列关系，也可以是递进关系。在写作时，要恰当灵活地运用多种论证方法，这样不仅能充分证明自己的观点，使人信服，也能让作文显得丰富而又富于变化。具体的论证方法见本章第二节。

这里需要注意的是，分论点一定要围绕中心论点来确定。例如 2017 年国考省级申论第五题，题目要求“参考给定资料，以‘以水为师’为题，联系实际，写一篇文章。要求：见解明确、深刻；思路清晰，语言流畅，总字数 1000~1200 字”。这道题很多考生如果不仔细阅读材料和审题，很可能不知道从哪下笔。“以水为师”就是让我们把水当成老师，也就是向水学习，那学什么，怎么学？通过阅读材料我们发现，材料 3 和材料 5 都是在讲水的品质，那么这道题的写作思路就是到材料里去找水的各种品质，然后把它们分别作为分论点，再联系实际逐一进行论证。

（四）结尾

一篇文章的写作，起笔收尾都非常重要。申论文章作为一种应试文章，好的结尾能为文章锦上添花，在最后给阅卷老师留下美好的印象。简单来说，结尾就是对前边所提出的观点进行归纳、总结、强调，或提出希望、号召、要求等，关键是言简意赅、情真意切，让人回味。

结尾的结构一般有三类：第一类概括总结，收束全文。第二类强调和深化主题，或把第一段的话翻新，或反面论述，三两句话总结全文。第三类提出希望或者发出号召。通过应试者的总结分析，把由具体现象引发的思考上升到更高的层次或理论的高度。

【例 9】

植物从根到叶皆含水，动物从头到脚皆含水，人体含水量在 60% 以上，然而，我们对水的认知不应仅仅停留在“水是生命之源”，更应认识到水在精神层面对人类的启迪。以水为师，益智养德。水的品格不仅适用于城市管理，也同样适用于为人处世、治国理政的方方面面。

该段作为文章结尾段，强调了水的重要性，表明更应重视水在精神层面对人类的启迪，属于强调和深化主题类的结尾。

三、实战演练

【例 10】

【2017 年国考省级以上申论 · 第五题】参考“给定资料”，以“以水为师”为题，联系实际，写一篇文章。（40 分）

要求：

（1）见解明确、深刻；

（2）参考“给定资料”，但不拘泥于“给定资料”；

（3）思路清晰，语言流畅；

（4）总字数 1 000~1 200 字。

给定资料 3

汉代许慎《说文解字》中说，“儒，柔也”。一个“柔”字，切中要义，味道全出。宋词专家叶嘉莹先生在一档节目中就特地提到了中国文化的“弱德之美”。她由“儒”字的“柔”这一本义出发，加以阐释，把儒家所代表的中国文化性格多维度地彰显出来了。

“儒”字中含一个“需”字，“需”有“等待”之义。孔子就说过：“君子藏器于身，待时而动，何不利之有？”孔子这里说的其实就是“需”的意思，它体现的显然是一种等待的姿态。

华裔英籍女作家韩素音，在描述一位华侨时说：“他是个中国人，有极好的耐心，能等待和忍耐。”这的确典型而鲜明地体现了中国人所特有的品性。韩素音在参观走访了中国内地之后，曾经感慨道：“我在这里重新发现了中国的弹性——它所固有的柔顺性，这使它不受外界危机的影响，同时也使它克服一次又一次动乱。”因此，我们虽说“儒者柔也”，但并不是说柔就是软弱无力，就是废弃一切作为。老子认为，“天下莫柔弱于水”，但是“攻坚强者莫之能胜”，这正是“天下之至柔，驰骋天下之至坚”的道理所在。俗话说的“水滴石穿”，就是“以柔克刚”的一个十分典型的例子。

其实，我们只有通过“水”的意象，才能最真切地体味到“儒”之“柔”。柔是“水”最为突出的特性。在中国文化中，以水喻道是有其古老传统的。譬如，老子说“上善若水”，他还说“弱者道之用”，此所谓“弱者”指的就是水的柔弱。他又说“水善利万物而不争”，就是说，水善于滋养万物而从不争夺，水中因此蕴含着大道理。管子就认为：“水者何也？万物之本原也。”如此等等，不一而足。我们知道，水是不定形的，它被放进怎样的容器中就成为什么样子的形状，但正因为没有一种固定不变的形状，所以才能变成一切可能的形状，这正是“道”的品格。更为重要的是，它以隐喻和象征的方式，透露出中国文化的传统性格。以水来比喻道的高明之处在于，它的意义是双关的：一方面确立了存在论的基本意象，让人们能够由此及彼地去领会“道”的深刻内涵；另一方面又奠定了道德论的基本取向，借助于水的“至柔”性格来凸显道德的品性。

应该说，中国传统文化所采取的等待姿态，与儒家固有的“柔”的性格之间，是有极深的渊源关系的，它在很大程度上影响着中国人同自然界、同他人打交道的方式。

在这里，不妨比较一下古典技术同现代技术在文化性格和文化取向上的分野，我们从中可以更深切地体会出中国古代文化的柔性特点。这种文化取向塑造出来的古典技术，不具有征服自然界的进攻性和侵略性。例如我国古代伟大的水利工程都江堰，就是采取因势利导、巧夺天工的办法，而不是采取逆自然而行的办法，使大自然为人类造福。它可以涝排洪、旱蓄水，通过自然而然的方式来对水加以调节。

给定资料5

《易经》是中国最早的哲学著作之一。易者变也，易经主旨是万物皆变。水变化多端：水无定形，随境而适；水有三态，常温为水，低温结冰，高温化汽，云雨雾露霜雪雹皆水之不同形式。水无处不在：土壤中含水，岩石中有结晶水，植物从根到叶皆含水，动物从头到脚皆含水，人体含水量高达60%以上。无处不在的水千变万化，我们的祖先可能首先从水的变化中悟出万物皆变，这成为千古不易之哲理。

水的形态千变万化，其结构却非常简单。水分子由一个氧原子和两个氢原子构成，是自然界最简单的化合物之一。这阐明一条重要的哲理：宇宙万物千变万化，万变不离其宗，复杂源自简单。古今中外伟大的哲学家和科学家均深谙此理。老子曰：“道生一，一生二，二生三，三生万物。”爱因斯坦说：“更简单的理论，涵盖更多不同内容，具有更广阔的应用，这才是更令人信服的理论。”皆此之谓也。

孔子曰：“智者乐水，仁者乐山；智者动，仁者静。”师从善动之水可以益智，这种“智者乐水”和“智者动”的说法很容易获得认同。不过，仁者也是乐水的。海纳百川，水与仁者均具有包容性，此其一。孔子曰：“仁者人也。”仁者普济众人，水惠及一切生物。每逢大旱，禾苗枯焦，赤地千里，一场甘霖普济众生，此其二。孔子还提倡中庸之道，主张凡事不可走极端。水适度有益，过多则成灾；正如父母关爱子女有利其健康成长，溺爱则反害之。《论语》说：“过犹不及。”此乃至理，水的哲学岂能例外？回顾生物进化史，从一个共同祖先不断分化出各种物种，水在每个环节都起到关键作用。对生物起源目前尚无定论，陆地起源说、深海起源说、宇宙起源说……众说纷呈，有待验证。但无论何种起源都离不开水。水是一切生物所必需，无水则无生物。水孕育出一切生物，此乃至仁大爱。明乎此理，仁者怎能不乐水？仁者智者携手悠游于山水之间，既乐山又乐水，仁智兼备相得益彰。

解题思路

本题要求以“以水为师”为题，联系实际，写一篇文章，属于命题作文。需要注意的是，题目告诉我们要向水学习，但并未明确谁来学、学什么、怎么学。申论作答需要秉持政府角度，这里我们可将学习的主体设为政府管理部门。至于学什么和怎么学，则需要根据给定资料、结合实际来确定。

首先，要判断可以向水学什么。材料中讲述水的特性的内容集中在资料 3 和资料 5。资料 3 以水喻道，给出了水的两个特性：随物赋形和以柔克刚。资料 5 的三个自然段分别从不同的角度分析水的特性：一是水“变”的特性，表现在随境而适、千变万化，这和资料 3 中水的特性可进行合并；二是水“简”的特性，表现在结构简单；三是水“仁”的特性，表现在包容性、惠及一切生物、中庸。至此，我们提取出了可以学习的水的三个特性——变、简、仁，文章的分论点也就显而易见了。

其次，要结合实际解决怎么学的问题。我们可将上述提炼出的内容与政府部门的政务服务工作进行联系。“变”可体现在政务工作中结合实际以变通的工作方法解决问题，“简”可体现在简化工作理念和简化工作方法两个方面，“仁”可体现在广纳良言、正确处理政府和市场的关系等方面。从而确定分论点：学习水之“柔”，顺应形势，变通方法；学习水之“简”，以民为本，简政放权；学习水之“仁”，容忍异见，把握分寸。

此外，这篇文章也可以从城市水系治理的角度来写。我们可以确定城市水系治理主体和在水系治理过程中践行水的智慧，然后在论证的过程中引入都江堰工程、“动态河流管理”理念等案例作为论据。

参考答案

以水为师

“人水共存”的理念把洪水纳入城市景观，实现人与水之间的和谐共存；都江堰工程采用因势利导、巧夺天工的办法对水加以调节使之造福人类。这些水系治理方式取得成功正是借鉴了水的智慧。水至柔，却能够以柔克刚；水至简，却得以千变万化；水至仁，乃孕育一切生物。在政府工作中，为政者同样要学习水的品格，提升服务水平。

学习水之“变”，顺应形势，变通方法。水无定形，随境而适，因为没有固定不变的形状，所以才能变成一切可能的形状，正是这个特性使它具备了“以柔克刚”的能力。为了使行人脱掉大衣，北风猛烈地吹，却只能使行人把衣服裹得更紧，而南风温暖吹拂使人们觉得温暖而把大衣脱掉，“南风效应”告诉我们，试图用强硬的办法解决问题往往会使情况变得更糟。在政府工作中，采用变通的办法，顺势而为对于解决问题至关重要。禁止烧煤导致群众挨冻，暴力执法引起警民冲突，这些“一刀切”“硬碰硬”的工作方式不仅不能解决问题而且有损群众利益。为政者学水之“变”，要深入调研，分层次、分步骤解决问题，并根据社会形势的变化不断调整工作方法，以解决实际问题，保障民众权益。

学习水之“简”，以民为本，简政放权。水的结构非常简单，世间万事万物却都离不开它。爱因斯坦说：“更简单的理论，涵盖更多不同内容，具有更广阔的应用，这才是更令人信服的理论。”所谓“万变不离其宗”，在政府工作中，“宗”即“为人民服务”的宗旨，只要能够始终把握这一宗旨，一切以民众利益为根本出发点，政策行为也就不会偏离方向。体现在工作方法上，“简”即简政放权，去掉不必要的烦琐程序，提升政府工作效率，为民众提供更多便利。

学习水之“仁”，容忍异见，把握分寸。上善若水，有容乃大；适度有益，过多成灾。水孕育出一切生物，乃至仁大爱。在政府工作的过程中，对“仁”的践行体现在对待群众异议以及处理政府和市场的关系等方面。政府的政策措施和执政行为难免受到群众的质疑，此时，为政者如果心胸狭隘、难容异见，那么只能自我封闭与群众相背离，只有悉心听取不同的声音，才能从异议中汲取智慧，提升服务水平。为政者对水之“仁”的学习还体现在“适度有益”，政府管理部门之手伸得过长，则抑制市场主动性，面对问题不伸手，则使市场失去监管，处理好政府与市场的关系需要习得水之“仁”的智慧。

植物从根到叶皆含水，动物从头到脚皆含水，人体含水量在60%以上，然而，我们对水的认知不应仅仅停留在“水是生命之源”，更应认识到水在精神层面对人类的启迪。以水为师，益智养德。水的品格不仅适用于城市管理，也同样适用于为人处世、治国理政的方方面面。

本章小结

申论的论证部分是对考生能力的全面考查，是全面体现考生写作水平及其他各方面综合素质的过程，它要求考生联系实际，观点鲜明，中心突出，内容充实，条理清楚，论述深刻，语言流畅，说服力强。从总体上看，论述环节是考生综合素质的全面体现。考生可以结合自己的知识积累，充分展示自己的才华。

第三篇

管理类联考写作技巧

第九章 论证有效性分析

思维导图

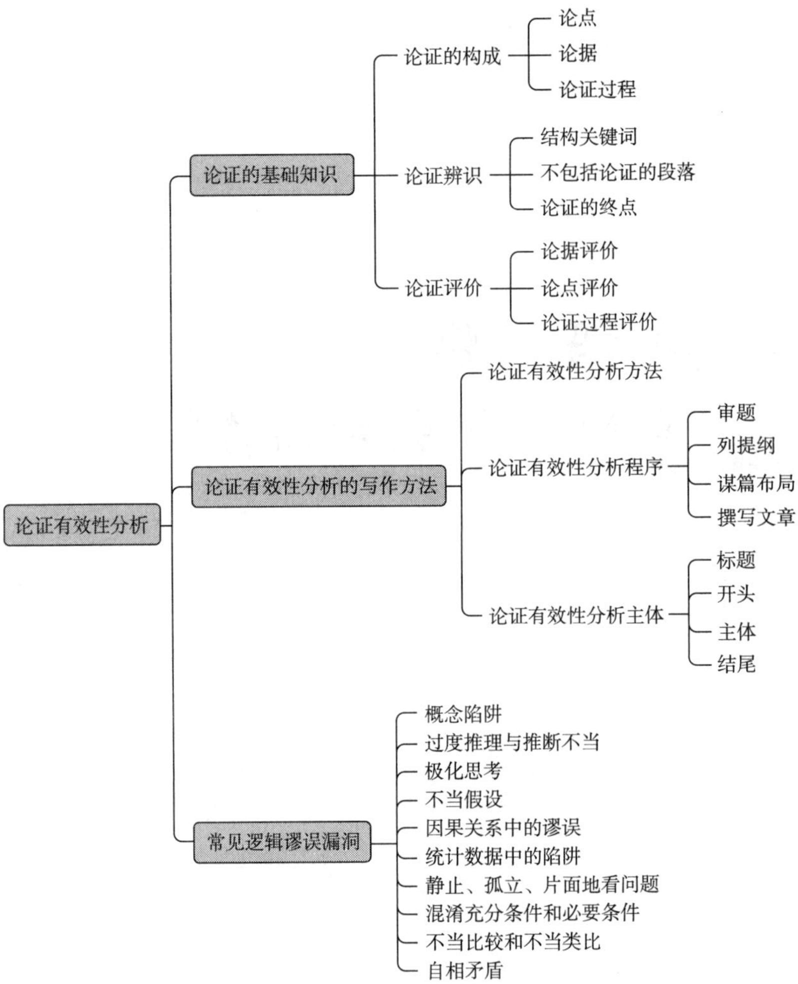

第一节　论证的基础知识

论证是指用某些理由去支持或反驳某个观点的过程或语言形式，通常由论题、论点、论据和论证方式构成。一个简单的论证就是一个推理，它的论据相当于推理的前提，论点相当于推理的结构，从论据推导出论点的过程即为论证方式，相当于推理形式。一个复杂的论证由一连串相同或者不同的推理所构成，只不过其中的推理过程和形式可能较为复杂。论证和推理的区别在于论证要求所有的论据必须是真实的，以假命题作为论据是不能够证明论证的论点的，然而推理并没有这样的要求。

一、论证的构成

论证由三个必要部分构成：论点（主张）、论据和论证过程。论证中的主张是由论据证实的命题，提供论据的目的是使论点（主张）更为可信，一个论点能够被接受，必须要有充足理由（论证过程），具体内容参见第八章。

二、论证辨识

（一）结构关键词

通常每个段落总有一些明显的标志词，我们据此认为它是一个论证，这种标志词叫作结构关键词，它用来提示语句间的关系，帮助读者理解语义及论证关系。结构关键词有两类：一种是论点标志词，另一种是论据标志词。

【例 1】

据统计，2008 年民用航空飞机每飞行 100 万次发生恶性事故的次数为 0.2 次，而 1989 年为 1.4 次。由此看出，乘飞机出行越来越安全。

此段是一个简单的论证。其中“据统计”是论据标志词，提示读者论点是有数据支持的；“由此看出”是论点标志词，后面跟的就是作者所主张的论点。

常见的论点标志词有：

因此……，所以……，可见……，这表明……，实验表明……，据此推断……，由此认为……，我认为……，这样说来……，简而言之……，显然……，等等。

常见的论据标志词有：

例如……，因为……，由于……，依据……，据统计……，……据此推断，……研究人员据此认为，等等。

（二）不包括论证的段落

不包括论证的段落就是没有论证功能的段落，即不需要论证。根据不包话论证关系就不包括论证的标准，将不包括论证的段落和包括论证的段落区别开来。以下几类段落没有论证的功能。

1. 警告与劝告

这些会话类型目的在于修正某人的行为，它们可能作为一个论证的结论，但在另一些语境中，并不存在支持它们的理由或证据，因而它们不是论证。例如“在冰面上玩耍很危险！”“你最好还是放弃旅行！”。

2. 陈述信念和意见

“我相信，我们的未来会比现在更好，我们的目标一定要实现，一定能够实现”，这只是某人在特定时间的信念或意见的表达，并没有为这个信念提供理由，也不支持进一步的结论，因此没有论证。

3. 连贯性陈述

一些陈述之间有密切的关系，但它们之间不存在支持关系，不是论证。例如，“批判性思维的主要功能在于，鉴别思维的力量与弱点，并因此改善思维。在批判性思维的典型形式中，包括考察思维的基本要素，如思维的目标、问题、信息、假设等，并使用普遍的智力规范和标准评估这些要素。这些标准有思维的清晰性、正确性、精确性、相关性、一致性、深度、广度、可靠证据和好理由等”。

4. 新闻报道

5. 说明性段落

以一个主题句开始，随后用一个或一些语句扩展这个主题句。如果这些语句并不能证明主题句，只是扩展或详细描述它，那么就不存在论证。

6. 举例解说

用一个或多个特殊事例说明，某个事物意味着什么或如何做某事，有时，这种段落中还包括“因此”等词语，但它们在这里并不是结构关键词。

7. 条件陈述

比如“如果……，则……”的陈述，其实就是逻辑中的“假言命题”，在论说文教学中，我们将其称为“分析型语句”。它是论证的组成部分，然而单独无法形成论证，因为它并未说明其前件或后件是否提供证据，换言之，没有断定前件或后件是真的，它只可能是一个论证的前提或结论，不属于论证。

8. 解释

理清一个概念、阐述一件事情的本质，说明一件事情或情况的原因的一个或一组陈述，也不属于论证。

（三）论证的终点

从理论上说，任何人对某个论点的质疑不可能是无穷的，除非他是一个绝对的怀疑论者。因为，绝对的怀疑论者将使得一个论证陷入无限性。我们的任何论证，总是做给那些有一定知识、有理性的人，无论他的知识是多是少，是深是浅，我们总可以从他们已有的知识出发，引导他们合乎逻辑地得出某个合理的结论。了解了他们与我们的共同知识汇总之后，我们就可以将论证的论据放在他们不会质疑的知识体系中。因此，论证的终点就是达到这样一步：论证针对的对象可能不再对论证提出质疑，论证所针对的对象不同，终点就会不同。

三、论证评价

论证的评价又被称为论证的评估，是判断论证是否有效的过程。早在2000年以前，逻辑学的创始人亚里士多德就提出了有效论证的三个标准：形式逻辑标准、论辩标准和修辞标准。系统深刻的论证标准相对较为复杂，而备考考生一般能够从论据、论点和论证过程三个角度来理解论证的评价即可。

（一）论据的评价

1. 真实性

论据既然是来证明一个论点的，它就必须是已知真实的。如果论据本身就是有问题的，甚至是虚假的或捏造的，它又如何证明论点成立呢？法庭上的“伪证”其实就是这种情况。如果采用论据非真，论证者就犯了虚假论据的逻辑错误。

然而我们要判断论据是否为虚假论据并没有想象中那么容易。一方面，这些论据未必是你熟悉的领域，可能受限于专业性质差别，无法判断；另一方面，一些所谓的“常识”也未必是正确的，可能无心采用了貌似真实而实际为虚假的论据。

【例2】

肥皂可以杀菌，因此，使用肥皂可以减少我们患病的可能。

生活中，有很多广告宣传自己的肥皂具有抑菌因子，能够消毒杀菌，但是，事实是绝大多数肥皂并不具有杀菌功能。我们使用肥皂主要是因为肥皂可以洗去污垢，这些污垢恰恰是滋生细菌的温床。

2. 相关性

论据是证明论点的依据，与论点须具备必然的相关性。然而，我们却经常把一些在情感上、历史上、人格上等方面相关，逻辑上却并不相关的内容作为论据使用。

【例3】

一位这么爱吃喝玩乐的诗人怎么可能写出脍炙人口、感人肺腑的诗词呢？

唐诗《悯农》中有一句流传千古的名句：“谁知盘中餐，粒粒皆辛苦。”其作者李绅因此被称为“悯农诗人”。然而在生活中，李绅是一个生活奢侈、为政残暴的酷吏。其实，一个人人格高尚与否，与其是否有足够的才华写出好作品之间在逻辑上并不相关，并没有必然的联系。如果仅依据一个人的人格好坏就对他的作品妄下论断，就犯了诉诸人格的逻辑错误。在写作过程中，很多人会以激发人的怜悯、愤怒、畏惧等情绪，来代替理智论证。但是这些情绪仅仅是在情感上相关，在逻辑上并不相关。这种策略经常为律师所用，他们希望法官同情犯罪嫌疑人，而从是否有罪这个问题上转移注意力。律师可能辩称其当事人幼年不幸，早年丧母，父亲酗酒，所生活的社区充满毒贩与妓女，经常受到暴力威胁，希望以此牵动法官的怜悯之情，判其当事人无罪。虽然律师的陈述可能是感人的，但是在有罪还是无罪这个问题上，与其当事人的悲惨经历是无关的。如果法官或陪审团基于同情犯罪嫌疑人而宣判其无罪，则是受到了情感的影响，那么，他就犯了诉诸情感（诉诸愉悦）的逻辑错误。

除了以上这些情况外，我们还会因为众人的观点、历史的长短等因素影响我们对论证的判断，这都是不妥当的。

3. 代表性

（1）所见所闻

考生经常会将自己的见闻作为论据来论证论点，但这些所见所闻，并不具备普遍的代表性，因此就缺乏说服力。例如认为学习好的学生通常都坐在教室的前两排，学习差的学生通常坐在教室的后两排，但事实上后面或者中间也有一部分学生很热爱学习，他们只是不善于表现、不喜欢被教师关注，从而喜欢躲在后面而已。所以，将自我的经验、感觉、见闻当成真理，这是不符合逻辑的。

（2）样本问题

为了提高论证的说服力，我们常常采用调查问卷、科学实验等方法调查或测评一个样本的情况，以此推断和得到一个具有普遍性的结论。一般来说，样本数量越大，样本的说服力就越强；如果样本数量过少，就缺乏说服力。但需要注意的是，大样本有时候也会出现问题，如果它的环境、条件发生变化，大样本的结果也未必具有普遍的代表性。

【例 4】

某市亲子鉴定中心的调查表明，前来做亲子鉴定的 10 000 组样本中，有接近一半的孩子不是自己亲生的。因此，该市有一半的男人“喜当爹”，他们养的并不是自己的孩子。

本例中，“10 000 组样本”已经算是一个大样本了，但这个样本仍然可能不具有代表性。因为根据中国人的风俗习惯，正常情况下，不会有人特意去做亲子鉴定，很可能是本来就怀疑孩子非自己亲生才去做亲子鉴定的。所以，亲子鉴定中心的样本情况，并不能代表那些没来做亲子鉴定的人的情况。

一组有代表性的样本，至少要符合三个特点：第一，样本是随机选取的；第二，样本数量要足够大；第三，样本的广度要足够宽。否则，这个样本就不具有足够的代表性，就容易犯不当归纳或以偏概全的逻辑错误。

4. 中立性

如果一个论据的来源并不中立，那么这个论据的真实性就会受到质疑。

【例 5】

有一款手机测评软件叫安兔兔，被用来测试手机硬件配置的好坏。小米手机就经常以安兔兔的评分高作为其手机卖点进行宣传。然而后来有网友发现，小米和安兔兔两家公司的法定代表人均为雷军，因此，小米手机的宣传受到了广泛的质疑。（备注：2014 年 12 月 25 日安兔兔进行了工商变更，雷军不再担任北京安兔兔科技有限公司的法定代表人。）

以上案例中，安兔兔与小米手机是利益相关方，所以，即使安兔兔的手机测评数据是真实的、中立的，也难免受到质疑。“老王卖瓜，自卖自夸”也是同样的道理。

5. 权威性

宝马汽车的技术人员有资格讨论宝马汽车的优劣，律师有资格分析案情，老师有资格评价一个学校的教学体系，医生有资格讨论病情和治疗方案。这些人是某一领域的专家，具备在某一领域的权威性，因此，大多数时候，向他们咨询问题、获取建议是合理的。但是，我们要清醒地认识到，即使是相关领域的专家或者权威者的意见有时候也并不足以相信。首先，专家或权威者有时候是利益相关者，有可能会为了利益而掩盖真相；其次，专家或权威者不是万能的，他们也会犯错。因此，想当然地认为专家或权威者的意见就是对的，是不符合逻辑的，我们称之为“诉诸权威”。

因此，判断一个人的意见是否可信，不能只看他的身份，而是要看他的论据是否足以证明他的结论。

6. 充分性

有的论据是论点的充分条件，有了这个论据当然就能证明论点成立。但很多时候，一个或少量论据很难足够地证明论点，我们就要用多个论据从不同的侧面来证明。

【例 6】

①张三很烦人，张三是坏人。

②张三四处杀人放火、虐待儿童、欺辱老人、无恶不作，张三是坏人。

以上案例中，在论据的充分性上，情况②显然优于情况①。基于情况②做出的断定，可以算是“铁证如山”了。但是，现实生活中，一个论证想如此完美并非易事，我们经常根据有限的几个并不充分的论据就随意得出结论，这时，就会犯论据不充分的逻辑错误。

7. 可比性

类比是通过寻找甲、乙两个事物具有一些共同点 A，从而认为甲所具有的性质 B，乙也应当具有。在文学上，比喻这种修辞手法与类比接近，也是通过两种事物之间的类似性，以此物来说明彼物，从而将复杂问题进行形象化、简单化的说明。

【例 7】

故不积跬步，无以至千里；不积小流，无以成江海。骐骥一跃，不能十步；驽马十驾，功在不舍。锲而舍之，朽木不折；锲而不舍，金石可镂。蚓无爪牙之利，筋骨之强，上食埃土，下饮黄泉，用心一也。蟹六跪而二螯，非蛇鳝之穴无可寄托者，用心躁也。（荀子《劝学》）

荀子的这一段论证名传千古。从逻辑上分析，把天才比喻为“骐骥”，把普通人比“驽马”，当然十分妥帖。但是，将“蚓”和“蟹”与人类相比真的妥当吗？其一，蚓和蟹的行为出于本能，生存环境不同而已，不存在高低之别，更与“用心一”“用心躁”无关。其二，蚓、蟹与人类行为方式的巨大差异，使得二者之间并不存在可比性。所以，我们看到一个类比或者比喻时，要思考：二者是否存在本质上的差异，二者之间存在可比性吗？如果二者不存在可比性，就称之为不当类比。

（二）论点的评价

1. 断定明确

论点应该是一个意思明确的表示判断的陈述句，不能有歧义，不能让人产生误解。比如前文中的例6，它的断定是十分明确的："张三是坏人。"没有模糊之处，也不会有歧义。

【例8】

前几天，老王约一位同学吃饭，发生了如下对话。

老王："晚上一起吃饭吧。"同学："我住得远，所以，不一定能来吃饭。"

老王："住得有多远？"同学："有点远。"

老王："具体在什么位置？"同学："南边。"

老王："那到底能不能来吃饭？"同学："看情况。"

上述对话并不是严谨的论证，如果我们将这种模糊性甚至有歧义的语言用在论证中，这个论证当然很难有效，论点也就不足为信。

2. 前后一致

在论证过程中要保持论点（概念）的前后一致性，不能偷换论点（概念）。

【例9】

有一只老虎感冒了，想要吃掉熊猫，熊猫哭了："你感冒了，干吗要吃掉我呢？"老虎说："广告上都说了，感冒就要吃'白加黑'！"

本例中，感冒要吃药物"白加黑"，被偷换成了"白色加黑色的熊猫"，出现了概念上的偷换。

（三）论证过程的评价

一个论证过程必须符合形式逻辑的基本规则，否则，就是一个无效的论证。形式逻辑常出现的是因果关系的逻辑。

如果一种（一些）现象的发生，导致了另外一种（一些）现象的发生，那么这两种（两类）现象之间就存在因果关系，并将前面的现象称为因，后面的现象称为果。生活中，我们并不了解很多现象发生的真正原因，因此，我们需要进行一些推断，这类推断被称为因果论证。因果论证分为两种类型：找原因，猜结果。

1. 找原因及其评价

很多时候，我们观察到了一种现象，但对于这种现象产生的原因需要做大量的调查、猜测和推断。

【例10】

我考不上研究生，原因是什么？

你考上了研究生，原因是什么？

李四一直找不到女朋友，原因是什么？

抖音这两年很红，原因是什么？

一个现象之所以出现，可能会有很多种解释，比如，李四一直找不到对象，可能是因为丑，可能是因为穷，可能是因为矮，当然也可能是因为没有头发。所以，我们要考察这些可能和结果的相关性哪个更强，从而判断哪个是真正的原因。当然，也有可能是几个原因都起了作用。当我们找的原因并不是真正的原因时，就犯了强拉因果的逻辑错误。另外，很多时候一个结果的出现并不是单一原因，而是多个原因所致。

2. 猜结果及其评价

通常除了找原因外，我们还会预测结果。

【例 11】

赵四学习很努力，我猜测他会考上研究生。

老王总是酒后驾驶，我猜测他早晚有一天会因酒驾被拘留。

如果能够找到事物的联系和发展规律，就可以在较长的时间轴上判断事物未来的走向，这就是科学预测。科学预测有很多种方法，但如果我们方法不当，或者未能找出原因和结果之间的相关性，那么这种预测是不科学不准确的。当我们对结果的预测推断并不妥当时，就犯了推断不当的逻辑错误。

第二节　论证有效性分析的写作方法

一、论证有效性分析考试大纲解读

（一）考试大纲

论证有效性分析试题的题干为一段有缺陷的论证，要求考生分析其中存在的问题，选择若干要点，评论该论证的有效性。本类试题的分析要点是：论证中的概念是否明确，判断是否准确，推理是否严密，论证是否充分等。文章要求分析得当，理由充分，结构严谨，语言得体。

在题干中，通常命题者会有如下提示：分析下述论证中存在的缺陷和漏洞，选择若干要点，写一篇 600 字左右的文章，对该论证的有效性进行分析和评论。（论证有效性分析的一般要点是：核心概念的界定和使用是否准确并前后一致，有无各种明显的逻辑错误，论证的论据是否成立并支持结论，结论成立的条件是否充分等。要注意分析的内容深度、逻辑结构和语言表达。）考生在答卷过程中需注意提示内容，简短、快速地扫过题干部分提示语。

（二）大纲的解读

1. 论证有效性分析的题干是一篇“论证”

论证是用一些证据来证明自己观点的过程。这些证据，被称为“论据”；这个观点，被称为“论点”；这一过程，被称为“论证过程”。所以整个论证有效性分析围绕着“论证这件事情”。考生要注意和论说文进行区分。

2. 材料中的论证是“有缺陷的”

论证有效性分析的材料是有缺陷的，这种缺陷指的是逻辑缺陷，而不是其他事实或事件行为本身。根据命题人对此题型的提示，我们可以知道题干中的常见逻辑缺陷有：概念特别是核心概念的界定和使用是否准确并前后一致，有无各种明显的逻辑错误，论证的论据是否成立并支持结论，结论成立的条件是否充分等。

【例 12】

2016 年 12 月管理类联考的题干中有这样的论证：

据国家统计局数据，2012 年我国劳动年龄人口比 2011 年减少了 345 万，这说明我国劳动力的供应从过剩变成了短缺。

在这个论证中，论证的前提是“2012 年我国劳动年龄人口比 2011 年减少了 345 万”。这是一个事实，是不需要我们质疑的，但这个结论是值得质疑的，因为题目中所给出的数据并不能够证明我国劳动力的供应从过剩变成了短缺。论证有效性分析的材料有哪些常规缺陷，我们在第三节来详细说明。

3. 要求考生选择“若干”要点进行分析

随着命题日趋成熟，论证有效性分析的材料篇幅、缺陷数量也趋于稳定，表 9-1 将历年论证有效性分析的材料字数及缺陷进行了统计。

表 9-1　历年论证有效性分析的材料字数及缺陷统计

命题情况	2011 年	2012 年	2013 年	2014 年	2015 年	2016 年	2017 年	2018 年	2019 年	平均值
材料字数	499 字	517 字	515 字	524 字	485 字	388 字	396 字	386 字	540 字	472 字
缺陷个数	6 个	8 个	8 个	7 个	10 个	10 个	8 个	8 个	7 个	8 个

资料来源：历年真题统计。

也就是说，真题会提供一篇 400~500 字的文章，里面含有 8 个左右的逻辑缺陷。但要注意两点：一是考生找到的逻辑缺陷与标准答案给出的不同也没有关系，只要言之有理，也会得分。因此，表 9-1 中的逻辑缺陷个数只是一个大约数。二是虽然材料中存在多个逻辑缺陷，但考生并不需要将其全部找出并分析，只需要找到其中 4~5 个进行分析即可。

4. 要求考生“分析和评论”材料中的论证缺陷

如果我不同意你的论点，我就列出大量的理由来反驳你的论点，并提出自己的论点，这叫驳论文。但论证有效性分析不是驳论文，它是分析评论性文章。也就是说，我们对材料的论点既不支持也不反对，而是站在客观中立的立场上，找到材料的逻辑漏洞并加以分析。一般来说分析和评论的写法如下：“哪里错+为什么错+怎么改”，客观公正地指出材料中的错误，阐明为什么错误，以及通过怎样的方式可以进行改正。

二、论证有效性分析的评分准则

管理类联考论证有效性分析的评分标准，主要可以从内容和结构两方面给分，总分 30 分。为了便于考生更好地作答，我们可以通过了解每部分的分值，来安排文章的结构和内容，具体如表 9-2 所示。

表 9-2 论证有效性分析的评分标准

<table>
<tr><th>段落</th><th>要求</th><th>参考分值区间</th></tr>
<tr><td>题目</td><td>提纲挈领</td><td>1~2 分</td></tr>
<tr><td>第一段</td><td>总结材料的观点，并总体质疑</td><td>2~3 分</td></tr>
<tr><td>第二段</td><td rowspan="4">每段发现材料中一个问题，对这个问题进行分析，加以评论，并提出正确的观点</td><td rowspan="4">18~20 分</td></tr>
<tr><td>第三段</td></tr>
<tr><td>第四段</td></tr>
<tr><td>第五段</td></tr>
<tr><td>第六段</td><td>总结全文</td><td>1~2 分</td></tr>
<tr><td>卷面、标点、错别字</td><td>卷面整洁，标点正确，无错别字</td><td>2~4 分</td></tr>
</table>

（一）是否符合题意

这是基础的标准。论证有效性分析要求写出一篇评价给定材料有效性与否的文章，若写成议论文、读后感或者联想式文章等，均不符合题意，这是考生最应该注意的问题。

（二）反驳是否有力

论证有效性分析的文章要有力地反驳原材料，这是论证有效性分析的目标。那么如何体现反驳是否有力？应该从以下几个方面入手：

①是否指出了原材料中的逻辑缺陷？

②是否有力质疑了原材料中的观点？

③是否指出了材料中概念界定的错误？

④是否分析了论证中存在的逻辑错误？

⑤撰写的文章能否全部评价原材料的论点、论据和论证？

⑥撰写的文章能否质疑原材料的结论？

（三）结构是否严谨

一篇完整论证有效性分析的文章，一般都采用总—分—总的结构。第一，从总体指出材料是存在缺陷的，需要分析的；第二，分四点或者五点论述材料中最主要的逻辑缺陷；第三，总结全文，评价原材料论证的有效性。我们撰写的文章，也必须由这三部分构成，首尾照应，前后关联，这样才能撰写出符合结构严谨要求的文章。

（四）条理是否清晰

清晰的条理是保证文章步步为营的标准，我们写文章的时候，要理清自己的思路。这样才能保证将自己的观点，有条理地表达出来，也能让阅卷人准确地把握考生的写作思路。

（五）语言是否流畅

流畅的语言，可以让读者感觉如沐春风。考生在写作时，要让全文如行云流水一般，给人一气呵成的感觉，这样才能够在语言上获得加分项，真正冲刺高分。

（六）是否具有说服力

有说服力的文章包括以下两个方面内容：一方面是对原文的反驳是否成立，是否具有说服力；另一方面是自己提出的观点是否能够成立，是否具有说服力。说服力，来源于清晰的逻辑、缜密的论证和充实的内容。

（七）卷面是否整洁

整洁的卷面，给阅卷老师带来一种心情舒畅的感觉，是取得高分的利器，所以我们在书写的时候一定要注意卷面的整体布局。

（八）字数、标点符号是否符合要求

正确使用标点符号，是对我们基本语文能力的考查，十分重要。标点符号的使用方法具体参考有关书籍。考试时一定要减少错别字，错别字过多，有可能影响阅卷老师对文章的理解，从而被减分。

三、论证有效性分析的方法

（一）掌握逻辑思维规律

按照一定的逻辑思维、逻辑规则思考和分析问题，是学习论证有效性分析的起点。论证有效性分析考查的就是我们对材料中的逻辑缺陷的查找与分析，所以，我们必须掌握最基本的逻辑规律和规则，这样才能进行正确的思维分析。一般来说，我们需要掌握的最基本的逻辑思维规律即同一律、矛盾律和排中律。

同一律是指在同一思维过程中思想要保持同一。同一律有两个基本要求：第一，在同一思维中保持概念自身的同一，否则就会容易犯“混淆概念”或“偷换概念”的错误；第二，在同一思维过程中必须保持论题自身的同一，否则就容易犯“转移话题”或“偷换论题”的错误。

矛盾律是指两个互相矛盾或互相反对的判断不能同真，其中必有一假。两个判断互相矛盾，是指它们之间有互斥的含义，不能同真，也不能同假。两个判断互相反对，是指它们不能同真，但可以同假。比如，关于李某有两个判断，“李某是男性”和“李某是女性”，这两个判断互相矛盾，因此二者不能同真，也不能同假。又如“李某的学历是本科生”和“李某的学历是研究生”，这两个判断是互相反对，因此二者不能同真，但可以同假。矛盾律要求两个互相矛盾或互相反对的判断不能都肯定，必须否定其中的一个，否则就会犯违背矛盾律的错误。

排中律是指两个互相矛盾的判断不能同假，必有一真。排中律要求对两个互相矛盾的判断不能都否定，必须肯定其中的一个，否则就会犯“两不可”的错误。

这些基本的思维规律和规则是我们进行思考的起点，是我们在复习论证有效性分析题目时最先要掌握的内容。

（二）培养批判性思维

批判性思维就是通过一定的标准评价思维，进而改善思维能力，是合理性的、反思性的思维，这种思维能力既是一种思维技能，也是一种人格或气质；既能体现思维水平，也能凸显现代人文精神。培养一定的批判性思维也是为了保证我们思维中“驳论”能力的提高。准确判断某一逻辑论证的有效性，并能够对逻辑论证的缺陷和不足进行论证和修改就是有效的“驳论”能力，也是论证有效性分析的技巧要点。

（三）锻炼阅读理解能力

锻炼阅读理解的能力，包括概括材料、总结观点、划分结构的能力。在考场上，我们需要对论证有效性分析的材料进行深入的解读和分析。具体来说就是概括总结给定的材料，知道材料的中心观点是什么，材料的论证结构是怎样的，材料提出了哪些论据，这些论据是否能够成立，材料最后得出的中心论点是否可信等。写好文章的关键，依赖于我们对材料的深刻阅读和理解，这种能力需要在日常的复习过程中培养。

（四）训练写作基本功

论证有效性分析题型要求我们在写作过程中有破有立。所谓破，就是要对材料中的缺陷和错误进行一一反驳；所谓立，就是要将自己反驳的意见表达出来。所以一定要“心平气和地讲道理”，用最准确、最精练、最平实的语言，表达对原论点的反驳和形成自己的意见。

（五）关注社会热点话题

由于考题的材料越来越突出对现实生活的重视，对于热点现象发生的原因、存在的影响、意义和价值要有形成自己的判断和独立思考的能力。

四、论证有效性分析的思考程序

（一）审题

审题就是深入思考和反复推敲题干（包括材料）内容，以求理解其含义，弄清出题者的具体要求，确立写作中心，确定写作范围和重点，确定主要问题及解决方法，明确写作方式和方法的过程。

（二）列提纲

列提纲的目的是写出要反驳的逻辑错误。每道论证有效性分析的试题一般包含 6~10 处逻辑错误。当我们把材料的论证结构梳理清楚之后，就要找出其中存在的逻辑错误，并且标示出来。

（三）谋篇布局

这一步是通篇考虑文章的结构，确定行文的先后顺序。受字数限制，论证有效性分析材料中的诸多谬误点一般并不需要全部论证，找到合适的、擅长的、可以有效分析的 4~5 点进行论证即可。

（四）撰写文章

根据论证有效性分析的要求，拟出标题，按照一定的结构撰写文章的主体。一般按照“标题——首段——论证谬误——总结”的思路完成文章的撰写。

五、论证有效性分析的撰写主体

（一）标题

通读材料，确定思路、明确核心论点后，就可以拟出标题。论证有效性分析的标题，最好能有针对性地质疑题干、材料、结论中的话题。考生在拟定标题时需要注意：第一，必须写标题，否则扣分；第二，简洁为佳，居中或空四格书写；第三，尽量质疑结论中的话题关键词；第四，不能采取肯定性表态。常见的标题形式有以下三类。

1. 疑问式标题

疑问式标题即找到全文的核心论点，直接对论点发出质疑。

此类标题的模板为：材料的论点+吗？

【例 13】

《企业发展需要混乱的行动吗?》（2003 年 MBA 联考真题）

《跑赢竞争对手就可以吗?》（2004 年在职 MBA 联考真题）

《MBA 教育是对管理的贬低吗?》（2005 年 MBA 联考真题）

《选拔官员不应以“孝”作为标准吗?》（2008 年在职 MBA 联考真题）

《相对论能解决气候变化问题吗?》（2012 年管理类联考真题）

《治堵必须要迁都吗?》（2012 年经济类联考真题）

2. 未必式标题

未必式标题即找到全文的核心论点，中间用“未必”二字质疑。

【例 14】

《以“孝”选官未必不可》（2008 年在职 MBA 联考真题）

《治堵未必要迁都》（2012 年经济类联考真题）

《政府干预生产过剩未必可行》（2015 年管理类联考真题）

3. 万能式标题

万能式标题的优点是稳妥，缺点是太普通，难以在标题上“挣分”。要注意“万能”也是相对的，需要根据题目选择合适的标题。

【例 15】

《一份缺乏说服力的论证（计划/报告）》

《一个不严密的论证（计划/报告）》

《一份有待商榷的论证（计划/报告）》

《一份不严谨的论证（计划/报告）》

《经不起推敲的论证（计划/报告）》

《似是而非的论证（计划/报告）》

《站不住脚的推论（计划/报告）》

【例 16】

论证有效性分析：分析下述论证中存在的缺陷和漏洞，选择若干要点，写一篇 600 字左右的文章，对该论证的有效性进行分析和评论。（论证有效性分析的一般要点是：概念特别是核心概念的界定和使用是否准确并前后一致，有无各种明显的逻辑错误，论证的论据是否成立并支持结论，结论成立的条件是否充分，等等。）

有一段时期，我国部分行业出现了生产过剩现象。一些经济学家对此忧心忡忡，建议政府采取措施加以应对，以免造成资源浪费，影响国民经济正常运行。这种建议看似有理，其实未必正确。

第一，我国部分行业出现的生产过剩，并不是真正的生产过剩。道理很简单，在市场经济条件下，生产过剩实际上只是一种假象。只要生产企业开拓市场、刺激需求，就能扩大销售，生产过剩马上就可以化解。退一步说，即使出现了真正的生产过剩，市场本身也会进行自动调节。

第二，经济运行是一个动态变化的过程，产品的供求不可能达到绝对的平衡状态，因而生产过剩是市场经济的常见现象。既然如此，那么生产过剩就是经济运行的客观规律。因此，如果让政府采取措施进行干预，那就违背了经济运行的客观规律。

第三，生产过剩总比生产不足好。如果政府的干预使生产过剩变成了生产不足，问题就会更大。因为生产过剩未必会造成浪费，反而可以因此增加物资储备以应对不时之需。如果生产不足，就势必造成供不应求的现象，让人们重新去过缺衣少食的日子，那就会影响社会的和谐与稳定。

第四，我们应该合理定位政府在经济运行中的作用。政府要有所为，有所不为。政府应该管好民生问题。至于生产过剩和生产不足，应该让市场自行调节，政府不必干预。（2015 年管理类联考论证有效性分析真题）

此文的论点是“政府不必干预生产过剩”，因此，标题可以用《政府不必干预生产过剩吗?》《政府一定要干预生产过剩吗?》《政府干预生产过剩未必可行》《失之偏颇的论证》《一份不严谨的论证》，等等。

（二）开头

受篇幅和字数限制，首段不能洋洋洒洒，只能简洁明了。首段的目的是概括原论述中的推理结构，指出材料是有缺陷的。一般首段可以用两个句子表达两层意思：

①第一句要简洁地复述材料中的结论或主张。

②第二句要指出材料在推理以及论据使用上存在的问题。

考生在写开头的时候，要注意以下三点：

①复述原题材料信息要简洁、准确和客观。

②在归纳原题材料信息时尽可能用自己的语言概括，但为了能准确表达原文意思，话题关键词可以保留，重要信息可以保留。

③在 60 字以内为佳。

例如 2015 年管理类联考真题的首段：

【首段一】上述材料旨在说明政府不必干预生产过剩，然而其论证存在多种谬误和漏洞，以致影响其说服力。

【首段二】上述材料试图论证生产过剩问题无须政府干预，然而其论据有若干不妥之处，因此，其结论值得商榷。

【首段三】上述材料通过对生产过剩和生产不足的一系列分析，得出“这些问题市场会自动调节，政府不应干预”的结论。然而，其论证存在多处不当，分析如下。

（三）主体

写主体段的目的是依次批驳原论证中的逻辑错误。根据上一节我们对真题的分析，可以发现其实一篇文章里面会有多达 8 个左右的谬误。我们显然不可能在 600 字的范围内分析这么多逻辑谬误。因此，我们要选择其中一些谬误进行质疑。基于大纲要求和评价标准，我们认为论证 4~5 个谬误最为适宜。

【例 17】

①经济运行是一个动态变化的过程，产品的供求不可能达到绝对的平衡状态，因而生产过剩是市场经济的常见现象。②既然如此，那么生产过剩也就是经济运行的客观规律。③因此，如果让政府采取措施进行干预，那就违背了经济运行的客观规律。④政府应该管好民生问题，不必干预生产过剩和生产不足。（2015 年管理类联考真题）

参考答案

“产品的供求不可能达到绝对的平衡状态”并不代表“生产过剩是市场经济的常见现象”。因为，产品供求的不平衡，可能是由于供过于求，也可能是由于供不应求（质疑①），而且，“常见现象”与“客观规律”是不同的概念（质疑①②），当然无法由此推出政府对生产过剩的干预是违背客观规律的（质疑③）。“政府应该管好民生问题，不必干预生产过剩和生产不足”，暗含一个假设：生产过剩和生产不足不会影响民生，不会导致民生问题，这显然是不妥当的（质疑④）。

1. 注意要点

本论写四段，针对材料中出现的逻辑错误按顺序逐一分析。

对材料中任一错误点的论述最好不要超过三层，不然就可能没有字数去分析材料中最主要的四组逻辑错误。

在行文过程中避免使用绝对化的判断词。

避免使用主观性的语句，如“我不这么认为”等，论证要做到分析客观且理性。

2. 谬误选择的原则

（1）最可控原则

这条原则是指分析最有把握的逻辑谬误，因为写作中首先是要保证不失分，然后才能尽量多得分。如果找到几点都有把握，那就找可写性强的谬误。

（2）分散原则

通过研究真题发现，首段介绍文章背景的部分一般无须质疑，而其他段落都会存在谬误。因此，可以在每段寻找一两处谬误，不要集中在一段寻找谬误。一是谬误全部集中在一段，文章不美观，层次性差；二是谬误全部集中在一段，一定会有答案中没有出现的谬误，容易造成阅卷老师的误判，并且很可能其中有找错的。

（3）常见谬误原则

尽量找常见的谬误，减少出现冷门的专业术语，这样就可以降低阅卷老师误判的概率。

（4）质疑论证原则

虽然要考虑论据是否存在逻辑错误，但论证有效性分析主要考查的是论据是否能有效地证明论点。所以论证中要优先质疑论据对论点的论证，而不是论据和论点本身。论点本身的成立性并不重要，材料的论证能否使得论点成立才重要。

【例 18】

再变换一下视角，从一个更广泛的范围来看，我们人类自己也是大自然的一部分，既然我们的祖先是类人猿，而类人猿正像大熊猫、华南虎、藏羚羊、扬子鳄乃至银杏、水杉等一样，是整个自然生态中的有机组成部分，那为什么我们自己就不是了呢？（2012 年管理类联考真题）

本段的论点“人类自己也是大自然的一部分”是成立的，但若用论据“人类的祖先是类人猿，类人猿是大自然的一部分”，所以得到“人类自己也是大自然的一部分”，这样的论证方式并没有很好地证明论据和论点逻辑上的关系，因此存在论证谬误。

3. 正文的常用结构

四段式正文结构见表 9-3。

表 9-3　四段式结构简表

标题（如：一篇似是而非的论证）			
段落	内容	行数	字数
开头	上述材料的论证存在多处不当，分析如下	3 行	约 60 字
正文 1	首先，谬误 1 分析	6 行	约 120 字

续表

标题（如：一篇似是而非的论证）			
正文 2	其次，谬误 2 分析	6 行	约 120 字
正文 3	再次，谬误 3 分析	6 行	约 120 字
正文 4	最后，谬误 4 分析	6 行	约 120 字
结尾	综上所述，材料中的结论难以成立	2 行	约 40 字

五段式正文结构见表 9-4。

表 9-4　五段式结构简表

标题（如：一篇似是而非的论证）			
段落	内容	行数	字数
开头	上述材料的论证存在多处不当，分析如下	3 行	约 60 字
正文 1	首先，谬误 1 分析	5 行	约 100 字
正文 2	其次，谬误 2 分析	5 行	约 100 字
正文 3	再次，谬误 3 分析	5 行	约 100 字
正文 4	而且，谬误 4 分析	5 行	约 100 字
正文 5	最后，谬误 5 分析	5 行	约 100 字
结尾	综上所述，材料中的结论难以成立	2 行	约 40 字

4. 正文写作的常用词汇

（1）过渡词

递进：而且……，况且……，更何况……。

让步：即使……也……，就算……。

并列：此外……，同时……，另外……。

假设：假如……，另外一种可能……，考虑到……，如果……。

（2）引入分析的词

因为……，可能……，或许……，也许……，一般……，通常……，需要确定的是……，……是否为主要（决定性）的因素，很可能真实情况是……，试想……，如果实际情况是……。

（3）表达质疑的词

可能不，未必，不一定，成问题，有待商榷，有些牵强，难以必然成立，缺乏说服力，失之偏颇，尚需完善，有待证明，不太恰当，不太严谨，欠妥当，不足以，有点轻率，有些武断，难以让人信服，并不必然，并不意味着，并不代表。

5. 正文写作的常见问题

（1）不用引号

引号的一个重要作用是引用，告诉阅卷人你质疑的原文是什么。

【例 19】

“政府应该管好民生问题，不必干预生产过剩和生产不足”，暗含一个假设：生产过剩和生产不足不会影响民生，不会导致民生问题，这显然是不妥当的。

引号还表示强调，让阅卷人迅速把握你想突出的重点。

【例 20】

再次，生产过剩是市场经济的“常见现象”，不代表生产过剩是经济运行的“客观规律”。前者是事物发展的外在表现，后者是事物发展的内在属性，二者是不同的概念。

再次，生产过剩是市场经济的常见现象，不代表生产过剩是经济运行的客观规律。前者是事物发展的外在表现，后者是事物发展的内在属性，二者是不同的概念。

上面案例中，一个有引号，一个没有引号，我们做一下比较可以发现，去掉引号并不影响这段话的成立性，但是，去掉引号就无法突出材料中强调的两个概念，阅卷人读起来就很费力气，如果你的字又写得不好，阅卷人读起来就难上加难，所以一定要注重引号的使用。

（2）引用过长

引用务必简洁，引用过长是很多同学常犯的错误。

【例 21】

其次，材料认为“如果因为丑闻迭出而导致社会道德风气的败坏，那么我们完全有理由怀疑企业的存在对于整个社会的意义”（53 字），未必如此。企业存在的意义在于通过纳税来提升社会整体福利、以提供工作岗位的方式解决就业问题等，即使企业出现丑闻，如果其在纳税、创造就业机会等其他方面所做的积极贡献大于负面影响，企业的存在对于整个社会依然具有意义。（共 161 字）

该段共论述 161 字，但引用就有 53 字，占了 1/3，有点主次不分。如果材料内容简短，我们可以直接引用；倘若材料内容过长，我们可以适当简写，做间接引用。所以，上文可改写如下：

其次，丑闻迭出就会使企业没有社会意义了吗？（18 字）未必如此。企业存在的意义在于通过纳税来提升社会整体福利、以提供工作岗位的方式解决就业问题等，即使企业出现丑闻，如果其在纳税、创造就业机会等其他方面所做的积极贡献大于负面影响，企业的存在对于整个社会依然具有意义。（共 126 字）

（3）质疑啰唆

受字数限制，论证有效性分析中的质疑要直截了当。质疑啰唆也是很多同学的常见错误。

【例 22】

再次，文章认为已经喜爱上洋快餐的未成年人在未来成为更有消费能力的成年人群体后，洋快餐的市场需求会大幅度跃升。这样的推论未免过于乐观，实则未必如此（质疑：18 字）。现在喜欢洋快餐的未成年人将来就一定会一直保持喜爱吗？可能未成年人在成年之前就吃腻了洋快餐，也可能洋快餐只是更符合未成年人的口味，这些都会使得有消费能力的成年人不再消费洋快餐食品。

此段中质疑用了18字，其实只用一句“未必如此”即可。另外，此文的引用也过长了。

(4) 定性错误

从《全国硕士研究生招生考试管理类专业学位联考综合能力考试大纲》来看，一是考试大纲规定“不考查逻辑学的专业知识”；二是从考试大纲给出的参考答案来看，从来没有具体指出过逻辑错误的类型。因此，在质疑部分，不需要指出逻辑错误的具体类型。但如果你对逻辑错误的定性有十足把握，并且这也是一种常见错误，大家都耳熟能详，建议可以说出来定性错误，成为加分项，否则，建议不要写定性逻辑错误。

【例23】

材料认为只有建立有效的激励机制，才能杜绝企业丑闻的发生，未免过于绝对，犯了强拉因果的逻辑错误（并非强拉因果，而是强置必要条件）。实际上，通过加强企业管理、建立督察机制等方式，也可以杜绝企业丑闻的发生。

(5) 绝对化

行文过程中要避免使用绝对化的判断词和语气词。例如：绝对、一定、必须、十分错误、毫无道理、十分荒谬、痴人说梦等。

【例24】

再次，材料认为，既然生产过剩是市场经济的“常见现象”，那么它就是经济运行的“客观规律”。这是十分荒谬的，“常见现象”和“客观规律”是完全不同的两个概念。

(6) 有疑无析

论证有效性分析的核心是“分析”。有些同学喜欢把“引用原文”“质疑材料”“总结”三部分写得特别详细，但是“分析”的部分写得很少或者干脆不写，这样会大量失分。

【例25】

材料以在洋快餐店内进行的调查问卷作为依据说明“洋快餐有助于营养均衡”，有以偏概全的嫌疑。这样的调查问卷中的样本是不具有代表性的，因此，调查结果也未必具有可信度。

这一段是非常典型的“有疑无析”。“以偏概全”的意思就是“样本没有代表性”，这两句都是“疑”。因此，此段是“引—疑—疑—结”的结构，并没有分析为什么调查问卷中的样本是没有代表性的，所以结论就没有那么令人信服。

(7) 发表观点

论证有效性分析的立场是中立的，考生需要站在客观的角度分析材料的逻辑漏洞是什么，并不需要持有自己对材料议题的观点。所以，行文中的表达也要客观，避免使用主观性语气和词汇，如“我不这么认为”“我认为”“我想”“众所周如”等，当然也无须发表考生自己的观点。

【例 26】

首先，材料认为洋快餐近 5 年在中国大城市的网点数激增，那么在中国小城市和乡镇也会有广阔的市场。这个观点我不赞同（主观词汇）。与大城市相比，小城市和乡镇消费者的口味更为传统化，洋快餐在这些地方不会有销路（发表观点）。

（四）结尾

论证有效性分析写作的结尾要相当简单，只需要再次表明题干的论证缺乏有效性，题干的论点难以成立，不需要文采装饰，一般写 40 字以内，点睛即可。

可以如下结尾：

总之，材料存在多处逻辑漏洞，……结论难以成立。

总之，材料犯了一系列逻辑错误，难以推出……这一结论。

综上所述，由于材料的论证存在多处不当，……这一结论难以让人信服。

第三节　常见逻辑谬误漏洞

一、概念陷阱

有效性论证的概念描述中，经常出现的概念陷阱包括三个内容，一是偷换概念，二是概念模糊，三是混淆概念。

（一）偷换概念

偷换概念是指在论证过程中将一些似乎一样的概念进行偷换，实际改变了概念的修饰语、适用范围、所指对象等具体内涵。

偷换概念经常使用以下两种方式：

①用不明显的方式把一个词语的意义从常用定义甲又重新定义为乙，做出某些论证，以暗示读者相信该论证是从定义甲出发的。

②用断章取义的方式曲解对方的言论，再攻击曲解后的言论。

在一个较长的论证中，概念偷换的过程可能是逐渐的，当包括一系列步骤时，这种谬误就具有一定的隐蔽性。

【例 27】

“科学没有国界”是一个广为流传的谬误。如果科学真的没有国界，那为什么外国制药公司诉讼中国企业侵犯其知识产权呢？

我们知道，国界和知识产权是两种完全不同的概念，科学没有国界，不等于知识产权没有国界，这就出现了偷换概念的谬误。

（二）概念模糊

对于一个概念来说，其内涵和外延必须是明确的，存在必要的界定。如果一个词或短语在论证的过程中变换不同的内涵和外延，而结论正是依赖这种歧义得出的，没有对核心概念进行适当的界定，造成概念指代不清，意义含糊，就称为概念模糊。

概念模糊经常使用以下两种方式：①在自己的论述中使用歧义句和一词多义，使前后的意义不同且不易被察觉，如在前提中使用某个词语的甲语义，而在相关的下文中却使用该词语的乙语义；②对方的言论含有歧义句和一词多义时，采用有别于对方的解读方式曲解。

【例28】

每年诺贝尔经济学奖公布后，都会在中国引起很大反响。诺贝尔经济学奖的得主是当之无愧的“真正的经济学家”。……我们不得不面对的现状却是，中国的经济学还远远没有走到经济科学的门口，中国“真正意义上的经济学家”，最多不超过5个。……“中国真正意义上的经济学家，最多不超过5个”，听起来刻薄，但只要去看一看国际上经济学界那些最重要的学术刊物，有多少文章是来自中国国内的经济学家，就会知道这还是比较客观和宽容的一种评价。

这段论证存在的主要错误是，作者虽然提出了一个概念“真正的经济学家”，但是通观全文，作者都没有界定到底什么样的经济学家是“真正的经济学家”，属于概念模糊谬误。

（三）混淆概念

混淆概念是指一个词具有几个不同的含义，但是在论证过程中，把这些不同的含义混淆在一起，造成语意不清。

【例29】

甲：西医自然有长于中医的地方，中医也有长于西医之处。中医体现了对人体完整性、系统性的把握，整体观念、系统思维，就是西医所欠缺的。乙：我去医院看西医，人家用现代科技手段从头到脚给我检查一遍，怎么没有整体观念、系统思维呢？

这段论证中存在的主要错误是，甲和乙在讨论过程中，没有在一个角度上解释“整体观念、系统思维”。这类错误应该怎样反驳呢？请参照如下反驳公式：文中提及的A概念，第一次出现时的含义是A，而在第二次出现时，含义则是B，AB的两个含义是截然不同的，这里却混为一谈，得出的结论显然是不可信的。

二、过度推理与推断不当

（一）过度推理

过度推理的意思就是说由这个前提推不出某一个结论，或者说本来可以往前推一步，结果往前推了三步，“过度推理”这个考点在论证有效性分析中出现的频次非常高。

【例30】

股票的历史表现是一种客观事实，客观事实具有无可争辩的确定性；股票的今后走势只是一种主观预测，主观预测具有极大的不确定性。人的行为只能从客观事实而不能从主观预测出发，所以市场出现的预测股票价格走向、预测公司发展前景、预测行业发展态势的言论都是谬论，请大家绝对不能看任何预测信息。

在这个案例当中就出现了严重的过度推理性的论证。

（二）推断不当

论证就是通过一个或一些论据，证明一个论点的真实性。如果其论据虚假、论据不充分或者论证存在不当假设，那么就不能推出论点，逻辑上犯了“推不出”的谬误，可以称之为推断不当。

推断不当在真题中经常出现，我们从后面的题目中可以看出。

三、极化思考

极化思考就是只看到事物的两个极端而忽略了两者之间的中间形态。

（一）非黑即白

在论证中，考生有时会误解一组词语的关系，把并非矛盾的词语当作矛盾词语进行推理。就像把“黑”和“白”的关系误认为矛盾关系一样，由某物不是黑的，推断它是白的。这种“非黑即白”谬误的论证在日常思维中所见不少。

如果把本来应该是反对关系的两个概念当成矛盾关系来论述，就忽视了两个概念中的过渡地带，这类错误就称为非黑即白谬误。

【例 31】

企业经营首先要考虑的是如何战胜竞争对手，因为顾客不是选择你，就是选择你的竞争者，所以只要在满足顾客需求方面比竞争者快一点，你就能够脱颖而出，战胜对手。

此处，将我和我的竞争者视为绝对的矛盾关系，推出顾客不是选择你就是选择你的竞争者这一绝对的结论，显然是错误的。要反驳这一错误，可以参照以下公式：文中认为如果不 A，那么一定非 A，事实上这两者在逻辑上来说是反对关系，而不是非黑即白、非此即彼的矛盾关系。文中混淆了这两种不同的关系，得出的结论是不准确的，忽略了顾客选择你们企业和竞争者对手企业以外的中间地带的情况。

（二）过于绝对

另外一种极化思考的表现形式是暗示或用绝对化的词语明确表示关系，说法过于绝对，不留余地，得到的结论也失之偏颇。这样的论证往往使用绝对性的话语，比方说“最……” “必须……” “一定要……” “必然……” “必定……”等。

【例 32】

在现代社会，企业和劳动者个人都面临着不断变化的市场环境。而变化的环境必然导致机会主义行为。在各行各业，控制机会主义行为的唯一途径，就是在企业内部培养员工对公司的忠诚感。

文中认为变化的环境必然会导致机会主义行为，这一推理过于绝对，在反驳的过程中，我们可以反驳，这一说法显然过于绝对化，忽略了其他的可能性原因。

四、不当假设

所谓“不当假设”就是一个论证要成立必须附加相关条件，而附加的条件很有可能是违背客观事实或者与结论相矛盾的，在这种情况下，该论证就犯了“不当假设”的错误。

在论证中，我们要思考，该论证包含隐含假设吗？如果有，那么隐含假设成立吗？有时，论证者把实际上包括两个主张的陈述误认为是一个论断。例如，“你必须做这件事”的主张，其实由两个前提主张组成，“你应该做这件事”和“你有条件做这件事”。有时要求回应者对一个包含了假设的问题做出直接而简单的回答。这种对话式论辩，对问题的直接而简单的回答，也导致谬误论证。例如，“你是否停止打你的妻子了？”这个提问就包含了两个前提假设，即“这人有妻子”和“这人在打妻子”。包含了假设论证的特点是，无论对问题做肯定还是否定的回答，都要先承认前提假设。倘若该假设不当，则提出的问题毫无意义，即没有任何合适的可能答案，这就是不当假设。

不当假设有以下两种表现形式。

（一）滑坡谬误

滑坡谬误是指不合理地使用一连串因果关系，将假定的一连串“可能性”强行转化为“必然性”，出现了虚假预设联用，以达到某种想要的结论。滑坡谬误的典型形式为：如果发生A，接着会发生B，接着会发生C，接着会发生D直到Z；然后通过明示或暗示地推论Z不应该发生，从而论证A也不应该发生。A至B、B至C、C至D等因果关系好似一个个“坡”，从A推论至Z的过程就像一个滑坡。当每个“坡”的因果强度不强时，有些因果关系只是可能而非必然，所以即使A发生，也无法一路滑到Z，Z并非必然（或极可能）发生。若有充足证据显示每个“坡”都有合理、强烈的因果联结，则不会构成滑坡谬误。

（二）稻草人谬误

在一些格斗训练中，会以稻草人作为假想敌，向它进行攻击，但无论攻击多么猛烈，被击倒的都只是替身，而真正想攻击的对象并未受到攻击。这里就出现了不当假设，通过夸张、歪曲和凭空捏造别人的观点，来使得自身观点合理，这就属于稻草人谬误的不当假设。这种谬误会把对方的言论塑造成容易推翻的立场，对手的观点明明是A，但为了便于批评，就假设了他想表达的是相近的另外的某个观点，将对手的观点推向某个极端或贴上某个标签，更改成了B，然后对着B观点这个“稻草人”大加批评，再宣称推翻了对方的言论。

五、因果关系中的谬误

客观世界是一个有内在联系的统一整体，其中各个对象或各个现象之间是互相联系、互相依赖、互相制约的。因果关系是指原因和结果之间的联系，如果一个现象的出现必然引起另一个现象的出现，那么这两个现象之间就有着因果关系。引起另一现象出现的现象叫原因，被引起的现象叫结果。

（一）误用因果关系的逻辑错误

在论证中，除了形式逻辑的推理方法之外，人们会大量采用因果关系的论证。然而，这种论证往往隐藏着逻辑谬误。因果关系并不是加上“因为……所以……”这样的字眼就能够成立的。我们把因果关系方面的谬误概括称为“假性因果”。这些所谓的因果关系一般是基于以下四点得出的：

①两个事件之间存在明显的相关性。

②两个事件在发生时间上存在先后顺序。

③混淆因果关系（因果倒置）。

④因果关系简单化。

两个事件之间的相关性或发生的先后性只是它们之间存在因果关系的必要条件，必要条件并不能说明这两个事件之间一定存在因果关系。考生为了向阅卷者表明自己已经理解了因果关系的问题，一般需要做到：

①指出原论证提供的因果关系，指出该因果关系存在问题。

②解释该因果关系为何不能成立。

（二）强拉因果

强拉因果就是将没有因果关联的两件事生拉硬拽扯上关系，很多事情间的逻辑链条太长，以至于完全没有了关系，但我们习惯屏蔽长长的逻辑链条而直接扯上关系。从逻辑上讲，原因的原因的原因的原因，它就不是原因了。

【例 33】

西医是以科学研究为根据的，科学研究的对象是普适的自然规律。因此，科学没有国界，科学的发展不受民族或文化因素的影响。

这里得出了一个结论，科学没有国界，但是这一结论却是由“科学研究对象是普适的自然规律”推导出来的，二者显然不具有因果关系。反驳这类错误，可以参照下列公式：根据文中的观点来看，虽然 A 和 B 之间有联系、A 在 B 之前，但是二者之间并不具有逻辑上的因果关系，将 A 作为 B 的原因是不恰当的（A 是无法推出 B 的）。

（三）相关误为因果

所谓从相关到因果的推理，就是根据两个事件之间存在一定的相关性，进而推断出它们之间存在着因果关系。

【例 34】

有证据显示，拥有宠物的人有较强的自我依靠能力、明显增强的忍耐力以及良好的人际技能。所以，拥有宠物是形成以上社会品质明显改善的原因。

在以上推理中，根据拥有宠物和改善的社会品质之间存在一定的相关性，进而推断前者是造成后者出现的原因，这样的推理就属于“从相关到因果的推理”。

(四) 后此谬误

后此谬误，即不能因为某事发生在前面就当它是原因，不能因为某事发生在后面就当它是结果。历史研究上经常犯这样的逻辑错误，因为某个历史事件发生在前面，就把这个事件当作另外一个事件发生的原因，并冠以“直接原因”“间接原因”“导火索”“推动了进程”之类的因果标签。

(五) 因果倒置

因果倒置是一种非形式谬误，指把原因误认为是结果，或把结果误认为是原因。因果关系经常是基于两件事物的高度相关性，因果倒置谬误通常是因误判其影响方向所致。

【例 35】

坐轮椅很危险，因为大部分坐轮椅的人都出过车祸。盲人的听力比明眼人好，可见听力好的人容易失明。

事实可能是，出车祸造成腿受伤的人才会坐轮椅，盲人由于依靠听力生活，所以听力开发后变得比一般人更敏锐。

(六) 忽略他因

忽略他因也是一种假性因果，指的是将一个很复杂的结果归结于某一个原因，或过于强调某一个原因。

因果关系是世界上最普遍的一种联系，但是现实社会中因果关系往往不是一对一单独联系的，往往是多因一果，或者多果一因。如果在论证中，片面强调多种因果中的一个，就是犯了忽略他因的错误。

【例 36】

中医在中国居于主导地位的时候，中国人的平均寿命只有 30 岁左右，现代中国人平均寿命 70 岁左右，完全是拜现代医学所赐。

中国人平均寿命提高这一结果，一定是多个原因共同作用的结果，作者这里却简单地归之为现代医学，显然忽略了其他原因。关于这类错误的反驳，可以参照如下公式：文中将 E 发生的原因，单纯归结为 A，显然是片面的，忽略了造成 E 发生的其他诸如 B、C、D 等原因。

六、统计数据中的陷阱

(一) 以偏概全

统计结论的可靠性主要取决于样本的代表性。只有从能够代表总体的样本出发，才能得到关于总体的可靠结论。一般从抽样的规模、抽样的广度和抽样的随机性三个方面保证样本的代表性，对于任何一个抽样统计结果，我们都可以从这些角度去质疑它的可靠性。

【例 37】

个人的财富不是省出来的，只靠节省，财富的积累是有限的，靠开源，财富才可能会滚滚而来。试想，比尔·盖茨的财富是靠省出来的吗?

【例 38】

去年在 100 家快餐店内进行的大量问卷调查结果显示，有超过 90%的中国消费者认为食用洋快餐对于个人的营养均衡有帮助。

例 37 以比尔·盖茨为例论证问题，显然是诉诸特例。例 38 中 100 家洋快餐店内进行问卷调查的结果不足以推出全国消费者对于洋快餐的态度。

（二）平均数陷阱

当题目中出现平均数的时候，需要慎重考虑其进行平均的分母包含的范围是否准确。此外，在计算两极分化比较大的一组数据的平均数时，假如要使平均值更符合实际感受，就应该用中位数或者众数计算，而不是算术平均数。

（三）百分比陷阱

百分比陷阱，一般仅提供两种事物的某种比率比较出两种事物的结果，其实陷阱就在于该百分比所赖以计算出来的基数是不同的。如果仅仅考虑相对值数据，而忽略它的基数就很有可能做出错误判断。

【例 39】

去年，规模最大的 10 家本土公关公司的年营业收入平均增长 30%，而规模最大的 10 家外资公关公司的年营业收入平均增长 15%；本土公关公司的利润率平均为 20%，外资公司为 15%。这 10 家本土公关公司的平均雇员人数是 10 家外资公关公司的 10%。可见，本土公关公司利润水平高、收益能力强；员工的工作效率高，具有明显的优势。

这里选择的样本是本土 10 家最大的公关公司，这个样本是不公正的，并不能推出本土公关公司的整体水平。反驳这类错误，我们可以参照以下的公式：文中的结论 B 是基于样本 A 得出的，但是样本 A 的选择是有失公平的，并不能代表这一问题的各个层面，所以根据其所得出的结论 B 也是有待商榷的。

七、静止、孤立、片面地看问题

（一）静止地看问题

唯物辩证法坚持用运动发展的观点来看待世界，它虽然也承认静止，但是认为静止只是运动的特殊存在状态，运动是绝对的、无条件的，整个世界都处在不停运动发展之中。在论证中，如果忽略了事情的发展，用老眼光看新问题，就是犯了静止地看问题的错误。

【例 40】

而已经喜爱上洋快餐的未成年人在未来成为更有消费能力的成年群体之后，洋快餐的市场需求会大幅度跃升。

【例 41】

假如再变换一下视角，从一个更广泛的范围来看，我们人类自己也是大自然的一部分，既然我们的祖先是类人猿，而类人猿正像大熊猫、华南虎、藏羚羊、扬子鳄乃至银杏、水杉等一样，是整个自然生态中的有机组成部分，那为什么我们自己就不是了呢？

例 40 将未成年人对食品的选择看成是一成不变的，显然是静止地看问题。例 41 忽略了人类进化的事实，说人类是和大熊猫、水杉一样的自然组成部分，显然不正确。关于这类错误的反驳，可以参照以下公式：文中将 A 视为一种不会变化的事物，并在此基础上加以分析与推理，显然这种推理忽略了 A 在今后的发展，静止地看问题，得出的结论是不成立的。

（二）孤立地看问题

辩证法坚持用联系的观点观察世界，强调用物质的相互制约、相互影响来理解社会的存在和发展。如果片面地割裂事物之间的联系，就是犯了孤立地看问题的错误。

【例 42】

一个真正的经济学家，首先要把经济学当作一门科学来对待，必须保证学术研究的独立性和严肃性，必须保持与“官场”和“商场”的距离，否则，不可能在经济学领域做出独立的研究成果。

经济学家必须保持与“官场”和“商场”的距离，显然也是失之偏颇的。关于这类错误的反驳，可以参照以下公式：文中将 A 视为孤立发展的事物，割裂了 A 与其他事物的联系，这种考虑问题的思路是片面的，其推理过程不能综合地考虑问题，显然得出的结论也是片面的。

（三）片面地看问题

唯物辩证法坚持全面的观点；片面的观点，往往是从一个角度分析问题，得出的结论是不科学的。

【例 43】

中国实行税收累进率制度，也就是说工资越高所缴纳的税率也越高。请设想，如果将 5 000 元的个税起征点提高到 10 000 元。虽然极少数人的月工资超过该起征点，但月收入为 30 000 元以上的人可能缴更多的税，但是绝大多数人的个税会减少，只是减少的数额不同。原来工资低于 5 000 元的，1 分钱的好处也没有得到；拿 5 000 元工资的人只是减轻了几十元的税；而拿 8 000 元工资的人则减轻了几百元的税收。收入越高，减少得越多，贫富差距自然会被进一步拉大。

这里的论证，只看到了起征点提高后，高纳税人减少的数额较多，而没有考虑他们交的税也增多。这种看问题的方法，肯定是片面的。关于这种错误的反驳，可以参照以下公式：文中只考虑到了 A，而忽略了非 A，这种看问题的方法是片面的，得出的结论显然是不成立的。

八、混淆充分条件和必要条件

（一）强置充分条件

真题中常见把不充分的条件当作充分条件来使用的错误，认为只要有了 A，一定会有 B。实际上，前提 A 不一定能推出结论 B，因为前提 A 只是条件之一，前提 A 再加上其他前提 C、D 等才能推出结论 B。

在这类错误的句子中，经常出现的关键词有：如果……那么（就）……、只要……就……、一 ……就……、……必须……、所有……都……。

【例 44】

人的本性是“好荣恶辱，好利恶害”的，所以人们都会追求奖赏，逃避刑罚，因此，拥有足够权力的国君只要利用赏罚就可以把臣民治理好了。

材料中将“拥有足够权力的国君利用赏罚”理解为“把臣民治理好”的充分条件，然而，要治理好臣民，除了上述条件，很可能还需要经济、文化等方面条件的配合，所以上述论述不足信，此处有强置充分条件的嫌疑。

（二）强置必要条件

真题中常见把普通条件当作必要条件来使用的错误，认为只有有了 A，才会有 B；没有 A，就一定没有 B。这时，我们只需要用“没有 A，也可以有 B”来反驳即可。A 并不是 B 的必要条件，即使没有 A，通过 C、D 等条件也能实现 B。

在这类错误的句子中，经常出现的关键词有：只有……才……、……是……的前提、……是……的基础、……对于……不可或缺、除非……才……。

【例 45】

常言道：“知足常乐。”一个人知足了，才会感到快乐，世界上的事物是无穷的，所以选择也是无穷的。所谓“选择越多越快乐”，意味着只有无穷的选择才能使人感到最快乐。而追求无穷的选择就是不知足，不知足者就不会感到快乐，那就只会感到痛苦。

由“知足常乐”无法推出“不知足者就不会感到快乐”而“只会感到痛苦”。而且“知足常乐”只是一句俗语，其本身的成立性也值得质疑。此处有强置必要条件的嫌疑。

九、不当比较和不当类比

（一）不当比较

不当比较，是指不设定比较的对象，或者不设定比较的根据或基础。因此，表面上在进行比较，实际上根本就不能比较。

【例 46】

父亲说：“邻居家的孩子一直是全班第一，你却这么没出息。”

这样的比较忽略了生长环境、家庭影响、自身智力等各方面的比较基础，是无效的比较。这样做，就可能遭到类似如下儿子的反驳：

父亲：华盛顿在你这么大的时候都已经独立生活了。

儿子：华盛顿在你这么大的时候都已经当美国总统了。

（二）不当类比

两个事物进行类比，做类比的两个事物之间有相似之处，但实质上是有差别的。于是从两个或两类事物的某些地方相似，推出它们在其他地方仍相似的结论，就是无效类比推理。这类错误在考试中也比较常见。

【例 47】

因此，在企业管理的字典里，“终身制”和“铁饭碗”应该是褒义词。不少国家包括美国不是有终身教授吗？既然允许有捧着“铁饭碗”的教授，为什么不允许有捧着“铁饭碗”的工人呢？

“教授”和“工人”虽然在很多属性上非常相似，但是在终身制问题上是不能类比的。反驳这类错误，我们可以参照如下公式：A 和 B 虽然在很多方面类似，但是二者绝不等同，不能机械类比。

十、自相矛盾

两个相互矛盾的命题必有一真一假。不能两个都肯定或者两个都否定，否则就犯了自相矛盾的逻辑错误。

【例 48】

人类即将进入一个由机器人统治的时代，绝非危言耸听。在这样的时代，人类的唯一胜算强在创新，注重创新、创造、创意，这是人类唯一能超越机器人的地方了。

材料一方面说人类将被机器人统治，另一方面又说人类在创新方面可以超越机器人，有自相矛盾的嫌疑。

本章小结

论证有效性分析试题的题干为一段有缺陷的论证，要求考生分析其中存在的问题，选择若干要点，评论该论证的有效性。它的分析要点是：论证的概念是否明确，判断是否准确，推理是否严密，论证是否充分等，要求文章分析得当，理由充分，结构严谨，语言得体。要完成好此类题目，就要掌握好论证的各种基础知识。

第十章 论说文

思维导图

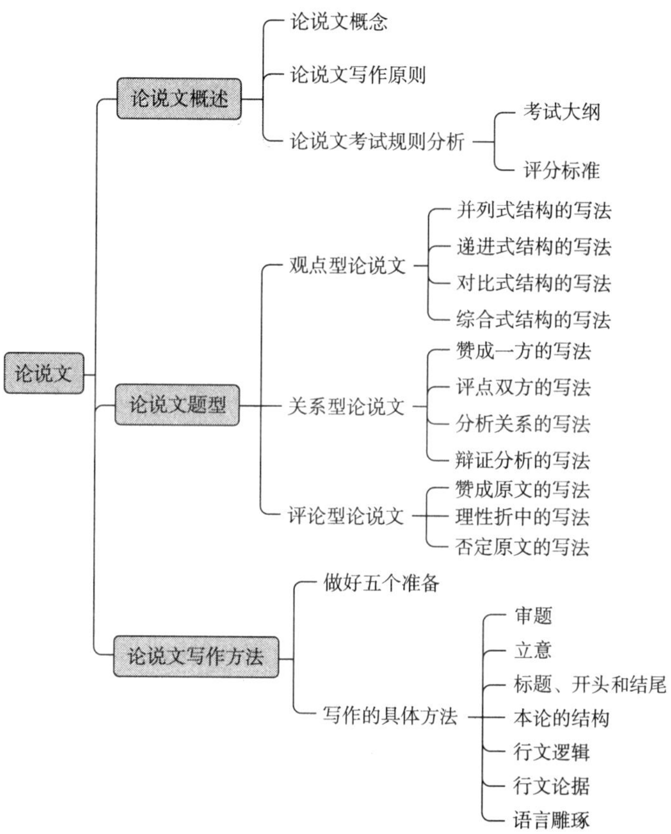

第一节 论说文概述

一、论说文概念

论说文是专业硕士研究生考试中写作部分的重要内容，也叫说理文，是一种剖析事物本质、论述事物规律、表明见解态度、发表观点主张的文体。主要考查作者会不会通过阅读考题，理性地思考和解决问题。专业硕士研究生考试中要求考生在作答论说文时应该观点明确、论据充分、语言精练、论证合理、有严密的逻辑性。

二、论说文写作原则

（一）论点全面、客观、鲜明、有力度

《联考论说文考试大纲》规定：考生在准确、全面理解题意的基础上，对命题或材料所给的观点进行分析，表明自己的观点并加以论证。

考生在论说文写作中必须把握题旨，划定所要探讨的话题范围后，提出可行性的论点，避免高谈阔论、纸上谈兵的论点。把握论据时做到“能破题”和“能立题”，得出全面、客观公正、有力度的论点。

【例 1】

知识的真理性只有经过检验才能得到证明。论辩是纠正错误的有效途径之一，不同观点的冲突会暴露错误而发现真理。（2019 年管理类联考真题）

该素材大体分为两个部分：①知识的真理性只有经过检验才能得到证明。②论辩是纠正错误的有效途径之一，不同观点的冲突会暴露错误而发现真理。

第①部分谈的是检验真理的标准——实践。

第②部分谈的是发现真理的途径——论辩，不同观点的冲突。

如果立意为“实践出真知”，则是将审题重点放在了第①部分，从而忽略了第②部分，显然违反了大纲中关于审题要“全面”的要求。

（二）论点思想健康、正确、人性化

《联考论说文考试大纲》规定：章节要求思想健康，观点明确。

大纲对立意的要求，论点要明确、积极向上、符合主流价值观，符合公理、道德、国法、人性、管理原则。考生力求在行文中体现出正确的政治意识、爱国意识、服务意识和执行意识，能够体现作者的思想高度和认知水平。

（三）论证结构完整、条理清晰，逻辑脉络完整清晰

《联考论说文考试大纲》规定：文章要求结构合理。

论证结构的完整性是最重要的原则之一，指文章从题目到论据论点以及结论都要全面完整。同时更深层的要求是逻辑脉络清晰，前后因果关系明确。在行文过程中常出现两种相反的情形是思维太紧或太过于发散。如果论证过程中思维太紧，发散不出去，就会无话可说，反复论证，语句空洞无力；倘若发散的思维收不住，下笔千言离题万里，写到结尾早已经偏离主题。太紧或太散都不可取，只有把握住清晰的逻辑结构，文章才能够张弛有度，写出精彩的论说文。

（四）论据严谨、深刻、合理

《联考论说文考试大纲》规定：文章要求论据充足，论证严密。

论说文要求论据充分、分析深刻，不是简单地将一堆论据堆砌出来，而是在把握主旨的基础上提出严谨、深刻、合理的论据，能够从多角度论证观点，使读者信服。论据主要包括事实论据、道理论据。我们要用大量的事实、数据、理论来丰富文章。“论证严密”要求以理服人和理由符合逻辑。

（五）行文语言准确、流畅、有分寸

《联考论说文考试大纲》规定：文章要求语言流畅。

论说文的语言流畅属于行文的基本功，病句错句等行文错误要坚决杜绝。考生可以通过勤写多练、反复修改来强化自己的语言素养，写出简练流畅的好文章。语言是观点的载体，只有通过语言表达，才能体现作者的观点、论点。同时也要注意，论说文的文采是为论证服务的。倘若考生致力于写出花样美文，堆砌各种华丽的辞藻，但与论证无关，也不是一篇好的论说文。

三、论说文考试规则分析

（一）联考论说文考试大纲

经济类联考和管理类联考的论说文考试大纲是一样的，都有如下规定。

1. 考查形式

论说文的考试形式有两种：命题作文和基于文字材料的口头命题作文，统计发现近些年考试形式主要是基于文字材料的自命题作文。这两种形式的作文要求基本一致，都要求在观点、论据、结构上进行把握，形成一篇好的论说文。

2. 考查目标

考试大纲要求考生在准确、全面地理解题意的基础上，对命题或材料所给观点进行分析，表明自己的观点并加以论证。据此可以得出论说文的一般答题结构，首先学审题，其次讲立意，再次紧贴材料及把握行文结构、做思路拓展，最后形成包含自己观点的结论。

（1）准确全面地理解题意

这是撰写论说文的起点，是分析论据、形成论点的依据。只有做到全面、准确地把握论说文材料的各种信息，才能全面理解文章的重点和中心，从中找到关键信息，理解出题者意图，形成正确的论点。

（2）分析命题方向或材料所持观点

在命题方向方面，通过对历年真题进行统计可以发现，管理类联考的命题方向主要有三个：管理者素养、企业管理、社会治理（见表 10-1）。而经济类联考的命题方向在管理类三个主要方向的基础上还增加了对社会时况的一种评价（见表 10-2）。

表 10-1 管理类联考论说文近年真题命题方向统计

年度	材料	命题方向
2010 年	一个真正的学者，其崇高使命是追求真理。学者个人的名利乃至生命与之相比都微不足道，因为其献身于真理就会变得无限伟大。一些著名大学的校训中都含有追求真理的内容。然而，近年学术界的一些状况与追求真理这一使命相去甚远，部分学者的功利化倾向越来越严重，抄袭剽窃、学术造假、自我炒作、沽名钓誉等现象时有所闻。	社会治理：学术造假

续表

年度	材料	命题方向
2011 年	众所周知，人才是立国、富国、强国之本，如何使人才尽快地脱颖而出，是一个亟待解决的问题。人才的出现有多种途径，其中有“拔尖”，有“冒尖”。“拔尖”是指被提拔而成为尖子，“冒尖”是指通过奋斗、取得成就而得到社会的公认。有人认为我国当今某些领域的管理人才，“拔尖”的多而“冒尖”的少。	企业管理及社会治理：人才
2012 年	中国现代著名哲学家熊十力先生在《十力语要》（卷一）中说：“吾国学人，总好追逐风气，一时之所尚，则群起而趋其途，如海上逐臭之夫，莫名所以。曾无一刹那，风气或变，而逐臭者复如故，此等逐臭之习，有两大病：一、个人无牢固与永久不改之业，遇事无从深入，徒养成浮动性。二、大家共趋于世所矜尚之一途，到其余千途万途，一切废弃，无人过问。此二大病，都是中国学人死症。”	社会治理：跟风现象
2013 年	20 世纪中叶，美国的波音和麦道两家公司几乎垄断了世界民用飞机的市场，欧洲飞机制造商深感忧虑。虽然欧洲各国之间的竞争也相当激烈，但还是采取了合作的途径，法国、德国、英国和西班牙等决定共同研制大型宽体飞机，于是“空中客车”便应运而生，面对新的市场竞争态势，波音公司和麦道公司于 1997 年一致决定组成新的波音公司，以抗衡来自欧洲的挑战。	企业管理：竞争与合作
2014 年	生物学家发现，雌孔雀往往选择尾巴大而艳丽的雄孔雀作为配偶，因为雄孔雀尾巴越大越艳丽，表明它越有生命活力，其后代的健康越能得到保证。但是，这种选择也产生了问题：孔雀尾巴越大越艳丽，就越容易被天敌发现和猎获，其生存反而会受到威胁。	管理者素养：决策能力
2015 年	孟子曾引用阳虎的话：“为富，不仁矣；为仁，不富矣。”（《孟子·滕文公上》）这句话表明了古人对当时社会上“为富”“为仁”现象的一种态度，以及对两者间关系的一种思考。	管理者素养：义利观
2016 年	亚里士多德说：“城邦的本质在于多样性，而不在于一致性，……无论是家庭还是城邦，它们的内部都有着一定的一致性。不然的话，它们是不可能组建起来的。但这种一致性是有一定限度的。……同一种声音无法实现和谐，同一个音阶也无法组成旋律。城邦也是如此，它是一个多面体。人们只能通过教育使存在着各种差异的公民统一起来组成一个共同体。”	社会治理：多样性与一致性

续表

年度	材料	命题方向
2017 年	一家企业遇到了这样一个问题：究竟是把有限的资金用于扩大生产呢，还是用于研发新产品？有人主张投资扩大生产，因为根据市场调查，原产品还可以畅销三到五年，由此可以获得可靠而丰厚的利润。有人主张投资研发新产品，因为这样做虽然有很大的风险，但风险背后可能有数倍于甚至数十倍于前者的利润。	企业管理：新旧产品的决策
2018 年	有人说，机器人的使命，应该是帮助人类做那些人类做不了的事，而不是代替人类。技术变革会夺取一些人低端烦琐的工作岗位，最终也会创造更高端更人性化的就业机会。例如，历史上铁路的出现抢去了很多挑夫的工作，但又增加了千百万的铁路工人。人工智能也是一种技术变革，人工智能也将促进未来人类社会的发展。有人则不以为然。	社会治理：人工智能
2019 年	知识的真理性只有经过检验才能得到证明。论辩是纠正错误的重要途径之一，不同观点的冲突会暴露错误而发现真理。	社会治理：真理与论辩
2020 年	据报道，美国航天飞机“挑战者”号采用了斯沃克公司的零配件，该公司的密封圈技术专家博易斯乔利多次向公司高层提醒：低温会导致橡胶密封圈脆裂而引发重大事故，但是这一意见一直没有受到公司高层重视……悲剧就发生了。	管理者素养：决策能力

表 10-2 经济类联考论说文近年真题命题方向统计

年度	材料	命题方向
2011 年	自 2007 年以来，青年学者廉思组织的课题组对“蚁族”进行了持续的跟踪调查。廉思和他的团队撰写的有关“蚁族”问题的报告多次得到中央领导的批示和高度重视。在 2008 年、2009 年对北京“蚁族”进行调查的基础上，课题组今年在“蚁族”数量较多的北京、上海、广州、武汉、西安、重庆、南京等大城市同时展开调查，历时半年有余，发放问卷 5000 余份，回收有效问卷 4807 份，形成了第一份全国范围的“蚁族”生存报告。此次调查有一些新发现，主要有：随着高校毕业生就业形势的日趋严峻，“蚁族”的学历层次上升；“蚁族”向上流动困难；五成“蚁族”否认自己属于弱势群体等。（摘自《调查显示：“蚁族”学历层次上升，五成人否认自己弱势》，《中国青年报》2010 年 12 月 10 日）	社会时评：“蚁族”现象

续表

年度	材料	命题方向
2012 年	中国 500 毫升茅台酒价格上升至 1 200 元人民币，在纽约华人聚居区法拉盛，1 000 毫升装的同度数茅台酒价格为 220 至 230 美元，500 毫升约合 670 元人民币。因海外茅台酒价格便宜，质量有保证，华人竞相购买。这些年，中国游客在海外抢购“MADE IN CHINA”商品的消息已不是什么新鲜事了。服装、百货、日用品，中国造的东西，去了美国反而更便宜。有媒体报道 LeVi´s 505 牛仔裤，广东东莞生产，在中国商场的价格是 899 元人民币，在美国的亚马逊网站的价格是 24.42 美元，合人民币 166 元，价格相差 5.47 倍。（摘自《茅台酒为何在美国更便宜?》，《新京报》2011 年 1 月 7 日）	社会时评：价格问题
2013 年	被誉为清代“中兴名臣”的曾国藩，其人生哲学很独特，就是“尚拙”。他曾说：“天下之至拙，能胜天下之至巧，拙者自知不如他人，便会更虚心。”	管理者素养：尚拙
2014 年	我懂得了，勇气不是没有恐惧，而是战胜恐惧。勇者不是感觉不到害怕的人，而是克服自身恐惧的人。——南非前总统纳尔逊·曼德拉	管理者素养：勇气
2015 年	《论语》云：“取乎其上，得乎其中；取乎其中，得乎其下；取乎其下，则无所得矣。”《孙子兵法》云：“求其上，得其中；求其中，得其下；求其下，必败。”	管理者素养：目标
2016 年	自从国家拟推出延迟退休政策以来，就受到了社会各界的广泛关注，同时也引起激烈的争论。为什么要延长退休年龄？赞成者说，如果不延长退休年龄，养老金就会出现巨大缺口；另外，中国已经步入老年社会，如果不延长退休年龄，就会出现劳动力紧缺的现象。反对者说，延长退休年龄就是剥夺劳动者应该享受的退休福利，退休年龄的延长意味着领取养老金时间的缩短；另外，退休年龄的延长也会给年轻人就业造成巨大压力。	社会时评：延长退休年龄
2017 年	对国家是否应该对穷人提供福利存在较大的争论。反对者认为：贪婪、自私、懒惰是人的本性，如果有福利，人人都想获取。贫穷在大多数情况下是懒惰造成的。为穷人提供福利相当于把努力工作的人的财富转移给了懒惰的人。因此，穷人是不应该享受福利的。支持者则认为：如果没有社会福利，则穷人没有收入，就会造成社会动荡，社会犯罪率会上升，相关的合理支出也会增多，其造成的危害可能大于提供社会福利的成本，最终也会影响努力工作的人的利益。	社会时评：穷人福利问题

续表

年度	材料	命题方向
2018 年	近日有报道称，某教授颇喜穿金戴银，全身上下都是世界名牌，一块手表价值几十万，所有的衣服和鞋子都是专门定制的，价格不菲。他认为对“好东西”的喜爱没啥好掩饰的。“以前很多大学教授都很邋遢，有些人甚至几个月都不洗澡，现在时代变了，大学教授应多注意个人形象，不能太邋遢了。”	社会时评：教授穿金戴银
2019 年	法国科学家约翰·法伯曾做过一个著名的“毛毛虫实验”。这种毛毛虫天生有一种“跟随者”的习性，总是盲目地跟着前面的毛毛虫走。法伯把若干只毛毛虫放在一个花盆的边缘上，首尾相接，围成一圈。他在花盆周围不远的地方，撒了一些毛毛虫喜欢吃的松针。毛毛虫开始一个跟着一个，绕着花盆，一圈又一圈地走。一个小时过去了，一天过去了，这些毛毛虫还在不停地、固执地团团转。一连走了七天七夜，最终因为饥饿和筋疲力尽而死去。其中，只要任何一只毛毛虫稍稍与众不同，便立刻会吃到食物，改变命运。	管理者素养：有主见、不盲目跟随
2020 年	2018 年，武汉一名退休老人马旭向家乡木兰县教育局捐赠 1 000 万元，引起了广泛的关注。这笔巨款是她与丈夫一分一毫几十年积攒下来的，他们至今生活俭朴，住在一个不起眼的小院里，家里没有一件像样的家具。	社会时评：反哺社会

资料来源：历年真题统计。

在分析命题观点方面，通过研读命题材料、判断命题方向，据此行文。否则，脱离材料的行文观点就成为无源之水、无本之木，没有生命力。

审阅材料题目后，应该迅速发现出题者的命题方向，不能够选错方向，否则就会南辕北辙，下笔千言、离题万里。

(3) 阐明作者观点

在确定题目后，考生需要进一步表明自己的观点，即便材料已经给出部分观点，考生也要旗帜鲜明地树立自己的观点，这是对立意的要求。考生的立意既要来源于材料，也要超越材料，并且提炼出自己的论点。在阐明论点时，要求考生有一定的归纳概括能力、思考分析能力。

(4) 佐证观点

考生提出自己的观点后，应当结合事实案例，引经据典对自己的观点进行论证。通过一系列的论据组成科学理性的论证，使人信服，诉诸理性。常用的论证方法见第八章。

(二) 联考论说文评分标准

管理类联考论说文的最新评分标准如表 10-3 所示。

表 10-3　管理类联考论说文评分标准

作文题目	漏拟题目扣 2 分
综合评分	一类卷（30~35 分）：立意深刻，中心突出，结构完整，行文流畅
	二类卷（24~29 分）：中心明确，结构较完整，层次较清楚，语句通顺
	三类卷（18~23 分）：中心基本明确，结构尚完整，语句较通顺，有少量语病
	四类卷（11~17 分）：中心不太明确，结构不够完整，语句不通顺，语病较多
	五类卷（10 分以下）：偏离题意，结构残缺，层次混乱，语句不通
写作细节	每 3 个错别字扣 1 分，重复的不计，至多扣 2 分
	卷面不整洁，标点不正确，酌情扣 1~2 分

经济类联考评分标准与管理类联考一致，只是分值不同，满分是 20 分，要求与管理类联考一致，故不做复述。

通过分析评分标准可知，高分作文的评分要点主要有以下几点：

①立意是否深刻？

②中心是否突出？是否明确？

③结构是否完整？

④层次是否清楚？

⑤行文是否流畅？语句是否通顺？

⑥卷面是否整洁？

⑦标点是否准确？

⑧是否有错别字？

接下来我们对以上 8 点评分标准分别加以解析。

1. 立意是否深刻？

每份材料都可以从不同的角度加以分析、思考和论证。但是，基于不同出发点的立意观点，肯定存在着优劣高低之别。选择深刻的立意是阅卷老师考查论说文分数的第一要点。

【例 2】

根据下述材料，写一篇 700 字左右的论说文，题目自拟。

亚里士多德说：“城邦的本质在于多样性，而不在于一致性……无论是家庭还是城邦，它们的内部都有着一定的一致性。不然的话，它们是不可能组建起来的。但这种一致性是有一定限度的。……同一种声音无法实现和谐，同一个音阶也无法组成旋律。城邦也是如此，它是一个多面体。人们只能通过教育使存在着各种差异的公民统一起来组成一个共同体。”（2016 年管理类联考真题）

这则材料的立意可以有如下角度：

①教育的重要作用；

②社会发展需要一致性；

③社会发展需要多样性；

④一致性和多样性的关系；

⑤教育可以使人达到和而不同的境界。

从材料中可以挖掘这5个立意，都符合要求。但是前三种写法都只是从某个角度出发解析材料，这就属于立意一般。第四个立意已经能够辩证地思考问题，这就比前三个立意更好。第五个立意能够从材料整体出发，进行概括并分析，就属于立意深刻。

2. 中心是否突出？是否明确？

高分论说文的中心论点一定要满足以下三个要求：①文章一定要有明确的中心论点；②中心论点一定要安排在文章最显著的位置；③对于中心论点的表述一定要简明扼要。这三点，能够保证我们的文章中心突出，论证明确。

3. 结构是否完整？

我们一定要记住，一篇完整的论证结构，一定要包括以下三个部分：

①引论，引出自己的观点；

②本论，论述自己的观点；

③结论，总结自己的观点。

这是论说文格式上的特点。此外，在内容上，一篇结构完整的论说文还要包括以下三部分：

①论点，文章所要阐明的核心观点；

②论据，用来支撑观点的事实道理；

③论证，用论据证明观点的过程。

4. 层次是否清楚？

论述的层次，要循序渐进、步步为营、逻辑清晰，这样才能保证文章层次清楚。比如下列论证的层次，就可以清楚明白地展现：

①创新可以促进个人发展；

②创新可以促进企业进步；

③创新可以促进国家富强。

这三个分论点，从个人—企业—国家三个层次，由小到大逐层论证，说明了创新的重要性。

5. 行文是否流畅？语句是否通顺？

在论说文写作中，遣词造句一定要注意行文的流畅和语句的通顺，避免语言重复、语法错误、词不达意等现象的产生。

6. 卷面是否整洁？

整洁的卷面会给阅卷老师带来一种心情舒畅的感觉，是取得高分的利器。我们在书写的过程中，一定要注意卷面的整体布局。一般来说，以下几点有助于我们形成整洁的卷面：

①使用黑色0.5mm签字笔；

②各个段落均匀分布；

③尽量不使用修正带、涂改液、胶布等工具修改卷面；

④标准的正楷书写，拒绝代字符号等；

⑤尽量不要使用修改符号；

⑥文章尽量减少涂抹。

7. 标点是否准确？

考生正确使用标点符号是对基本语文能力的考查，因此必须加强这方面的学习与训练。

8. 是否有错别字？

杜绝写错别字是写作的基本要求，倘若错别字过多，一方面，有可能导致阅卷老师对文章的误解，给出较低的分数；另一方面，会给阅卷老师留下较差的印象，也会影响分数。

第二节　论说文题型

一、观点型论说文

（一）并列式结构的写法

并列式结构又称横式结构。它的特点是围绕中心论点划分为几个分论点和层次，各个分论点平行排列，形成一定的层次关系，分别从不同角度、不同侧面论证中心论点。并列式结构又分为分论点并列和分论据并列。分论点并列这种结构形式特点是层次分明，分论点简洁、鲜明、突出，从不同的侧面阐述中心论点，从而紧扣中心论点；分论据并列主要是指围绕着中心论点形成多个论据，论据之间是同等并列的关系，彼此相互印证，增强论据的可信度和中心论点的信服力。

【例3】

根据下述材料，写一篇700字左右的论说文，题目自拟。

被誉为清代“中兴名臣”的曾国藩，其人生哲学很独特，就是“尚拙”，他曾说：“天下之至拙，能胜天下之至巧。”他发现笨拙有笨拙的好处。笨拙的人没有智力资本，因此比别人更虚心；笨拙的人不懂取巧，因此比别人更用功。结果，“拙”看起来虽慢，其实却最快。曾国藩考秀才考了九年，但是一旦开窍之后，后面的路就越来越顺。中了秀才的第二年，他就考中了举人；又过了四年，高中进士。而那些早早进了学堂的同学，后来却连举人也没有出一个。而且，正是与众不同的“尚拙”，成就了曾国藩非同一般的人生智慧。（2013年经济类联考真题）

参考答案

以拙求进

“天下之至拙，能胜天下之至巧。”这种“尚拙”的人生哲学造就了清代“中兴名臣”曾国藩。正是这种看似慢人一步的拙，成就了曾国藩快人一步的求学之路与为官之路，成就了他非同一般的人生智慧。

“尚拙”实为“尚虚心”。笨拙的人自视没有过人的智力与超凡的天赋，因此比别人更虚心。北宋杨时程门立雪，虚心求教，最终打动恩师，才有了后来的“龟山先生”。刘备放下身段，三顾茅庐，终得孔明出山，才有了后来的三足鼎立。刘邦招贤纳士，虚心听取意见，才打败项羽，一统江山。“尚拙”使人更虚心，虚心方能不断进步，走向成功。

“尚拙”实为“尚勤奋”。自古就有笨鸟先飞的说法，笨拙驱动人们付出更多的努力。“文以拙进，道以拙成。”囊萤映雪夜读、孙敬悬梁刺股的故事人们都耳熟能详，虽然方法不值得推荐，但其勤奋的态度具有深远的现实意义。王羲之以池之水洗笔，日复一日竟将池塘染黑，坚持不懈的勤奋努力成就了一代书法名家。爱迪生用上万次的实验换来了如今的万家灯火。正是“尚拙”，让他们选择了勤奋，才有了巨大的成功。

“尚拙”实为“尚积累”。“不积跬步，无以至千里；不积小流，无以成江海。”“千里之行，始于足下。”“尚拙”是一种量的积累，量变是质变的必要准备，是质变的前提。一切投机取巧的成功都是暂时的，只有一步一个脚印，才能走得更远。正如材料中的曾国藩，没有九年考秀才的积累，哪有后来的平步青云？

以拙为进，就是以虚心为进；以拙为进，就是以勤奋为进；以拙为进，就是以积累为进。这不仅仅是一种行事的方法，更是一种超然于世、波澜不惊的处世之道，还是一种坚持勤勤恳恳的人生态度。以史为镜，方知“尚拙”，展望未来，更需要以拙为进。

解题思路

①文章的中心论点是“天下之至拙，能胜天下之至巧”，即“尚拙”。

②文章提出了三个分论点，分别是：“尚拙”实为“尚虚心”，“尚拙”实为“尚勤奋”，“尚拙”实为“尚积累”。

③三个分论点之间是并列的关系。

（二）递进式结构的写法

这种结构是纵向延伸、步步推进的。它对需要论证的问题，采取一层深于一层的形式安排结构，使层次之间呈现一种层层展开、步步深入的逻辑关系，这种结构也可以写成“是什么、为什么、怎么办、会如何”几部分。这种层层剖析的写法可以使中心论点得到深刻透彻的论证。

【例 4】

阅读下列材料，撰写一篇 700 字左右的论说文，题目自拟。

2016 年 7 月 1 日，在庆祝中国共产党成立 95 周年大会上，习近平总书记发表重要讲话，总结我们党团结带领中国人民不懈奋斗的光辉历程、伟大贡献和历史启示，深刻阐述不忘初心、继续前进必须牢牢把握的八方面要求，对全党在新的历史起点做好党和国家各项工作，指明了前进方向，明确了行动指南。讲话气势恢宏、意蕴深厚、体大思精，充分展现了共产党人的本色初衷、雄心壮志和使命担当，是引领党和人民事业不断发展的重要纲领性文献，为决胜全面小康，实现中国梦凝聚起必胜信心和磅礴力量。

参考答案

不忘初心　方得始终

习近平总书记讲话中提出的“不忘初心，继续前进”的重要思想，是针对现状对我们发展提出的新要求。当前，我国经济社会迅猛发展，世界日新月异，我们应该谨记总书记的教诲：不忘初心。

何谓不忘初心？一句话来说，就是牢记我们的使命，坚定我们的目标，通过各方脚踏实地的努力和奋勇不懈的拼搏，取得更大的胜利。当前我国发展最重要的目标，就是实现中华民族伟大复兴。我们一切工作，一切奋斗，都应该统一到这个“初心”上来，在中国共产党的领导下，万众一心，沿着中国特色社会主义道路，为中国梦的实现而不懈奋斗。不管前方是地雷阵还是万丈深渊，我们都要鞠躬尽瘁，死而后已，牢记自己的“初心”，奉献自己的力量。

为什么要不忘初心？因为这个“初心”既是我们奋勇拼搏的出发点，也是我们开拓进取的落脚点，总而言之，是我们发展前进的根本落脚点。首先，出发的时候，我们需要明确自己的任务，了解自己的使命，科学准确地制订自己的科学计划，以便取得更好更快的发展；其次，在发展的过程中，我们需要根据自己的“初心”，不断应对变化，调整策略，以不变应万变，坚持自己的梦想；最后，在冲刺的过程中，我们需要“初心”来保证自己不抛弃，不放弃，坚守自我，冲向更加广阔的天地。

怎样才能做到“不忘初心”？首先，需要我们不懈坚持，绝不放弃，绝不动摇，牢记初心，奋勇前进；其次，需要我们脚踏实地，与其喊破嗓子，不如甩开膀子，践行初心，需要实干，而不是空谈；最后，需要我们团结一心，共同前进，一根竹篙，难渡汪洋大海，众人划桨，开动万吨巨轮，我们要万众一心，众志成城，追求梦想，践行我们的初心，走向中华民族伟大复兴。

雄关漫道真如铁，而今迈步从头越，只要我们牢记使命，不忘初心，一定会取得更大的胜利，走向更加美好的未来！

解题思路

①文章的中心论点是“不忘初心方得始终”，即保持自己的初心。

②文章提出了三个分论点，分别是“什么是不忘初心”“为什么不忘初心”“怎么样不忘初心”。

③三个分论点之间是层层递进的关系。

（三）对比式结构的写法

这种结构是在中心论点提出之后，从正反两个方面对中心论点进行论证。运用对比式结构的目的是通过两个方面的对照，突出说明其中一个方面的正确性。

【例 5】

根据以下材料，自拟题目写一篇 700 字左右的论说文。

有人说，机器人应该帮助人类完成一些烦琐的工作，而不是取代人类。技术的发展会夺取一些人低端的工作岗位，同时也会创造出更高端更舒适的工作岗位。例如历史上铁路的出现让挑夫消失，但同时创造了千百万铁路工人的岗位。人工智能技术的变革，同样会推动人类社会发展与进步。有人却不以为然。(2018 年管理类联考真题)

参考答案

理性看待人工智能

2017 年 3 月 15 日，备受世界瞩目的人机大战在韩国首尔落下帷幕，阿尔法狗最终以总分 4∶1 战胜李世石，这一场人类史上最巅峰的人机对决最终以人类失败告终。这一结果引发我们思考这样的问题：人工智能对于人类，到底是利大于弊，还是弊大于利？我们应该如何看待人工智能呢？

毫无疑问，人工智能对于人类社会的发展，带来了前所未有的机遇。这一技术被广泛应用于自然语言处理、知识表现、智能搜索、推理、规划、机器学习、知识获取、组合调度问题、感知问题、模式识别、不精确和不确定的管理、人工生命、神经网络、复杂系统、遗传算法等领域，促进了科技的繁荣、社会的发展和人类的进步。在我国，人工智能在短时间内取得了长足的发展，仅以科大讯飞为例，其推出的“从手控到声控”的智能家居系统，通过发出语音指令就能实现开灯、调光，开关电视、空调等智能家电，在推动我们的生活走向快捷与便利的同时，也实现了良好的经济效益。

毋庸置疑，人工智能对于人类社会的发展，提出了非常尖锐的挑战。我们都知道，科技的发展是一把双刃剑，正如汽车的发明颠覆了传统的马车行业一样，人工智能的发展同样也将颠覆很多行业。英国《经济学人》杂志报道，对于机器人的崛起，专家们曾发出警告，“机器取代人类劳动力可能致使人口冗余”，他们担心“这种超能技术的发展已经超越了人类的驾驭能力”。如今，一些人表示担忧，如果人工智能继续进化，我们会失去赖以为生的工作、丧失存在感，甚至会被“终结者”们赶尽杀绝。物理学家霍金就曾发出警告，人类面临一个不确定的未来，先进的人工智能设备能够独立思考，并适应环境变化，它们未来或将成为导致人类灭亡的“终结者”。

综上所述，从正反两个方面来看，人工智能对于我们人类社会，既是前所未有的机遇，也是前所未有的挑战，如何才能够扬长避短，趋利避害，科学地利用人工智能，还需要我们立足于实践，进行更加深入的研究。

解题思路

①文章的中心论点是“科学理性对待人工智能”。

②文章提出了两个分论点，分别是“人工智能对人类社会发展带来机遇”“人工智能对人类社会发展带来挑战”。

③两个分论点之间是对比的关系。

（四）综合式结构的写法

综合式结构也称并列递进式结构或纵横交叉式结构。有些论说文的层次关系特别复杂，不能只用一种单一的结构形式，需要把并列式和递进式结合起来，形成一种综合的结构形式。采用综合式结构，有两种形式：一是在并列的过程中，在每一个并列的面上，又展开递进（并列中的递进）；二是在递进的过程中，在每一个递进层次上，又展开并列（递进中的并列）。这种综合式结构的写法比前三种写法更复杂，也更难掌握一些。

二、关系型论说文

关系型论说文是考试最热门的题目类型之一。下面选取例题介绍四种常见的关系型论说文写法，以便帮助考生在短时间内掌握这一题型的特点，提高复习效率。请仔细阅读文章，并思考例文后边的问题，就可以十分轻松地掌握不同的写作模式。

（一）赞成一方的写法

在论说文的真题中，有一类题目是就一个现实问题给出两种或两种以上的观点，要求考生根据自己的理解选择一类支持观点，寻找论据从而论证所支持观点的准确性。

【例6】

根据下述材料，写一篇700字左右的论说文，题目自拟。

一家企业遇到这样一个问题：究竟是把有限的资金用于扩大再生产，还是用于研发新产品？有人主张投资扩大再生产，因为根据市场调查，原产品还可以畅销三到五年，由此可以获得丰厚的利润。有人主张投资研发新产品，因为这样做，虽然有很大风险，但风险背后有数倍于甚至数十倍于前者的利润。（2017年管理类联考真题）

参考答案

用研发赢未来

一家企业发展遇到了这样的问题：究竟是把有限的资金用于扩大再生产，还是用于研发新产品？两种选择，各有利弊，但是经过谨慎的分析，我认为，应该优先研发新产品。

首先，研发新产品有助于我们赢得未来。随着科技日新月异的发展，我们的竞争也更要着眼于未来。可以说，谁占领了未来，谁就赢得了现在。研发新产品有助于我们把握住时代的脉搏，不断前进，勇立潮头，成为时代的弄潮儿，从现在开始，赢得未来！

其次，研发新产品有助于我们激发潜能。西方有句谚语“你永远不知道自己能量有多大，直到你用尽所有努力”。的确，人的潜能是无限的，但是发挥多少，就需要有外界的激发和刺激。将有限的资本用于研发新产品，这种背水一战的决定，一定会激发无限的潜能。

最后，研发新产品有助于我们调整方向。当前市场，瞬息万变，稍不留意，就会被淘汰，所以企业想要立足长远，必须及时调整自己的方向。研发新产品，大大有利于我们根据市场的实际需求，调整自己的策略，确保不会落后于时代。

诚然，扩大再生产的提议也是有道理的，这有助于企业在短期内大量积累资本，并更好地发挥企业的经济效益，但是，毫无疑问，这只是个短视的行为，面对企业的燃眉之急，这一做法只能是扬汤止沸，不能真正做到釜底抽薪。

所以说，根据反复权衡，我认为，有限的资金，应该投入对于新产品的研发，只有这样，才能真正赢得未来！

解题思路

①文章的中心论点是“企业应该把有限的资金用于研发新产品”，这个中心论点来自考生所选择和支持的文章中的某类观点。

②文章提出了三个分论点，分别是“研发新产品有助于企业赢得未来”“研发新产品有助于企业激发潜能”“研发新产品有助于企业迎合市场需求，及时调整方向”。

③三分论点之间是并列关系，都是为了支撑中心论点。

（二）评论双方的写法

评论双方观点的论说文指的是题目材料中就一个问题或事件给出两个以上的观点，每个观点都只能从某一方面去解释和说明材料，存在片面性。考生可以分别评论观点以达到全面地看问题。

【例 7】

请以“互联网经济与实体经济”为话题，撰写一篇 700 字左右的论说文，题目自拟。

有人认为“互联网正在深刻地影响着实体经济传统的组织模式，平台化组织、网络化协作、众包众创等新型组织模式，正在成为企业新的组织模式。企业管理、组织和资源整合能力得到大大增强。另外，网络化管理、平台化组织带来的零边际成本效应，正在颠覆企业金字塔型的管理模式，让企业管理走向网状化和扁平化，市场响应能力和决策能力大幅提高，一线员工创造潜力得到极大挖掘。阿里巴巴、猪八戒网、滴滴出行、摩拜单车、菜鸟物流、美团等互联网公司正在利用网络平台，分别在零售、工业设计、交通出行、物流运输、外卖服务等领域创新传统企业组织模式，实现社会资源的有效整合，在互联网条件下推动传统行业的变革升级”。有人却不以为然。

参考答案

互联网经济与实体经济的关系

经济发展是国计民生关键中的关键、重点中的重点，那么如何才能促进经济又好又快地发展呢？当下社会存在两种经济运行模式，即互联网经济和实体经济。

所谓实体经济，是指传统的三级产业部门，这是区域及国家经济的根基，也是满足人民对美好生活需要的主要依靠。以“复兴号”为例，其整体设计以及车体、转向架、牵引、制动、网络等关键技术皆由中国自主研发。从“和谐”迈向“复兴”，飞奔的高铁就是我们这个民族腾飞的速度。做大做强实体经济有助于提高综合国力，奠定社会经济基础。

但是，若片面强调实体经济，忽视互联网经济，将导致国家缺乏创新型和高效型企业模式，阻碍经济快速发展。曾经的东北重工业发展迅猛，推动经济繁荣，而如今衰败黯然，停滞不前。这是因为企业在面对市场经济的冲击时，其高科技技术发展不足，体制转换滞后。因此，实体经济需要引入互联网经济创新驱动，才能推动传统行业变革升级，从而做大做强。

所谓互联网经济，是依托于互联网发展的各种经济形态，实现社会资源的有效整合，使企业管理走向网状化和扁平化。与此同时，互联网经济也为人们创造了高效便捷的生活方式。所以，做好做优互联网经济有助于推动产业结构更新换代，使得经济多元化发展。

然而，单纯依靠互联网经济，不重视实体经济，将会造成经济泡沫破裂和资金链断裂，有可能造成危机的爆发。共享单车利用押金来集资进行投资，虽然短时间内的利益是可观的，但是风险是无法规避的，导致很多企业一夜之间资金链断裂，不得不宣布破产。由此可见，互联网经济的发展离不开实体经济的奠定。

经济的稳定离不开互联网经济和实体经济的共同发展。因此，在经济运行过程中，应当分别发挥这两种模式不同的特点和作用，兼顾二者之长，弥补双方之短，相辅相成，相得益彰。

解题思路

①文章的中心论点是“正确全面地看待互联网经济与实体经济的关系”，这个中心论点是在考生阅读题目后全面理性看待两个事物之间关系的基础上形成的。

②文章提出了两个分论点，分别是“若片面强调实体经济会阻碍国家经济创新”“单纯依靠互联网经济可能导致泡沫经济和经济危机”。

③两个分论点是直接否定“只肯定单个事物或现象忽略另一个事物或现象”的观点，从而肯定应当全面完整地分析两个事物或现象间的关系，从而支撑中心论点。

（三）分析关系的写法

分析关系写法的论说文观点比较多，而且彼此之间并非一定存在着矛盾或者对立，这时需要考生深入分析多个观点之间的关系，明确关系后确立自己的核心论点，从材料的各个分论点出发论证核心观点。

【例 8】

阅读下列材料，撰写一篇 700 字左右的论说文，题目自拟。

1999—2014 年，长江经济带工业废气排放量呈持续上升态势，2014 年工业废气排放量 251 432 亿立方米，其中，NO_x、SO_2、烟粉尘等大气污染物排放量分别为 666 万、679 万和 480 万吨，在全国相应污染物排放中占比分别达到 32%、34%和 28%，大气污染问题日趋严重。长三角和成都平原地区已成为我国雾霾天数最高的地区之一。环境污染成为长江经济带不可避免的问题，作为新时期国家三大发展战略之一，长江经济带是继我国沿海经济带之后最具活力的经济带，也是未来“中国经济的脊梁”。然而，长江经济带目前却面临严重的“重化工围江”局面：长江沿岸分布着 40 余万家化工企业、五大钢铁基地、七大炼油厂，以及上海、南京、仪征等大型石油化工基地。2007 年以来，长江流域废污水排放量突破 300 亿吨，相当于每年有一条黄河水量的污水被排入长江，长江经济带的环境承载力已接近上限。基于此，必须果断采取措施，破解长江经济带日益严峻的“重化工围江”难题。

参考答案

既要绿水青山，又要金山银山

众所周知，长江经济带沿岸的化工产业是各市支柱产业之一。但是，长期的不合理运营，粗放式增长，导致了“重化工围江”等问题，生态环境不堪重负。又何止长江沿岸？经济发展过程中的环境保护问题，已成为全国乃至全世界迫在眉睫的问题。对此，我们应该双管齐下，两方共抓——既要绿水青山，也要金山银山。

盲目追求经济增长，忽视保护生态环境，无异于竭泽而渔，杀鸡取卵。福建东港石化产业造成毒气泄漏，就为我们敲响了警钟。盲目追求经济发展，使得当地毒气蔓延，水域污染严重，危害到当地居民的生命安全。这种吃祖宗饭，断子孙粮的行为，是极其短视的。我们应该积极协调人与自然的关系，否则无异于自取灭亡。

单纯保护生态环境，放慢经济发展速度，无异于夏虫语冰，陆人谈海。随着经济和科技的迅速发展，地球村已不再是遥远的梦想。现在的世界，已经不再是我不污染，就不需要我治理的时代了。没有雄厚的经济实力，势必难以应对全球化的气候问题。到时候势必会形成越污染越贫穷，越贫穷越污染的恶性循环。

所以，我们应该运用自己的经验与智慧，促进二者协调、均衡、健康、可持续发展。群策群力，力图实现经济又好又快发展。事实上，经济发展和环境保护，有可能，也有必要协调起来，当年习近平带领梁家河村民打坝淤地造就的知青淤地坝，一方面可以增加耕地面积，发展农业生产，另一方面又可以保持水土，实现生态环境和保护与经济发展的良性互动。由此可见，生态环境问题是生产力要素之一，改善生态环境就是在发展生产力。

综上所述，新形势下，我们应该深刻认识到，保护生态环境与发展经济之间的互促共进关系，在尊重生态环境规律的基础上，合理利用生态环境推动经济持续健康发展，实现人与自然和谐相处。

解题思路

①文章的中心论点是“经济发展和环境保护同等重要，要一起实现”，这个中心论点是在考生阅读题目后全面理性看待两个事物之间多种关系的基础上形成的。

②文章提出了两个分论点，分别是“盲目追求经济增长，忽视保护生态环境，不可取”“单纯保护生态环境，放慢经济发展速度，也不可取”。

③两个分论点都是直接否定只重视单个事物或现象、忽略另一个事物或现象，从而肯定应当全面完整地分析两个事物或现象间的关系，支撑中心论点。

（四）辩证分析的写法

辩证分析是议论文常用的一种说理方法。所谓辩证是在分析某一观点或事物时，用两分法的思维方式或一分为二地认识事物，或者比较异同，或者思考整体与个体、侧面与正面的关系。辩证思维可以避免认识上的片面、孤立和绝对化，有利于对问题从现象到本质进行深入思考，也有利于明确作者的观点和主张。辩证分析常用的方式有三种：①用发展的眼光去分析某一问题，揭示事物的本质与规律；②运用事物间相互联系的观点去分析问题，在比较分析中思考问题、深化观点；③用一分为二的观点去分析、思考问题。

【例 9】

根据以下材料，自拟题目，撰写一篇 700 字左右的论说文。

有人说：山穷水尽的地方，往往就会“柳暗花明”；绝望的那一刻，往往是希望的开始；危机的尽头，往往就是转机。在人生的道路上，有很多事情都需要我们坚持不懈地付出努力。无论是学业的成功还是理想的实现，肯定会遇到很多挫折和困难，这时候千万别轻言放弃，要勇于面对，用一种乐观的永不妥协的心态，驱走你心中的阴霾，哪怕是一点点生存的希望也绝不要放弃。当你打算退却的时候，你要清醒地认识到，只要你再坚持一下，就能捕捉到转机，成功不仅仅是一瞬间的辉煌，还需要付出艰苦的努力。要知道奇迹源于不放弃！绝望的那一刻，往往是希望的开始；危机的尽头，往往就是转机。关键看你有没有那点耐心，坚持到底。这样的坚持往往是不会负你的，它会带给你不一样的成功，让你获得梦想中的魅力人生。

参考答案

危机就是转机

美国商务部发布公告称：美国政府在未来 7 年禁止美国公司向中兴通讯销售零部件、技术等。这可谓抛下一枚重磅炸弹。从中兴事件来看，芯片是中国企业的“痛”，但中国企业也为此感受到危机，从而激发创新动力和活力，把危机化为转机。

要勇于正视危机。小到个人，大到企业、国家，都会面临各种各样的危机。作为个体，在集体环境中生存，一定会面临工作与晋升的危机。企业亦是如此，宗庆后创立的娃哈哈食品集团公司在 2014 年开始走“下坡路”，因为半路杀出了“互联网+”。正是因为他正视危机，开发新产品，才得以让娃哈哈饮料再次进入消费者视野。当危机来临时，要有咬定青山不放松的精神，勇敢面对，迎接挑战。

要敢于创造转机。机会是给有准备的人留下的，出现危机时，其实正是创造了机会。出现危机并不可怕，当企业处于危机时，关键在于如何利用危机创造转机。海底捞的地沟油事件一经发现，一片哗然，但海底捞立即提出应对办法，保证一流品质和口碑，反而扩大了市场。由此可见，我们要善于抓住转机，及时调整策略。

化危机为转机，创造机会，这是企业长久生存的根本。10 年前，优衣库、H&M 等国外快时尚品牌进入中国，横扫中国服装市场。但从 2016 年开始，快时尚服装品牌在华增速集体放缓，在库存压力之下掀起一阵关店潮。但优衣库一直以追求稳定作风、坚持以用户为中心而著名，果断采取措施，连续两个年度创出历史新高。危机就是转机，把握住机会，就会看到希望的曙光。

所以，当危机出现时，把握机遇，迎接挑战，一定会出现转机，最后取得成功。

解题思路

①文章的中心论点是“危机就是转机”。

②文章提出了三个分论点，分别是“要勇于正视危机”“要敢于创造转机”“创造机会，化危机为转机”。

③三个分论点用辩证的、发展的、全面的眼光分析了危机和转机之间的辩证统一关系。

三、评论型论说文

评论型论说文是客观地分析或评论某一事物或事件的论说文，它是考试最具难度的题目类型之一，需要专门针对这一题型加以训练。下面选取例题介绍它的三种常见写法，以便帮助考生在短时间内掌握这一题型的特点，提高复习速度。请仔细阅读案例文章，并思考例文后的相关问题，就可以十分轻松地掌握不同的写作模式。

（一）赞成原文的写法

在评论型论说文中，较为简单的是赞成原文的写法。作者需要在立意中表明自己与材料中的观点一致。

【例 10】

根据下述内容，自拟题目，写一篇短文，评价丘吉尔的决策，说明如果你是决策者，在当时情况下你会做出何种选择，并解释决策依据。700 字左右。

二战时期，英国首相丘吉尔曾做出一个令他五脏俱焚的决定。当时，盟军已经破译了德军的绝密通信密码，并由此得知德军下一个空袭目标是英国的一个城市考文垂。但是一旦通知这个城市做出任何非正常的疏散和防备，都将引起德军的警惕，使破译密码之事暴露，从而丧失进一步了解德军重大秘密的机会。所以，丘吉尔反复权衡，最终下令不对这个城市做任何非正常的提醒。结果，考文垂在这次空袭中一半被焚毁，上千人丧生。然而，通过这个密码，盟军了解到德军在几次重大战役中的兵力部署情况，制定了正确的应对策略，并取得了重大军事胜利。

参考答案

为丘吉尔的决策点赞

二战期间，丘吉尔为了获得更多更有价值的情报，而选择弃车保帅，放弃了小镇考文垂。虽然考文垂损失惨重，但是盟军也因此获得了更大的胜利。有得有失，两相权衡，我认为，丘吉尔的决策是正确的。如果我是丘吉尔，我也会做出同样的选择。

首先，从经济学原理的角度来看，作为理性人，我们时时刻刻都面临着权衡取舍，选择了A就意味着放弃了非A，任何理性人在做出选择的时候，都会选择自己利益最大化的一面。在这个例子中，如果选择通知考文垂，那么就意味着放弃了获得更多的情报，如果选择获得更多的情报，就必须放弃考文垂。两相比较。任何一个理性人都会选择对大局利益最大化的一方，很显然，放弃考文垂才是最正确的决策。

其次，从具体的历史环境和条件来看，也许有人会说，这一选择对考文垂的居民不公平。持这种论调的人，只知其一，不知其二。战争是残酷的，是任何人都避免不了的。是战争，就免不了流血牺牲。虽然我们对考文垂的居民表示十二万分的惋惜，但是，在当时的情况下，这是不得不做的决定。作为领导者的丘吉尔，也是反复权衡，才做出这一决定。我们不能单纯站在考文垂的观点上批评丘吉尔，而应该站在一个更加宏观、更加具体的历史背景下来理解这一问题。

最后，从领导者的根本责任和权力来看，丘吉尔作为这次战争的领导者，其根本责任就是保证这场战争的胜利，为了保障这个责任，我们就应该允许丘吉尔有做出选择的权力。这种赋权在丘吉尔担任领导之前就已经完成了，所以，在不违背道德、法律约定的前提下，我们应该尊重领导者的选择。

综上，我认为丘吉尔的决策是正确的。我们应该为丘吉尔点赞。

解题思路

①文章的中心论点是“支持丘吉尔的决策，舍小利大”。

②文章提出了三个分论点，分别是“从经济学原理的角度来看，应该放弃考文垂”“从历史环境和条件来看，应该放弃考文垂”“从领导者的根本责任和权力来看，应当支持丘吉尔的决策，放弃考文垂”。

③三个分论点都是为了支持中心论点，赞成原文主张和观点。

（二）理性折中的写法

在评论型论说文中，较为复杂的是理性折中的写法。写不好容易给读者造成作者观点模糊、立意不清的误区。理性折中的评论型论说文是将题目中给出的两个观点不偏不倚、中立全面地看待，才能最终找出问题并客观公正地分析问题。

【例11】

根据下述内容，自拟题目写一篇短文，评价陶华碧女士的决策，说明如果你是老干妈的决策者，你会做出何种选择，并解释决策依据。可根据自己的经验、观察展开观点。全文700字左右。

老干妈自成立以来，17年营业收入增长80倍，中国辣椒酱行业第一，占行业份额14.36%。2017年营业收入4 549亿元，年纳税额7.55亿元。但是老干妈一直坚持不贷款、不融资、不上市的企业经营准则，其创始人陶华碧女士说：“上市那是欺骗人家的钱，有钱你就拿，把钱圈了，喊他来入股，到时候把钱吸走了，我来还债，我才不干呢。我打下的江山，我就把它做好，做专做精，我自己有多大能力就做多少事情。凭自己真本事做些事情，这样活得才有意义。自己打下一片天地，我觉得才是真本事，才有意义。”

参考答案

情有可原 理无可依

——评论老干妈“上市骗钱论”

老干妈的创始人陶华碧女士曾经公开表示“上市就是骗人钱”。这样的说法在网上引起很大争议，赞成者和反对者均有，经过仔细的分析，我认为：这一说法于老干妈来说是情有可原，但对于其他企业来说则是言而无据，接下来简要分析如下：

首先，老干妈是具有鲜明个人色彩的创业公司。公司的管理、运行，都有陶华碧的个人烙印，如果引入资本，这些落后于时代的管理制度，势必会造成领导层意见分歧，进而引发公司的分裂乃至灭亡。乔布斯被自己一手创办的苹果驱逐出去，就是前车之鉴。

其次，老干妈是具有核心品牌价值的食品公司。老干妈核心的品牌价值就是其风味独特的秘制配方，这个核心价值已经十分完善，不需要巨额资本支撑继续研发。这个企业特色也决定了这家公司，即使不上市也能快速发展。

最后，老干妈是具有浓厚传承经验的家族公司。老干妈是地道的家族企业，虽然在管理上有局限性，但是在秘方传承、品牌保护等方面，具有无与伦比的优势，如果引入资本，势必会冲击原有格局，得不偿失。

当然，老干妈的选择并不意味着“不上市”的抉择就是正确的，现代经济社会，企业通过上市扩大规模，融合资本，实现跨越式发展的事例比比皆是。退一万步说，老干妈真的上市了，可能会取得更大的成功。

所以说，我不同意老干妈的观点，但是表示理解和支持。

解题思路

①文章的中心论点是“情有可原，理无可依”，即理解这一现象或观点产生的缘由，但剖析了该现象或观点的不确定性。此类题目难度较大，要求考生以客观公正的态度分析和解决问题。

②文章提出了两个分论点：第一个是“老干妈企业特色、管理模式和企业文化等都使其不适合上市”，第二个是“现代企业通过上市扩大规模，融合资本，可以实现跨越式发展”。

③两个分论点从大的方面即企业发展形势应该“上市”，和个体实际情况“老干妈可以不上市”分别阐述，体现出理性折中的论说文写法。

（三）否定原文的写法

在评论型论说文中，否定原文的写法也较为简单。作者需要在立意中表明自己的观点与材料中的观点不一样，并且提出自己的观点，然后进行论证。论证时，表达的观点要有理有据才能让读者信服。

【例 12】

知乎上有个问题：有哪些年轻人千万不能做的东西？有个高人气的答案是这样的："年轻人不要碰的东西之一，便是能获得短期快感的软件。它们会在不知不觉中偷走你的时间，消磨你的意志力，摧毁你向上的勇气。"抖音的本质，就是以算法为内容的娱乐 App。你感兴趣的短视频会以信息流的形式成百上千地推到你的面前。每次短短几十秒，你不停地刷，每一个都是你感兴趣的，缺乏自制力的人，一刷几个小时是常事。朋友圈说的中了"抖音"的毒，一刷"抖音"三个小时都停不下来，就是来源于此。当然，不只有抖音，还有今日头条、快手、火山小视频等以精确的算法为核心的娱乐 App。一个 15s 的视频，如何在最开始的几秒内吸引住你？刺激，搞笑，具备这几个关键词就足够，而为了吸引流量，能在 15s 内做出具备这些关键词的视频，除了能带给你 1s 的快乐外，其他的所谓知识、感动、温暖，完全不可能有。而可怕的是，在这些海量的视频刺激下，你的笑点越来越高，生活中能带给你快乐和放松的方式越来越少，你就像是一个吸了精神鸦片的人。只恋上了那一款专为刺激你眼球而特别定制的，金玉其外败絮其中的东西。

你是否同意这样的说法？为什么？

参考答案

驳"抖音正在毁掉下一代"

近年来，互联网行业发展迅速，各种短视频平台兴起，其中，抖音 App 下载火爆，一度超过 Facebook，成为苹果商店应用程序下载量世界第一的软件。全民看"抖音"的现象很普遍，而有人提出"抖音正在毁掉我们的下一代"。这种危言耸听的论断不太合理，而抖音、快手等短视频程序可以通过把控导向、提高质量来获得全新和持久的发展。

首先，短视频平台需要严守"导向关"。导向是观念、思想上的关卡，进行社会主义精神文明建设，提高文化自信，离不开互联网的宣传推广作用。例如，央视推出《假如国宝会说话》纪录片，抖音作为其新媒体合作伙伴，跟央视一起发起"给我五分钟，展现全新国宝，向世界打招呼"的活动，吸引了更多的年轻人关注传统文化。正确的文化导向，是提升文化自信的前提。

其次，短视频平台需要严控"质量关"。有些批评抖音的言论比较夸大，认为"抖音祸害下一代"，是因为目前短视频平台存在一些不合理的、质量低下的内容，比如炫富、脏话、低级恶搞、虐待动物等。青少年模仿能力强，对事物分辨能力较弱，在平台内容制作上，需要互联网企业加强规划、及时清理。抖音软件有一项栏目"正能量"。大至林俊德院士临终前的感人视频，小到街边路人关爱环卫工人的插曲，平台的导向对社会和谐文明的普及有正向作用。

最后，短视频平台需要严肃“娱乐观”。21世纪是网络信息新时代。短视频的传播效率为各行各业都带来了新的机遇和挑战。抖音经常会有某个旅游景点及相关的旅游配套设施的视频，这是对第三产业的合理推广。而数不清的“网红餐厅”“网红商场”等，也由于抖音而被大众接受。短视频平台的娱乐性，在形式上的简便、快捷、直观，给各行业都带来了成本较低的机会。不单是单纯娱乐，而是合理引导大众，就能够带来恰当正确的消费观。

综上，短视频平台发展势头正强，需要企业平台严肃导向问题，把控制作内容的质量，将娱乐化导向文化发展和文化自信。而“抖音正在毁掉下一代”片面夸大了平台不完善的地方，实属言论不当。

解题思路

①文章的中心论点是“反对‘抖音正在毁掉下一代’”。

②文章提出了三个分论点，分别是“短视频平台需要严守‘导向关’”“短视频平台需要严控‘质量关’”“短视频平台需要严肃‘娱乐观’”。

③“抖音”确实有需要完善的地方，但只要不断改进，就能够成为文化发展和文化自信的重要媒介，因此，“抖音正在毁掉下一代”的观点是不准确的。

第三节　论说文写作方法

一篇精彩的论说文是考生综合能力的体现，也是考生知识文化素养的积淀，要求考生从各个方面做好准备。一是要掌握好基础学科知识，包括一般的经济学和管理学原理；二是对论说文的文体有清晰准确的认识；三是积累和丰富论说文的素材库，包括理论和案例的内容，有理论的积淀也有实践的融合；四是训练自己论证问题的能力，运用简单精练的文字表达出丰富、充实的内涵，从而论证核心观点；五是掌握若干论说文写作的具体方法，为论说文写作奠定基础。

一、培养论说文写作能力需做五个准备

王鼎钧先生曾说：“跟人家讲理的文章就是论说文。”论说文是作者通过分析做出判断，表达自己见解和主张的文体。想要写一篇被读者认可或者接受的论说文，就要培养作者技术层面（文笔、语言、逻辑等）和非技术层面（思想、观念、认知等）两方面的素养。培养这两个层面的素养，需要做以下五个方面的准备。

（一）多做扩展阅读

读书是获取知识、素养、能力最简单有效的方法。通过读书可以为论证储备

知识，在读书过程中形成自己对世界的认知和感想，在知识积淀中形成对一些社会问题的基本看法。考生的认识水平达到什么程度主要体现在平时积累的阅读量，这种认知水平需要长期的积淀才能形成。有多少知识储备，议论才能达到相应的层次，所以论说文是一个人思想和知识的自然流露。

一个不读书、不思考的人也能写论说文，但理论水平永远只能停留于非常浅显的道德批判层次，或者义愤填膺地批评某种东西不道德，简单地为某个素养叫好，而不能超越简单的好坏、明显的是非，做出更有价值的阐述和判断。只有多读书才能形成问题意识，具备问题意识才能有感而发，针对材料写出一篇有独特视角的文章，而不是绞尽脑汁地“挤”出一些牵强的观点。所以读书是培养问题意识的最好途径，只有对社会有真实的、深刻的问题意识，审读材料时才不会被信息湮没，才能够形成自己独到而深刻的观点。

（二）保持关注时事

1. 历年真题与时政的关系

（1）2019 年管理类联考真题与时政的关系

2019 年管理类联考论说文的话题是“真理与论辩”，为什么会考这个话题呢？

2018 年是我国改革开放 40 周年。1978 年 5 月 11 日，《光明日报》发表本报特约评论员文章《实践是检验真理的唯一标准》，由此引发了一场关于“真理标准问题”的大讨论。

1978 年 6 月 2 日，邓小平在全军政治工作会议上讲话，再次精辟地阐述了毛泽东的“实事求是”“一切从实际出发”“理论与实践相结合”的马克思主义根本观点和根本方法。1978 年 12 月 18—22 日，党的十一届三中全会确定了改革开放政策。

了解了这一背景，你当然也就明白了为什么突然会考“真理与论辩”。

（2）2018 年管理类联考真题与时政的关系

2018 年管理类联考论说文的话题是“人工智能”。为什么考这个话题？

2017 年被《华尔街日报》《福布斯》等报刊称为“人工智能（AI）元年”。

2017 年百度发布该年度搜索榜单十大科技事件，“AlphaGo 对战柯洁”“智能音箱热卖”“无人驾驶汽车上五环”，这三大 AI 事件入围百度 2017 科技热搜，而且“AlphaGo 对战柯洁”更是排名第一。

但更为重要的是，2017 年“人工智能”首次被写入政府工作报告，将人工智能上升为国家战略。

（3）2016 年管理类联考真题与时政的关系

2016 年管理类联考论说文的话题是“多样性与一致性”。这段材料出自亚里士多德的《政治学》一书。在这本书里，亚里士多德讨论了城邦的起源、目的、本质、原则等多方面的话题。当年在考场上面对此话题的同学，多数感觉无从下笔，认为这一年的题目出得太“偏”了。为什么这一年会出如此“偏”的一道题呢？

2015年5月，习近平总书记在中央统战工作会议上发表重要讲话："做好新形势下统战工作，必须正确处理一致性和多样性关系，关键在于坚持求同存异。"

（4）2015年管理类联考真题与时政的关系

2015年管理类联考论说文的话题是"仁和富"，其实就是义利观的问题。为什么会考这么一个话题呢？

习近平总书记在2014年7月访问韩国，在韩国国立首尔大学发表题为《共创中韩合作未来　同襄亚洲振兴繁荣》的演讲，他提道："倡导合作发展理念，在国际关系中践行正确义利观。国不以利为利，以义为利也。"在国际合作中，我们要注重利，更要注重义。

（5）2009年管理类联考真题与时政的关系

2009年管理类联考论说文的话题是"由三鹿奶粉事件所想到的"，考这个话题的原因很明显，因为2008年的"三鹿奶粉事件"举国震惊。

（6）2016年经济类联考真题与时政的关系

2016年经济类联考论说文的话题是"延长退休年龄"。为什么会考这一话题呢？因为，在2015年年初，我国人力资源和社会保障部（简称"人社部"）部长尹蔚民对外公开了延长退休年龄的时间表。他表示，人社部争取2015年完成延迟退休方案制定，2016年报经中央同意后征求社会意见，2017年正式推出。方案推出至少五年后再渐进式实施。这一话题在该年度引发了大量的讨论。

2. 针对时政的备考准备

综合上面的统计，我们可以发现，联考的命题确实会受到时政的影响。很多情况就是引用当年的时政热点话题。

如何掌握时政热点呢？

第一，可以关注国家重点时政舆论媒体：①下载"人民日报App"，尤其关注其中的评论性文章；②关注公众号"人民日报"或者"人民日报评论"，尤其关注"人民论坛""人民时评"等栏目；③关注《参考消息》这类主要报刊，它全方位、多视角报道国内外最新新闻。

第二，在关注时政热点的同时要有自己的观点和看法。针对热点新闻可以尝试进行思考和分析，做出你对这件事情的评价，逐渐养成一种分析思维的习惯。

第三，关注时政时可以和老师、家长或者一起考研的同学探讨，在切磋和沟通中形成一定的思辨能力。

总之，持续并习惯性地关注时事，写出的文章观点更有现实感，文章也更有现实的穿透力和说服力。

（三）学习行文母题

行文母题即一定的论说文行文套路。世界上的任何学科都有规律，比如物理学、化学、管理学、经济学，写作与这些学科相比，也有自己的特殊性和规律性，如若将这些特殊规律总结出来提炼成反复使用的题目，就是母题。将管理决策的目标与收益、成本与风险、条件与约束、方法与行动，以及管理者为了做出好的决策所具备的基本素养，编成具有通用性、可以一题多用的话题，就是论说文的母题。

（四）多练并反复修改

经常说“熟能生巧”，在论说文的写作中也同样适用。论说文写作需要反复训练，才能掌握其中的技巧，文章也会越写越顺、越写越好。通过反复练习，可以有效提升语言表达能力。通过多加练习和反复斟酌修改，考生可以形成自己的写作风格。优秀的论说文风格就是公允而非中庸、执着而不自负、包容而不失原则、成熟而不圆滑，符合常理但不流于肤浅，智慧而不是耍小聪明、深刻但不苛刻、自信而非情绪化、激情而不滥情、谨慎而不保守、冷静而不冷血，出人意料而又在情理之中。

（五）提升表达效率

材料作文是依据题干写出的论说文，在写作开头就得引题干，而且不能超过100字，最好的引法是缩写和提炼。把想论证的关键点从材料中提炼出来，旗帜鲜明地亮出自己的观点，这也是提升表达效率的客观要求。

为了提升表达效率，在写作中要尽可能少用修辞和铺陈。因为修辞和铺陈很大程度上只是表达、渲染某种情感，无助于说理，不能陷于这种修辞和铺陈所组合的煽情中。因此，要少用修辞和铺陈，要强化论证的核心内容。

写论说文一定要有全局性的节奏和结构意识，不能天马行空，要有起承转合，做到心中有数。

下面是提升表达效率的几个具体要求：

①引述题干时要尽可能简洁。当然，不能为了简洁而断章取义。

②开始就要向阅卷者言简意赅地亮出自己的观点。注意，言简意赅就是观点要短，最好能精练成一句话，让阅卷者很清晰地把握观点。

③论述中引述别人的观点和题干事实时，要尽可能地简略，否则会给人拖沓之感，影响论说文的节奏感。

④本论部分的行文应该有层次感，或并列或递进，不要在一个论点上进行反复论证，否则会给人拖沓感。

⑤最好在结尾处以引人注目而又不让人有重复之感的方式重申核心观点。研究表明，前后呼应的“首尾效应”有利于加深读者对观点的印象。

二、论说文写作的具体方法

学习写论说文，需要从审题立意开始，从研究标题、开头、论证结构、结尾和语言这几个细节入手，逐步掌握论说文写作的具体方法。

（一）审题

1. 审题原则

认真审题是写作的根本原则，如果一篇文章写跑题了，哪怕文章再好，也难以得到高分；如果文章审题到位，立意深刻，就很容易得到高分。审题要注意抓住主题词、关键词、关键句和关键事件。

2. 审题方法

第一，明确命题方式。联考论说文有两种命题方式：材料作文和命题作文。所谓材料作文，一般都是给定一段材料，要求考生根据材料选择一个话题进行写作。所谓命题作文，就是给定写作题目，考生根据给定的作文题目，自己进行构思，展开写作。

第二，明确写作要求。论说文有不同的写作要求，考生在审题时，主要应关注作文字数、作文题目、是否有特殊要求。

第三，明确文章体裁。考生在审题过程中，需要审清题干对文章体裁的要求，联考对于文章体裁的要求主要有两类：明确指出体裁和文体自选。

第四，确定立意。考生可以用材料的观点立意，也可以用话题关键词立意。如果立意时未提及话题关键词，很可能会出现离题的情况。

第五，选择能体现自己思维水平的角度，同时要考虑材料的匹配程度，切题地分析材料。只是就事论事，则文章的格局不够，而超越材料、离题万里也不行，二者要兼顾，一个优秀的管理者既要有宏观战略、长远的眼光，也要有微观眼光和细节执行能力。

3. 审题的示范

【例 13】

论说文：根据下述材料，写一篇 700 字左右的论说文，题目自拟。

20 世纪中叶，美国的波音和麦道两家公司几乎垄断了世界民用飞机的市场，欧洲的制造商深感忧虑。虽然欧洲各国之间的竞争也相当激烈，但还是采取了合作的途径，法国、德国、英国和西班牙等决定共同研制大型宽体飞机，于是“空中客车”便应运而生。面对新的市场竞争态势，波音公司和麦道公司于 1977 年一致决定组成新的波音公司，以此抗衡来自欧洲的挑战。(2013 年管理类联考真题)

解题思路

这道题很容易被写成“合作”主题，但是这样审题是不全面的。题干第二句话出现了转折连词“但”，其后谈的是“合作”，但考生还要注意到题干两次提到了“竞争”，最后一句话的“抗衡”和“挑战”这两个词也是“竞争”的同义词。因此，这道题只有审出“竞争合作”这个主题才算切题。

【例 14】

论说文：根据下述材料，写一篇 700 字左右的论说文，题目自拟。

一个真正的学者，其崇高使命是追求真理。学者个人的名利乃至生命与之相比都微不足道，但因为其献身于真理，就会变得无限伟大。一些著名大学的校训中都含有追求真理的内容。然而，近年学术界的一些状况与追求真理这一使命相差甚远，部分学者的功利化倾向越来越严重，抄袭剽窃、学术造假、自我炒作、沽名钓誉现象时有所闻。(2010 年管理类联考真题)

解题思路

显然，题干第一句话是中心句，段落中间的“然而”提示了考生行文分析的方向。考生应该以“追求真理”为目标，分析为什么出现了这么多负面现象，并且提出解决办法。

（二）立意

立意就是根据题目或材料要求，选择适当角度，确立中心论点。一篇论说文能否写好，很大程度上取决于能否选择一个合情合理的中心思想。立意是将审题思路具体表现出来的过程，直接决定着文章的成败。如果说审题是解决观点准确的问题，那么立意就是解决观点深刻的问题。立意时要善于将千言万语浓缩为一句话，同时立意要稳，切勿标新立异。

1. 立意要求

（1）紧贴材料，寻找关键词

考生在论点中提出的新概念，最好紧贴材料，覆盖范围。“紧贴材料”是指选题的角度不能过大。选择的角度太大，必然涉及面广，就容易面面俱到，泛泛而谈。紧贴材料虽然文章角度很小，主题却很集中，由小见大，立意十分深刻，正所谓“一滴水也能折射出太阳的光辉”。“覆盖话题”指的是覆盖材料所给出的关键词。例如，2010 年管理类联考真题，考生立意时必须包含“追求真理”这个关键词，如“追求真理，贵在制度建设”；2011 年管理类联考真题，考生立意时最好同时涵盖“拔尖”和“冒尖”两个关键词，如“拔尖诚可贵，冒尖价更高”；2016 年管理类联考真题，考生的立意应该将题干中的三个话题关键词“多样性”“一致性”“教育”全面覆盖，如“用教育保障一致性，推动社会多样繁荣”。

（2）要有主张，揭示寓意

“要有主张”，指如果考生只是给出了论题，那么就无法让阅卷者第一时间把握住考生的主张，文章就会显得论点不清、条理紊乱、没有中心、不知所云。所以，考生要在首段明确自己的主张，形成自己的观点。

“揭示寓意”指在论点中引申、升华材料的寓意。“揭示寓意”可以通过探求材料的引申义、比喻义进行。

引申义是由原义引申出来的新义，这种新义与原义有某种相关性。如 2014 年管理类联考论说文材料，题目讲的是“雌孔雀的选择”，但考生不能就题论题，必须结合实际引申出“防范风险”的立意。引申义一定要自然，顺理成章，不可牵强附会，生拉硬拽。

比喻义就是以彼物比此物，两者之间有某一相似点。立意时必须找准这个相似点，否则文章会离题，不符合作文的要求。假如作文材料题面上讲的是“两个和尚挖井”的故事（2006 年 MBA 联考真题），但这材料的本身却是个喻体，所蕴含的喻旨是“居安思危”。如果只着眼于喻体本身，就止于表面，与文章的要求背道而驰。

（3）价值观正确，正向主张

有的考题提出了自己的主张，但这个主张是负面的，没有指明正确的认识方向，所以算不上真正的主张。这就要求考生在立论时，尽量避免使用否定词。

“立场鲜明”是通过审题，揣摩命题者意图，按照“思想健康”的要求，在论点中明确支持什么、反对什么，主要目的是方便阅卷者第一时间把握作者的主张。对同一个问题，立场决定态度，这个立场就是要尽早想清楚并且提出来的，否则行文思路难免混乱。

（4）单一论点，简洁明确

在论说文中，一篇文章应该集中地讨论一个主题，要让阅卷者对作者的主张一目了然。论说文的中心论点可以“一言以蔽之”，即用一两句话明确中心论点。论点句最好在10个字以内（或者10个字左右），例如“治学必先明志”这个论点就非常简洁清晰，能够给阅卷者留下深刻印象。

（5）少用修辞，恰如其分

说到修辞，有的考生可能觉得自己并不擅长，但论说文的高分并不以文采为准，反之，有些考生在论点中写了比喻句，意思显得含混，反而弄巧成拙。

2. 立意方法

论说文从头到尾持续地、坚定不移地表达一个论点，这看似简单，其实并不容易。它是写作训练养成的能力，既是一种思考能力，也是一种表达能力，可以通过一定的方法训练实现。

（1）提炼中心法

这种方法的本质就是根据所给材料进行总结与分析，明确材料的中心论点，再根据材料的论证中心，展开自己的中心论点。

【例15】

论说文：阅读以下文字，写一篇论说文，题目自拟，700字左右。

2010年春天，已持续半年的干旱让云南很多地方群众的饮水变得异常困难，施甸县大亮山附近群众家里的水管却依然有清甜的泉水流出，他们的水源地正是大亮山林场。乡亲们深情地说：“多亏了老书记啊，要不是他，不知道现在会是什么样子。”

1988年3月，61岁的杨善洲从保山地委书记的岗位上退休，婉拒了省委书记劝其搬至昆明安度晚年的邀请，执意选择回到家乡施甸县种树。20多年过去了，曾经山秃水枯的大亮山完全变了模样：森林郁郁葱葱，溪流四季不断；林下山珍遍地，枝头莺鸣燕歌……

一位地委书记，为何退休后选择到异常艰苦的地方去种树？“在党政机关工作多年，因工作关系没有时间去照顾家乡父老，他们多次找过我也没给他们办一件事。但我答应退休后帮乡亲们办一两件有益的事，许下的承诺就要兑现。至于具体做什么，考察来考察去，还是为后代绿化荒山比较现实。”关于种树，年逾八旬的杨善洲这样解释。（2011年论说文写作考试真题）

这篇材料的立意就可以采取提炼中心法，材料主要叙述了杨善洲同志为人民群众办实事的故事，这个故事的背后也就是这个故事的中心——杨善洲同志为人民服务，甘愿奉献的精神，故可以将写作主题确定为奉献、为人民服务等。

（2）关键词句法

这种方法的本质就是抓住材料中反复出现的关键词句大做文章，一般说来，关键词都出现在材料的中心论点中。

【例16】

论说文：阅读以下文字，写一篇论说文，题目自拟，700字左右。

2012年7月6日《科技日报》报道：我国主导的TD-LTE移动通信技术已于2010年10月被国际电信联盟确立为国际4G标准。TD-LTE是我国自主创新的第三代移动通信技术TD-CDMA的演进技术。TD-CDMA的成功规模化商用为TD-LTE的快速发展奠定了坚实的基础。目前，TD-LTE已形成由中国主导、全球广泛参与的产业链，全球几乎所有通信系统和芯片制造商都已支持该技术。在移动通信技术的1G和2G时代，我们只能使用美国和欧洲的标准。通过艰难的技术创新，到3G和4G时代，中国自己的通信标准已经成为世界三大国际标准之一。(2012年论说文写作考试真题)

在这段材料中，前面关于通信技术的确立是铺垫，真正的关键句是最后一句，即我国通过艰难的技术创新，在3G和4G时代取得重要成就，那么作文的核心就应围绕着创新、科技创新展开。

【例17】

请结合下列材料，以“绿色家园”组织的名义，给全国的企业经理写一封倡议书，并在倡议书前添加合适的标题文字，700字左右。

改革开放以来，中国经济发展的速度举世瞩目。据国际货币基金组织的统计，在188个国家与地区中，1980年，我国按美元计算的GDP位列第11位，只是美国的7.26%，日本的18.63%；从2010年起位列世界第2位，成为世界第二大经济体；到2012年我国的GDP是美国的52.45%，日本的137.95%，与30年前不可同日而语。然而，从能源消耗看，形势非常严峻。1980年，我国能源消耗总量为6.03亿吨标准煤，到2012年增加到36.2亿吨，为1980年的6倍；按石油进口的排名，1982年我国在世界排名第43位，从2009年起上升到第2位，而且面临继续上升的困境。与能源消耗相关的污染问题也频频出现，引起全国民众和政府的极大关注。能源消耗和污染问题已经成为阻碍我们实现中国梦的两个难关，对此，我们要群策群力，攻坚克难。(2013年论说文写作考试真题)

文中大量罗列了经济发展的指数，但是文章的重点却是“能源消耗和污染问题已经成为阻碍我们实现中国梦的两个难关，对此，我们要群策群力，攻坚克难”。立意时就要结合这两大主题：节约资源，保护环境。

（3）由果溯因法

这种立意方法的本质是根据材料中出现的问题或者结果入手，进一步思考产生该问题的原因，并将原因作为中心论点进行重点阐释。

【例 18】

根据以下材料，自拟题目，撰写一篇 700 字左右的论说文。

在滑铁卢战役的第一阶段，拿破仑的部队兵分两路。右翼由拿破仑亲自率领，在利尼迎战布鲁查尔；左翼由奈伊将军率领，在卡特勒布拉斯迎战威灵顿。拿破仑和奈伊都打算进攻，而且，每个人都精心制订了对各自战事而言均为相当优秀的作战计划。不幸的是，这两个计划都准备命令格鲁希指挥的后备部队从侧翼给敌人以致命一击，但他们事前并没有就各自的计划交换意见。当天的战斗中，拿破仑和奈伊所发布的命令又含糊不清，致使格鲁希的部队要么踌躇不前，要么在两个战场之间疲于奔命，一天之中没有投入任何一方的作战行动，最终导致拿破仑惨败。(2004 年论说文写作考试真题)

这一材料描述了一个后果，即“拿破仑惨败”，考生在立意时就要去思考，拿破仑惨败的原因是什么。材料中已经指出是因为“这两个计划均打算用格鲁希指挥的后备部队，从侧翼给敌人以致命一击，但他们事前并没有就各自的计划交换意见”，所以立意时就要侧重于加强团队内部沟通来进行思考与写作。

【例 19】

根据以下材料，写一篇 700 字左右的论说文，题目自拟。

《动物世界》里的镜头：一群体型庞大的牦牛正在草原上吃草。突然，不远处来了几只觅食的狼。牦牛群奔跑起来，狼群急追……终于，有一头体弱的牦牛掉队，寡不敌众，被狼分食了。

《动物趣闻》里的镜头：一群牦牛正在草原上吃草。突然，来了几只觅食的狼。一头牦牛发现了狼，它的叫声提醒了同伴。领头的牦牛站定与狼对视，其余的牦牛也围在一起，站立原地。狼在不远处虎视眈眈地转悠了好一阵，见没有进攻的机会，就没趣地走开了。(2009 年论说文写作考试真题)

同样是面对狼群，牦牛群截然不同的反应造成了不同的后果，那么是什么原因呢？很显然：团结。立意时要结合团结进行分析。

(4) 集中立意法

集中立意法的本质就是立足于材料或命题，在材料或命题限定的众多主体范围之内，集中、准确地选择最合适的立意或主题。

【例 20】

论说文：根据下述材料，写一篇 700 字左右的论说文，题目自拟。

亚里士多德说：“城邦的本质在于多样性，而不在于一致性。……无论是家庭还是城邦，它们内部都有着一定的一致性。不然的话，它们是不可能组建起来的。但这种一致性是有一定限度的。……同一种声音无法实现和谐，同一个音阶也无法组成旋律，城邦也是如此，它是一个多面体。人们只能通过教育使存在着各种差异的公民统一起来，组成一个共同体。”(2016 年论说文写作考试真题)

这段材料明显包含着三层含义：第一，城邦发展要强调多样性；第二，城邦发展需要一致性；第三，教育的重要意义。这三个主题，考试时不用面面俱到，只要集中一点进行分析即可。

（5）对比分析法

对比分析法的本质就是通过正反两方面的对比，得出一个辩证的观点，并作为文章的主题进行分析与写作。

【例 21】

根据以下材料，自拟题目，撰写一篇600字左右的论说文。

一位旅行者在途中看到一群人在干活，他问其中一位在做什么，这个人不高兴地回答：没有看到我在敲打石头吗？若不是为了养家糊口，我才不会在这里做这些无聊的事。旅行者又问另外一位工人，他严肃地回答："我正在做工头分配给我的工作，在今天收工前我可以砌完这面墙。"旅行者问第三位，他喜悦地回答："我正在盖一座大厦。"他为旅行者描绘大厦的形状和结构，最后说："再过不久，这里就会出现一座宏伟的大厦，我们这个城市的居民就可以在这里聚会、购物和娱乐了。"（2004 年论说文写作考试真题）

针对同样一个问题，三个人给出了截然不同的回答。在针对这个材料立意的时候，考生可采取对比立意法，通过前两位工人的回答，衬托出第三位工人具有长远目标，热爱本职工作等。

（6）明确褒贬法

明确褒贬法的本质就是看清材料中的褒贬态度，认清材料所阐述的态度方向，根据材料给定的态度进行立意。

【例 22】

根据下述材料，写一篇700字左右的论说文，题目自拟。

一个真正的学者，其崇高使命是追求真理。学者个人的名利乃至生命与之相比都微不足道，但因为其献身于真理，就会变得伟大。一些著名大学的校训中都含有追求真理的内容。然而近年学术界的一些状况与追求真理这一使命相差甚远，部分学者的功利化倾向越来越严重，抄袭剽窃，学术造假，自我炒作，沽名钓誉现象时有所闻。（2010 年 1 月论说文写作考试真题）

这一材料明显分为前后两部分，显然考生应该从立足追求真理，拒绝学术腐败的角度进行书写，这样才更符合材料要求的本质。

（7）关系分析法

关系分析法的本质就是在文中阐释出命题所给出的两个关键词的关系，并以此作为整篇文章的框架。

【例 23】

近些年来，新闻媒体经常报道公开招考公务员，乃至招考厅局级干部的消息，这同我国传统习惯中的"伯乐相马"似乎有了不同。

请以"相马""赛马"为话题，写一篇600字左右的论说文，题目自拟。（2001 年论说文写作考试真题）

在立意的时候，我们就要分析"相马"与"赛马"的关系，并由此出发，组织全文。

（8）直接阐述法

直接阐述法是指直接按照题目要求写作。

【例 24】

“读经不如读史”。对上述观点进行分析，论述你同意或不同意这一观点的理由，可根据经验、观察或者阅读，用具体理由或实例佐证自己的观点。题目自拟，全文 500 字左右。（2003 年论说文写作考试真题）

（三）标题、开头和结尾

行文结构对于整个论说文写作有着举足轻重的地位，即在审题、立意后快速构思结构，然后填充文章内容。论说文包括四个部分：标题、开头、本论和结尾。

第一，标题。它是中心论点，可以反映文章的立意，以此突出中心。标题要言简意赅，严格控制字数。语言越简短，越容易吸引阅卷者注意，如果题干规定是命题作文，就直接写题目规定的标题。一个好题目，首先要求能恰如其分地反映论说文主题或内容的精神实质，同时要求整齐和谐、简洁明快，让阅卷者在短时间内把握考生的中心论点。除非碰到命题作文的要求，否则，最好采用论点型标题。题目要用简洁的文字，传达尽可能多的信息，标题要有简洁清晰之美，可用概括性的语言清晰地勾勒出文章的轮廓，使人一目了然。

第二，开头。开头一般由引材料句+过渡句+论点句三句组成。

【例 25】

近年来，互联网行业发展迅速，各种短视频平台兴起，其中，抖音 App 下载火爆，一度超过 Facebook，成为苹果商店应用程序下载量世界第一的软件。（引材料句）全民看“抖音”的现象很普遍，而有人提出“抖音正在毁掉我们的下一代”。（过渡句）这种危言耸听的论断不太合理，而抖音、快手等短视频程序可以通过把控导向、提高质量来获得全新和持久的发展。（论点句）

第三，结尾与标题对应。结尾这一段话，就是概括性很强的语言，它不再是对事实的具体描述，不再涉及具体的人和事，而是总结出规律性的、抽象的、理性的认识。由于它具有概括性，所以它所阐明的道理，可以适用于科学的一切领域和所有从事科学事业的人。

（四）本论的结构

1. 本论结构的原则

①正确反映客观事物的发展规律和内在联系。论说文要明确总论点和分论点以及各分论点之间的关系，依据它们的关系来安排合理结构。

②必须服从于表现主题的需要。论说文的主要特点是摆事实、讲道理，在结构上的要求是条理清晰、逻辑严密，做到严谨、自然、完整、统一。

2. 本论构成的要点

论说文是要提出问题、分析问题、解决问题的，只有这样，一篇文章才有其现实价值。因此，文章首先应该指出问题，然后谈分析和解决问题。考生可以在本论部分安排四个段落，分别对应“是什么”“为什么”“怎么办”“会如何”，这是基本思路。

“是什么”不用对通俗常识性的概念进行解释，只需要简单明确地提出你的论点是什么即可，没必要对“是什么”进行详细解释。在做题时本部分不能遗漏，但可以简化。

“为什么”的本质是分析事物事件的利害关系，马克思说：“人们奋斗所争取的一切，都同他们的利益有关。”因此，大多数的行为都可以用“趋利避害”来解释。除了对个人的利害进行把握，还需要把它上升到社会利害层次，判断这个事件或者这个行为“为什么”会这样。

“怎么办”是解决问题的关键，是考查考生管理者素养、企业管理能力和社会治理观点见解的主要方式。

“会如何”是考查考生对事物发展规律的基本判断，解决问题的方式方法不同，带来的结果也就不一样。因此，要有一定的对事物或行为发展方向的判断能力。

（五）行文的逻辑

1. 段落的层次

论说文段落的要求是单一、完整、长短适中。所谓单一，就是段落的内容要相对集中，避免太复杂，不能“一段到底”，抓不住要领；所谓完整，就是一个段落要表达一个完整的意思，有相对独立性，不能把一段能写完的意思分成几段写，词不达意，显得支离破碎。

2. 语句的衔接

使用连接词是实现论说文内部语句连贯性的一种语言手段，同时，它也直接反映着论说文内在的层次关系和结构，从而体现了某些一般规律。总体来看，论说文行文中的连接词主要表达以下八种关系。

（1）并列关系

表示并列关系的词有：首先……其次……，又，同样，还，也，同时，又……又……，不是……而是……，一方面……另一方面……，等等。

（2）承接关系

表示承接关系的词有：便，接着，就，于是，跟着，然后，后来，首先……然后……，起先……后来……，等等。

（3）层递关系

表示层递关系的词有：况且、不仅如此、而且，等等。例如《祝老师节日快乐，愿教育更加公平》这篇文章，第三段有这样一句话：“尊重老师，重视教育，从来不是9月10日这一天时间就能够淋漓尽致得以展现的，当然更不能够只擅长和只剩下那些习以为常的应景举措和震天呐喊。”这句明显具有过渡功能的句子，由此结束了文章开头表达感激和谢意的意思，而进入了核心议题，关注教育质量与教育公平。

（4）选择关系

表示选择关系的词有：是……还是……，是……或者是……，等等。

（5）转折关系

表示转折关系的词有：但、但是、可是、却、然而、尽管、只是、不过、幸亏、倒是，等等。例如，①一般人常常以为，对任何问题不求甚解都是不好的。②其实不尽然。③我们虽然不必提倡不求甚解的态度，但是，盲目地反对不求甚解的态度同样没有充分的理由。上例①②句间用“其实”连接表示轻微的转折，而③句先用“虽然”做了让步，以“但是”做了转折。

（6）因果关系

表示因果关系的词有：因为、所以、因此、因而、之所以、既然……那么……，等等。

（7）条件关系

表示条件关系的词有：只有……才……，才能，才会，等等。例如：①运用语言不单纯是语言问题；②你要描绘好一个人，就必须热爱他，钻到他心里去，和他同感受、同呼吸，然后你就能够替他说话了；③这样写出的语言才能是真实的、生动的。上例的①②句讲的是条件，③句讲的是在上述条件下会发生的情况，“才能”是这种条件关系的连接词语。

（8）目的关系

表示目的关系的词有：为了、以达到，等等。例如：为了促进长期的经济增长，需要简化繁杂的所得税制，继续保持减税政策。

（六）本论的论据

论证有效性分析是分析别人的论证有什么问题，为什么有问题，而论说文则是论证自己的观点为什么正确。一正一反本质都是“论证”。论证要通过论据实现，它是素材的积累，可以是具体事实和案例，也可以是理论材料，包括前贤今人经过实践证明了的至理名言，如警句、格言、谚语等，或者科学上的原理、规律等，论据还可以是统计数字等。

论据要充分。即使是真实的论据，如果不全面，就不具备较强的说服力。不能简单地在一个观点下罗列几个事实，要精心运用所举的事实，结合对事例的叙述用精练的语言把包含于案例中的丰富意思体现出来，以深化中心论点。

论据要新鲜。从心理学的角度来分析，新的东西总是吸引人的，对旧的论据阅卷者不会很感兴趣，自然也就影响文章说服力。

论据要在论证中使用，即与分析、综合、逻辑论证一起使用。必须注意所引理论本身的精确含义，注意材料与观点的统一。

（七）语言的雕琢

1. 语言要通顺准确

（1）使用清晰的语言

使用清晰的语言就要避免出现歧义，当语境不能使歧义词清晰地消除歧义时，论证就会出现问题。歧义通常可能导致两种不良后果：一是导致无意义的论证或论辩，二是生成正确论证的假象。论证者的论证可能建立在某个关键词语的歧义上，导致论证者处于两难境地。消除歧义，保证使用清晰的语言，就要杜绝模棱两可的词句。

（2）使用精确的语言

所谓精确，就是使用的概念要准确，做出的判断要恰当，进行的推理要符合逻辑。论说文的语言表达要力求用最确切、最恰当的词汇，准确地反映客观事物的实际情况，清晰地表达自己的思想感情，要力求用最少的语言表达最大容量的内容，做到言简意赅。论说文是一种思想性、逻辑性都很强的文体，遣词造句必须准确、严密。一篇具有感人力量的论说文，应该体现准确严密的语言特色。准确有三点要求：一要词义相符，二要概念明确，三要判断恰当。

（3）使用有针对性的语言

语言直接影响说服效果。论证作为一种交际方式，它总是预设某些特定的听众或回应者，要取得效果，这种说服使用的语言必须是适合于欲被说服的对象，显然，听众或回应者是科学家群体，还是一般公众，论证所使用的语言大不相同，尽管得出的结论可能是一样的，面向听众的口头论证和面向读者的书面论证所用的语言也不同。论文式的论证独白和对话式论证的语言有差异；法律、科技论证的语言，教学用语和广告用语各有特点；工作报告、演讲词等不同功能的文体，也有不同的语言特色。这在本质上也就是古希腊的演说术所要求的，演说者必须考虑听众的状态，也就是俗语“在什么山上唱什么歌”的精髓。语言的针对性是为了增强对论证的理解和论证的说服力。

论说文语言的针对性，还表现为把握语言的分寸感。在不同的场合，根据不同的写作目的，来选择不同的词语，恰如其分地表达自己的观点，使问题提得适度。另外，要正确地说明事物的范围和程度，既不夸大也不缩小，更不能搞绝对化；要在各种定义、判断中准确地使用各种概念、词汇。

2. 语言要鲜明精练

所谓鲜明，是指论说文的语言应该做到能表达鲜明的观点和感情，色彩鲜明跟语言的精练是分不开的，越是精练的语言，越能突出特点，令人一目了然。议论有没有针对性，是能不能写好论说文的关键。议论有了针对性，才能有说服力，才能给人以启迪和教育，才能使文章产生感人的魅力。反之，议论无的放矢，势必流于形式。因此，论说文语言必须鲜明精练地表达自己的看法、意见，达到分清是非、提高认识、发扬正义、激励进步的目的。鲜明主要表现在两个方面：一是论点的表述要鲜明，绝不含含糊糊、模棱两可；二是赞成什么，反对什么，鲜明的感情色彩要贯穿在行文当中，使阅卷者从字里行间不难体会到考生的倾向性。所谓精练，就是不拖泥带水，言语简练，而且概括性很强。老舍在《多练基本功》中说：“简练就是话说得少，而意思包含得多。”也就是用最少的语言传递最丰富的信息。

3. 语言的组织

有些论说文中常常出现这类问题：有了观点（论点），有了材料（论据），但在论说文的组织中材料是材料，观点是观点，两者没有内部的联系。其结果必定是肤浅的、表面的。

【例 26】

学源于思，多想才能出智慧，多想就必然要伤脑筋，因为谁怕用功，谁就无法找到真理。牛顿为什么能从苹果落地导出万有引力的定律？请听他的回答："我一直在想、想、想……"爱因斯坦也说过："我的成就，当归功于尽力的思索。"

上面案例中，前边的论点是"多想才能出智慧"，后边列举的牛顿、爱因斯坦的例子都能证明这一点。如果中间的引用没有注明出处的话，会与该论点脱节，用功不等于多想，找到真理也不等于出智慧，用功才能找到真理不能证明多想出智慧。而且"多想就必然要伤脑筋，因为……"这句，前后并无因果联系；"谁怕用功，谁就无法找到真理"只能推出"谁用功，谁就能找到真理"的结论，推不出"多想就必然要伤脑筋"的结论，所以这个因果复句应当删去。可见，在论说文语言的组织中，要讲究观点与材料之间的内部联系。具体而言，就是要在论说文的语言组织中，注意每句话和每个字、词的逻辑与语法关系，注意每句话和每个字、词所表达的事物与观点的统一性。

4. 语句的斟酌

考生要提高论说文写作水平，须具备"语不惊人死不休"的精神，当然，仅有这种精神还不够，考生还必须掌握写出"惊人语"的方法。

（1）善用短句

文章的语句有长短之分。短句一般是指形体短、词数少、结构简单的句子，短句节奏快而强烈，便于倾泻激情，能使表达简明、清晰、节奏感强，还可以收到强调语义的效果。

（2）巧用长句

长句通常是指形体长、词数多、结构比较复杂的句子，长句的修辞效果是严谨周详、精确明晰、委婉细腻、气势畅达。它便于阐明道理，气势磅礴地抒发感情，进行详细的叙述描写等。例如：中华民族曾经等待了上百年，迎来了曙光；中华民族等待了三十年，晨曦中辗转；中华民族又等待了三十年，正逢"早上八九点钟的太阳"。我们看清楚了前进的方向。

（3）用好对比

对比句式把两个相反或相对的事物放在一起说，二者对照，就把问题清楚地揭示出来。例如：世界上没有无缘无故的爱，也没有无缘无故的恨。这两个否定句式，表示没有无缘无故的爱和恨，以爱与恨对照说明，简明易懂。

（4）会用问句

发问能引起读者的注意与思考，发问后或作回答，或不作回答，都有利于对问题做简明易懂的表述。

选择问句式：提出问题后需要选择，给人以思考的余地。选择问句式要注意引导读者做出正确的选择。例如：歌颂呢，还是揭露呢？

反问句式：反问是用疑问形式表达确定的思想内容，答案在问句之中，是无疑而问。反问能加强语气，容易集中读者的注意力，唤起读者的想象和激情，使其留下深刻印象。

设问句式：设问就是先提出问题，然后说出自己的看法，即无疑而问，自问自答。前句提问，引人思索；后句回答，使人认同。设问可以一问一答，也可以数问一答，还可以连问连答。这种修辞在论说文和讲演中用得较多，它能调动读者和听众的注意力，启发思考，帮助人们领会主要精神。运用设问，应抓住关键和中心问题，有的放矢，若不分轻重乱发问，只能令人生厌。设问必须有问有答，这一点与反问不同。

（5）讲究语序

有的句子按一般“动-宾”词序安排会显得累赘，为了舒缓语气，宾语也可以放在主语的前面，并作停顿，还有强调突出的作用。

（6）肯定句式与否定句式并用

肯定句式与否定句式并用，相互补充、衬托，能增强语气，加深读者的印象，例如，“是……而不是……”的句式，肯定前者，否定后者，显得态度明朗、坚决。

（7）主动句式、被动句式并用

一个句子是用主动句式还是被动句式，主要由表达内容的需要和客观实际情况来决定。如果以主动者作为陈述对象，就用主动句式；如果以被动者作为陈述对象，就用被动句式。

本章小结

论说文是写作的考查方式之一，它是通过对考题的理解，直接说明事理、阐发作者见解、宣示作者主张的文章。考生在写作时要抓住一个中心主题，它的中心在于“事理”“见解”“主张”。把握核心主题后就要开始行文，通过确立题目、形成立意，进行论据陈述、论点阐明，最后形成旗帜鲜明的结论。考生要根据试题提供的材料亮出自己的观点和核心分析的内容，最终形成一篇兼具理论价值和实际意义的论说文。本章主要是在《考试大纲》和《评分标准》的指引下，对论说文学习要求、学习方法、类型、结构以及程序和注意要点进行全方位的阐述和说明，同时辅以案例题和考试真题进行讲解，最终目的是达到考试要求，让考生逐步掌握一定的逻辑思维能力、沟通表达能力、分析判断能力，成为具备全球化视野、奉行诚信正义的理性社会人。

第四篇

真题

第十一章 公务员考试《申论》真题及参考答案对比

2024年国家公务员录用考试申论试卷

适用于省级以上（含副省级）机构的职位

注意事项

1. 本题本由给定资料与作答要求两部分构成。考试时限为180分钟。其中，阅读给定资料参考时限为50分钟，作答参考时限为130分钟。

2. 请在题本、答题卡指定位置上用黑色字迹的钢笔或签字笔填写自己的姓名和准考证号，并用2B铅笔在准考证号对应的数字上填涂。

3. 请用黑色字迹的钢笔或签字笔在答题卡上指定的区域内作答，超出答题区域的作答无效！

4. 待监考人员宣布考试开始后，方可开始答题。

5. 所有题目一律使用现代汉语作答。未按要求作答的，不得分。

6. 监考人员宣布考试结束时，应立即停止作答，将题本、答题卡和草稿纸都翻过来留在桌上，待监考人员确认数量无误、允许离开后，方可离开。

严禁折叠答题卡！

给定材料

1. 造型各异的景观灯、规模庞大的灯具城和鳞次栉比的灯具店……走进M市星河镇，就仿佛走进一个灯的世界。40年前，敏锐的星河人察觉到灯饰行业的巨大潜力，他们从一根电线、一只灯泡、一座灯架制成的简易台灯起家，家家做灯、户户销灯，无数小工厂在这里生根发芽。

耀然灯饰是星河镇一家颇具代表性的灯饰骨干企业。看到"耀然"荣获国际大奖的"天鹅灯"后，大家才知道灯还能这样制作。那灯从中心垂下来一条链子，周围360度环绕着一群天鹅，以不同姿态美丽定格。天鹅造型是人工吹制出来的，要在6秒内快速定形，对工人的肺活量和技术都有严苛要求，每一盏灯都凝聚着匠人之心。很多人问耀然灯饰的方经理："怎样才能做好一盏灯?"方经理说，要让灯得到消费者的认可，就需要有我们自己对原创的理解。他认为对"灯饰"的含义可以分开理解："灯"即照明，"饰"即艺术设计。

厨房、卧室、客厅、展厅……在不同的场景下，消费者对照明的要求不尽相同，灯饰产品也需要体现创意、时尚和现代人文理念。“玉叶灯”和“星光灯”是耀然灯饰的明星产品。方经理介绍：“‘玉叶灯’的设计灵感来源于树叶的形状，具有无极调光和三色温切换功能，可以适用于不同的场合，‘星光灯’则是定制系列，用户可以自由组合打造出自己喜欢的效果，还可以实现语音智能控光。照明只是消费者对灯的基本要求，我们还要赋予它更多的价值。”方经理说，“过去灯丝、玻璃加一个铁质底盘就是一个简易台灯，现在灯里面用的铝材都是航空级的。最新款的台灯甚至还能给手机无线充电。”

“从爱迪生发明了电灯开始，人类就开启了电气照明时代。在LED灯引领的照明新时代，我们的品牌战略又该从哪里破局？对此，耀然灯饰提出了‘用照明科技创造美好生活’的品牌主张。”方经理说，“我们特别注重产品研发，不仅聘请了国内外的电光源专家、灯具专家和顶尖设计团队作为顾问，还与国内领先的照明领域科研机构深度合作。”2019年，耀然灯饰与S大学合作建立了半导体照明技术研究中心，依托S大学的人才和科技资源，将科研成果转化为产品，进一步提升产品的技术含量。今年，耀然灯饰将战略重点放到了“全屋光环境”项目上，这一全新概念以智能技术为手段，强调全屋灯光的协调性和设计感，力图打造健康、智慧、舒适的人居光环境。

即使拥有品牌，发展之路也并不容易。照明工程本身具有复杂性，针对全新的趋势，耀然灯饰开始深耕博物馆照明、酒店照明、商业空间照明和户外照明等细分市场，建立全面、多元的产品体系。让光在博物馆“讲故事”，在酒店“变魔术”，在商场当“引导员”，这就是耀然灯饰为自己找到的品牌定位。

目前，耀然灯饰在许多线上平台布局做直播，主要负责年轻消费者的触达和单品的销售。线下门店则主要负责服务与体验，积极向服务中心和体验中心转型。公司在今年推出了40家全屋光环境体验店，全力打造提供服务价值、体验价值、情绪价值的场景。“渠道的创新提高了我们的消费者触达能力，不仅提升了业务增量，还成功宣传了我们的价值理念。”方经理说，“以前，大家觉得灯饰企业是比较传统、老气的，它的价值就是老老实实制灯、卖灯。现在，我们要赋予灯饰企业新的品牌形象，让大家感受到我们提供的不单单只是能亮的灯，还是健康的、智能的、能够满足人们对美好生活向往的产品和服务。”如今，作为星河镇灯饰骨干企业，耀然灯饰已经成为行业的领先者，在流光溢彩中呈现出勃勃生机。

2. 近年来，很多民乐人努力尝试将各种潮流方式与民乐结合进行创新，开创了“新民乐”这一全新的民乐表现形式。从各大晚会到各类综艺，再到影视剧配乐、游戏音乐……新民乐已经成为“常驻嘉宾”，在短视频的配乐中，新民乐也已成为一种“流量密码”。通俗来说，新民乐是以民族音乐元素为基础，用现代理念、手段进行创作和演绎的音乐新形式。新民乐走红的同时，也引发了网民的诸多议论。

甲：新民乐在网络上的走红是国人文化自信的反映，也是国力上升的结果，有利于我国音乐文化多样性发展，其更为深远的意义在于为民乐提供了更大的舞台、更多的机会。

乙：“走红”是一种急速发展的形式，观众可以去欣赏，但是演奏者或者从业者，心里应该非常清醒，创新不等于媚俗。这就对从业者的审美和艺术修养提出了比较高的要求，需要从业者坚持一种引领——我要让你听到你喜欢的音乐，这种音乐，是引领你向更高、更好、更深远、更民族、更中国的地方。

丙：新民乐更像是顽皮儿童的一些奇思妙想，还没来得及长大和懂得权衡完善，并没有太大的价值。民乐的发展不能走这样的道路，否则会丧失民乐原本的味道，是民乐的悲哀和末路。

丁：对于“走红”这个问题，我认为应该积极看待。我们的民乐应该随着时代的发展，奏出时代所需要的声音，所以进行大胆的改编、移植或者创新是值得提倡的。

戊：谁都无法回答中国民乐到底有多少种可能性，但更多的人加入进来就会有更多的可能性，传统文化的传承和创新永无止境。铁打的文化内核，百变的个性追求。这些年轻人或许不是专业出身，没有足够的创作能力，但对我们的民族音乐充满热爱，又很有创意，这种自发的能动性，非常可贵。他们通过翻奏热门作品，与更多有相同爱好的年轻人快速联结，一起玩起来，这样的民乐才是有生命力、有活力的，是对传统文化最好的传承。

己：我们有很多优秀的传统音乐、民族民间音乐，滋养着当代音乐以及国人的精神世界。民乐的发展，守本最重要。只有树根稳固，树叶才会葱郁，要不就会飘零。

庚：一个时代有一个时代的印记，所以我们的艺术同样也要与时代接轨，要反映这个时代的特色，不能仅仅就是简单的传承，民乐要跟不同的文化和科技进行碰撞。

辛：新民乐的定义十分模糊，它的界限到底在哪里，很难说清。名不正则言不顺。比如很多年前的流行歌曲中已有二胡伴奏的编配方式，算不算新民乐呢?

壬：越是民族的，越是世界的。相信有了这批时代弄潮儿的努力和创新，未来我们定能看到中国民乐走出国门，成为新的世界潮流，这也是新民乐在当今时代的价值体现。

癸：新民乐是在现代社会潮流下，民乐界迎合市场的一种举动。但手法多半很简单，显得热闹张扬有余、沉静不足，少了传统文化的中正平和。如何保持传统民乐的真正韵味，是一个值得研究的问题。

子：长期以来，学院派民乐代言了传统音乐，而民间的传统音乐则基本被晾着自生自灭。今天新民乐的兴起，是民间传统音乐复兴的标志，新民乐并不是用来取代传统民乐的，不能用传统民乐的优势来与新民乐的短处相比较，更不要在概念上做文章。对新民乐作太多太细的界定会使音乐门类产生排他性，不利于其繁荣发展。

丑：实际上，随着时代的变迁，民乐的革新从未停止过。新民乐是一种应时而动的现象，势不可挡。冠之以“新”，就是因为人们注意到了它的成长势头。

寅：优秀的音乐作品，作曲家是一度创作，演奏者是二度创作，听众的参与是三度创作。只有经过这样的过程，一个作品才能得到最完美的展现。所以民乐发展的道路有很多，不必求同，而应百花齐放、百家争鸣。

3. 随着汽车智能化技术的发展，越来越多的机械控制转向电子控制，过去以机械见长的工程部门迎来巨大的挑战。2014 年，大学刚毕业的小李和 6 名同学从近千名竞聘者中脱颖而出，加入了一家合资发动机生产企业 A 公司。A 公司是国内某家头部合资主机厂主力发动机型的供应商，当时这家主机厂年销量超过百万台，A 公司根本不怕没有业务和营收。小李说，他第一年的收入就远高于同专业毕业的同学，同时公司为他们提供了系统的培训，不到 3 年小李就成了储备干部。当时的他感到人生充满希望，觉得自己已迎来事业的春天。

第一次变化发生在 2018 年，中国车市结束了高速增长，汽车产销量首次下降，A 公司的业务也开始出现下滑。同一时间，一些造车新势力崛起，不惜以翻倍的价格在汽车行业大肆招揽人才。不过即便如此，那一时期离开 A 公司的人也并不多。“当时大部分人认为新能源汽车只是政策产物，短时间内很难替代燃油汽车，内燃发动机仍有较好的发展空间。”已升为部门经理的小李说道。

真正的巨变出现在 2021 年前后。随着新能源汽车市场规模的快速扩大，A 公司所背靠的合资车企面临较大的销售压力，业务单一的 A 公司也“一损俱损”。2021 年开始，与小李同批入职的同事们纷纷离职，其中不少人去了新势力车企。小李感觉头顶的职业荣光黯然褪色，这份工作已不再是自己心目中的“香饽饽”。

小李的同学小沈于 2022 年下半年从 A 公司跳槽进入 W 公司，转型至自动驾驶测试相关的工作，但短短 3 个月之后，他便主动离职，因为他实在适应不了 W 公司内卷的工作氛围，尽管薪酬提升了 30%，但工作量增加了不止 300%。近来，汽车供应链企业频繁被曝裁员或关停，不少技术类的供应商正在加速向新能源汽车三电乃至自动驾驶方向转型。“A 公司最近这几年肯定是倒不了的，而且这里的收入相对还是比较稳定，工作氛围也比较宽松，但的确业务已经出现较为明显的萎缩，也不知道什么时候裁员会轮到我头上。转型到新能源相关的企业，也会有适合的职位，但实在是担心适应不了内卷的工作。”时至今日，小李依旧没有下定决心离开，他感觉自己陷入了“两难”境地。

和小李这种纠结不同，小王并没有因为新能源汽车的快速发展而感到焦虑。2013 年硕士毕业的小王曾有机会进整车企业，但因为有可能从事的工作和自己的内燃机专业不对口，最终他选择就职于某外资汽车零部件供应商，10 年的工作从未脱离过内燃机。“也曾羡慕人家整车企业的薪资待遇，可我还是觉得搞自己感兴趣的专业更有价值。”小王说。对于当前的形势，他有自己的判断：“从整个行业的趋势来看，内燃机并不会在这 5 年或者 10 年之内就完全消失。而且，尽管内燃机和电动机是两种不同的动力形式，但是其中很多理念和技术还是相通的。如果能够在现在这家公司把相关的技术吃透，对于之后的择业百利而无一害。”小王认为，除了乘用车外，在商用车领域，内燃机存在的时间或许会更久。商用车普遍较重，如果采用纯电的方案，需要更大的电池组来保证行驶和续航，但这给车辆的安全性、成本等都带来了巨大的挑战。再加上氢燃料电池成本居高不下，目前国内多家商用车公司、动力总成供应商等，都已开始联手布局氢内燃机。所以说，内燃机仍然具有其独特的价值。

小王认为，传统内燃机汽车的控制逻辑会比纯电汽车更加复杂，有内燃机相关工作经验的人士对于整车和传动系统的理解会更深，如果转到新能源汽车行业的话，接受程度会更快。他表示：“虽然新能源汽车是大势所趋，但是面对产业的转型升级也不必过分焦虑。与其被周遭的变化推动前行，不如看清楚接下来要走的路，主动地去付诸实践。困住自己的往往是自己，而不是外围。”

4. 我国自古以来就是一个农业大国，农田种植是我国传统农业中最广泛的种植方式。但是，传统农业生产方式资源消耗较大、生产效率较低且产量不稳定。建设集中连片、旱涝保收、节水高效、稳产高产、生态友好的高标准农田，是推动传统农业向现代农业发展，巩固和提高粮食生产能力、保障国家粮食安全的关键举措。习近平总书记强调，建设高标准农田是一个重要抓手，要坚定不移抓下去，提高建设标准和质量，真正实现旱涝保收、高产稳产。

近年来，C 市在高标准农田建设中全面落实藏粮于地、藏粮于技战略，截至目前，全市高标准农田上图入库面积约 400 万亩。为深入了解全市高标准农田建设情况，C 市农业农村局的高标准农田建设督导调研组深入辖区开展了实地走访调研。

“政府帮我们修好水利、完善田间配套设施，现在种田轻松了、产值提升了，大家种粮的积极性也高了。”南里县正清村的种粮大户丁大哥对调研组说。据他介绍，在正清村农田灌溉薄弱区域未实施灌溉工程之前，每年农田灌溉都是大家最烦心的事。经过高标准农田改造，他们的烦心事解决了。调研组了解到，该县利用高标准农田建设项目资金，对田间沟、渠、桥、涵、路进行修复重建，把原来只能种植玉米等作物的旱田，改造成为能种植水稻的水浇田。通过高标准农田改造，亩均效益增加了 200 多元。

长平县农业农村局刘局长对调研组介绍，在土地整理之前，有的村里想搞土地流转，每亩 700 元的租金也无人问津。经过高标准农田建设改造后，分散的土地被统一整合，租金一下子涨到了每亩 1000 元，很快就被种粮大户承租，成功搞起了规模化种植。现在村民们除了固定的土地租金，还可以通过务工增加工资收入。自高标准农田建设以来，长平县农田基础设施条件得到显著改善，各乡因地制宜推进产业结构调整，稻油、稻鱼、稻虾、稻蛙等特色优势产业稳步向前，农业综合效益明显提升。

高标准农田建设给农村、农业和农户们带来翻天覆地的变化。不过，调研组也发现个别地方在高标准农田建设过程中还存在一些问题。

在凤溪县福树村，村民林大叔指着自家屋后的果园告诉调研组：“这些苹果树已经种了二十多年了，也不知道为什么要将这块地划为高标准农田，总不能让我把这些树都砍了吧?”在《凤溪县2022年高标准农田建设项目工程规划图》上，林大叔屋后的果园所占地块，恰好是标号为325的高标准农田。上级文件要求，高标准农田原则上全部用于粮食生产。图上明明是高标准农田，为何实际是果园呢?调研组沿着福树村村道逐一查看，发现至少有30处标号地块“图文与实际不符”。

“高标准农田建设项目是上面给划分区域、分派任务的，实际和规划有出入很正常。”凤溪县农业农村局负责规划工作的小周解释说，“我们最终确认建成的高标准农田，就是以我们最终实施的地块为准。这个项目已经过县级验收，现在市级验收还没有结束，市级验收结束后我们才正式上图入库。”

高标准农田的建设地块，真的如小周所说的那样，可以随意变更吗?根据C市农业农村局的批复文件，凤溪县2022年高标准农田建设项目区涉及福树村等7个行政村4530户，建设任务达1.6万亩。文件要求严格执行批复的初步设计，不得随意调整和变更，要严格按照《高标准农田建设通则》及相关政策规定组织施工。如果有变更的，必须先上报变更申请，待上级批复同意以后，才可以调整。

据小周所说，目前该项目已通过凤溪县级审核验收。那么这样的项目，究竟是如何通过县级审核验收的?“图片仅供参考，以实物为准，建设项目中大多数都是这样实施的。”凤溪县农业农村局赵局长表示，“只要完成数与规划数是一致的就行，此前好像都是这样做的，大家可能认为这样没什么问题。”

根据《高标准农田建设通则》，田间道是指连接田块与村庄、田块之间，供农田耕作、农用物资和农产品运输通行的道路。但调研组实地调查采访、对照规划图后，发现福树村用高标准农田建设资金修建的“田间道”，并不连接任何田块。

调研组在走访中还发现，在C市部分已建成的高标准农田中，田间管理也并未按要求进行。按照市农业农村局的要求，改造后的高标准农田均需增施有机肥，且有机肥应通过施工单位统一实施入田，严禁“以发代施”，但C市洪林县的多个村庄按照人口直接把肥料发放给了村民。

“上面确实是按土地亩数发放的，但我们村里都是按人口发放的。”洪林县贵康村郑主任说，“如果按地给，有的一家两三口人有四五亩地，有的一家人都没有地，这就不好弄了，大家也都同意了按人口发。”

调研组在贵康村走访发现，有农户家中还存放着2021年下发的肥料，还有农户正将本应施于高标准农田地块的有机肥挪给果树使用。村民柳嫂说:“村里把肥料发下来，不就是给我们了吗?我不知道这个肥料不能给果树施。”

5. 一场“旧物的故事”特展在陈先生的旧物基地成功举办，吸引了许多人前来观展。近年来，人们对二手商品越来越感兴趣，城市里也出现了很多主打旧物回收的店铺。2017年，陈先生成立了旧物基地，里面摆放着各种各样的老物件，有柜子、床等大件的家具，也有一些灯笼、梳妆盒等小件的生活用品。陈列展示旧物、修复旧物以及售卖旧物等都在这个基地进行。

对陈先生而言，最初回收旧物主要是为了赚钱谋生。但在这个行业做久了之后，他对旧物也有了一定的想法和理解。“现在我觉得很多东西不能仅是作为一个商品卖了。去回收的时候，我不仅会思考这个东西的经济价值在哪里，而且也会看‘眼缘’。有些老物件可能在市场上不太被接受，但我仍认为这些‘真真正正的老物件’是需要被保存下来的，别等到下一代都不认识了！”

陈先生去过一个村子，那里的人们生活很时尚，抽水马桶、淋浴系统、大理石台面等几乎是村民家里的标配。而那些有些破旧甚至掉色的箱子则成了“废品”。得知来意后，村民老张带陈先生一行人去了一个杂物室，里面一些桌子柜子随意堆在一起，陈先生收走了一套老式橱柜。“你们要是晚点来可能就没了，我刚想过几天把这堆东西扔掉。”老张说出了陈先生在回收时最常听到的一句话。在陈先生看来，这是当今社会正在发生大规模“生活革命”的真实写照。对于乡村的人们而言，城市生活方式是他们向往和追求的美好生活样态，而那些之前使用过的木头桌子、椅子还有衣柜等都是陈旧的、落后的。

旧物文化空间是陈先生近几年才慢慢开设起来的，老物件与新中式家具组成一个个生活场景陈列其中，人们一眼就可以看到这些老物件最终呈现出来的效果。陈先生认为，老物件最好的存续方式就是进入人们的日常生活之中。“现在国家对非遗的保护和扶持力度很大，所以很多老手艺也在复兴。我们把这些老物件再重新放回到现在的生活中，就是要让大家重新体味老手艺的魅力。同时，也让大家看到现在摆这些东西不是落后、不是老土，而是有一种古朴的美感，也可以成为人们现在喜欢的家居风格。这是我认为可以让老物件一直存续下去的方式。”

踏入旧物修复场地，四周非常安静。修复师傅们在旧物之间来回穿梭，他们修复旧物基本上靠双手，即使借助工具，也是一些类似于锤子、砂纸或者画笔等手持的辅助工具。在回收的众多旧物中，修复师王师傅最中意一辆马车。“那次和陈先生去N省收旧物，一看到这个马车我就挪不动步了。别看这个马车其貌不扬的，但它通体没有使用任何的钉子固定连接，我可以说放眼当下没有一个木匠可以做出来。把它修好了展示出来，大家就能见识到什么才是真正的老手艺。”在修复这辆马车的过程中，王师傅有一种“朝圣”的感觉，小心翼翼的，担心碰到哪个地方会弄坏这个物件。“要说修复老物件能够体现多么强的、艺术大师那样的技巧，那倒不一定。主要就是有感情嘛，你带着感情做事，和没有感情做事肯定是不一样的。”王师傅道出了所有师傅们在做旧物修复时的状态和心情。

陈先生认为：“器物是有灵性的，你需要和它们去沟通、对话、交流，每一件旧物都汇聚了人生的细碎时光，承载了主人的记忆。看着这些旧物，就好像感知到了创造者和使用者倾注的情感和他们所经历的故事。旧物不一定都是被废弃淘汰的‘破烂儿’，也可以是承载情感和记忆的‘老物件’。我们要用积极的态度对旧事物的价值进行最大挖掘，让它们重新焕发生机。”

作答要求

一、“耀然灯饰”的发展，是星河镇灯饰企业发展的缩影。请你根据“给定

材料1”，简要总结“耀然灯饰”成功的经验。(10分)

要求：全面、准确、有条理，不超过200字。

二、新民乐走红引发了网民的诸多议论。请根据“给定材料2”谈谈这些议论主要涉及了哪些问题，并分别予以简要说明。(20分)

要求：归类合理、分条列示、简洁准确，不超过400字。

三、“给定材料3”中提到，小李感觉自己陷入了“两难”境地。请分析小李产生这种心态的原因，并提出走出这种困境的对策。(15分)

要求：分析全面、对策得当、逻辑清晰，不超过350字。

四、“给定材料4”反映了C市高标准农田建设过程中的一些情况，调研结束后，督导调研组拟向局领导汇报调研情况，并提出改进建议。假如你是调研组成员，请草拟汇报的主要内容。(20分)

要求：

(1) 紧扣材料，内容全面；

(2) 简明扼要，条理清晰；

(3) 不超过500字。

五、“给定材料5”中提到“我们要用积极的态度对旧事物的价值进行最大挖掘，让它们重新焕发生机”，请你对此进行深入思考，参考给定材料，联系实际，自选角度，自拟题目，写一篇文章。(35分)

要求：

(1) 观点明确，见解深刻；

(2) 参考“给定材料”，但不拘泥于“给定材料”；

(3) 思路清晰，语言流畅；

(4) 字数1000~1200字。

2024年国家公务员录用考试申论试卷参考答案对比

适用于省级以上（含副省级）机构的职位

一、“耀然灯饰”的发展，是星河镇灯饰企业发展的缩影。请你根据“给定材料1”，简要总结“耀然灯饰”成功的经验。(10分)

要求：全面、准确、有条理，不超过200字。

参考答案一

1. 提升艺术设计能力。对原创有独到理解，创新外观；提升工人技术，体现匠人精神。2. 赋予产品更多价值。满足不同场景的消费者照明要求，体现创意、时尚和现代人文理念。3. 科技助力品牌建设。注重研发，与专家团队、科研机构、高校合作，提升产品技术含量。4. 构建多元产品体系。针对新的市场趋势，深耕细分市场，满足不同空间的专业需求。5. 创新用户触达渠道。线上直播触达年轻消费者，销售单品；线下门店负责服务体验。

参考答案二

1. 不断创新产品，引领消费需求；2. 重视产品研发，不断提升产品的科技含量；3. 针对市场的发展，找准市场定位，打造全新的品牌形象；4. 深耕细分市场，建立全面、多元的产品体系；5. 创新打造线上线下相结合的全方位渠道，提高与消费者的触达能力。

参考答案三

1. 凝聚匠心。严苛要求技艺，深化对原创的理解。2. 满足消费者需求。根据不同场景，体现创意、时尚和现代人文理念，赋予产品更多价值。3. 调整品牌战略。注重研发，聘请专家和设计团队作顾问，与科研机构深度合作，提升技术含量。4. 找准品牌定位。深耕细分市场，建立全面、多元产品体系。5. 创新渠道。线上平台布局直播，线下门店负责服务与体验，提高触达能力。6. 更新品牌形象。提供健康、智能、满足人们对美好生活向往的产品和服务。

二、新民乐走红引发了网民的诸多议论。请根据“给定材料2”谈谈这些议论主要涉及了哪些问题，并分别予以简要说明。(20分)

要求：归类合理、分条列示、简洁准确，不超过400字。

参考答案一

1. 价值评判方面：(1) 一方认为其走红反映文化自信和国力上升；有利于音乐文化多样性发展；为民乐提供舞台和机会，走出国门，成为世界潮流；是民乐与时俱进的体现，让民乐更有生命力、活力，更好地传承传统文化。(2) 一方认为其没有太大价值，是迎合市场的举动，手法简单，热闹张扬有余、沉静不足，少了中正平和的韵味，会让民乐走向末路。

2. 发展道路方面：(1) 一方认为守本最重要，要守住优秀传统音乐、民族民间音乐的根。(2) 一方认为需从业者提升审美和艺术修养，拒绝媚俗，引领向更好的方向发展。(3) 一方认为不能只简单传承，要跟不同的文化和科技碰撞。(4) 一方认为民乐发展不必求同，应百花齐放、百家争鸣。

3. 概念界定方面：(1) 一方认为其定义模糊，界限不明，名不正则言不顺。(2) 一方认为其代表民间传统音乐，并非要取代传统民乐，无需作太多太细的概念界定。(3) 一方认为新民乐是民乐持续革新的体现，不需区分。

参考答案二

一、新民乐存在的问题为：1. 新民乐价值小，脱离了传统民乐的本质特色，不利于民乐的传承。2. 新民乐定义模糊、界限不清晰。

二、新民乐走红的意义为：1. 反映文化自信和国力上升，有利于我国音乐文化多样化发展，有利于民乐的发展。2. 新民乐同时代接轨、反映时代特色，是随时代发展所作出的创新，势不可挡。3. 新民乐赋予传统民乐生命力，代表着民间传统民乐的复兴。4. 新民乐有助于民乐走出国门。

三、新民乐发展的建议有：1. 演奏者和从业者需要坚持自身的审美与艺术修养，避免媚俗，实现对观众的引领。2. 民乐要同不同的文化和科技进行碰撞。3. 不要作太多太细的界定，避免与其他音乐门类产生排他性。4. 新民乐属于一种发展道路的探索，应对其持有包容的态度。在探索中需要关注作曲家、演奏者与听众的共同参与。

参考答案三

一、新民乐发展的意义：1. 体现了文化自信和国力上升，推动我国音乐文化多样性发展，有助于中国民乐走出国门，成为新的世界潮流。2. 体现了民乐大胆创新，与时俱进。3. 为民乐发展增加可能性，赋予民乐生命活力，是对民乐最好的传承。4. 新民乐是民乐的革新，应时而动，势不可当，标志着民间传统音乐复兴。

二、新民乐发展的问题：1. 新民乐定义模糊，界限不清，许多带有民乐元素的音乐难以定性。2. 新民乐迎合市场，沉静不足，缺少传统文化的中正平和，不能保持传统民乐的真正韵味，会使民乐丧失原本的味道。

三、新民乐发展的措施：1. 从业者要保持清醒，提高审美和艺术修养，避免媚俗，正向引领观众。2. 既要守本，也要与时代接轨，反映时代特色，跟不同的文化和科技进行碰撞。百花齐放、百家争鸣。3. 不用传统民乐的优势来与新民乐的短处相比较，不对新民乐作太多太细的界定。

三、"给定材料 3"中提到，小李感觉自己陷入了"两难"境地。请分析小李产生这种心态的原因，并提出走出这种困境的对策。(15 分)

要求：分析全面、对策得当、逻辑清晰，不超过 350 字。

参考答案一

小李的"两难"境地是既想转行，又难以下决心，是受汽车产业转型大环境影响而产生的焦虑心态。

一、原因。1. 想转行是因为：新能源汽车行业市场规模快速扩大，薪酬待遇更高，发展前景更好；传统车企销售压力增大，业务萎缩，行业裁员、关停、转型多发；所在公司大量同事离职，职业荣光褪色，自己面临被裁员的风险。2. 难以下决心是因为：新能源汽车行业工作氛围内卷，工作量相较太重；公司短期内没有倒闭风险，收入相对稳定，工作氛围宽松。

二、对策：转变观念。1. 主动选择行业。相较薪酬，要更关注自己感兴趣的专业；在踏实工作中积累经验。2. 了解行业趋势。内燃机市场短期内不会消失，在商用车领域仍有用武之地；行业正联手布局氢内燃机。3. 充分建立自信。认识到内燃机与电动机的理念、技术相通，且逻辑更复杂，有工作经验即便转行也能更快适应。

参考答案二

小李陷入了继续从事传统汽车制造业还是转型新能源汽车产业而产生焦虑的困境。产生这种心态的原因主要有：1. 新能源汽车市场规模快速扩大，传统汽车制造企业业务萎缩、发展前景不确定；2. 新能源汽车企业虽收入高，但工作量巨大，工作压力大，让人很难适应。

对策：1. 摆正就业心态，就业不必过分追求高薪待遇，从事自己感兴趣的专业更有价值。2. 提升自身业务能力。做好现在的本职工作，深入钻研本行业相关理念与技术，不断了解新领域，将二者进行结合，开拓新领域，为今后工作准备充足的优势条件。3. 做好自身的未来规划，主动付诸实践。面对产业的转型升级要积极接受，不必过分焦虑，充分研判行业的发展形势，主动作出改变。

参考答案三

原因：1. 车市迎来变局。公司业务单一，出现下滑；造车新势力崛起，高价招揽人才，新能源汽车市场规模扩大，传统车企面临销售压力。2. 工作兴趣低。同事离职，职业荣誉感降低，工作没有吸引力。3. 工作压力大。担心适应不了新企业的内卷工作，且薪酬提升和工作量增加不成比例。4. 工作不稳定。同类企业裁员或关停，供应商转型，随时面临被裁员。5. 待遇环境优。收入相对稳定，工作氛围较宽松。

对策：1. 明确职业选择。选择感兴趣的工作，体现自我价值。2. 把握行业趋势。对行业趋势要有自己的判断，很多理念和技术是相通的，要吃透相关技术，多维度分析行业发现其独特价值。3. 积累工作经验。理解工作本质，与时俱进，学习新知识，提高业务水平，提升适应新行业的能力。4. 积极调整心态。面对产业转型不过分焦虑，明确自身发展路径主动付诸实践，突破自我。

四、“给定材料 4”反映了 C 市高标准农田建设过程中的一些情况，调研结束后，督导调研组拟向局领导汇报调研情况，并提出改进建议。假如你是调研组成员，请草拟汇报的主要内容。(20 分)

要求：

（1）紧扣材料，内容全面；

（2）简明扼要，条理清晰；

（3）不超过 500 字。

参考答案一

一、成果：1. 农田得以改良。修复重建水利和农田配套设施，将旱田改造成水浇田，让种田更轻松，土地产值和亩均效益提升，农户种粮积极性提高。2. 收入得以提升。统一整合分散土地，进行土地流转，推动规模化种植，提升土地租金收入，还通过务工增加工资收入。3. 产业结构得以优化。农田基础设施条件显著改善，特色优势产业稳步发展，农业综合效益明显提升。

二、问题：1. 实际和规划不符。上级政府不了解基层情况，直接划分区域、分派任务。2. 审核验收不严格。随意调整和变更地块，仅要求完成数与规划数一致。3. 配套设施不合规。占用高标准农田建设资金，修建非“田间道”。4. 田间管理不到位。有机肥“以发代施”，导致村民挪用专用有机肥。

三、建议：1. 确保规划符合实际。做规划前深入开展调研，形成意见后由基层确认，确保符合基层情况。2. 严格把关审核验收。审核验收工作需严格执行批复的初步设计，未经批复同意的调整不予通过。3. 严肃落实设施建设。严格审核配套设施规划图，做到专款专用，确保道路等设施建设合乎规定。4. 切实加强田间管理。有机肥严格通过施工单位统一实施入田，杜绝将肥料发放给农户的现象。

参考答案二

关于C市高标准农田建设情况的汇报材料

建设高标准农田，是推动传统农业向现代农业发展，巩固和提高粮食生产能力、保障国家粮食安全的关键举措。习近平总书记历来很重视高标准农田建设。近年来，C市在高标准农田建设中全面落实藏粮于地、藏粮于技战略，取得了良好的成效，但也存在一定问题。现将相关情况汇报如下：

一、主要做法及成效

1. 完善田间配套设施，提高生产效益。利用高标准农田建设项目资金，对田间沟、渠、桥、涵、路进行修复重建，丰富土地功能、提高种植效益，提升农民种粮积极性。

2. 整合土地资源、推进产业结构调整，提升农业综合效益。整合分散土地资源，规模化种植，提升农民收入。因地制宜推进产业结构调整，发展特色优势产业，提高农业综合效益。

二、主要问题

1. 审核验收管理不严格，地块图文与实际不符。

2. 工作形式化，没有严格按照要求执行。

3. 缺乏对高标准农田建设政策的宣传，村民不了解相关政策要求。

三、建议

1. 加强审核管理。细致调研，确保地块的实际用途与图片标注相一致。

2. 强化工作考核。加强对工作人员实际工作成效的考核，避免出现应付、形式化的问题。

3. 强化宣传工作。加强对相关政策的宣传，确保村民充分了解。

参考答案三

关于C市高标准农田建设情况的汇报材料

建设高标准农田，是推动传统农业向现代农业发展、巩固和提高粮食生产能力、保障国家粮食安全的关键举措。习近平总书记高度重视，要求建设高标准农田。近年来，C市全面落实藏粮于地、藏粮于技战略，取得了良好的成效，但也存在一些问题。现将相关情况汇报如下：

一、做法及成效：1. 利用高标准农田建设项目资金，对田间沟、渠、桥、涵、路修复重建农田旱改水，提升产值、亩均效益，提高农民种粮积极性。2. 整合土地，规模化种植，农田基础设施条件得到显著改善，村民收土地租金或务工，收入增加。3. 推进产业结构调整特色优势产业稳步向前，农业综合效益明显提升。

二、问题：1. 对高标准农田建设政策的宣传不到位，村民不了解。2. 审核验收不严格，图文与实际不符，随意变更。3. 政策执行走样，资金使用、农田建设和管理均不合要求。

三、建议：1. 紧抓宣传。成立宣传队伍，利用平台或入户方式宣传相关政策，确保村民充分了解。2. 严格审验。上级划分区域、分派任务、通过验收前须实地调研，确保地块图文与实际一致。3. 强化监督。明确任务要求，加强对实际工作成效的考核，防范应付、形式化问题。

五、"给定材料 5"中提到"我们要用积极的态度对旧事物的价值进行最大挖掘，让它们重新焕发生机"，请你对此进行深入思考，参考给定材料，联系实际，自选角度，自拟题目，写一篇文章。(35 分)

要求：

(1) 观点明确，见解深刻；

(2) 参考"给定材料"，但不拘泥于"给定材料"；

(3) 思路清晰，语言流畅；

(4) 字数 1000~1200 字。

参考答案一

挖掘旧物价值焕发蓬勃生机

在现代人眼里，以"老物件"为代表的旧事物被认为是落后、陈旧的"破烂儿"，在当下的"生活革命"中被淘汰、遗忘，渐趋消亡。但是，在历史长河里，每一个老物件都曾有自己的时光坐标，记录了时代变迁，托举起社会发展进步的新支点。因此，我们要用积极的态度，用历史的、发展的、辩证的眼光，最大化挖掘旧物的价值，并进行创新利用，让它们重新焕发生机。

要充分挖掘旧物中承载的技艺、情感和故事，重新认识其蕴含的审美和文化基因，并赋予其经济价值。虽然社会的飞速发展和革新使得一些旧物的使用价值被淡化，但是这些历经岁月变迁、时代变革的"老物件"，依然蕴含着丰富的价值，值得我们深入挖掘。比如旧物所承载的指尖技艺，展现着古人的匠心独运和古朴之美；聆听旧物背后的岁月故事，引发情感共鸣，能育人于无痕；二手经济的兴起，使看似"废旧垃圾"的旧物重新获得了生命，孕育出一个蓬勃的新产业……一件件承载着人们情感和记忆的旧物，在历史的沉淀中被赋予了更加多元化的价值。因此，我们必须打破思维禁锢，转变观念认知，结合当下的新时代需求，更加深入地思考旧事物的价值，赋予其新的使命，与其对话、沟通，滋养精神，慰藉心灵。

要让旧事物重新展现价值，就必须重视对旧物的保护和修复，这既需要专业的技巧，也要有情感的投入。一方面，旧物保护修复要专业化，做到“科学诊断、精准治疗”。旧物件往往具有一定的稀缺性，独一无二、不可再生。而不专业的修补带来的破坏有时比岁月流逝带来的自然损坏更加严重，甚至会造成不可逆的破坏。因此，从方案制定到专职人员，从辅助工具到修复技法……保护修复的各个流程环节都要保证科学、专业，才能真正赋能旧物新生。另一方面，修复师要认识到这项工作的重大意义，将自身感情融入修复工作中。旧物保护修复工作精细、复杂，要有发自肺腑的喜爱和热情、甘愿坐冷板凳的毅力与耐心，方能做到精雕细琢、精益求精。

要让旧事物重现生机、长期存续，关键是要做好对公众的教育工作，推动其重新回归人们的生活。“活鱼须在水中看”，旧物必须融入民众生活，否则只会变成束之高阁的老古董，久而久之便会无人问津。对此，我们要创新转化、活化利用，让旧物重新走入寻常百姓中间。一方面要立足当代人的生活方式，对其进行功能性改造，使其更好更多地融入生活场景，成为日常生活的组成部分；另一方面要将政策保护与市场化运作相结合，把“指尖技艺”变成“指尖经济”。比如国家对非遗的保护扶持，激励了更多人才投身非遗传承发展，许多老手艺、老物件才从“活下来”到“火起来”。因此，旧物只要能扎根并服务人民，就一定能获得“产生新时间”的能力，重新活跃。

旧事物不仅仅是器物，更承载着历史文化、情感记忆，如同一座丰富的宝库，值得我们深入思考挖掘，让它重新焕发出蓬勃生命力。

参考答案二

充分挖掘价值，让“旧事物”焕发生机

从事旧物回收的陈先生提到，“我们要用积极的态度对旧事物的价值进行最大挖掘，让他们重新焕发生机”。这句话给了我们深刻的启示。这里的“旧事物”指的是在历史发展过程中留存下来的老物件。它们不仅具有丰富的经济价值有待挖掘，而且还蕴含着独特的精神文化价值，承载着人民的情感和记忆。因此，我们要充分挖掘旧事物中的价值，让其在新时代能够重新焕发生机。

我们应充分挖掘旧事物中的经济价值。旧事物本身就存在使用价值和收藏价值，随着二手商品市场的兴起，旧物买卖成了一个极具潜力的市场，蕴含着丰富的经济价值，值得我们去充分挖掘。如果对旧事物作更深入的理解，以传统技艺为代表的传统文化也是旧事物的组成部分，其中更蕴含着丰富的经济价值。通过博物馆展览文物以及举办传统民俗活动，吸引全国各地游客慕名前来，直接推动旅游业的发展；对文创产品的不断开发、借助传统文化打造各类文化产品，极大地丰富了文化产业的内涵。所有这些都是旧事物体现出的经济价值，值得我们深入挖掘。从更广阔的空间层面来讲，我国的丝绸、瓷器、陶器等大量文化产品，

成为串联起“一带一路”文化纽带，不断促进沿途各国经济合作发展。由此可以看出，我们应充分挖掘旧事物中的经济价值。

我们应充分挖掘旧事物的精神文化价值。一些老物件由于和当前的时代潮流不一致，会被很多人当成陈旧的、落后的，这其实是对旧物的一种错误认知。旧物件代表的是某个历史阶段或某个地域的生活方式、审美风格，具有其独特的时代性、地域性，如果能充分挖掘，就能让人们在使用旧物的过程中感受不一样的生活体验。现在很多酒店、民宿特意打造复古风格，20 世纪 60、70 年代的家居环境、农村贴近自然的院落设计，反而吸引了很多年轻人纷至沓来。与此同时，旧物蕴含着那个时代的情感和记忆，是创造者和使用者所经历的故事。无论是 20 世纪 50 年代的老式收音机，还是明清时代的古董青花瓷，都承载着一个时代的记忆和文化积淀。通过保存和收藏老物件，我们可以深入地了解那个时代的人文历史，体验到那些赋予物件生命、气息和意义的背景。因此，我们应充分挖掘旧物的精神文化价值。

充分挖掘旧事物的价值，需要保持积极的态度，让它们焕发生机。这就需要我们充分认识到旧事物的经济及精神文化价值，结合时代的特点，充分运用最新的技术，让旧事物的价值得以充分展示，焕发生机。

器物是有灵性的。不管是我们生活中的旧家具、老照片，还是传统技艺，都记载了人们的生活趣事与波澜，传递着一个时代的风俗与变迁，只要我们与它们沟通、对话、交流，对它们的价值进行最大挖掘，就能让这些旧物件焕发生机，与时代协行。

参考答案三

挖掘价值让旧事物“活”起来

作家冯骥才观摩贺兰山岩画之后，感慨“岁月失语，惟石能言”。以岩画为代表的旧事物如一面镜子，映照着先人的生产和生活方式；如一本书，记载着古老的历史和文化；如一张唱片，彰显着时代的艺术水准……一代代旧事物，传承着绵延不绝的千年中华文明。因此，我们要用积极的态度挖掘旧事物的价值，让它们重新“活”来。

立足经济价值，焕发时代光彩。能够留下来的旧事物往往经过了历史和市场的洗礼与考验，具有一般事物所不具备的经济价值。古为今用，挖掘旧事物的经济价值，不仅能让传统与现代有机衔接，还能实现旧事物的创新发展。治疗艾滋病的药品阿兹夫定被发现可以抗新冠病毒，实现了老药新用；耀然灯饰通过打造提供服务价值、体验价值、情绪价值的场景来挖掘旧行业的经济价值，让传统灯饰企业在流光溢彩中呈现勃勃生机。因此，要深入挖掘旧事物最具特色的价值本色，旧物件才能在现代市场经济中大展宏图，焕发时代光彩。

传承文化价值，再创现代辉煌。旧物件记录了我们一路筚路蓝缕、艰苦奋斗的社会发展历程，彰显着每个时代的特色，承载着民族的历史和文化，是连接过去与现在的时代桥梁。尽管老物件是陈旧的、落后的，有些老物件甚至在市场上不太被接受，但是它们记载着我们从哪里来。中华文化能够文脉相承并万流同归，离不开老物件的记录和印证。荀子曰："青，取之于蓝，而青于蓝；冰，水为之，而寒于水。"因此，我们不仅要发展现代文化，还要充分挖掘旧事物所承载的文化传统和价值观念，在促进传统文化的传承和创新发展的同时，再创现代文化辉煌。

探究艺术价值，激发当代创作。旧事物承载了古代工匠的精湛技艺和审美追求，穿越千年而历久弥新。如不用任何钉子固定连接的榫卯结构，让人见识到老手艺的魅力；回归自然的原木旧家具与新中式家具组合，体现了古朴的美感。近年来，很多民乐人以民族音乐元素为基础，用现代理念、手段进行创作和演绎，开创了"新民乐"这一全新的民乐表现形式，激发了民族音乐的现代生机。诚如陈先生所言，老物件最好的存续方式就是进入人们的日常生活之中。因此，未来不仅要加大对非遗的保护力度，复兴老手艺，更应将老物件融入生活，让古代艺术在现代熠熠生辉。

习近平总书记指出："不忘历史才能开辟未来，善于继承才能善于创新。"旧物件诉说着过去，是中华文明历经数千年而绵延不绝、迭遭忧患而经久不衰的历史见证，更是我们文化自信的底气。未来，我们要充分挖掘旧物件的经济、文化和艺术等方面的价值，如此，方能以守正创新的正气和锐气，赓续历史文脉、谱写当代华章。

2024年国家公务员录用考试申论试卷

适用于市（地）级及以下机构的职位

注意事项

1. 本题本由给定资料与作答要求两部分构成。考试时限为180分钟。其中，阅读给定资料参考时限为50分钟，作答参考时限为130分钟。

2. 请在题本、答题卡指定位置上用黑色字迹的钢笔或签字笔填写自己的姓名和准考证号，并用2B铅笔在准考证号对应的数字上填涂。

3. 请用黑色字迹的钢笔或签字笔在答题卡上指定的区域内作答，超出答题区域的作答无效！

4. 待监考人员宣布考试开始后，方可开始答题。

5. 所有题目一律使用现代汉语作答。未按要求作答的，不得分。

6. 监考人员宣布考试结束时，应立即停止作答，将题本、答题卡和草稿纸都翻过来留在桌上，待监考人员确认数量无误、允许离开后，方可离开。

严禁折叠答题卡！

给定材料

1. 进入桃李镇清池村，通往村头停车场的路是一条环形路。据了解，这是为了绕开村头的两棵百年老树，不打破原有的自然风貌。在冯教授团队看来，树是主，人是客，人要心存敬畏，尊重自然。

2020年6月，G市工业大学组建城乡艺术建设研究所，冯教授任所长。2021年1月，在有关方面的牵线搭桥下，冯教授带着他的4名研究生来到清池村，试图用艺术助力乡村建设。他们原本想用授课的形式，但发现几乎没有村民愿意听，即便来了，也只是走过场。

这时，冯教授才意识到，村民的知识多数是从生活里学的，和村民一起动手而不是去授课，可能是一种接近村民、启发村民的好方法。冯教授还发现，村里有一个最热闹的“CBD”，平时村民都喜欢从家里搬来一把小凳子聚在这里聊天。了解到这个情况后，冯教授和团队商量，决定他们的工作就从在这里建一把“大椅子”开始。建椅子用的材料在村里随处可见——毛竹和石头，唯一花钱的是水泥。椅子建好后，能躺能坐，也有艺术美感，村里几个阿婆都说坐着舒服、看着好看。村民们逐渐对冯教授有了新的看法。

慢慢地，许多村民都愿意打开自家的院子，邀请冯教授的团队来家里，看看在自己家能做出什么新花样。冯教授发现，村民老金家里有很多老物件，只要合理摆放，稍作打扫，就可以改造成美术馆。2021年春天，老金家院墙外的毛竹筒花坛上淡红色的小野花开了，“家庭美术馆”也正式开业了。“不赚钱，但也没啥成本。陆陆续续有人来参观，看到他们眼里露出的好奇和欣赏，有种说不出的自豪和满足。”老金说。

和村民在一起时间久了，冯教授感悟道：“我们必须要探索一种‘超越艺术’的路径介入乡村，应该本着一种对乡村秩序、传统习俗和文脉传承‘膜拜’的心态，而非‘治理’和‘教导’的心态来做事。”

与各路艺术家将乡村或作为自己的画布肆意涂抹，或作为试验场完成自己的艺术实践等做法不同，冯教授团队的艺术乡建之路更像是在完成一种使命。他们的乡建“配方”回到了最为本质的“根”的问题，让人们能够在乡村寻回质朴的精神家园。

现如今，清池村仍然保留着原始的“清池八景”，古建筑的外观也已修旧如旧，现代文明的气息似乎并没有“侵蚀”这个乡村。走进村里别有洞天，“面子”古色古香，“里子”内涵丰富。

“乡村文明有两个价值判断：显性价值是大家可以看得见的，如牌坊祠堂、山水风光和民居街道等；隐性价值则是深层次的，涵盖道德、伦理和信仰等方面。二者结合才是完整的价值体系，也是乡村文明的价值所在。”冯教授说。

冯教授从清池的宗族信仰、传统礼俗等历史遗存中找到了振兴乡村文明的“清池范式”——在尊重乡村主体和地方文化特色的基础上，通过艺术介入乡建，逐渐影响村民对于乡村价值的判断，引导村民回归家园、共建家园。在冯教授看来，这是一个循环的系统：不是一个局部，而是整体；不是碎片化的切割，而是完整的系统工程。

农历八月十五的“烧奔塔”，是清池保留的一项珍贵传统习俗，寓意着村中代代繁衍不息，风调雨顺。每逢中秋佳节，清池各家各户都会将收集的枯枝、竹壳等燃料，放到奔塔内燃烧。此外，还有“成人礼”仪式——青年人潜入河塘挖淤泥堆奔塔，进行庄严宣誓，表达不负人生、成家立业的担当和信心。在冯教授团队的策划下，清池重新挖掘出“烧奔塔”活动的文化内涵，重现“成人礼”仪式，让人们重新认识传统文化和乡村社会道德秩序的独特魅力。2021 年，在政府支持下，“烧奔塔”被列入区级非物质文化遗产代表性项目名录。

2022 年 11 月，一场别开生面的时装秀在清池举行。村里的主干道变为“T 型台”，在专业模特的带领下，村民走起了“猫步”，神采奕奕。模特和村民的服饰中融合了当地的非遗元素，田间劳作的生产工具和家里的旧物件也作为道具一同出现。这样以自然为舞台、以生活为剧本的“走秀”结合了时尚风格与乡村特色，别开生面。

“村民的表现超出了我的期待。清池范式的最大亮点在于让村民在自己最熟悉的乡间自信地告诉每一个人，这就是我们生活的家园，也是我们的剧场！”冯教授说，“人人都可以展现自己的艺术才能。无论是缝纫、泥瓦活，还是竹编，都是艺术。”艺术家来到村庄，如果能和村民一起发现美、创造美，那便是共创价值。

在艺术乡建助推乡村振兴座谈会上，冯教授提到，乡村需要的不仅仅是艺术家，更是对乡村有感情并能挖掘本土文化特色的运营官。如果艺术乡建止步于艺术家与乡村的邂逅，却没能为当地民众带来现实生活的改善和审美情趣的提升，这样的乡建，往往会随着艺术家的离去戛然而止。

2. 在四条自动化装配流水线上，几十只机械臂快速而精准地组装产品。组装好的产品装箱后被一台约两米高的机械臂运送到指定货柜上，在流水线的末端，两名工人正检视产品……这是Z省N市隆金公司数字化生产车间的日常。

隆金公司早在1986年就开始为国产汽车生产门把手，30多年来，它将这类看起来极其简单、极其普通的小物件做到了行业顶尖，成为汽车功能配件领域的领航者。

“一个小小的门把手做起来并不简单，要保证门把手开启和关闭的次数和流畅度……这些工艺技术含量都很高。”隆金公司汪董事长说。隆金公司生产的汽车门把手由多个部件组成，要经过市场定位、设计研发、调试生产、质量审核等一整套严格程序。“我们将自身的自动化设备、数字化车间等硬实力与各大整车厂的管理体系、汽车行业质量管理等软实力有机结合，同步实现开发、供应和产能的精益化管理；同时基于行业挖掘细分市场，向高端、新能源、国际汽车市场深度拓展。”汪董事长介绍。这些看似不起眼的汽车功能配件，却关系着每辆汽车的质量、每位消费者的生命安全。比如内门、外门把手一旦出现质量瑕疵，就会出现车门关闭不严或打不开等问题，给驾乘人员的生命财产带来极大安全风险。

“多年来，公司坚持在汽车配件产品上进行质量攻关，组建质量改进团队、收集各种质量问题信息、实施质量改进措施，都是要确保产品质量。”汪董事长说，“虽然我们做的是配件，但是做配件同样能成为市场中的主角。通过研发创新与技术迭代，公司的汽车配套小物件覆盖了汽车内外饰配件总成的十大系列产品，其中多项产品的市场占有率连续多年位居全国前三。”

2011年，隆金公司积极申报并成功获得N市“市长质量奖”。这一过程中，全体员工不断深化对这一奖项意义的认识，公司的经营和质量管理也得到大幅提升，公司年产值从2亿元迅速达到8亿元。2017年，隆金公司生产的机动车门手柄总成被认定为Z省名牌产品；2018年，隆金公司主导制定了一项乘用车车门内开拉手总成标准；2021年，隆金公司机动车门手柄总成产品成为国家制造业“单项冠军”产品。“单项冠军”代表着全球细分行业最高的发展水平、最强的市场实力，堪称金字塔的塔尖。

“公司发展过程中，我们始终保持专注，定位于‘能做得更好’的事情。”汪董事长说。目前，隆金公司已成为国际国内知名汽车制造商的核心供应商和战略合作伙伴。统计数据显示，现在全国每3辆乘用车中就有一辆车装配有隆金公司的优秀产品。

“眼下，公司正在建设智能工厂。”隆金公司技术创新中心负责人赵工程师说。从2012年起，公司每年投入数千万元资金，引进国内外先进设备，建设国内领先的全自动数字化车间，使企业生产效率提高了28%，运营成本降低了12%。同时，依托Z省的企业研究院、博士后工作站、工业设计中心、高新技术企业研发中心等各类研发平台，公司布局建立海外研发中心，吸引了200多名创新人才。公司还加强与知名高校的产学研和就业合作，选拔并培养了一批优秀技术能手和行业专家。近三年，隆金公司各研发中心完成产品研发项目超300项，形成各类专利295项，突破了大量国外技术壁垒，95%的产品实现国产化替代。“接下来，我们将针对新能源汽车推出一款具备触摸感应模块的隐藏式外门把手，不仅能够借助通信协议与汽车主机进行对话，还具备自主学习功能。”赵工程师说。面对新能源汽车赛道，隆金公司正积极谋篇布局。

改革开放以来，N市形成了门类齐全的制造业体系，尤其是形成了以石油化工、汽车及零部件、电工电器、纺织服装等为支柱的产业集群。为了推动企业发展壮大，N市建立了企业培育库，出台了《关于加快推进制造业高质量发展的若干意见》《制造业卓越企业培育工程行动计划》等文件。目前，像隆金公司这样的一些中小企业已经成为行业翘楚，迈入“单项冠军”方阵。

3. “以前做透析要跑城区，我这身子骨实在吃不消。现在好了，家门口就能透析了，省钱还省心。”2022年11月22日，在J省Y市江平县小湾镇中心卫生院，刚做完透析的村民章大娘说。

小湾镇中心卫生院是江平县4家农村区域医疗卫生中心之一。2022年3月，该院血透室建成投入使用，不仅设备、环境不输城区医院，还配备了优秀医护团队，上级医院专家也定期前来指导带教，受到周边透析患者的信任和欢迎。

“人才缺口相当大，巧妇难为无米之炊。”说起前些年的情况，江平县卫生健康委方主任颇为感慨，最困难时，有的乡镇卫生院只有两三名临床医师，麻醉医师和影像医师更是奇缺。“当时许多老百姓身体有点什么毛病，就得跑进城里的大医院。”

“临时招人比较困难，就先从稳定现有人才队伍做起。”方主任介绍说。

江平县峤廷镇中心卫生院秦院长介绍，该院建立起以服务质量、服务数量和服务效益为核心的考核体系，通过绩效考核拉开收入差距。

“曾经因为绩效导向不明显，干多干少都一样，能干的大夫都逐渐去了其他医院，更不要说急诊、重症了，连人都招不来。来了临时任务，也没人愿意上。我一度感到灰心丧气。”小湾镇中心卫生院青蒲分院周院长说。随着绩效改革的推进，院里医护人员士气逐步提振。大力招引人才，更新医疗设备，新建中、西药库……医院的发展有声有色。

“每年招聘季，人事、卫生健康、财政等部门齐出动，按照规定对急缺人才现场考试，通过后及时录取。”方主任说，“对基层招聘的本科及以上学历毕业生，发放一次性的购房补贴；对驻偏远乡镇的全科医师，每人每年增发2万元补助；对主城区单位执业医师在偏远乡镇帮扶1年以上的，优先评定职称……”

江平县还创新利用公立医院的富余编制建立了“卫生事业编制周转池”，专门用于基层招聘紧缺型专业人才。目前已统筹调剂50个编制，解了基层的燃眉之急。此外，江平县根据上级文件要求，大力推动实施农村卫生人才“县管乡用”和“乡管村用”。

“近年来，老百姓对优质医疗服务的需求越来越高，这对我们提出了更高要求。比如普外科手术就越来越向微创化发展。”江平县绘椽镇中心卫生院赵医生说。

为了帮助人才强本领，江平县投入500多万元建设基层实训示范基地，每两年对基层护理人员、全科医生、乡村医生三类人员进行一轮全覆盖培训，每年组织不少于30名执业医师到各地大医院进行脱产培训。

“进修期间，工资奖金一分不少，单位不但报销交通费和伙食费，还给我发了补贴。”江平县砾芃镇中心卫生院李医生说。为了提升腹腔镜手术技术，他赴上海专门进修了3个月，现在他领导的外科团队已能够独立开展腹腔镜胆囊、阑尾、疝气等手术。

同时，江平县加强与大医院合作，近三年建立了院士工作站、博士工作站以及著名内外科专家教授的“师带徒”工作室12个，建立区域性远程会诊、远程影像诊断、远程心电诊断等中心，面向基层乡镇开展服务。

江平县的探索，是J省为实现基层医疗卫生人才规模、结构和能力与基层群众健康需求相适应的目标，积极创新完善基层人才招引、培养、使用管理机制和政策，更好地保障和增进基层群众身体健康的缩影。方主任说：“党的二十大报告中提出，要发展壮大医疗卫生队伍，把工作重点放在农村和社区。前不久，省里又推出了18条加强基层医疗卫生人才建设的措施，让医疗卫生人才有地位、得实惠、受尊重，让基层群众看病不再难。”

4. 公共文化空间是文化交流和创新的重要场所，在塑造和凝聚社会认同方面发挥着重要作用。近年来，S市涌现出一大批公共文化空间，涵盖美术、戏曲、写作、音乐等多个门类，其中既有博物馆、图书馆等传统空间，也有时尚实体书店、民营美术馆等新型场所。这些公共文化空间运营情况如何？它们在文化建设中如何更好发挥作用？H报记者就此展开了调查。

“出门就能到，真的太方便了。”自从家门口建起畅雅艺术空间，居民小静有时买完菜或吃过饭就来转转。畅雅艺术空间是S市城区建起的第一家文化名家工作室，可辐射周边10个生活小区6200多位居民，成立3个多月来，开展参观交流等各类文化活动81场次，以颇具烟火气的姿态接待了1700多名各年龄层次的参观者。

畅雅艺术空间活动场面喜人，而有的公共文化空间却冷冷清清，“流量”不足。“公共文化空间要想运营好，离不开创始人的人文情怀和企业家精神。畅雅艺术空间之所以经营得好，与创始人麦老师不仅是文化名家还善于经营密不可分。”市艺术学院李院长说，“而现实情况是，民营公共文化空间的创始人大部分都是各自领域的从业者，在人文底蕴方面没问题，但是否具备经营管理能力就不一定了。”

调查过程中记者发现，一些公共文化空间开业时热热闹闹，运营一段时间后，就消失在人们视野中。“现在的公共文化空间建设，基本上是由各区主导的。各区基于自身的实际情况，主要考虑的是本区缺啥就建啥。”S市某民办美术馆贾理事长介绍说，“我们在区政府的支持下，建起了全市第一家民办美术馆。刚建成时人特别多，其他地方看到我们这么火爆，就纷纷效仿。据我了解，S市目前有近10家具备一定规模和档次的民办美术馆，但生存现状不容乐观，很多都是勉强维持，我们可能也撑不了多久。”

24小时图书馆是近年兴起的一类公共文化空间。记者分别在早、中、晚不同时段，探访了S市主城区某街道的24小时社区书院，发现几乎没有阅览的人。物业公司员工称：“很少看到有人使用。”记者以办理借阅卡为由向社区了解书院使用情况，工作人员回复：“目前以社区的儿童为主，以后多搞些活动，也许来的人就多了。”

记者走进全市规模最大的综合型书店，在书架旁找到了负责人张经理。张经理介绍说：“这几年，传统实体书店的经营越来越困难。我们进行了重新装修，从整体布局的设计到书籍的摆放，都花了很大心思，让读者在这里不仅能买书，还能轻松愉悦地看书、喝咖啡。刚开始效果特别好，但仅仅过了两年，情况又变差了。”店里的一位读者谈道：“现在书店的场景营造模式的确比原来好了很多，但大型的实体书店目前基本都走的这个路子，在设计风格、设施等方面没多大差别，特别在服务上，缺乏个性特点和差异化。第一次来的时候觉得新鲜，来过几次就会审美疲劳了。”“这里简直太棒了，感觉摸准了我们年轻人的‘脉’。我在朋友圈看到同事发的视频，非常心动，专程过来打卡的。”一位参观者说。记者来到市美术馆，发现这里的人很多，尤其以年轻人为主。该馆唐馆长无奈地说：“我们发现，大家更多的是将我们精心营造的文化空间场景当作‘网红打卡点’，兴趣仅在拍照‘晒’图上，忽视了空间本身的文化内涵、价值观念、特色功能，这偏离了我们的初衷。”

抵达市文化馆时，黄馆长正在会议室里给市文旅局干部讲课。会议室中传出黄馆长授课的声音：“A市著名文旅夜市地理位置好，而且体量大、创意多，有不少现象级文化IP，年游客量超1亿人次，相关视频播放量高达50亿次。这一成功经验我认为值得好好学习和借鉴。”记者在文化馆馆史展板前，等到了授课结束的黄馆长。当被问到对本市公共文化空间的看法时，黄馆长说：“我市虽然历史文化遗存较多，但并没能给现有的公共文化空间带来更多影响力。成熟的公共文化空间载体规模普遍偏小，也比较分散，一些新建的公共文化空间规模相对较大，但离市区较远，去一趟费时费力。而且，我们也缺少主题型和创意创新类的公共文化空间。”

记者来到市博物馆，这里正在举办非遗表演，观众非常多，喝彩声和掌声不断。经了解，市博物馆针对不同年龄段观众，开设定制了市博研学、非遗表演、礼乐专题讲座等各类活动和课程。博物馆公共服务部常主任认为，市博物馆人气持续走高，不仅源于藏品和博物馆自身的历史，更因为博物馆通过提供“场所”进行文化价值的“输出”，实现了教育功能。

5. 某大学图书馆的后院里，有一排类似仓库的平房，里面的操作台上摆满了各式的锤、锯、刨、凿等工具，细细的尘屑在午后的阳光里飞舞，把过去和现在的时间连缀在一起。

“抽屉坏了修抽屉，椅子坏了修椅子。”王师傅这样介绍自己的工作内容，“比较杂。”王师傅的工作以桌椅维修为主，但实际上，图书馆各项与木工有关的后勤工作，都离不开他的参与。王师傅的工作看似普通、细碎、不起眼，但对于维持图书馆正常运转、提升师生的使用体验来说却无比重要。

在修缮中创造，于毫末处耕耘。他用辛劳和勤恳让这份工作变得毫不寻常，并拥有了动人的力量。为配合学校师生和各部门的需求，王师傅在图书馆室外步梯建起分隔空间作用的木门、为古籍部定制特殊尺寸和功能的木箱。眼下，王师傅正在打磨一个小木块。他解释，这是一个简单的装置，用来卡住图书馆的窗户，使它只能打开到一定的角度，防止磕碰到经过的人。这些适用于具体场景，让环境更加舒适、让身处其中的人感到被重视和被关怀的“小补丁”，正是王师傅工作的意义。

每天穿梭于图书馆的连廊厅堂中，王师傅与大学生们总是擦肩而过，这些学生，或是沉浸于试图“疗救灵魂的贫乏、修补人性的缺陷”的文学著作，或是想要获取量子理论相关的研究文献，又或是为了寻找一个安静的场所，沉下心来，撰写一份活动策划……

在人们眼中，王师傅只是学校工作人员中普通的一分子，校园里人们的活动轨迹重叠交错，去往各自的方向，但他们与社会中许许多多的个体和组织一样，都要承担共同的责任，那就是投入自己的领域，不断“打磨”、不断“修补”，为人们温暖笃定的生活秩序默默付出，稳步前行。

作答要求

一、“给定资料 1”中提到：“乡村需要的不仅仅是艺术家，更是对乡村有感情并能挖掘本土文化特色的运营官。”请根据“给定资料 1”，谈谈冯教授团队是怎样当好这个“运营官”的。(10 分)

要求：全面、准确、有条理。不超过 250 字。

二、“给定资料 2”中，隆金公司虽然做的是配件，但也成了市场中的主角。请你谈谈隆金公司为什么能成为“市场中的主角”。(15 分)

要求：

（1）紧扣资料，归纳准确；

（2）内容全面，条理清晰；

（3）不超过 300 字。

三、Y 市拟在总结江平县做法的基础上，提出关于加强 Y 市基层卫生人才队伍建设的实施意见。请根据“给定资料 3”，起草该意见的主要内容。(20 分)

要求：

（1）包括指导思想、基本目标和主要措施；

（2）紧扣资料，重点突出；

（3）逻辑清晰，表述准确；

（4）不超过450字。

四、请根据“给定资料4”，梳理S市公共文化空间建设和运营中存在的问题，并提出解决建议。（20分）

要求：

（1）问题梳理全面、准确；

（2）所提建议具体明确、有针对性、切实可行；

（3）不超过450字。

五、“给定资料5”中提到：“投入自己的领域，不断‘打磨’、不断‘修补’，为人们温暖笃定的生活秩序默默付出，稳步前行。”请根据对这句话的理解，参考给定资料，联系实际，自选角度，自拟题目，写一篇文章。（35分）

要求：

（1）观点明确，见解深刻；

（2）参考给定资料，但不拘泥于给定资料；

（3）思路清晰，语言流畅；

（4）字数1000~1200字。

2024年国家公务员录用考试申论试卷参考答案对比

适用于市（地）级及以下机构的职位

一、“给定资料1”中提到：“乡村需要的不仅仅是艺术家，更是对乡村有感情并能挖掘本土文化特色的运营官。”请根据“给定资料1”，谈谈冯教授团队是怎样当好这个“运营官”的。(10分)

要求：全面、准确、有条理。不超过250字。

参考答案一

冯教授团队探索“清池范式”——尊重乡村主体和地方文化特色，逐渐影响村民对乡村价值的判断，引导其回归、共建家园。

1. 接近、启发村民。尊重村民的学习习惯，和村民一起动手改造，逐步转变村民观念，让村民获得自豪满足。

2. 保留原有面貌。敬畏、尊重自然，设施建设不破坏原有的自然风貌；保留原始景观，对古建筑修旧如旧。

3. 复原传统习俗。挖掘传统活动的文化内涵，重现仪式，让人们重新认识传统文化和乡村社会道德秩序的魅力。

4. 共创艺术价值。举行特色活动，以自然为舞台、以生活为剧本，让村民在乡间展现艺术才能，一起发现美、创造美。

参考答案二

本着对乡村秩序、传统习俗和文脉传承敬畏的心态介入乡村，具体如下：

1. 转变教学方式。将教学方式由授课转变为和村民一起动手进行乡村艺术改造，以此接近村民，启发村民。

2. 保留原有特色。尊重乡村主体和地方文化特色，保留原始的景观风貌，对古建筑外观坚持修旧如旧，让人们在乡村寻回朴素的精神家园。

3. 挖掘文化内涵。重新挖掘历史遗存的文化内涵，重现传统仪式，让人们认识到传统文化和乡村社会道德秩序的独特魅力。

4. 进行融合共创。将乡村特色和时尚风格相结合，引导村民展现自己的艺术才能，与村民一起发现美、创造美。

参考答案三

1. 共建设施。改变授课方式，接近、启发村民，了解村民习惯并与村民共建设施，改造村居，提升村民自豪感。

2. 寻根护脉。尊重乡村秩序、传统习俗和文脉传承，寻回质朴精神家园。

3. 价值引领。坚持显性与隐性价值结合，尊重乡村主体和地方文化特色，通过艺术介入乡建，影响村民对于乡村价值的判断，引导村民回归、共建家园。

4. 传承民俗。挖掘民俗文化内涵，还原传统仪式，让村民重新认识传统文化和乡村社会道德秩序，推动民俗入非遗名录。

5. 共创价值。办特色活动，鼓励村民展现艺术才能，共同发现美、创造美，改善生活和提升审美情趣。

二、“给定资料 2”中，隆金公司虽然做的是配件，但也成了市场中的主角。请你谈谈隆金公司为什么能成为“市场中的主角”。(15 分)

要求：

（1）紧扣资料，归纳准确；

（2）内容全面，条理清晰；

（3）不超过 300 字。

参考答案一

1. 始终保持专注。三十多年深耕汽车配件领域，将产品做到行业顶尖；基于行业挖掘细分市场，深度拓展高端、新能源、国际汽车市场。

2. 管理严格科学。生产程序严格；将自身硬实力与整车厂软实力相结合，实现精益化管理；借由申获“市长质量奖”，提升经营和质量管理。

3. 产品质量过硬。坚持进行质量攻关，组建质量改进团队、收集各种质量问题信息、实施质量改进措施，不断进行研发创新与技术迭代。

4. 技术实力雄厚。建设数字化车间、智能工厂，降本增效；建立海外研发中心，吸引创新人才；与知名高校合作培养技术能手和行业专家。

5. 产业支撑有力。地方具有门类齐全的制造业体系和产业集群；政府建立企业培育库，出台一系列政策文件，推动企业发展壮大。

参考答案二

1. 严格生产程序，实现精细化管理。产品经过完整严格程序，能将自身硬实力和各大厂商的软实力有机结合。

2. 坚持质量攻关，提升产品质量。组建质量改进团队、收集质量问题信息、实施质量改革措施，重视研发和技术迭代。

3. 始终保持专注，做好市场定位。基于行业挖掘细分市场，向高端、新能源、国际市场深度拓展。

4. 重视创新研发，突破技术壁垒。建设智能工厂，投入资金，引进先进设备，建设数字化车间。依托研发平台，建立海外研发中心，吸引创新人才，加强与高校的产学研和就业合作，选拔培养技术能手和行业专家。

5. 政府出台政策，提供发展环境。建立企业培育库，出台系列政策文件，推动企业发展壮大。

参考答案三

1. 重产品品质。生产严格遵循程序，自身硬实力与厂商、行业软实力相结合，精益化管理；坚持质量攻关，组建团队，收集并改进问题；保持专注，科学定位。

2. 重市场布局。基于主业细分、拓展市场，布局新赛道；通过研发创新与技术迭代丰富产品种类，提高市场占有率。

3. 重企业影响力。申报政府奖项，深化员工认识，强化经营质量管理；培育单项冠军，确立行业核心地位。

4. 重技术创新。增加资金投入，引进先进设备，建数字化车间依托省级研发平台，建海外研发中心引进创新人才；与知名高校合作，选培技术能手和行业专家，自主研发并形成专利，突破技术壁垒。

5. 发展环境优。所在市具有制造业体系和产业集群，建有企业培育库，出台了推动企业发展的文件。

三、Y 市拟在总结江平县做法的基础上，提出关于加强 Y 市基层卫生人才队伍建设的实施意见。请根据“给定资料 3”，起草该意见的主要内容。(20 分)

要求：

（1）包括指导思想、基本目标和主要措施；

（2）紧扣资料，重点突出；

（3）逻辑清晰，表述准确；

（4）不超过 450 字。

参考答案一

1. 指导思想：二十大报告提出，要发展壮大医疗卫生队伍，把工作重点放在农村和社区；省里出台措施，让卫生人才有地位、得实惠、受尊重，基层看病不再难。

2. 基本目标：基层医疗卫生人才规模、结构和能力与基层群众健康需求相适应，完善基层人才招引、培养、使用管理机制和政策，更好保障和增进基层群众身体健康。

3. 主要措施：（1）稳定现有人才队伍。建立以服务质量、数量和效益为核心的考核体系，通过绩效考核拉开收入差距，提升医护人员工作积极性。（2）优化人才管聘工作。招聘季组织急缺人才现场考试，通过后及时录取；对基层医疗人才给予购房补贴、优先职称评定等支持；建立编制周转池，专门用于招聘紧缺型专业人才；实施农村卫生人才“县管乡用”和“乡管村用”。（3）完善人才培养机制。建设基层实训示范基地，定期对基层医护人员开展全覆盖培训，组织执业医师到大医院脱产培训，切实保障培训期工资奖金、费用报销和补贴发放到位；与大医院合作，建立专家工作站和“师带徒”工作室，建立各类区域性远程诊断中心，服务基层乡镇。

参考答案二

关于加强 Y 市基层卫生人才队伍建设的实施意见

面对基层医疗人才缺口大的问题，特制定以下意见：

指导思想：全面贯彻落实党的二十大报告“发展壮大医疗卫生队伍，把工作重点放在农村和社区”这一要求。基本目标：按照省政府的要求，实现基层医疗卫生人才规模、结构和能力与基层群众健康需求相适应，让医疗卫生人才有地位、得实惠、受尊重，让基层群众看病不再难。

主要措施：一、建立合理的考核体系，优化现有人才管理。以服务质量、服务数量和服务效益作为评价的核心标准，提振了医护人员的士气。二、提高福利待遇，吸引人才加入。多部门联合协作，现场招聘人才。统筹调剂编制，针对不同招聘对象，采取不同激励政策，提高人才加入的积极性。三、重视人才培养，提升人才能力。加快建设基层实训示范基地，定期对人才开展培训。四、加强合作，用好人才。加强与大医院合作，建立院士工作站、博士工作站、“师带徒”工作室，建立诊疗中心，面向基层乡镇开展服务。

参考答案三

关于加强 Y 市基层卫生人才队伍建设的实施意见

为解决 Y 市基层医疗人才短缺问题，现提出如下意见。

指导思想：全面贯彻落实党的二十大报告提出的“发展壮大医疗卫生队伍，把工作重点放在农村和社区”要求。

基本目标：促进基层医疗卫生人才规模、结构和能力与基层群众健康需求相适应，让医疗卫生人才有地位、得实惠、受尊重，让基层群众看病不再难。

主要措施：一、优化考核体系，稳定人才队伍。推进绩效改革，建立起以服务质量、服务数量和服务效益为核心的考核体系，拉开收入差距，提振人员士气。二、提高待遇水平，吸引人才加入。多部门协作，及时招聘医疗卫生急缺人才，按类别给予补助和职称激励。合理利用公立医院富余编制，在基层统筹调剂。根据上级要求，落实“县管乡用”和“乡管村用”机制。三、重视人才培养，增强服务本领。加快建设基层实训示范基地，定期对人才开展培训，支持带薪进修。与大医院加强合作，建院士、博士工作站和“师带徒”工作室，建区域性诊疗中心，面向基层乡镇开展服务。

四、请根据“给定资料4”，梳理S市公共文化空间建设和运营中存在的问题，并提出解决建议。(20分)

要求：

(1) 问题梳理全面、准确；

(2) 所提建议具体明确、有针对性、切实可行；

(3) 不超过450字。

参考答案一

一、问题

1. 建设问题：①缺乏统一规划，各区基于自身需求开展建设，出现重复建设。②空间分布欠妥，成熟载体规模小，分布分散；新建空间规模大，但远离市区。③文化内核缺失，未有效结合历史文化遗存，缺少主题型和创意创新类空间。

2. 运营问题：①经营管理不善，部分民营空间创始人不具备经营管理能力。②活动数量不多，使用群体单一，空间使用率低。③宣传力度不够，市民只关注打卡拍照，忽视空间的文化内涵、价值观念、特色功能。④特色营造不足，场景营造上雷同，服务上缺乏个性特点和差异化。

二、对策

1. 建设方面：①全市统一规划，确保各区空间功能互补，避免重复建设。②撤并部分空间，扩大成熟空间载体规模，分布相对集中于市区。③充分结合当地历史文化遗存，建设各类主题型和创意创新类空间。

2. 运营方面：①提供经营管理培训，提升管理人员经营能力，解决运营难题。②针对不同年龄段观众，开设定制各类活动和课程。③引导市民深入了解空间的文化价值，实现教育功能。④营造多元的、差异化的场景，建立起自身服务的个性特点。

参考答案二

一、建设方面问题：1. 缺少规划。建设跟风，主题类型单一，缺少主题型和创意创新类的公共文化空间。建议：科学规划布局，根据各地区文化特色，因地制宜，差异化建设，借鉴先进经验，强化主题创新，丰富文化空间的主题类型。2. 短板突出。规模、位置等短板明显。建议：根据现有文化空间短板，针对性提升，例如完善公共交通，利用闲置空间整合相似功能的文化空间。

二、运营方面问题：1. 同质化明显，场景营造模式相似，服务缺乏个性特点和差异化。建议：针对性开展文化活动，根据不同需求，定制针对性活动和课程。2. 偏离初衷，历史文化遗存利用不足，文化内涵、价值观念、特色功能遭到忽视。建议：充分发掘文化遗存价值，既重视文化遗产自身的展示，又强调文化价值的输出，实现教育功能。3. 运营能力弱，创始人缺乏经营管理能力，经营活动少且持续性不强，使用频率低，场面冷清，流量不足。建议：开展经营管理能力交流培训活动，丰富文化活动形式，文旅融合发展，打造大体量、多创意的文旅空间。

参考答案三

一、建设方面：问题1：建设跟风。缺乏规划，场景营造模式创新不足，设计风格、设施未体现差异化，缺少主题型和创意创新类空间。建议1：科学规划布局，根据地区文化特色，因地制宜，差异化建设，强化主题创新，利用文化营造场景，丰富主题类型。问题2：规模、位置短板明显。存在小而分散、离市区远等情况。建议2：选取位置好、靠近生活小区的地方建设场馆，利用闲置空间整合功能相似的文化空间，完善公共交通。

二、运营方面：问题1：服务同质化。服务缺乏个性特点和差异化；文化活动针对性差，无法满足不同人群需求。建议1：针对各年龄层次人群开展文化活动、开设定制课程，提供个性化服务。问题2：缺乏内涵。历史文化遗存利用不足，文化内涵、价值观念、特色功能易被忽视。建议2：发掘文化遗存价值，既重视文化遗产自身的展示，又强调文化价值的输出，实现教育功能。问题3：运营能力弱。创始人缺乏经营管理能力。建议3：开展经营管理能力交流培训活动，鼓励有人文情怀和企业家精神的文化名家运营场馆，推动文旅融合发展。

五、“给定资料5”中提到：“投入自己的领域，不断‘打磨’、不断‘修补’，为人们温暖笃定的生活秩序默默付出，稳步前行。”请根据对这句话的理解，参考给定资料，联系实际，自选角度，自拟题目，写一篇文章。(35分)

要求：

（1）观点明确，见解深刻；

（2）参考给定资料，但不拘泥于给定资料；

（3）思路清晰，语言流畅；

（4）字数1000~1200字。

参考答案一

于平凡中铸非凡

在这个人人渴望成功、追求卓越的时代，平凡似乎被扣上了“平庸”的标签。然而，我们是否曾想过，其实平凡也拥有珍贵的价值。习近平主席曾说：“伟大出自平凡，平凡造就伟大。”每个普通的人和组织，都在社会中有着自己的位置；每种平凡的工作，都在各自的领域中默默贡献。我们平凡但不平庸，并可以于平凡中铸就非凡。

平凡自有其价值——所有个体和组织忠实履行自己的使命，就是在服务他人、奉献社会，维护温暖笃定的生活秩序，推动着社会稳步向前发展。有这么一群人，普通如草木，不在聚光灯下，不为人所瞩目，但却日日夜夜照亮了别人，成为社会发展不可或缺的力量。他们可能是快递小哥，为千家万户而奔走；他们可能是环卫工人，为城市美丽而劳作；他们可能是普通教师，为祖国繁荣而立德树人……正是身处各行各业的他们，日日坚守，默默奉献，我们的社会才能正常运转，正是他们向上向善，全心全意为人民服务，我们的社会才能始终温暖，向前发展。

作为社会中普通的一员，我们要“甘”于平凡，也要勇于担当，每个人都应投入自己的领域，于深耕细作中追求卓越、创新创造，方能于平凡中成就不凡。普通的工作做久了，往往会陷入机械重复之中，久之就会产生无意义感，质疑自我的价值，最后故步自封、随波逐流。破解这样的怪圈，除了要戒除“心比天高”的心态，用平和、积极的态度对待工作，还要始终保持一颗精进不休、学习不止的心。钳工管延安，通过20多年的勤学苦练，凭着高超的手艺和精益求精的匠心，成为中国“深海钳工”第一人，为港珠澳大桥岛隧工程作出重大贡献。历史的成功启示着我们，唯有在自己的领域不断学习钻研，提升本领，并以人为本，不断探索，更好地满足人们的需求，才能够成就非凡的成绩，为社会发展作出贡献。

为了让“平凡”发挥出更大的价值，我们需营造良好的社会氛围，看到、尊重和关怀那些在平凡岗位上默默付出的人们，并切实做好激励保障工作。然而当下，我们常常忽略了这群平凡的力量。他们没有高额的薪水，却要面对各种琐碎的工作，甚至还要承受社会的偏见。因此，面对这些美好生活的创造者、守护者，我们应该加大宣传力度，通过弘扬榜样力量，让更多人看到他们的价值；政府和组织也需进一步理解他们的需求，不断提高平凡岗位的待遇，改善工作环境，提供培训和晋升机会，让每个人都有所发展、有所成就。

“如果你是一滴水，你是否滋润了一寸土地？如果你是一颗最小的螺丝钉，你是否永远坚守在你生活的岗位上？”让我们以梦为马、砥砺前行，将这平凡之躯，深深献给我们生活的这片不凡的土地和岁月！

参考答案二

承担共同责任 推动社会稳步前行

“投入自己的领域，不断打磨，不断‘修补’，为人们温暖笃定的生活秩序默默付出，稳步前行。”从这句话中可以看到，每个普通人都是社会的一分子，虽然我们做着平凡的工作，但是在平凡的岗位上不断提升自己、奉献自己，就是承担起了时代赋予的职责，也正是因为千千万万的普通人，能够真正投入自己的领域不断打磨、修补，认真努力、甘于奉献，才推动了社会的不断发展、稳步前行。

投入自己的领域，不断打磨、修补，才能承担起时代责任，推动社会稳步前行。这里的打磨、修补是指不断提升自身的能力，以顺应当下的需求。就如同人体需要千千万万个细胞不断供能，才能促进人的健康生长，同理，社会的发展也需要千千万万这样的人和组织来一起承担责任。因此，当每个人都能在自己的岗位上精益求精、顺应需求，那千万股力量汇聚起来，就能担得起共同责任，推动社会稳步前行。就如“蓝领专家”孔瑞祥，“新时期铁人”王启明，“中国航空发动机之父”吴大观等，他们在自己的领域中锐意进取，精心打磨，为国家与人民作出了杰出的贡献，承担起了时代赋予他们的责任。又如材料中的王师傅在修缮中创造，于毫末处耕耘，不断地改进，细化到每一块小木材，补充出每一块小补丁，所体现的正是他执着专注、精益求精、一丝不苟、追求卓越的工匠精神。细微之处见真章，危难关头担责任，只有这样才能在平凡岗位上干出不平凡的业绩，承担起时代责任。因此说，投入自己的领域，不断打磨、修补，才能承担起时代责任，推动社会稳步前行。

默默付出、甘于奉献，才能承担起时代责任，推动社会稳步前行。我们不能说不求回报，但也不能只求回报。奉献是一种态度，是一种精神，更是一种境界。要愿意为人们温暖笃定的生活秩序默默付出，而在千千万万人和组织这样的付出下，才更能承担起时代责任，推动社会稳步前行。无论是以师生的体验感为己任，一辈子参与学校后勤工作的王师傅；还是致力于精准制导领域，一生为国、毕生奉献的陈定昌；抑或是建校13载，步行12万余公里，教出近2000多名大学生，用心血投身教育事业的张桂梅……所有这些都说明，在国家各项事业发展中，他们以饱满的热情和坚定的信念默默奉献着、付出着，承担起了时代赋予的责任，在逆行中用生命诠释着无私奉献的大爱，推动着社会不断发展。

时代在进步，责任需要我们共同承担。“位卑未敢忘忧国”，作为时代的一分子，应时刻牢记“为人民服务”的崇高理念和初心使命，不断“打磨”和“修补”自身能力，尽我所能，立足于本职工作的精益求精，同时为了保障人们温暖笃定的生活秩序踩实脚步，不断奉献自己的力量。在推动社会的不断发展中，能够充分承担自己的责任就是一种幸福。

参考答案三

共担时代之责　聚力稳步前行

一辈子深藏功名的张富清，用青春书写使命的黄文秀……他们有着普通的名字、平凡的模样、寻常的家庭，但他们把自己的事业尽力做到极致，创造了一个又一个不平凡的成就。他们的人生历程告诉我们：伟大出自平凡，平凡造就伟大。我们都是社会普通的一分子，要共担时代之责，在自己的领域坚持“打磨”“修补”，以匠心、奉献、奋斗的精神，推动社会稳步前行。

淬匠心之火，铸强企之路。工匠精神体现着劳动者独具匠心、精雕细琢、尽善尽美的追求和坚守，蕴含着严谨、执着、敬业、创新等可贵品质。大到国家超级工程的建成和大国重器的研制成功，小到把汽车门把手做到行业顶尖水平，其成功的背后都离不开工匠精神的支撑。说到底，工匠精神是从业者的职业价值取向，是推动高质量发展，实现质量立业、创造兴业的必备品质。我们每个人身处不同行业、不同领域，要以实干增长技艺与才能，养成“择一事终一生”的执着专注，做到“干一行精一行”的精益求精和“偏差毫厘不敢安”的一丝不苟，淬匠心之火，以创新打磨，铸强企之路。

守奉献之心，谋民生之福。奉献是一种责任，一种境界。“俯首甘为孺子牛”是对无私奉献精神的最好诠释。正如“心甘情愿为党、为人民当一辈子老黄牛”的王进喜，“把有限的生命，投入无限的为人民服务之中去”的雷锋，“在修缮中创造，于毫末处耕耘”的王师傅，他们这种外在体现为任劳任怨、默默耕耘的“孺子牛”，其内在却彰显了为民初心、无私奉献的宗旨意识。奉献精神，人人可学，处处可为。我们要立足工作岗位，牢记无私奉献的精神内涵，淡泊名利、为民着想，以“孺子牛”的态度为人民群众谋福祉。

葆奋斗之姿，答时代之卷。习近平总书记指出：“只有奋斗的人生才称得上幸福的人生。”然而，面对社会压力，不少人选择了“躺平”“摆烂”，长此以往，不仅会换来碌碌无为的人生，更会影响党和国家的事业发展。冯教授带领团队以脚踏实地奋斗的精气神扎根基层，将艺术乡建作为自己的使命，修复乡村秩序，助力乡村振兴。中华民族伟大复兴绝不是轻轻松松、敲锣打鼓就能实现的，也绝不是一马平川、朝夕之间就能到达的。我们要做时不我待的行动者、只争朝夕的实干家，在挫折和坎坷面前不气馁，在成功和成就面前不“躺平”，以奋进之姿书写新时代的精彩答卷。

责任担当体现的是一种责任自觉，凝聚的是一种意志力量。我们要在各自的岗位上不断增强才干、恪尽职守、甘于奉献、勇于担当、善作善成，为实现第二个百年奋斗目标奋勇前行，贡献力量。

2023年国家公务员录用考试申论试卷

适用于省级以上（含副省级）机构的职位

注意事项

1. 本题本由给定资料与作答要求两部分构成。考试时限为180分钟。其中，阅读给定资料参考时限为50分钟，作答参考时限为130分钟。

2. 请在题本、答题卡指定位置上用黑色字迹的钢笔或签字笔填写自己的姓名和准考证号，并用2B铅笔在准考证号对应的数字上填涂。

3. 请用黑色字迹的钢笔或签字笔在答题卡上指定的区域内作答，超出答题区域的作答无效！

4. 待监考人员宣布考试开始后，方可开始答题。

5. 所有题目一律使用现代汉语作答。未按要求作答的，不得分。

6. 监考人员宣布考试结束时，应立即停止作答，将题本、答题卡和草稿纸都翻过来留在桌上，待监考人员确认数量无误、允许离开后，方可离开。

严禁折叠答题卡！

给定材料

1. 今年夏天，Q省邀请若干位全国知名的青年书法家、画家参加了一场采风活动，为这些青年名家的艺术创作提供现实资源，让他们用书画作品倾情反映新时代的Q省交通故事。以下是其中一位青年画家的采风日记：

习近平总书记曾经说，中国的交通地图就像一幅画，中国的中部、东部、东北地区都是工笔画，西部留白太大了，将来也要补几笔，把美丽中国的交通勾画得更美。Q省位于我国西南部，是唯一没有平原支撑的省份，交通巨变从“桥”开始。这次采风，我在Q省看到了最精妙的补笔。昨天，已是我们采风的最后一站。

我们从省会G市驾车出发，行驶40分钟左右到达玉陵湖大桥。只见一座提篮式样的大桥，横跨美丽的玉陵湖，又似一道斑斓的彩虹嵌入绿水青山中，浑然天成。我们走上大桥的人行步道，发现这里拍照的人不少。G市公路管理局的工程师秦创告诉我们，玉陵湖大桥重建以来已经成为著名的“网红打卡地”。在设计之初，考虑到玉陵湖大桥连接Q省多个著名旅游景区，如何使新桥融入这些湖光山色之中，是他们反复考量的内容。最终他们选择了内倾10°的提篮拱桥作为重建方案，这样能够使新建桥梁在景观上优雅灵动，突出桥梁自身的力量美与跨越感，同时也能让桥梁与自然融为一体、相互辉映。“这‘提篮彩虹’的印象，我一定要画出来。”我已经为自己的第一眼印象勾勒了画作最初的形象。

“你们现在看到的玉陵湖大桥是在原桥基础上拆除重建的。”秦创向我们介绍，“原玉陵湖大桥已经通车了30余年，8年前被定为四类危桥，不得不对其限载、限速。2019年我们向省公路局请示拆除重建玉陵湖大桥，先后经过了6个方案的对比和论证，最终决定选择现在的方案——在原址上建设新的玉陵湖大桥。建设历时两年，去年正式通车。”

“你们看，这座大桥跨越湿地公园和饮用水源保护区，周围分布着特有濒危水生植物，还有20多种国家重点保护野生动植物。这种环境下如何拆除旧桥？用传统的爆破法拆桥行不行？”秦创出题考我们。

我们纷纷摇头。秦创说：“没错，施工过程中旧桥杆件会坠落到桥下水源保护区，爆破震动还会产生较大的粉尘污染环境。”

那可以用什么方法拆除旧桥呢？秦创没有为难我们，很快公布了答案：他们没有按照常规方式先拆后建，而是采取了边建边拆的改建方式，创新性地提出了“旧桥建新拱，新拱拆旧桥”的建设思路。两岸接线工程对景区和水源保护区几乎无干扰；湖中没有设置桥墩，主桥直接跨过玉陵湖；安装新桥拱肋，先“包住”旧桥，再用钢梁将旧桥吊起，外科手术式地完成旧桥拆除工作……这些技术都最大限度地避免了旧桥拆除对周边生态环境的不良影响。“拆桥过程中，没有一块旧桥混凝土掉入湖中。”秦创骄傲地说。

提起建桥的过程，秦创更滔滔不绝了，他详细介绍了建桥中的“废料再利用”和“污水收集处理循环系统”这两项环保技术。“废料再利用”是指旧桥混凝土100%循环再利用，旧桥251吨钢材全部被回收。“污水收集处理循环系统”是指施工中对污水进行集中处理，达到排放标准后用于施工区域洒水。秦创把枯燥的技术讲得通俗易懂。我们听得津津有味，心中叹服，原来巧夺天工来自技术的高超。

走了不到300米，我们就来到了桥尾。玉陵湖大桥与两条高速公路无缝连接，呈“8”字形环绕。秦创说：“桥梁和道路的连接处是设计的关键点，对接不好容易发生交通事故。我们在设计时与公路施工方反复沟通，最终确定了现在这个‘8’字形的连接方式。现在新桥能连接9个村庄，可谓四通八达。”这座小而美的桥梁，真是处处体现匠心。

车行10分钟后，我们来到了最近的大通村。漫步大通村，一片片绿油油的茶山令人赏心悦目；绿树下，一栋栋独具特色的民宿布局合理，相映成趣；农家乐里，一位位游客边赏湖景，边品美食；蔬菜基地里，一棵棵长势良好的蔬菜静待收获；数百亩果园里，成熟的李子、桃子等时令水果挂满枝头。“目前，我们村拥有560亩水果基地、300亩蔬菜基地、300亩花卉基地、80亩藕园，开设有民宿、农家乐等40余家。这是新桥为大通村引来的人气、商气、财气。”大通村委会林主任对新桥赞不绝口。

“真是桥通路通民心通。不能仅仅画桥，这焕发出新活力的村庄一定要表现出来。”我心里琢磨着。当晚，我按捺不住思绪，彻夜未眠，一气呵成完成了画作。作画时，我脑海中不断闪现玉陵湖大桥种种精妙绝伦之处，对建设者们的敬佩之意一次次油然而生。整幅画作，我选择了“俯瞰”的视角，最初打算特写的“提篮彩虹”，被我简化为画中的一个点，路为线，人流、物流、信息流在此间快速流动。流动中，一座桥带出了一个活力迸发的经济圈。这幅表现桥的画，被我题名为《巧》。

2. “大家以前对窑洞有些什么印象?”开窑村的村委委员小辛问。

“习近平总书记在给全国人民的新年贺词中，提到了当年毛主席与黄炎培先生的‘窑洞对’。如何跳出治乱兴衰的历史周期率？毛主席给出了第一个答案，让人民来监督政府。现在我们党给出第二个答案，自我革命。在党的二十大报告中，也再次提到这一重要论断。‘窑洞对’，是我对窑洞最深刻的印象。”

“提到窑洞，脑海中浮现的画面就是黄土地、高山坡，挖个洞在里面住着，想到就觉得特别艰苦。”

“窑洞已有4000多年的历史，它不仅是我们祖祖辈辈的栖身之地，也曾是红军的驻地……”小辛向游客娓娓讲述有关窑洞的悠久历史和红色岁月。前来参观的游客们纷纷谈起自己的感受，来到黄河岸边、大山深处，面对着300孔隐在群山中层层叠叠错落有致的窑洞，即使现如今这里已经被改造成文化教育基地，游客们依然能想象出革命战争年代窑洞中的艰苦景象。

参观行程过半，有位游客问小辛：“你们当时是怎么想起把这些窑洞打造成文化教育基地的?”小辛说：“经济条件好了，我们也陆续住进新盖的房子，大部分窑洞被废弃。但是我们内心非常不愿意窑洞就这么消失。因为我们世世代代都曾经居住在窑洞里，窑洞对于我们来说，是血脉，也是乡愁。”

小辛想到了7年前，那时候村委会正打算让这些“沉睡的资产”焕发出新的生机。村委会找到了某大学建筑学院的顾教授团队负责窑洞修复项目。顾教授团队和村委会多次协商，反复讨论，最终达成一致意见：修复窑洞要尽量保留自然地貌，以及窑洞和院落的本来面貌。因此，修复工程使用的建筑材料都是废弃的砖瓦、石头、旧门窗、破碎的缸罐等。

小辛还记得，当时他在读大学，回家看望父母时，村民们找到他，说他有文化，让他代表村民们去和顾教授沟通。“小辛啊，你看，这些旧材料是挺省钱的，但是费时费工啊，我们啥时候能修好呢？而且修好了，这不和以前一个样吗？还是灰蒙蒙的。修就修得好看一点嘛!”

面对村民们的不理解，小辛主动找到村委会工作人员，还邀请了一些村民代表，协商共议后，在村里举办了“发现砖石之美”影像展。这让村民们重新认识到窑洞建筑的历史价值，也更加认同窑洞原本的建筑风格。“这是我们永恒的记忆符号，也是独特的文化标识。废旧材料本身就凝结着村庄的历史与个体的记忆，是新的建筑材料无法替代的。”小辛说。

村民们从否定变成了支持，开始踊跃捐献家中的旧建材。不少人主动问：“我们家里就有很多旧砖旧瓦啊，你们施工还要不要?”村里的王大娘早年丧夫，曾经过得很艰辛。生活好转离开窑洞老屋时，她爬上屋顶将瓦小心地逐片剥落，并保存了30多年。她找到顾教授，把这些瓦都捐了出来，说：“现在日子好了，没想到这些旧瓦片还能再派上用场，捐给你们比搁我手里强!”

施工期间，小辛组织村民们去工地观看。“这里是我捐出的砖。”“这个角落里的图案，有我家孩子拿来的玻璃球。”“这里可以用碎瓦片砌成‘花墙’。”村民们饶有兴趣地指指点点，还不时出谋划策。小辛还带领村民们发起了多次义务劳动，上山采石、填坑铺地、为工地运送物资、向工匠师傅嘘寒问暖，以实际行动支持窑洞修复项目。

村民的“言”和“行”慢慢渗透进修复窑洞的师傅们心里，他们也不再着急赶工，开始思考怎么能更好地把顾教授团队的方案、村民们的灵感和他们的手艺融合起来。老郑，这个从业30余年的工匠师傅说：“刚来时，一看在深山里，心里嘀咕这次肯定特别苦。但是施工过程中，通过和顾教授他们接触，和开窑村的村民闲聊，我才知道原来窑洞还有这么多说法，窑洞文化的历史这么悠久。一下子就让我们这些泥土匠的活有了意义！再苦心也甜！”

窑洞修复项目的结束，意味着文化教育基地新的工作的开始。恰逢小辛大学毕业，他被村里留下，担任村委委员，开始承担文化教育基地的宣传推广工作。一些村民也成了义务宣讲员，他们每每谈起村里的窑洞，都特别骄傲。“当时窑洞修复花了一年多才完成。有村民说，窑洞修复的过程，也是他们从旁观者变成参与者再到传承者的过程。”小辛感慨道。

3. 大自然孕育河流，河流哺育城市。自古以来，城市的兴起与繁华和河流有着鱼水相依的密切联系。对于J市来说，拥有一条穿城而过的凤凰河，实属它的幸运。一脉清流，自雷山南麓而出，在J市北部与梨河交汇后，滔滔河水夹带着巨量泥沙，沿着大峡谷奔流而下，离开山口后水势变缓，泥沙就沉积在了今天J市所在地，逐渐形成适合居住的平原。凤凰河还带来大量的淡水资源，为人们提供了可生息繁衍的得天独厚的自然条件。于是，这里从最初的简单村落逐步发展成了人口密集的城市。

在漕运发达的年代，凤凰河南北客商云集，行旅往来不绝。凤凰河哺育了两岸百姓，带来了数百年的繁华，也留下了宝贵的文化遗产。凤凰河流域涵盖了旧石器时代遗址、新石器时代遗址以及红色文化纪念地、现代工业遗址等各类物质和非物质文化遗产。可以说，凤凰河不仅是一条养育城市和居民的水脉，更是一条承载文化交流、传播文明成果的文脉。

J市文史专家叶教授这些年一直在对凤凰河流域文化进行考察调研，他说：“凤凰河流域文化曾经是灿烂辉煌的，但有一段时期河中都没有水，没有水，还能称为河吗?”20世纪70年代后期以来，由于人们对山上林木的砍伐，凤凰河上游水土大量流失，加之降水量减少了十分之一左右，以及逐层筑坝拦截用水等诸多原因，凤凰河多处河段干涸、生态系统严重退化，资源性缺水成了凤凰河的软肋。没有了水，凤凰河流动的“血脉”不再畅通，曾经雄伟的高楼宝塔犹如聚沙而起，那些河边的饮食起居变得黯淡无光，那些鲜活的戏曲说唱逐渐销声匿迹，那些依河而兴的市镇村庄失去了往日的生机。

令人欣慰的是，近几年来，在全国生态环境治理的大背景下，凤凰河流域的各级政府也下大力气治理河流，清淤疏浚河道，垒坝稳固河槽，关停污染企业，绿化河岸环境。但沿线各城市经济发展水平不同，利益诉求也不尽相同，难免出现矛盾冲突。如何破局，关键在于树立全流域“一盘棋”意识。2018年5月，凤凰河综合治理与生态修复协调领导小组正式成立，领导小组的使命很明确：通过制定年度工作要点、加强沟通协调、严格监督检查，破解跨省域、协调难等治理难题。同时，《凤凰河流域水资源保护规划》《凤凰河流域水资源综合规划》等专业规划陆续出台。经过3年努力，2021年，凤凰河终于实现25年来的首次全线通水。“水运连着城运，更连着千家万户。水资源格局决定和影响城市发展格局。凤凰河‘复活’后，将极大促进沿岸经济文化的发展。”叶教授说。

恢复凤凰河流域生态系统是一项长期工程，全线通水不再断流，是推进凤凰河流域生态环境复苏的第一步。流动的河能激活文化之河，文化之河也能反哺流动的河，现在宣传和弘扬凤凰河流域文化恰逢其时。叶教授曾经问过凤凰河附近的居民，什么是凤凰河流域文化。“有说文明起源的，有说民族融合的，有说拼搏奋斗精神的，总之是太杂了。凤凰河流域文化确实多姿多彩，但我们要从中提炼出最精彩、最个性、最具张力的核心内容。”叶教授说。数年前，J市文化部门曾联合研究机构开展过一次凤凰河流域考古调查，但流域的文化遗产分布涉及沿岸五省多个县市，保护和开发情况各有不同，调查无法整体推进。“如果我们都没有对凤凰河流域文化内涵进行深入挖掘，又怎么能要求群众了解？”此外，还有一点令叶教授觉得遗憾，就是之前凤凰河流域文化保护传承多是在文化部门制定的政策框架下进行，无法统筹流域内相关部门形成保护合力，流域文化遗产系统性保护传承战略规划、体制机制的问题都没有根本解决。经过多年调研，凤凰河生态治理的模式给了叶教授新的启发。

“文化的生命在于‘用’，在于融入群众生活。如何用？凤凰河沿岸历史遗迹、红色文化等资源这么丰富，正适合发展文化旅游。而生态环境是文化旅游的稀缺资源和宝贵财富，如果能真正恢复凤凰河以前的自然风光和生态环境，就可以推动生态旅游和文化旅游融合发展，让大众在‘用’中接触到‘活’的凤凰河流域文化。”叶教授说，“沿河也可以修建更多现代化的文化景观，在古今辉映中汇聚凤凰河文化的人气。像之前有人提议筹建凤凰河博物馆，就是很好的思路。随着数字化时代的来临，我们还可以开发‘凤河游’App，让游客沉浸式体验虚拟和现实结合的数字凤凰河新景观，感受‘活’起来的凤凰河流域文化。”

4. N市原本是座重工业城市。几年前，面对全球电子信息产业重组的机遇，N市瞄准了笔记本电脑产业，开始承接产业转移，实现产业结构转型。近年来，各大电脑品牌商以及知名主机生产商陆续落户N市。截至去年年底，N市笔记本电脑产值逾4000亿元，居于全球领先地位。从最初只是代工生产，到如今笔记本电脑的零部件基本实现本地配套，上下游企业的聚集、各类设施和生产要素的完善让N市的笔记本电脑产业慢慢形成产业优势，有实力向高端延伸。

电子产业园区是N市电子信息产业的聚集区。过去，这里抓住产业转移机遇，培育起一条电子信息产业链。最近，创新研发、提质增效成为园区接下来可持续发展的路径。打造实验室经济，引导企业建立研发机构，推动园区智能化改造，近五年以来，企业改造生产线超百条，生产线的平均智能化率提升到85%以上。如今，这里已拥有研发类企业120多家、高新技术企业30多家。其中，科兴维公司每年研发投入上亿元，开发出的高端笔记本电脑全球市场占有率近20%；易电恒公司自主研发的闪烁晶体材料达到国际领先水平。2019年园区引进的达新微电子公司，在园区的培育扶持之下，自主研发的血氧仪同类芯片填补了国内技术空白，实现了进口替代。N市在承接中实现了转型，在转型中实现了升级。“对于企业来说，这不是简单复制粘贴式的搬家，他们肯定会慎重。对于承接城市来说，不能搭空中楼阁，更不能生搬硬套，只有增强产业支撑能力，突出比较优势，才能培育本地产业和承接外部产业。”N市招商局负责人说。

腾夕材料公司在北方“生活”了11年之后，如今“举家”搬到了中部地区M市。

“‘搬家’是出于公司上市后扩大规模、调整布局的战略需要，但搬到哪，之前一直确定不下来。说实话，我们前前后后考察了6个地方，最后是M市政府的诚意让我们动了心。”腾夕材料董事长说，“M市新区成立了项目招商服务工作组，我们要项目书，他们连夜加班，研究组稿。第二天一上班就送到我们手中；我们提配套需求，他们当即与相关企业商议，以最优惠价格提供；需要政府投资的，他们很快就按程序依法依规确立下来。”

M市“以煤起家”，有煤化工的产业基础，但因为产业链条短、层次低，不仅经济效益不高，也不符合高质量发展的要求。如果彻底抛开原有优势基础，再培育发展一个全新的行业，似乎也不现实。

“我们咨询请教了许多专家，最后决定延长产业链条，提高产品附加值和层次。”新区有关负责人介绍，结合绿色循环可持续发展的产业政策，新区确定了发展功能性新材料产业、打造全国重要的功能性新材料基地的定位。

煤和新材料之间是什么关系？新区负责人说，以煤为原料，通过气化生产合成气，产生甲醇，甲醇可以生产聚四氢呋喃，这是生产高分子新材料的原料。如果把上游新材料做起来，做强新兴产业，就能跑出动能转换的“加速度”。

这一切恰到好处。腾夕材料拥有自主知识产权的核心技术，产品涵盖了热塑性弹性体、高端尼龙材料等多个种类，它的到来，可以让新区实现“从一块煤到各种功能性新材料”的全产业链一体化生产。

但该项目投资额大、涉及面广、手续烦琐，为了让企业愿意来，并能留下来，新区成立了由工业园区管委会主要领导牵头的领导小组，在服务和政策上都拿出了诚意。“软实力是我们的重要支撑。去年年初，我们创新了政企联合办公机制。我们不仅要考虑自身资源，也要考虑企业需求；不仅要考虑引进来的当下，还要考虑留得住的长远。”新区负责人总结。

5. 乐原市是座典型的老工业基地城市，传统产业结构以重化工业为主。随着国家“双碳”目标的提出，乐原市一批老工业企业陆续搬迁改造，留下了大片破旧老厂房。废旧的厂房、闲置的土地如何再利用？市里组织有关政府工作人员、专家，到N市和M市进行调研学习。调研结束后，调研组组长召集大家进行了研讨。

组长：经过我们的招商工作，目前新远眼镜公司有意向搬来。这家公司生产地目前还位于H市。当然他们也在多番考察和比较。像眼镜生产这样的轻工业，我市以前并无布局。我们要不要承接这家公司？通过什么来吸引他们？大家可以讨论一下。

组员A：这是我们不容错过的发展良机，这样在工业领域我们就可以补短板强弱项。我市物流、土地、水电气等生产要素成本都相对较低，可以用返租模式引入这家眼镜企业。

组员B：我了解到，这家公司原本的工厂有近600名工人，其中我省户籍的人员约占60%。这家企业落户我市对于稳定技术工人队伍很有利。

组员C：我们有全省最大的金、银、铜、铅、锌、钨深加工基地，还有一家电镀产业园——眼镜框架的生产离不开电镀。从企业角度，产业链的配套、上下游企业的集聚有助于降本增效，我们的胜算很大。从我们自身的角度，引进眼镜产业能够将潜在优势转化为产业优势，也更有助于产业链的延伸扩展。

组员D：眼镜产业是个劳动密集型产业，生产一副眼镜工序繁复，其中90%需要人工操作，有的误差不能超过0.1毫米，这就要求工人有高水平的技能。如果引入这一产业，我们要重点加强技术工人的技能培训。

组员E：目前传统眼镜市场竞争日趋激烈，我市可以打造一个“眼镜小镇”，谋划布局人工智能视觉科技这一新兴领域。以传统眼镜产业为基础，以视觉科技、智能制造为主导，扩展VR技术、眼睛医疗保健等关联产业。将来还可以建设眼科医院、康养基地等，构建高端视觉产业链。

组长：各位的意见都很有建设性，我听了很受启发。大家再讨论一下，如果这家企业选择了我市，有哪些方式可以留住他们？N市和M市，对我们来说有些什么经验可以借鉴？

作答要求

一、“给定资料1”中，青年画家以玉陵湖大桥作画并题名为《巧》。请你谈谈玉陵湖大桥“巧”在哪些地方。（10分）

要求：全面、准确、有条理。不超过250字。

二、请你根据“给定资料2”，谈谈为什么“有村民说，窑洞修复的过程，也是他们从旁观者变成参与者再到传承者的过程”。（15分）

要求：分析全面，条理清晰。不超过250字。

三、假如你是J市文史学家叶教授，请根据“给定资料3”，起草一份《关于加强凤凰河流域文化建设的建议》。（20分）

要求：

（1）意义全面，问题精准，措施可行；

（2）层次分明，逻辑清晰，表述准确；

（3）不超过400字。

四、“给定资料5”中调研组拟向乐原市政府汇报调研情况，汇报的重点是如何借鉴“给定资料 4”中的 N 市和 M 市的经验，促进与新远眼镜公司的合作以及乐原市相关产业的发展，请你为调研组草拟汇报的主要内容。（20 分）

要求：

（1）观点明确，内容全面；

（2）条理清晰，有逻辑性；

（3）不超过 500 字。

五、大河奔流不息，在流动中焕发生机。纵横交错的桥梁路网，构成了经济发展的动脉，不断产生新的发展机遇；产业通过转型升级，迸发出新的活力，不断释放新的动能……请你参考给定资料，联系实际，自选角度，以“流动与新生”为题目，写一篇文章。（35 分）

要求：

（1）观点明确，见解深刻；

（2）参考给定资料，不拘泥于给定资料；

（3）思路清晰，语言流畅；

（4）字数 1000~1200 字。

2023年国家公务员录用考试申论试卷参考答案对比

适用于省级以上（含副省级）机构的职位

一、“给定资料1”中，青年画家以玉陵湖大桥作画并题名为《巧》。请你谈谈玉陵湖大桥“巧”在哪些地方。(10分)

要求：全面、准确、有条理。不超过250字。

参考答案一

1. 巧在景观优美。采用提篮拱桥设计，优雅灵动，突出力量美与跨越感，与自然融为一体、相互辉映。2. 巧在生态友好。采取边拆边建的改建方式，最大限度避免旧桥拆除对周边生态环境的不良影响。3. 巧在节约资源。采用环保技术，旧桥废料完全循环回收、利用，施工中污水处理达标后用于施工区域洒水。4. 巧在交通便利。采用“8”字形连接方式，与高速公路无缝衔接，减少交通事故，连接9个村庄，四通八达。5. 巧在带动发展。带来人气、商气、财气，促进人、物、信息的流动，让附近村庄焕发出新活力，带出经济圈。

参考答案二

1. 融合景观巧：以提篮样式为重建方案，突出桥梁自身的力量美与跨越感，新建桥梁与自然融为一体。2. 建设思路巧：采用边建边拆方式，提出“旧桥建新拱，新拱拆旧桥”的建设思路，利用新技术最大限度地避免旧桥拆除对周边生态环境的不良影响。3. 环保技术巧：利用“废料再利用”和“污水收集处理循环系统”两项环保技术，桥梁建设更为环保。4. 连接方式巧：桥梁和道路无缝连接，创新连接方式，连接多个村庄，四通八达。5. 发展带动巧：促进人流、物流、信息流快速流动，带出了一个活力迸发的经济圈。

参考答案三

1. 桥景融合巧：选择提篮拱桥式样，景观优雅灵动，突出力量美与跨越感，与自然融为一体。2. 改建方式巧：创新性提出“旧桥建新拱，新拱拆旧桥”的建设思路，在原桥基础上拆除重建，边建边拆，以技术避免影响周边生态环境。3. 环保技术巧：利用“废料再利用”和“污水收集处理循环系统”，实现旧桥废料、污水回收循环再利用。4. 连接方式巧：桥梁和道路连接呈“8”字形，避免交通事故，连接多个村庄，四通八达。5. 经济带动巧：为沿线引来人气、商气、财气，带来人流、物流、信息流，流动中带出活力迸发经济圈。

二、请你根据“给定资料 2”，谈谈为什么“有村民说，窑洞修复的过程，也是他们从旁观者变成参与者再到传承者的过程”。(15 分)

要求：分析全面，条理清晰。不超过 250 字。

参考答案一

村民的话反映了窑洞修复的不同阶段，村民从不理解到参与修复再到主动宣传。

1. 一开始是旁观者，因为：修复工作由村委会发起，专家团队负责，未要求村民参与；且这一阶段村民缺少修复知识，甚至对修复方式和效果不理解。

2. 后来变为参与者，因为：村里举办影像展，让村民认识窑洞的历史价值，认同建筑风格，由此开始支持修复工作，踊跃捐献旧建材、出谋划策，还以义务劳动的形式参与修复工作。

3. 最后变成传承者，因为：随着修复推进，村民以言行让工匠师傅认识到修复工作的意义；修复项目结束后，村民成为义务宣讲员，向游客讲述窑洞历史。

参考答案二

1. 最初村民对窑洞修复方案不理解，认为使用旧材料费时费力、不美观，所以只是旁观者。

2. 经过村委会宣传，村民从否定变为支持，认识到窑洞建筑的历史价值，认同窑洞原本的建筑风格，踊跃捐献旧建材，在施工期间表达看法，出谋划策，参与义务劳动，以实际行动支持窑洞修复项目，所以成了参与者。

3. 文化教育基地建成后，村民为窑洞文化感到骄傲，成为文化教育基地的义务宣讲员，宣传窑洞文化的历史，所以成了传承者。

参考答案三

在窑洞修复过程中，村民观念行为发生了转变，由不理解、否定到以实际行动支持，再到主动承担宣传工作。起初，村民对窑洞修复方案不理解，认为使用旧材料费时费工、不美观，此时是旁观者。随后，村委会举办砖石影像展，让村民认识窑洞建筑的历史价值，认同其建筑风格，踊跃捐献旧建材，并组织村民去工地观看，使其产生自豪感，出谋划策，发起义务劳动，用言行感染师傅，为施工提供灵感，因此成为参与者。最后，文化教育基地建成，村民当起义务宣讲员，宣传窑洞历史，成为传承者。窑洞是血脉、乡愁，激发村民热情，方可唤醒生机。

三、假如你是J市文史学家叶教授，请根据“给定资料3”，起草一份《关于加强凤凰河流域文化建设的建议》。(20分)

要求：

(1) 意义全面，问题精准，措施可行；

(2) 层次分明，逻辑清晰，表述准确；

(3) 不超过400字。

参考答案一

关于加强凤凰河流域文化建设的建议

尊敬的领导：

凤凰河流域文化建设意义重大，能传承保护文化遗产，还能反哺生态环境，带动沿岸经济文化发展。但目前存在缺乏统一的文化核心内容，地域间、部门间未形成合力，未融入群众生活等问题。基于此，我提出以下建议：

一、全流域“一盘棋”。牵头成立文化工作领导小组，成员涵盖沿线城市主要领导，制定系统性保护传承战略规划；统筹流域内相关部门，形成保护合力；整体推进调查研究，提炼文化核心内容。二、活化利用文化资源。充分利用沿河文化资源，加速恢复风光和生态，文化旅游、生态旅游同步、融合发展；创新发展，修建现代文化景观，汇聚人气，开发App，利用数字技术，实现沉浸式体验。

以上建议，供领导参考。

建议人：叶某某

××××年××月××日

参考答案二

关于加强凤凰河流域文化建设的建议

J市市政府：

凤凰河流域文化多姿多彩，是承载文化交流、传播文明成果的文脉。加强凤凰河流域文化建设，可以激活文化生命，促进经济文化发展。但是，当前面临着文化内涵挖掘不充分，保护没有形成合力，缺乏系统性保护传承战略规划、体制机制不完善等问题。现建议如下：

一、挖掘文化内涵。提炼流域文化中最精彩、最个性、最具张力的核心内容，如开展考古调查。

二、完善保护体制机制。树立全流域“一盘棋”意识，建立专项领导小组，明确工作责任，统筹各部门形成合力，制定系统性保护传承战略规划。

三、发展文化旅游。修建现代化文化景观，例如筹建凤凰河博物馆；开发“凤河游”App，让游客沉浸式体验虚拟和现实结合的数字凤凰河新景观。

以上建议供参考。

建议人：叶××

××××年××月××日

参考答案三

关于加强凤凰河流域文化建设的建议

尊敬的领导：

凤凰河穿城而过，流域文化多姿多彩，是J市承载文化交流、传播文明成果的文脉。加强流域文化建设能擦亮城市文化底色、促进沿岸经济文化发展。然而，当前存在生态系统退化、缺水，文化内涵未充分挖掘、群众了解不深，各地存在矛盾冲突，相关部门未形成合力，缺乏系统性保护传承战略规划、体制机制等问题。现提出以下建议：

一、修复生态。大力治理河流，严禁上游砍伐，清淤疏浚河道，垒坝稳固河槽，关停污染企业，绿化河岸环境。

二、完善机制。树立全流域“一盘棋”意识，成立专项领导小组，统筹各项工作，形成部门合力；出台专业规划，开展系统性保护工作。

三、挖掘内涵。开展调查研究，提炼流域文化的核心内容，深入群众进行宣传弘扬。

四、用活文化。推动生态和文旅融合发展，修建文化景观和博物馆，开发App，推出沉浸式体验数字景观。

建议人：叶××

××××年××月××日

四、“给定资料5”中调研组拟向乐原市政府汇报调研情况，汇报的重点是如何借鉴“给定资料4”中的N市和M市的经验，促进与新远眼镜公司的合作以及乐原市相关产业的发展，请你为调研组草拟汇报的主要内容。(20分)

要求：

(1) 观点明确，内容全面；

(2) 条理清晰，有逻辑性；

(3) 不超过500字。

参考答案一

通过对N市、M市的调研学习，调研组认为与新远眼镜公司开展合作、发展相关产业，有利于补齐我市工业短板，并在此基础上激发潜在产业优势，实现产业链延伸拓展，实现产业转型升级。结合我市实际情况与两地经验，调研组提出若干建议，汇报如下：

一、如何促成与新远眼镜公司合作：1. 充分利用比较优势。在争取合作中，充分宣传我市生产要素成本低、产业链配套、上下游企业聚集、对方员工户籍等优势，同时以返租模式、加强高水平工人技能培训吸引对方。2. 全面优化服务政策。成立招商服务工作组，及时响应，满足对方在资金、配套服务等方面的需求；相关部门主要领导牵头组建领导小组，创建政企联合办公机制，优化政策支持。

二、如何促进相关产业发展：1. 延伸扩展产业链条。布局人工智能视觉科技领域，以眼镜产业为基础，以视觉科技、智能制造为主导，扩展关联产业，构建高端视觉产业链，打造“眼镜小镇”。2. 增强产业支撑能力。加强对企业的培育扶持，推动创新研发，提质增效，打造实验室经济，引导企业建立研发机构，推动智能化改造，实现产业可持续发展。

以上汇报内容，请领导审阅。

参考答案二

关于借鉴 N 市和 M 市相关经验的调研汇报

尊敬的各位领导：

目前我市面临老产业退出，新产业还没有形成的境况。为了促进与新远眼镜公司的合作以及我市相关产业的发展，我市调研组对 N 市、M 市进行了调研。结合我市实际，经验汇报如下：

一、政府拿出诚意，做好企业服务。成立领导小组，创新政企联合办公机制，成立项目招生服务工作组，在服务和政策上都拿出诚意，做到服务全面、细致、高效、长远。

二、突出比较优势，补短板强弱项。借助我市物流、土地、水电气等成本低等优势，采用返租模式引入眼镜企业。新远眼镜公司一半多员工是我省户籍，企业落户我市对稳定技术工人队伍很有利。我市有全省最大的金属深加工基地、电镀产业园，为眼镜框架的生产提供便利。另外，要进一步培养技术人才，提升工人技能。

三、促进转型升级，提升产品附加值和层次。创新研发、提质增效，打造实验室经济，引导企业建立研发机构，推动园区智能化改造；结合绿色循环可持续发展的产业政策，明确产业定位，发展关联产业，构建高端产业链条，延长产业链条。

以上就是此次调研获得的主要经验，望领导审阅。

参考答案三

关于促进乐原市承接产业转移的调研汇报

为促进本市与新远眼镜公司合作及相关产业发展，调研组调研借鉴了N市和M市相关经验。现将情况汇报如下：

一、坚持规划引领，优化产业布局。抓住产业转移机遇，立足优势基础，补短板强弱项，确定发展定位；引进眼镜产业，将潜在优势转化为产业优势，实现转型升级。

二、加强园区建设，增强产业支撑。完善各类设施和生产要素，培育配套产业链，延长产业链条，提高产品附加值和层次，做强新兴产业，形成产业优势；集聚上下游企业，引进并培育扶持研发类、高新技术企业，实现全产业链一体化生产；创新研发、提质增效，打造实验室经济，引导企业建立研发机构，推动园区智能化改造；打造眼镜小镇，谋划局部人工智能视觉科技新兴领域，以传统眼镜产业为基础，以视觉科技、智能制造为主导，扩展关联产业，构建高端视觉产业链。

三、加强政府引导，抓实服务保障。成立领导小组，创新政企联合办公机制，充分考虑自身资源和企业需求，给予有诚意的服务和政策；突出比较优势，立足较低的生产要素成本、稳定的技术工人队伍，用返租模式吸引企业落户；加强技术工人的技能培训。

五、大河奔流不息，在流动中焕发生机。纵横交错的桥梁路网，构成了经济发展的动脉，不断产生新的发展机遇；产业通过转型升级，迸发出新的活力，不断释放新的动能……请你参考给定资料，联系实际，自选角度，以“流动与新生”为题目，写一篇文章。(35分)

要求：

（1）观点明确，见解深刻；

（2）参考给定资料，不拘泥于给定资料；

（3）思路清晰，语言流畅；

（4）字数1000~1200字。

参考答案一

流动与新生

何为“流动”？流动是运动和变化，无论是物质世界，还是人类社会，抑或是人的意识观念，都处于这一状态。何为“新生”？新生是突破与发展，打破旧局面，焕发新活力，如社会要进步，经济要发展，文化要繁荣，观念要革新，这些都是我们期盼的新生。流动为新生迸发赋予能量，新生恰是流动的意义所在。

可以说，世间万物都在追求新生，这是普遍规律。我们要意识到，唯有流动才能焕发新生的希望，新生的活力又是促进下一轮流动的动力，二者正是在循环往复中推动经济社会的滚滚向前。

在自然界中，物质的流动所创造的奇迹无所不在。就像河水的奔流，滋润、孕育着沿岸的生机；就像深海的鲸落，一鲸落，万物生，以自己的身躯供养起一座座生命的“绿洲”……人类社会的进步也是流动的产物，各种资源流动促进了经济发展的新生，各类知识信息的流动加速了文明的新生。没有流动就没有新生，新冠病毒阴霾笼罩我们三年的惶恐仿佛就在昨天，社会流动性减弱给各个行业带来的切肤之痛也是记忆犹新，正是如此，“流动的中国”所呈现出的生机才更加珍贵。随着社会经济的全面复苏，我们国家的流动性势必进一步增强，循环往复，滚滚向前，势不可挡。

因此，享受过社会流动的红利，也经历过发展遇阻的阵痛，整个社会应当形成共识——促成和保障有序、规范的流动，创造一个更加辉煌、更为幸福、更有活力的中国。

打造活力中国的关键一步，就是要促进各类物质资源的流动。我们要打破地域的界限，让交通互联互通，让人才、技术、资金和土地等要素自由流动。现下中国发达的交通，早已让世界为之惊叹，“说走就走，路不再长”，四通八达的路网构成了经济社会发展的“大动脉”，商品在其间运输，人员在其间流动，技术由此更好地传播，贸易也因此更加的繁荣。正因如此，接下来，我们除了要推动各种资源在国内流动，更要借助国际循环的方式，让世界的资源流动起来。例如国家提出的“一带一路”合作倡议，正是在经济的深度合作中，激活中国乃至世界的生机，实现合作共赢。

除却物质层面要更好地流动，精神层面的变革与突破也同样重要。在观念上要持续更新，在商业模式上要不懈探索，在战略布局上要与时俱进，这些都是实现发展的重要动力。当下旅游业的发展如火如荼，离不开一个个想要见识阔大世界、向往远方与自由的灵魂；窑洞文化的保护与传播，背后是村民对它的认同与热爱；激发全民消费热情的直播带货模式，也是源自一个不经意的念头……未来还有更多的新模式等待我们去思索、去挖掘。习近平总书记也曾引用《礼记》中的“苟日新，日日新，又日新”，强调不断推进理论创新、制度创新、文化创新等，将改革向纵深推进。

于流动中迎接新生，以新生孕育新的流动，在变化中不断地攀登一座又一座的高峰，每座高峰又将是新征程的起点。希望未来的中国流动不止，奇迹不断，永远向前！

参考答案二

流动与新生

古希腊哲学家赫拉克利特提出“一切皆流，无物常住”，以此来说明万事万物都处在运动变化之中。流动，是事物的本质状态。大河奔流不息，不断流动，孕育了城市，繁荣了文明，哺育了生灵。这也启示我们，流动带来新生。流动焕发新生。

新生，意味着新的生机、活力、机遇等。《吕氏春秋·尽数》说：“流水不腐，户枢不蠹，动也。”这句话用以比喻经常运动，生命力才能持久，才有旺盛的活力。事物如此，经济社会的进步、国家的发展也是如此。改革开放以前，我国的社会流动受到严格限制，改革开放政策改善了社会流动环境，促进了人口、资本等各方面要素的流动，才使得了经济大发展、社会大解放，我们才有了今天进入中国特色社会主义新时代的伟大成就。如今的中国，在推动各方面要素的积极流动，包括人流、物流、资金流、技术流等。人口从农村流向城市，一座座城市飞速发展充满活力；从城市流向农村，农村发展有了高质量的人才支撑。纵横交错的桥梁路网，把天涯变咫尺，让游子忘却乡愁，闭塞山坳里的产品出口全球，可谓“人享其行、物畅其流”。资金流向农村，充分利用农村的资源，将资源优势转化为经济优势，乡村振兴才有源源动力。校企深度融合，技术从高校、科研机构“流”向企业，以科技赋能传统产业，助推企业转型升级。习近平总书记强调：“一个流动的中国，充满了繁荣发展的活力。”所以说，流动带来新生。

要实现流动带来新生，应以优势发挥带动全局发展。新的机遇的产生或新的活力的迸发需要全要素、全方面的流动才能促成。而在发展的过程中，若从整体的每一个方面都抓起，因财力、物力等条件的限制，短时间内是很难做到的，这就需要在整体中抓住重点，以重点撬动整体。这个重点就是发挥优势。只有明确并发挥优势了，才能带动周边发展，也才能实现长远发展。M市在追求高质量发展过程中，以原有煤化工产业优势为基础，延长产业链条，提高产品附加值，进而带动新兴产业发展，跑出动能转换的“加速度”。试想，若M市在面临企业转型过程中，抛开原有优势基础，另起炉灶，这就需要原来几倍的投入，还有可能面临“不适宜”的失败，这样不但没有孕育新生，而且有可能导致倒退。不仅产业发展是如此，文化建设、生态发展等等皆是如此。因此，要想实现流动孕育新生，就应因地制宜、充分发挥优势，以重点带动整体，以局部带动全局。交通流动起来，才能产生新的发展机遇；产业流动起来，才能释放新的发展动能；社会各方面都流动起来，才能迸发新的发展活力。新的机遇、动能、活力的产生不是等来的，也不是盼来的，它需要主动发挥优势、创造发展条件，促进更多要素、行业、领域交汇、融合。

因此，流动带来新生，新生需要流动，新生之后又会产生新的流动，以此循环往复，汇聚成迸发社会蓬勃生机的强大动能。

参考答案三

流动与新生

习近平总书记强调："一个流动的中国，充满了繁荣发展的活力。"诚然，各类要素的自由流动让我国在多个维度实现了快速突破，按照既定步伐实现了一个又一个发展目标，成为经济社会繁荣发展的重要密码。站在时代发展的新起点，只有继续加速流动，才能创造新生，谱写高质量发展的新篇章。

河水流动，拓展发展新空间。山碧千峰竞翠，水清百舸争流。奔流不息的大河不仅哺育了两岸百姓，还带来沿岸城市的数百年繁华，更是在此基础上形成了灿烂辉煌的河流文化遗产。然而，河水断流让一切黯然失色。面对"血脉"不通的凤凰河，当地政府以壮士断腕的勇气开展环境治理，关停污染企业，河水流动，大众得以在"用"中接触到"活"的凤凰河流域文化。这不仅推动了流域内生态旅游和文化旅游融合发展，也再次在实践中印证了绿水青山就是金山银山的发展思路。因此，要努力实现"水清、河畅、岸绿、景美"的河湖水环境目标，保障河道行洪通畅，为高质量发展拓展新空间。

路网流动，塑造发展新机遇。筑路架桥，周行八方。经济发展、民生改善，交通均须先行。路为线，人流、物流、信息流在此间快速流动。流动中，一条路、一座桥带出了一个活力迸发的经济圈。十八大以来，我国西部高山大川间架起的桥、铺设的路、驶动的车，犹如发展的链条，不仅带来了人与物的畅通其流，也让各类信息交汇融合，在路网流动中，经济也如雨后春笋般发展起来，东西部的差距就此缩小……放眼世界，快速发展的交通，如中欧班列，也已成为连接中国与中亚、欧洲各国之间的发展"新引擎"。可见，路网流动，塑造了发展新机遇，承载着未来高质量发展的希望。

产业流动，激荡发展新动能。苟日新、日日新、又日新。在全球新一轮科技革命与产业变革的时代背景下，产业结构转型升级是撬动未来发展的发动机。近年来，随着区域间产业转移深入推进，重庆、西安、郑州等中西部城市借助产业转移和双创经济，成为电子信息、智能制造等新兴产业高地。产业转移不是单纯的企业搬家，而要在吸收其他地区外溢产能的基础上，向高端智能化迈进。诚如习近平总书记所言，推动经济高质量发展，要把重点放在推动产业结构转型升级上。这是我国经济参与世界竞争，实现高质量发展的必由之路。

万物得其本者生，百事得其道者成。流动，携带着蓬勃的生机与活力。面对一些发达经济体设置的"技术封锁"等一系列流动障碍，我们只有尊重流动的规律，不断地进行改革和开放，让各类生产要素在全国、全球流动起来，从而积聚千里奔涌、万壑归流的洪荒伟力，为我国和世界的发展带来更加磅礴的生机与活力。

2023年国家公务员录用考试申论试卷

适用于市（地）级及以下机构的职位

注意事项

1. 本题本由给定资料与作答要求两部分构成。考试时限为180分钟。其中，阅读给定资料参考时限为50分钟，作答参考时限为130分钟。

2. 请在题本、答题卡指定位置上用黑色字迹的钢笔或签字笔填写自己的姓名和准考证号，并用2B铅笔在准考证号对应的数字上填涂。

3. 请用黑色字迹的钢笔或签字笔在答题卡上指定的区域内作答，超出答题区域的作答无效！

4. 待监考人员宣布考试开始后，方可开始答题。

5. 所有题目一律使用现代汉语作答。未按要求作答的，不得分。

6. 监考人员宣布考试结束时，应立即停止作答，将题本、答题卡和草稿纸都翻过来留在桌上，待监考人员确认数量无误、允许离开后，方可离开。

严禁折叠答题卡！

给定资料

1. 翻开A市地图，仿佛能看到林海苍翠、流水潺潺，一幅美丽的画卷徐徐展开，跃然眼前。今天，当清新的空气、清澈的溪流也能"卖"上大价钱时，GEP正成为A市缩小与省内其他地区发展差距的一个突破口。

2018年，习近平总书记在深入推动长江经济带发展座谈会上强调，要选择具备条件的地区开展生态产品价值实现机制试点。而A市，正是生态产品价值实现机制试点城市之一。

"所谓GEP，是指生态产品价值的总和，它反映了森林、湿地和农田等生态系统产生的直接、间接或潜在的经济效益。"A市生态环境局赵局长介绍，"我们制定了一套GEP核算方法，对生态产品价值进行评估、核算，并积极探索核算结果落地应用，助力我市加快推进生态产品价值实现。"

碧澜乡是A市一个山区乡镇。对这里的村民来说，以前开农家乐是可以想象得到的致富来源，但GEP核算告诉他们，还有另外的致富之路。碧澜乡的溪流不但拥有矿泉水般的水质，而且水流形态丰富，急流种类多样，是天然的水域救援训练场地。乡里利用这一优势，开发了水域救援培训项目。碧澜乡党委王书记说："从原生态的水到致富的水，GEP核算起到了加速转化的作用。GEP核算报告让我们知道生态资源究竟好在哪儿，进而合理有序地转化为经济效益。"

不仅碧澜乡，对A市其他乡镇来说，这种发展思路都具有实际指导意义。云瀑乡党委李书记说，如果不是看到GEP核算报告，他实在不敢想，云瀑乡的峡谷、瀑布、云海，放在整个A市都颇有竞争力。云瀑乡已经和一家公司进行合作，在当地开发探险类项目和梯田观光项目。相应的，该公司向云瀑乡生态强村公司支付300万元，购买项目所在区域的生态产品，形成良性循环。

截至2021年底，A市所有乡镇均组建了生态强村公司，主攻生态产品价值转化，负责自然资源管理与开发、生态环境保护与修复等，成为公共生态产品的供给主体和市场化交易主体。金融市场也闻风而动，“GEP贷”等金融产品应运而生。

在蕊溪岸边，芳草镇党委马书记介绍，镇里新开发了“溪游记”旅游项目，将蕊溪流域丰富的生态资源串点成线，建成后有望成为拉动全镇经济的重要引擎。芳草镇虽然成立了生态强村公司，公司却没有实体抵押物，想要贷款融资并不容易。2022年3月，以芳草镇调节服务类和文化服务类两类生态产品的使用经营权作为质押担保，他们拿到了500万元的“GEP贷”，这不仅解决了旅游项目建设的资金需求，也激活了生态产品的金融属性。

常年奔波在A市的乡村，某大学经济学院黄教授深谙GEP核算的魅力。他表示，GEP核算报告就像人的体检报告，各地可以根据报告来强优势、补短板，推动生态优势转化为产业优势。这样的探索在A市已经展开。比如，一批电子仪器企业、医药公司等环境敏感型企业纷纷选择在A市落户。某医药公司董事长说：“生产高品质的医药容器对环境有着严格的要求，A市具有无可比拟的一流生态环境，这是我们选择这里的根本原因。”

位于A市景叶县的“天工之城”——未来科技岛，也正在尝试。山水之间，一批高新技术企业已逐绿而来。景叶县两山转化发展中心工作人员方女士介绍：“我们把生态产品价值作为生产要素参与合作企业的利润分配，实现经济创收。我们正在做的一件事，就是把‘生态绿谷’转化为‘数字绿谷’。”

日前，A市“两山银行”与明渚乡签下首笔湿地碳汇收储合约，以每吨58.83元的价格购入明渚乡湿地一万吨碳汇量。同时，“两山银行”又向该市农商银行等9家单位分别出售碳汇量，这也是A市将GEP核算应用到碳汇市场的首次尝试。

“党的二十大报告提出积极稳妥推进碳达峰碳中和。湿地碳汇交易就是利用湿地植物光合作用吸收二氧化碳释放氧气的过程，实现碳减排；再将所减排的碳量用于市场交易，实现碳中和。”赵局长表示，“这既可鼓励企业参与生态保护，也能激励企业推行低碳生产。碳汇交易的获益资金还可用于湿地绿化扩面、修复等工作，反哺湿地生态建设，进一步提升生态系统碳汇能力，可谓一举多得。”

2.“随着我国创新型国家建设和知识产权战略实施的不断推进，政府知识产权工作的着力点，已从知识产权制度的构建转变成为推动市场主体对知识产权制度的有效运用。”知识产权领域一位资深专家表示，“在我国知识产权制度从建立到不断完善的过程中，这将是我国知识产权事业发展的新方向。”

“在市知识产权信息服务中心的助力下，‘川兴米粉’获得地理标志保护，带动了整个企业品牌乃至行业的发展。我们通过不断完善特色加工工艺、加强历史文化传承等，持续推动‘川兴米粉’高质量发展。”L市镇办企业川兴米粉有限公司冯经理说。L市知识产权信息服务中心成立于2017年10月，主要职能是面向社会开展知识产权法律法规宣传、专利技术展示宣传和推介转化，提供专利情报与商标信息、专利信息传播与利用、知识产权司法鉴定与知识产权培训等一系列服务工作。2018年，L市知识产权信息服务中心派专项组进驻各乡镇。在中心指导下，“川兴米粉”正式成为国家地理标志产品。2022年，在L市知识产权信息服务中心的引导下，“川兴米粉”联盟标准及地方标准先后出台。统一的标准是提升产品质量的保证，一路走来，“川兴米粉”在标准化和规范化道路上渐行渐稳，走上了高质量发展的“快车道”。

三月江南，草莓上市。在L市各大中高端超市的水果货架上，随处可见“丰禾庄园”的精品草莓。“丰禾庄园”是一家集草莓育种、种植与销售于一体的创新型企业。该企业吴经理介绍，企业赢得市场青睐的秘诀之一在于，L市知识产权信息服务中心协助企业分析研判发展“痛点”，精准对接高端科研团队，为产品的提档升级注入了科技基因。

通过知识产权信息服务中心的对接，L市农业学院方教授团队与“丰禾庄园”就草莓生产等方面展开合作。2021年底，三方围绕草莓育苗基质配制、有机肥研发利用、知识产权信息服务等需求，共同签署了“丰禾庄园与L市农业学院合作框架协议”。很快，方教授带领团队帮助企业解决了草莓生产中的一个个关键问题。

传统的地栽草莓垄高一般在20~30厘米，工人必须弯下腰来采摘，费时费力。为了改变这一现状，在L市知识产权信息服务中心的协调下，企业尝试引进高垄种植技术，不仅让草莓采收轻松省力，而且还利用其采光好、透气性强的优点，有效促进了草莓增产。

香田蓝莓花开、浮山春茶开采……良好的生态环境，孕育出千姿百态的“伊山山珍”。以前，这些产品虽好，但其经营户处于小、散、弱的状态，销售渠道也不通畅。

乡村振兴，产业兴旺是基础。为此，L市知识产权信息服务中心为“伊山山珍”品牌商标注册量身定制工作方案，确定注册商标样式，进行品牌知识产权保护布局、品牌图文版权登记等。针对山珍品种繁多问题，知识产权信息服务中心安排信息员就相关产品类别在国家知识产权局商标数据库对48个类别进行近200次检索，整理出商品商标申请清单和服务商标申请清单，指导相关企业将60余种产品分期分批开展商标注册申请。

“没有自己的品牌，好山珍卖不出好价钱。今年我们取得了‘伊山山珍’的商标使用权，对于销售信心倍增。”伊山村一位种植大户说。

“多年来，村里人专注于山珍的培育，却忽略了知识产权的保护，时有冒牌货流入市场，损害了本地山珍的信誉。”伊山农村联合社郑社长感慨，“知识产权信息服务中心给我们做了商标法宣讲，对商标持有人进行培训，并指导我们制定了《“伊山山珍”商标标识使用管理办法》。现在我们得到商标的授权，消费者对我们的信任度高了，销量自然上去了。”

L 市知识产权信息服务中心还联合多个部门合力推动“企业+地理标志商标+标准化+农户”模式，重点推广当地主导产业，成功打造了以蓝莓、竹荪、两茶一药等为重点的“伊山山珍”拳头产品，许多产品备受顾客青睐和市场欢迎。

3. “光伏电站装到一半，村里突然来人告诉我不要装了，说是后面会有其他厂商统一安装，可是我已经装好的那部分怎么办？总不能拆掉吧？”

近日，S 市的一些群众陆续向市能源局反映，在安装屋顶光伏电站过程中遇到了一些麻烦事。对此，市新能源办公室牵头组成调研组进行了深入的实地走访调查。

2021 年 9 月，国家有关部门公布了整县（市、区）屋顶分布式光伏开发试点名单，强调各试点地区要严格落实“自愿不强制、试点不审批、到位不越位、竞争不垄断、工作不暂停”的工作要求，不断改善新能源开发建设营商环境，降低屋顶分布式光伏开发建设成本，减轻投资开发企业负担，相关部门要加强监管。其中，S 市有 10 个县被列入试点名单。

“随着分布式光伏‘整县推进’步伐不断加快，屋顶光伏行业迎来跨越式发展，吸引了大型国企民企和众多中小企业前来角逐。”S 市 C 县一光伏品牌代理商陈经理告诉调研组，“一个县的屋顶资源有限，僧多粥少，竞争自然非常激烈。”陈经理说，为此他特意扩大了业务人员规模，准备逐村逐户进行“地毯式”开拓。但是，就在他准备大展身手之际，却发现当地屋顶光伏的建设进度放缓了。

为何更多企业参与之后，反而“拖累”了屋顶光伏“整县推进”的步伐？调研组了解到，与这一现象同时出现的，是不少地方正在探索“一企包一县”的开发模式。

“所谓‘一企包一县’，就是地方政府将整个县的屋顶资源，都打包交给一家企业去做。”分布式光伏行业资深专家谭先生告诉调研组，“农户屋顶资源是建一户少一户，谁掌握了这些终端资源，谁就能在未来的市场竞争中拥有话语权。”

B 县的一位光伏代理商汪经理也告诉调研组，自己已经半年没有新项目了。半年前，B 县政府曾发布一则通知，暂缓全县范围内一切光伏项目。他说：“虽然文件也明确指出支持各类市场主体参与整县分布式光伏开发，企业可根据自身条件和优势，通过市场竞争方式参与整县规模化开发，但最终政府还是将整县资源打包交给了一家大型国企。”

B 县政府相关部门工作人员告诉调研组，在建设初期，屋顶光伏领域一度处于鱼龙混杂的状态，一些不负责任的企业损害农户利益。地方政府在执行“整县推进”时，确实需要优先选择有实力的企业，先把市场的良性秩序建立起来。

调研组了解到，在光伏发电开发实施过程中，确实出现过村民受骗的情况。D 县南坞村的村民老宋就向调研组讲述了自己被骗的经历。“前年夏天，有人来我家说可以建屋顶光伏，通过阳光发电，不仅家里以后不用交电费了，多余的电还可以卖钱。”老宋对调研组说，一开始，对方说自家不用花一分钱，只用提供自家屋顶就行，结果等到要安装时才发现，自己要垫付一部分费用，而且安装过程中还会收取很多杂七杂八的费用。如果拒绝安装，就需要交一部分违约金，最终他只好选择继续安装。“问题是，东西才装了不到一年就坏了，再找对方维修时，人都找不到了，白白亏了不少钱。”正是市场中有人浑水摸鱼，地方政府才不得不格外谨慎，在选择“整县推进”的合作伙伴时，更倾向于大型企业。

调研组在调查中还发现，在S市其他没有实行“一企包一县”的区域，当地农户在自家屋顶安装一个光伏电站，每块太阳能光伏板的大致收益是一年50元左右，而在S市已实行“一企包一县”的区域，收益则普遍降低至40元左右。

“一般一个农户家的屋顶光伏电站会用到60多块板子，如果实行‘一企包一县’，一年下来老百姓就会减少不少收入。”谭先生告诉调研组，由于光伏电站收益周期较长，对农户而言，多年累积下来，就会损失一笔不小的收入。因此农户会质疑，别家给的租金多，有什么理由不让他们装别家的？

那么，为什么会存在差价？谭先生透露说：“这可能是因为目前一些‘整县包干’的大型企业，对市场有些水土不服。要知道，大型企业一般都是主攻集中式光伏的，对分布式光伏市场并不熟悉，其竞争优势得不到体现。因此，有些企业也考虑过把这项工作转包给在地方上有经验的中小公司去做。可一旦转包，在部分地区就可能存在政策、流程、质量等诸多不确定性风险。”

E县的一名光伏代理商吴经理对调研组说：“去年我们公司主要做的是三县党政机关和学校的屋顶，不过县政府并没有专门对接这项业务的人，屋顶的产权开发协调需要企业单独去跑。今年开始安装户用，但到底是一户一户单独备案，还是打包备案，目前这一块还没明确。”

“如今市场环境变了，原有格局被打破，新的模式尚未成熟，这个过程中，必然会暴露出各种各样的问题。”谭先生认为，“在这个时候能够及时发现问题、暴露矛盾也不是坏事。如果能积极探索出一种政府有为、企业有利、百姓受益的解决路径，就真正达到了试点的目的。”

4. M市是一座有名的制造业城市，汇聚着成千上万的中小微企业。然而，这些企业因自身资金有限，风险降临时，可能无力抵御；机会来临时，也往往难以把握。2020年3月，M市F银行召开了普惠金融战略启动大会，宣布要加大对中小微企业的服务力度。

风馨达环保科技公司是M市一家以专业化、精细化、特色化、新颖化为特征的“小巨人”企业。2020年底，公司决定贷款新建一条废旧线路板及其边角料规模化回收生产线。需求一提出，F银行工作人员便向其推荐了“小企快贷”。针对小微企业金融需求“短、频、急”的特点，“小企快贷”业务通过系统整合，运用大数据分析审批申请。相比以往的线下调查等流程，企业无需再人工提交资料，只需授权F银行查阅相应数据即可。最终，这家企业顺利通过F银行审批，很快获得约200万元的贷款。

对此，F银行的张经理感受很深：“以前一线业务都需要客户给流水，然后我们去考察这个流水和客户规模、经营是否匹配，时间很长、流程复杂，而且一些小微企业是没办法提供流水的。电子化之后就很方便，后台直接根据他们的水电费、税款等各项开支做出计算和判断。门槛低了很多，大部分小微企业都可以去申请。”他谈到，这两年普惠金融业务在云技术的支持下，改变了不少。

同业务量一起上涨的，还有员工们的成就感。F银行内部转发的一名客户经理对普惠金融战略的心声，曾引发广泛共鸣：“对比动辄千万元的大业务，这一笔笔微不足道的‘小业务’或许就是一家家企业和背后许多家庭的救命钱。”

2021年底，张经理又跟进了几笔餐饮店的贷款。新冠疫情期间，M市多地实行了小区封闭管理，不少餐饮店也只能“放长假”。“那期间，这些餐饮店几乎没有什么生意，他们也没有做外卖，资金链就很容易出问题，可能三个月都撑不住。”

为此，F银行联合M市美食协会、M市餐饮协会创新推出了“美食贷”。通过企业授权，统一从行业协会获取相关数据，以作为对应的贷款依据，让这些餐饮店能够更快拿到资金。

这些餐饮店正是靠着“美食贷”挺了过来。再后来疫情趋于平缓，餐饮店的生意也陆续恢复。张经理感叹，相比大企业，小企业数量更多。若这些“小草”能在浇灌中成长，就能为新时代的发展带来更多的生机。

小林是F银行派驻到苗种村的第一书记，她用两年的时间，为村里打开了脱贫致富的出路——建设特色乡村旅游区。然而民宿和餐馆的前期投入不小，而且在短期内无法回本。刚开始，这一点吓退了很多村民。面对这个难题，她想到可以借助创新信贷政策为村里筹集建设资金。这样，村民们就不用承担过高的资金压力。

在此基础上，考虑到乡村的交通困境、资金往来的不便，小林在F银行的帮助下，将小型移动银行——“惠农达”开在了村中的小卖部里，村民得以在家门口办理金融业务，行动不便的老人直接就可以在村里领取养老金、办理社保了。实现金融服务覆盖的苗种村，业务办理呈现出新活力。

“我们始终坚持‘金融向善’的理念，让全体社会成员公平享有金融服务的机会。我们将服务公众需求作为业务目标，更有温度地回应人民对美好生活的向往。”F银行黄行长说道，“为此我们更加广泛地进行业务拓展，自身发展也更具有韧性。”

“叮咚”，伴随着清脆的手机提示音，老杨的工资到账了。老杨是一名外来务工人员，每天辛勤地忙碌着，最开心的时候就是每月发工资的日子。而为此提供帮助的，正是F银行的“务工达”。

F银行的“务工达”运用互联网技术，通过连接整合政府部门、总包、劳务公司、外来务工人员和用工管理平台等多方资源，打通产业链各环节，利用供应链融资驱动，为外来务工人员提供量身定制的专属服务。老杨说：“现在直接由银行把钱打到我们卡上，准时足额，这样发工资的方式真好！”除此之外，F银行还为外来务工人员开通手机银行等便利服务，提供个人快贷服务，以备不时之需。

对于F银行而言，普惠金融不仅是一种业务，更应是一个平台。“企心助农”就是F银行带领爱心小微企业主一起做公益的平台，除了定向捐助，还会提供技术支持和工作岗位，从源头上解决农户返贫问题。不少小微企业主都是从农村出来的，多年打拼成功后，回过头来看到同村、同宗的人需要帮助，他们的感触往往都很深。自己被雨淋过，所以也想为别人撑把伞，或许这便是那些小微企业主愿意参与进来的原因之一。这些年来，F银行帮助了不少企业成长壮大。如今，它也在不断创造机会，让更多企业家参与进来，为实现共同富裕出一份力。

5. 某学者近期发表了一篇题为《追寻长期价值》的文章。文章指出，这几年，全球经济社会发展面临着更加复杂的变化和更多的不确定性。面对一只只“黑天鹅”，很多人可能会从应对危机中总结出一个道理：面对“未知的未知”，我们必须增加应对不确定性的韧性，增强适应持续变化的环境的能力。这就要求我们不惧短期挫折，抵御短期诱惑，心怀信念，坚持把时间和精力投入到能够产生长期价值的事上。

该学者认为，于个人而言，这是一种清醒，要求人们建立理性的认知框架，不受繁杂噪声的影响。于企业而言，这是一种格局，要求企业不断进化、不断创造价值。于政府而言，这是一种担当，必须立足长期利益，致力长远发展。于社会而言，这是一种热忱，无数力量汇聚到支撑人类长期发展的领域，形成一个个生生不息、持续发展的正向循环。

作答要求

一、GEP反映了生态系统产生的直接、间接或潜在的经济效益。请你根据“给定资料1”，谈谈A市是如何利用GEP核算实现生态产品价值的。（10分）

要求：全面、准确、有条理。不超过200字。

二、有关部门正在征集知识产权服务优秀案例，计划编印《知识产权服务案例汇编》。假如L市知识产权信息服务中心的相关实践入选为优秀案例，请你根据“给定资料2”，撰写一篇案例摘要。（15分）

要求：

（1）紧扣资料，内容全面，突出做法和意义；

（2）表述准确，条理清晰；

（3）不超过300字。

三、假如你是S市新能源办公室调研组成员，请根据“给定资料3”，梳理S市在推进整县屋顶分布式光伏开发试点过程中存在的问题，并提出解决问题的建议。（20分）

要求：

（1）问题梳理全面、准确、有条理；

（2）所提建议具体明确，切实可行；

（3）不超过400字。

四、《金融报》“金融向善”专栏拟报道M市F银行的相关事例。假如你是

该专栏的编辑，请根据“给定资料 4”，为该报道撰写一则短评。(20 分)

要求：

(1) 观点明确，简明深刻；

(2) 紧扣资料，重点突出；

(3) 语言流畅，有逻辑性；

(4) 不超过 500 字。

五、请你深入思考“给定资料 5”中这位学者文章的有关内容，参考给定资料，联系实际，自选角度，自拟题目，写一篇文章。(35 分)

要求：

(1) 观点明确，见解深刻；

(2) 参考给定资料，但不拘泥于给定资料；

(3) 思路清晰，语言流畅；

(4) 字数 1000~1200 字。

2023年国家公务员录用考试申论试卷参考答案对比

适用于市（地）级及以下机构的职位

一、GEP反映了生态系统产生的直接、间接或潜在的经济效益。请你根据“给定资料1”，谈谈A市是如何利用GEP核算实现生态产品价值的。(10分)

要求：全面、准确、有条理。不超过200字。

参考答案一

1. 指导生态资源开发。明确指出当地生态资源优势，指导乡镇开发旅游项目；组建生态强村公司，开发、出售公共生态产品，实现良性循环。

2. 催生金融产品。以生态产品的使用经营权作为质押担保，解决旅游项目资金需求。

3. 吸引产业转入。各地可根据报告来强优势、补短板，吸引环境敏感型企业落户；以生态产品价值参与利润分配。

4. 促成碳汇交易。通过“两山银行”储售碳汇，交易资金反哺生态建设。

参考答案二

1. 明确生态资源优势，开发特色项目，合理有序地转化为经济效益。

2. 组建生态强村公司，负责公共生态产品供给和市场化交易，加速生态产品价值转化。

3. 推出金融产品，以生态产品的使用经营权作为质押担保，解决资金需求，激活生态产品的金融属性。

4. 推动生态优势转化为产业优势，发展环境敏感型产业，把生态产品价值作为生产要素参与企业利润分配。

5. 进行碳汇量交易，获益资金反哺湿地生态建设，提升生态系统碳汇能力。

参考答案三

制定核算方法，进行评估、核算，探索结果落地应用。1. 促进价值转化。明确生态资源价值，指导乡镇与企业合作开发项目、输出生态产品。2. 提供金融支持。催生金融产品，以生态产品使用经营权作为质押担保发放贷款，解决资金需求、激活生态产品金融属性。3. 释放产业优势。根据报告强优势、补短板，吸引企业落户，使生态产品价值参与利润分配。4. 促成碳汇交易。通过“两山银行”收储、出售碳汇，激励低碳环保，获益资金反哺生态建设。

二、有关部门正在征集知识产权服务优秀案例，计划编印《知识产权服务案例汇编》。假如L市知识产权信息服务中心的相关实践入选为优秀案例，请你根据“给定资料2”，撰写一篇案例摘要。(15分)

要求：

(1) 紧扣资料，内容全面，突出做法和意义；

(2) 表述准确，条理清晰；

(3) 不超过300字。

参考答案一

关于L市知识产权信息服务中心案例摘要

该中心成立于2017年，持续面向社会开展知识产权服务工作，帮助一批品牌实现快速发展，典型案例有：

案例一——“川兴米粉”：指导其成为国家地理标志产品，带动品牌和行业发展；引导出台联盟及地方标准，提升产品质量，实现标准化、规范化的高质量发展。

案例二——“丰禾庄园”：协助企业分析研判发展问题，促成其与高端科研团队签署合作协议，解决生产中的关键问题，协调引进先进种植技术，方便采收、有效增产。

案例三——“伊山山珍”：定制品牌商标注册方案，开展宣讲培训，指导制定商标管理办法，提升信誉，联合多部门创新模式，推广主导产业，提升拳头产品市场认可度。

参考答案二

摘要：L市知识产权信息服务中心在推动市场主体对知识产权制度的有效运用落实过程中多措并举，促进了企业发展。一是制定标准。派专项组进驻乡镇，引导出台联盟标准及地方标准，促进标准化和规范化生产，助力“川兴米粉”正式成为国家地理标志产品。二是科技赋能。服务中心为“丰禾庄园”分析发展“痛点”，精准对接高端科研团队，协助企业引进先进技术，促进产品增产与提档升级。三是塑造品牌。服务中心为“伊山山珍”量身制定商标注册方案、宣讲商标法等，提高销量；联合多部门共同推动特色发展模式，推广主导产业，打造“伊山山珍”拳头产品，产品受到顾客青睐和市场欢迎。

参考答案三

摘要：L市知识产权信息服务中心成立于2017年，面向社会开展知识产权服务工作，2018年派专项组进驻各乡镇，指导发展，典型案例有：

“川兴米粉”：指导其成为国家地理标志产品，带动企业品牌和行业发展；引导出台联盟标准及地方标准，提升产品质量，实现标准化、规范化，推动高质量发展。

“丰禾庄园”：协助企业分析研判发展“痛点”，精准对接高端科研团队，促进产品升级；围绕需求签署合作协议，解决企业关键问题；协调引进种植技术，助力采收和增产。

“伊山山珍”：定制品牌商标注册工作方案，开展宣讲培训，指导制定管理办法，提升信任度和销量；联合多部门合力创新模式，推广主导产业，打造拳头产品赢得市场。

三、假如你是S市新能源办公室调研组成员，请根据“给定资料3”，梳理S市在推进整县屋顶分布式光伏开发试点过程中存在的问题，并提出解决问题的建议。(20分)

要求：

（1）问题梳理全面、准确、有条理；

（2）所提建议具体明确，切实可行；

（3）不超过400字。

参考答案一

问题：

1. 开发模式不合理。推行“一企包一县”模式，大企业垄断市场，且不熟悉分布式光伏，未能发挥优势，农户收益降低。

2. 市场秩序混乱。行业准入门槛低，企业鱼龙混杂；部分企业合同欺诈，乱收费，设备易损坏，安装后企业失联，无人维修。

3. 政策服务不完善。县政府未设置专门的业务对接人，屋顶产权开发协调服务缺位；户用设备备案规定不明确。

建议：

1. 坚持市场主导。向所有符合条件的企业开放，鼓励有经验及优势的中小企业参与竞争，按照市场化原则自主确定开发主体，营造公平自由的竞争环境，保障群众收益。

2. 维护市场秩序。设置行业门槛，审核企业资质，确保企业合规运营及产品质量合格；建立合同范本文库，畅通监督反馈渠道，制定保证金制度，设置行业黑名单。

3. 完善政策服务。政府设置专项业务对接人，联合企业共同推进产权开发协调，深入调研了解企业需求，及时提供优质服务；结合实际，制定明确备案规定，填补政策空白。

参考答案二

问题：1. 实行“一企包一县”，开发模式单一。2. 市场鱼龙混杂，企业损害农户利益。3. 政策不完善，管理责任不明确。

建议：1. 坚持市场主导。支持有实力的企业参与开发，鼓励企业根据自身条件，通过市场竞争方式参与整县规模化开发。2. 探索多样化的开发模式。慎用“一企包一县”模式，根据资源总量和参与企业的条件，因地制宜，采用打包、分包、转包等多样化方式开发，避免因资源过度集中导致出现损害群众利益的问题。3. 加强市场监管。落实国家有关政策要求，建立监督举报渠道，加大对不符合条件或损害群众利益的企业的惩戒力度，营造公开、透明的市场环境。4. 改善新能源开发建设营商环境。成立开发专项工作组，明确各相关部门责任，不断完善配套政策，为企业提供各项服务。

参考答案三

问题：1. 政策执行走样。地方“一企包一县”开发模式违背国家政策初衷，出现市场垄断、工作暂停。2. 开发模式单一。资源打包给大型国企，民企没有新项目，投资无法回本，国企不熟悉市场，光伏收益降低。3. 服务监管缺位。行业准入门槛低，市场鱼龙混杂，有企业乱收费、质量差、无售后，损害农户利益；缺少专人对接业务，备案方式不明确。

建议：1. 及时纠偏政策。严格落实国家有关部门“五个不”的工作要求，把握好地方主管部门的工作重点，收回不合理通知，出台规范性文件，破除各类限制壁垒。2. 坚持市场化导向。制定公平市场竞争规则，鼓励国企与民企强化深度合作、联合开发、取长补短，大规模、高效率推进项目，降低开发建设成本。3. 加强监管服务。加快制定行业准入门槛、建设标准、审批条件，明确相关要求，遴选优质企业，建立良性市场秩序；改善新能源开发建设营商环境，做好对接企业服务，减轻企业负担。

四、《金融报》“金融向善”专栏拟报道M市F银行的相关事例。假如你是该专栏的编辑，请根据“给定资料4”，为该报道撰写一则短评。（20分）

要求：

（1）观点明确，简明深刻；

（2）紧扣资料，重点突出；

（3）语言流畅，有逻辑性；

（4）不超过500字。

参考答案一

"金融向善"爱满人间

M 市的 F 银行，在开展业务的过程中始终坚持"金融向善"的理念，不遗余力地帮助众多小微企业和每一名社会成员，也让更多企业家参与公益事业，让冰冷的金融数字有了温度，彰显了金融机构的责任担当。

这种"向善"，是用微不足道的"小业务"，拯救一家家企业和背后的许多家庭。推出的"小企快贷"，大幅缩短审批流程，降低了贷款门槛，满足小微企业"短、频、急"的资金需求；针对餐饮企业推出的"美食贷"，让众多餐饮店更快拿到资金，挺过疫情，迎来新生。

这种"向善"，是让大众公平享有金融服务的机会，回应人民对美好生活的向往。开在农村小卖部的小型移动银行"惠农达"，让村民能在家门口办理金融业务，领取养老金、办理社保；"务工达"不但为外来务工人员准时足额发放工资，还提供个人快贷服务，以备不时之需。

这种"向善"，是聚集被帮助过的企业家的拳拳善意，让温暖薪火相传。搭建"企心助农"公益平台，带领爱心小微企业主一起定向捐助，防止农户返贫，让在困境中得到帮助的企业家们推己及人地传递爱心，推进共同富裕。

金融不是冰冷的数字，只要有心就可以传递爱与温暖。

参考答案二

引普惠金融活水，回应人民美好生活向往，大力发展普惠金融，是我国全面建成小康社会的必然要求。M 市 F 银行始终坚持"金融向善"的理念，将服务公众需求作为业务目标，更有温度地回应了人民对美好生活的向往。

创新贷款形式，为小微企业成长护航。F 银行推出"小企快贷""美食贷"等多种贷款形式，利用大数据分析审批申请，极大提高贷款审批速度的同时降低了申请门槛，为企业送去"救命钱"，帮助它们抵御风险和把握机会。

坚持"金融向善"理念，让每个人公平享受金融服务。F 银行创新信贷政策，为乡村建设筹集资金。将小型移动银行"惠农达"开在村中小卖部，让村民在家门口办理业务。它还推出"务工达"为外来务工人员提供专属服务，让他们享受便利、解决不时之需。

打造公益平台，助力共同富裕。F 银行带领爱心小微企业主一起打造"爱心助农"公益平台，平台提供定向捐助、技术支持和工作岗位，从源头上解决农户返贫问题。

F 银行的普惠金融战略，在提升业务量、增加员工成就感的同时，也让其自身的发展更有韧性。他们的理念和做法值得更多金融机构借鉴学习。

参考答案三

坚持“金融向善”服务情暖人间

M市F银行始终坚持“金融向善”理念，启动普惠金融战略，加大对中小微企业的服务力度，帮助企业和个人抵御风险、把握机会，让服务温暖人间。

创新金融产品，快批小微企业“救命钱”。针对小微企业推出的“小企快贷”，运用大数据分析审批申请，提高审批效率，降低申请门槛，满足“短、频、急”金融需求；针对餐饮店推出的“美食贷”，将行业协会数据作为贷款依据，助其更快拿到资金渡过疫情寒冬。

广泛拓展业务，实现金融服务“全覆盖”。小型移动银行“惠达农”，开在村小卖部，让村民在家门口办理金融业务，带来建设资金，助力脱贫致富；专属服务“务工达”，为外来务工人员量身定制，联通整合多方资源，准时足额发放工资，开通便利服务，提供快贷以备不时之需。搭建公益平台，带领企业撑起“爱心伞”。公益平台“企心助农”，创造机会让企业互帮互助，提供定向捐款、技术支持、工作岗位，防止农户返贫，帮助企业成长壮大，助力共同富裕。

F银行致力于发展普惠金融，以金融之善回应人民期盼，为新时代发展带来生机活力。

五、请你深入思考“给定资料5”中这位学者文章的有关内容，参考给定资料，联系实际，自选角度，自拟题目，写一篇文章。(35分)

要求：

（1）观点明确，见解深刻；

（2）参考给定资料，但不拘泥于给定资料；

（3）思路清晰，语言流畅；

（4）字数1000~1200字。

参考答案一

做长期主义的践行者

从席卷全球的数次金融危机到经济一体化、从两极格局的崩溃到多极化格局的建立、从“温室效应”不断加剧到新冠疫情肆虐……频发的“黑天鹅”提示我们，人类社会的不确定性越来越强。我们注定无法逃避，必须增强应对的韧性和能力，不惧短期挫折，抵御短期诱惑，心怀信念，坚持把时间和精力投入到能够产生长期价值的事上。

追求长期价值，个人要保持清醒，建立起理性的认知框架。不仅要以社会需求，个人的理想、志向等为出发点，树立发展方向和目标；更要脚踏实地，在目标领域坚持深耕，终身学习，追求自我能力的综合性提升。长远目标的确定，不是跟风，不是人云亦云，而是应该在自身优势、兴趣喜好的基础上，根据社会发展趋势，找到适合自我的发展方向。但仅有目标是远远不够的，还要不断实践尝试、努力奋斗，要树立终身学习的理念，跟自身专业领域的资深人士学习，积累经验，还要紧跟时代变化，了解社会上的新知识、新思维、新观念，多创新、多尝试、多改进，不断提升自我综合能力。

追求长期价值，企业要树立长远发展格局，要求企业不断进化、创造价值。既要坚持探索创新，掌握核心技术，还要持续优化经营管理和商业发展模式，推动产品和服务升级，进而创造经济效益和社会价值，承担社会责任。各个行业的领军企业，都深知技术的重要性，加大自主研发投入，获取独立知识产权，掌握行业话语权。企业自身的能力过硬是立身的基础，但也要有好的经营发展模式。在企业经营过程中，要不断优化组织架构，还要将中国文化精髓融入西方管理学中，打造中国特色先进管理体系，更要立足市场，根据市场需求，调整经营模式和发展方向，为社会经济增长、缓解就业压力等贡献力量。

追求长期价值，政府要树立担当意识，立足长期利益，致力长远发展。要根据群众内部矛盾的变化，改善民生福祉，不断满足人民日益增长的美好生活需要；还要坚定不移捍卫国家利益，讲好“中国故事”，提升中华文化的国际影响力。邓小平同志在四十多年前提出了建设小康社会的目标，党和政府投入四十余年的努力将长期构想转化为现实；步入发展新时期，我们又树立了社会主义全面现代化的目标愿景，这需要政府坚持践行创新、协调、绿色、开放、共享的理念，为建设美好生活持续奋斗。此外，面对风云诡谲的国际环境，我国政府也必须维护国家利益，坚决抵制霸权主义，还要在国际舞台上传播“仁义礼智信”“以和为贵”等优秀传统文化，提升文化软实力。

社会发展的长期价值从根本上而言是人类文明的传承和延续、智慧的传播与发展，因此要从知识、道德、艺术、教育等方面，推动人类文化事业的建设和文明的延续与进步。在时间的淘洗下，有形的物质终会湮灭，一直传承并更新的是思想的、精神的“结晶”。然而，社会文明的发展是需要维护、需要注入的，纵观人类发展的长河，多少曾经璀璨繁荣的文明最后也走向了衰落乃至消亡。这启示我们，要在文化事业上倾斜更多资源，切实全面提高全民族的思想道德素质和科学文化素质，才能让社会永续发展。

在长期主义的路上，我们与时间成为朋友，与同伴并行，我们不断调整、不断提升、不断成长，终有一日，云海荡朝日，春色任天涯。

参考答案二

追寻长期价值，发展行稳致远

“长期价值”是与“短期价值”相比较而言的，指的是持续不断地做一件事情，在不断积累的过程中形成一种利益关系。这种关系长期有效，但短时间内很难看到成绩，如教育事业、环保事业等。在这个“黑天鹅”乱飞、“灰犀牛”常伴的年代，人人都寄希望于找到对抗不确定性的终极武器。但遗憾的是，万能钥匙并不存在，永恒不变的准则也不存在，我们无法控制变化，更无法预知未来，我们能把握的只有自己。因此，必须增加自身应对不确定性的韧性和能力，这就要求我们不要为眼前的得失所左右，要不断把时间和精力投入到追寻长期价值中来。

追寻长期价值，才能收获长远发展。我国现在已经进入了高质量发展阶段，如果一味地目光短浅、追求短期利益，可能会获得一时的经济增长，但会与高质量发展目标渐行渐远，甚至背道而驰。曾几何时，我国落入了“山寨”的窠臼，“山寨”意味着大量可供支配的资源、简单易行的操作方式和高速发展的经济。在山寨时期，我国赢得了短暂的高速发展，却失去了世界的长久信任。在环境保护和经济发展的深刻命题上，我们也走了不少弯路。曾记得，那“与海争地海让路，向山要粮山听遣”的口号多么的豪迈和坚定，我们用四年时间开垦出了10多万平方公里的农场，开辟了新的发展空间，但是7年后的一场台风不仅吞噬了这片土地，还让很多人失去了宝贵的生命。不管是史实还是现实，都告诫我们：要心怀信念、立足长远，保持对长期价值的不断追寻与探索。于是，我们高举建设创新型国家的旗帜，用一个个中国创造重塑世界印象；我们提出碳达峰碳中和目标，用环保的决心和行动，向世界彰显大国风范。

追寻长期价值不仅是国家发展转型的必然路径，也是企业持续壮大发展的良策妙方，更是个人修炼和自我价值实现的根本方法。首先政府要有担当，高瞻远瞩、把握方向，关注基础领域，做好教育、科学和人文，为长远发展打好基础。其次企业要坚持创新，充分发挥企业家精神，在不断创新、不断创造价值的历程中，提升企业核心竞争力。最后个人要保持清醒，抵御机会主义和风口主义的诱惑，做到不跟风、不盲从、不急功近利，努力学习最有效率的思维方式和行为标准。在纷繁复杂的世界中，变化可能是唯一永恒的主题，只要站在长期价值的维度上，把事情看清楚想透彻，把价值创造出来，就能走上一条持续稳定的发展之路。

流水不争先，争的是滔滔不绝。追寻长期价值不仅是一种方法论，更是一种价值观。无论从事任何工作和事业，只要着眼于长远，躬耕于价值，就一定能够经受时间的考验，从容应对“未知的未知”，让发展行稳致远。

参考答案三

立足长期价值变危机为新机

一生多遭困顿、几经沉浮的苏轼曾说：“犯其至难而图其至远。”意指遇到问题要向最难处攻坚，追求长期价值。这几年，全球经济社会发展面临更加复杂的变化和更多的不确定性，更应多办打基础、利长远的事。因此，当前各方要立足长期价值，增强应对困难的韧性和适应性，从而在危机中育新机、于变局中开新局，迎接时代挑战。

社会立足长期发展，形成正向循环。习近平总书记指出：大江奔腾向海，总会遇到逆流，但任何逆流都阻挡不了大江东去。社会作为最复杂的构成单位，难免会出现很多逆流、险滩，但是社会发展的方向从未改变，也不会改变。不知何时起，一些平台为博取眼球故意制造错别字，这成为语言发展中的逆流、险滩。若不加以规范和引导，不仅会污染语言交流环境，也会造成语言文字使用的混乱。只有尊重语言文字本身演变的规律，才能让语言文字的规范化内涵跟上时代的步伐。因此，尊重社会发展规律，就要立足长期发展，让新生事物在发展中规范，在规范中发展，从而形成正向循环。

政府立足长期利益，致力长远发展。习近平总书记提出的“绿水青山就是金山银山”的理念，正是立足长远谋求高质量发展的典型。党的十八大以来，面对高能耗、高污染带来的发展困境，从中央到地方，各级政府以壮士断腕的勇气，转向低污染、低能耗、集约型的发展路径。这种强大的韧性和适应性，促进了经济的长远发展，即使面对新冠疫情时，也依然展现了韧性强、潜力大、活力足，长期向好的基本面。A市主攻生态产品价值转化，不仅赢得了绿水青山，还通过GEP核算，把清新的空气、清澈的溪流“卖”上大价钱，找到了本市发展的突破口。可见，政府发展经济要立足长期利益，短期发展只能是缘木求鱼。

企业谋求进化发展，突破既有格局。任正非曾在《华为的冬天》这篇文章中写道：“没有预见，没有预防，就会冻死。那时，谁有棉衣，谁就活下来了。”深刻地指出企业要谋求进化发展，不能纠结于一时一事，而要有长远规划，如此方能增强企业韧性，尽快适应变化，从而突破既有格局，不断创造价值。科技是企业进化的核心武器。华为在遭遇美国技术封锁的情况下，通过自主研发鸿蒙系统等科技，将一棵小草变成铁树，而铁树也终于开花；“丰禾庄园”在知识产权部门的帮助下，精准对接高端科研团队注入科技基因，实现了产品的提档升级，成为中高端超市水果货架的宠儿。当前面对经济下行压力，企业尤其要立足长远，以科技增加发展韧性，增强适应能力。

路虽远，行则将至；事虽难，做则必成。我们要善于从历史长周期比较分析中进行思考，又要善于从细微处洞察事物的变化，以“千磨万击还坚劲”的韧性和“近水知鱼性，近山识鸟音”的适应性，踔厉奋发、勇毅前行，从而凝聚起战胜困难和挑战的强大力量。

第十二章 管理类联考写作真题及详解

2024年管理类联考真题及详解

56. 论证有效性分析：分析下述论证中存在的缺陷与漏洞，选择若干要点，写一篇600字左右的文章，对该论证的有效性进行分析和评论。（论证有效性分析的一般要点是：概念特别是核心概念的界定和使用是否准确并前后一致，有无各种明显的逻辑错误，论证的论据是否成立并支持结论，结论成立的条件是否充分等。）（30分）

人才是社会经济发展的重要因素，许多单位都十分注重培养自己需要的人才。其实，人才除了靠自己培养，还应该靠引进。

常言道："十年树木，百年树人。"这说明培养人才需要相当长的时间。即使不需要一百年，现在把一个人从小学培养到大学毕业，至少也要十五六年。由此可见，靠自己单位来培养人才根本不能解决当务之急。

其次，只注重培养而不注重引进并留住人才，结果往往事与愿违。例如，企业辛辛苦苦培养的一些人才跳槽了，一些高校的优秀毕业生出国了。因此，只着眼于培养，只能是为他人作嫁衣。

再次，从历史上来看，秦孝公靠商鞅变法使秦国强大了，而商鞅是卫国人，是秦孝公招揽引进的。可见，招揽引进人才，就能使国家强大起来。

可喜的是，如今不少单位出台了各种措施，引进了越来越多的人才。这样，我国的人才数量必将大幅增长，国家就会更加富强了。

谬误分析

①"十年树木，百年树人"仅仅是一句俗语，不能充分地说明培养人才需要相当长的时间。

②从小学到大学毕业需要较长时间，不能说明"靠自己单位来培养人才根本不能解决当务之急"，此处存在偷换概念，单位培养人才并不是把人才从小学培养到大学毕业。

③企业辛辛苦苦培养的一些人才跳槽了，无法证明培养人才只是为他人作嫁衣。因为可能跳槽的仅仅是少数，不能说明普遍情况。

④一些高校的优秀毕业生出国了，无法证明培养人才只是为他人作嫁衣。因为他们还有可能回国工作，人才未必流失。

⑤“秦孝公重用商鞅”的例子只是个例，不能证明“招揽引进人才，就能使国家强大起来”。要使国家强大起来，不能只靠引进人才。

⑥很多单位引进的人才不一定是从国外引进的，可能是国内的人才流动，因此不能说明我国的人才数量将大幅增长。

参考答案

人才应该靠引进吗？

上述材料认为“人才除了靠自己培养，还应该靠引进”，然而其论证存在多处逻辑漏洞，分析如下：

第一，从小学到大学毕业需要较长时间，不能说明“靠自己单位来培养人才根本不能解决当务之急”。单位培养人才并不是把人才从小学培养到大学毕业，很可能培养的是已经大学毕业以后的人才，这些人才上学用的时间显然不能等同于单位培养的时间。可见，材料中存在偷换概念。

第二，企业辛辛苦苦培养的一些人才跳槽了，无法证明培养人才只是为他人作嫁衣。因为可能跳槽的仅仅是少数，不能说明普遍情况。如果多数人没有选择跳槽，而是选择留在培养他的单位，那么企业培养人才可能还是利大于弊的。

第三，一些高校的优秀毕业生出国了，也同样无法证明培养人才只是为他人作嫁衣。因为出国留学的人才也有可能回国工作，未必会造成人才流失。

第四，“秦孝公重用商鞅”不能说明“招揽引进人才，就能使国家强大起来”。因为，商鞅变法使秦国强大的例子只是个例，不一定有普遍的代表性。而且，要使国家强大起来，也不能只靠引进人才。招揽引进人才仅仅是使国家强大的有利条件，而不是充分条件。

第五，很多单位引进的人才不一定是从国外引进的，可能是国内的人才流动，因此不能说明我国的人才数量将大幅增长。

综上所述，上述材料存在多处逻辑错误，其结论难以让人信服。

（全文共 543 字，此参考答案来自吕建刚）

57. 论说文：根据下述材料，写一篇 700 字左右的论说文，题目自拟。(35 分)

发散性思维是指不依常规，寻求变异和多种答案的思维方式。具有这种思维的人，其言行往往会与众不同。

参考立意

①管理者应具备发散性思维（对象为管理者）。

②培养发散性思维势在必行（对象为个人）。

参考答案

管理者应具备发散性思维

发散性思维是指不依常规，寻求变异和多种答案的思维方式。作为一个管理者，必须具备发散性思维。

具备发散性思维有助于科学决策。管理者最重要的工作之一就是做出决策。然而，很多决策都是在信息不对称的情况下做出来的，有的时候，管理者依据的信息甚至是过时的无效信息，再加上管理者的决策能力和风险偏好的不同，很容易决策失误。因此，管理者必须具备发散性思维，过滤无效信息，合理把控风险，从而做出正确的决策。

具备发散性思维有利于解决问题。任何管理者都会面临很多待解决的问题。瓶颈理论也告诉我们，每一个组织都有制约其发展的瓶颈，瓶颈处的效率决定着整个组织的效率。可是，解决这些问题往往是牵一发而动全身的系统工程。例如，要解决用户的投诉，仅抓售后往往并不能真正解决问题，而是要进行发散性思考，从产品设计开始就要分析用户需求、满足用户需求，从而完美地解决这一问题。

当前，一些管理者尚不具备发散性思维。一方面，这是因为管理者能力上存在局限，尤其是一些人仅凭经验做事而没有学习科学的哲学理论、管理理论，这样就很容易受到经验主义的影响而陷入片面思考的陷阱。另一方面，如前文所述，信息不对称的存在也会限制管理者的发散性思维。

所以，具备发散性思维，需要管理者做好以下两点：

第一，要提高认知格局。管理者要“见多识广”，既要了解宏观环境的变化，如社会的变迁、经济的变化、政策的改变、科技的进展，等等；也要了解微观环境的情况，例如行业格局、产业动向、消费者需求，等等。

第二，要提高决策能力。一方面，学习与科学决策相关的科学知识，如战略管理的知识、数据分析的知识等；另一方面，要控制自己的风险偏好。既不能过于激进，也不能过于保守，要理性决策。

古语有云：“不谋全局者不足谋一域，不谋万世者不足谋一时。”管理者必须具备发散性思维。

（全文共 755 字，此参考答案来自吕建刚、花丽娜）

2023年管理类联考真题及详解

56. 论证有效性分析：分析下述论证中存在的缺陷与漏洞，选择若干要点，写一篇600字左右的文章，对该论证的有效性进行分析和评论。（论证有效性分析的一般要点是：概念特别是核心概念的界定和使用是否准确并前后一致，有无各种明显的逻辑错误，论证的论据是否成立并支持结论，结论成立的条件是否充分等。）（30分）

随着人口的老龄化，大家都在谈论老年人还要不要继续工作的话题。我们认为，老年人应该继续工作。

我国《宪法》规定："中华人民共和国公民有劳动的权利和义务。"由此可见，老年人继续工作是法律赋予他们的权利。

据统计，我国2019年的人均预期寿命已经达到77.3岁，这说明老年人的健康水平大大提高了，所以老年人完全有能力继续工作。

如果老年人不再继续工作而退出劳动力市场，就势必会打破劳动力市场的原有平衡，从而造成社会劳动力的短缺。如果老年人继续工作，就能有效地避免这一问题。

此外，老年人有权利享受更高质量的生活。他们想增加收入，改善生活，就应该继续工作。再说，有规律的生活方式有益于身体健康，而工作实际上是一种有规律的生活方式，所以老年人继续工作还有益于其身体健康。

谬误分析

①由《宪法》规定"公民有劳动的权利和义务"不能推出"老年人应该继续工作"。法律还规定了老年人有退休的权利，不能片面地根据某一条款来论证老年人应该继续工作。

②人均寿命提高不代表健康水平提高，因此，由"我国2019年的人均预期寿命已经达到77.3岁"不能说明"老年人的健康水平大大提高了"，也不能说明"老年人完全有能力继续工作"。

③老年人不再继续工作而退出劳动力市场，未必会打破劳动力市场的原有平衡，也不一定会造成社会劳动力的短缺。

④即使老年人继续工作，也不一定能解决劳动力短缺问题。

⑤老年人增加收入、改善生活的方式有很多，未必要通过继续工作来实现。

⑥由"工作是一种有规律的生活方式"无法说明"老年人继续工作有益于其身体健康"。此处只考虑到工作有利的一面，没有考虑到工作压力、工作强度等负面影响。

（以上谬误分析引用和改编自教育部考试中心公布的官方参考答案。）

参考答案

老年人应该继续工作吗?

上述材料认为“老年人应该继续工作”，然而其论证存在多处逻辑漏洞，分析如下：

第一，由《宪法》规定“公民有劳动的权利和义务”不能推出“老年人继续工作是法律赋予他们的权利”。因为，《宪法》的以上规定并未涉及公民需要工作的时间，而且，《宪法》也规定了相关退休制度，这也是法律赋予他们的权利。

第二，人均寿命提高不代表健康水平提高。因此，由“我国2019年的人均预期寿命已经达到77.3岁”不能说明“老年人的健康水平大大提高了”，也不能说明“老年人完全有能力继续工作”。

第三，老年人退出劳动力市场，未必会打破劳动力市场的原有平衡，也不一定会造成社会劳动力的短缺。因为老年人不再继续工作后，会有一波又一波新的年轻人投入工作。而且，即使老年人继续工作，也未必能够避免劳动力短缺问题。

第四，老年人想增加收入、改善生活，未必要通过继续工作来实现。老年人还可以通过养老保险、子女赡养等方式来获得收入、改善生活。而且，很多老年人的花销并不大，对经济条件的要求也并不高，休闲的生活可能才是他们想要的。

第五，由“工作是一种有规律的生活方式”无法说明“老年人继续工作有益于其身体健康”。此处只考虑到工作有利的一面，没有考虑到工作压力、工作强度等负面影响。

综上所述，材料的论证存在多处逻辑错误，其结论难以让人信服。

（全文共550字）

57. 论说文：根据下述材料，写一篇700字左右的论说文，题目自拟。(35分)

人们常说“领导艺术”，可见领导与艺术之间存在着某种相似点，如领导一个团队完成某项任务就和指挥一个乐队演奏某首乐曲一样。

参考立意

①管理者要有领导艺术。

②管理者应学会协调指挥。

③管理要有艺术性。

参考答案

管理者要有领导艺术

如同指挥一个乐队一样，管理者也应该有领导艺术。

拥有领导艺术，有助于激发工作热情。领导艺术很多时候是来源于领导者的威信、经验和才能的，它能够潜移默化地作用于下属的工作和生活，让下属产生一种敬佩感。这种敬佩感就像磁铁一样吸引着下属，让他们自觉自愿地接受管理者的思想、行为方式，从心底对管理者产生认同感和尊重，从而使团队成员求同存异、心齐力合，进而增强团队凝聚力。

拥有领导艺术，有助于产生协同效应。我们都知道，乐队想要演奏出美妙的乐曲，需要钢琴、小提琴、大提琴等不同乐器的配合。团队也是一样，越是庞大的团队、越是复杂的工作，越需要不同人之间的协调配合。但是，这些人由于职位不同、专业不同、学识不同、性格不同、习惯不同，对工作的认知也会产生不同，此时，就需要拥有领导艺术的管理者来协调这些不同的人之间的关系，让其各扬所长、协同工作。

当然，领导艺术的建立，并没有那么容易。因为，管理既有科学的一面，也有艺术的一面，这就对管理者的综合能力提出了较高的要求。管理者既要有足够的专业知识和管理才能，又要懂得人与人的相处之道。

那么，管理者应该如何形成自己的领导艺术呢？我认为要做好以下两点：

第一，要利用好权力领导力。管理者拥有对下属的奖惩权等职位权力，充分利用好这些权力，可以让下属的行为更加符合组织的预期，这是领导艺术的基础。

第二，要培养好非权力领导力。也就是说，要通过管理者自身的过人人品、学识、能力、业绩，潜移默化地影响下属，形成对下属的感召力，让下属从心底里认同和尊重自己。

总之，如同优秀的乐队需要优秀的指挥一样，一个优秀的团队也必然需要一个管理艺术高超的管理者。管理者应该注重管理艺术。

（全文共700字，此参考答案来自吕建刚）

2022年管理类联考真题及详解

56. 论证有效性分析：分析下述论证中存在的缺陷与漏洞，选择若干要点，写一篇600字左右的文章，对该论证的有效性进行分析和评论。（论证有效性分析的一般要点是：概念特别是核心概念的界定和使用是否准确并前后一致，有无各种明显的逻辑错误，论证的论据是否成立并支持结论，结论成立的条件是否充分等。）（30分）

默默无闻、无私奉献虽然是人们尊崇的德行，但这种德行其实不可能成为社会的道德精神。

一种德行必须借助大众媒体的传播，让大家受其感染，并化为自觉意识，然后才能成为社会的道德精神。但是，默默无闻、无私奉献的精神所赖以存在的行为特点是不事张扬、不为人知。既然如此，它就得不到传播，也就不可能成为社会的道德精神。

退一步讲，默默无闻、无私奉献的善举经媒体大力宣传后为更多的人所了解，这就从根本上使这一善举失去了默默无闻的特性。既然如此，这一命题就无从谈起了。

再者，默默无闻的善举一旦被媒体大力宣传，当事人必然会受到社会的肯定与赞赏，而这就是社会对他的回报，既然他从社会得到了回报，怎么还可以说是无私奉献呢？

由此可见，默默无闻、无私奉献的德行注定不可能成为社会的道德精神。

谬误分析

①“默默无闻、无私奉献是人们尊崇的德行”与“不可能成为社会的道德精神”自相矛盾。

②社会道德精神的传播不一定要借助大众传媒，也可以通过家庭或学校教育。

③“当事人”不事张扬，不能等同于其善事不为人所知。

④善举被大力宣传后为更多的人所了解，不能用来否定当事人做事时的默默无闻。

⑤社会对当事人的肯定与赞赏，不能用来否定当事人无私奉献的动机。

（以上谬误引用自教育部考试中心公布的官方参考答案。）

参考答案

默默奉献无法成为社会的道德精神吗？

上文通过一系列论证得出“默默无闻的行为无法成为社会的道德精神”的

结论，但其论证存在诸多逻辑谬误，现分析如下：

首先，“默默无闻、无私奉献是人们尊崇的德行”与“不能成为社会的道德精神”自相矛盾。因为，前文肯定了默默无闻、无私奉献是人们尊崇的德行，后文说它不可能成为社会的道德精神，即否定了这是一种德行。

其次，材料认为一种德行“必须”借助大众媒体的传播，才能成为社会的道德精神，过于绝对。道德精神形成的途径有很多，用其他方式也可以，比如学校教育、家庭教育等，不一定“必须借助大众媒体的传播”。

再次，当事人“不事张扬”不能说明善事“不为人知”，也不能说“它就得不到传播”。一些无私奉献的事件可以通过其他人口口相传、媒体报道、政府表彰等方式为人所知。因此，材料也无法推出无私奉献的精神“不可能成为社会的道德精神”的结论。

而且，“善举被大力宣传后为人了解”，并不能否定当事人做好事时的“默默无闻”。默默无闻本质的特性是在奉献做出的时间点就已经存在的，而媒体的宣传是在无私奉献行为做出之后，因此二者并无直接关系。

最后，当事人受到社会的“肯定与赞赏”，不能否定当事人“无私奉献”的动机。因为即使当事人获得了社会的回报，但如果当事人在做好事时并不存在索取回报的想法，那就说明他是没有私心的，那么即使他在事后收到了回报，也仍然是无私奉献。

综上所述，由于材料存在多处逻辑漏洞，故其结论的正确性有待商榷。

（全文共 609 字）

57. 论说文：根据下述材料，写一篇 700 字左右的论说文，题目自拟。（35 分）

鸟类会飞是因为它们在进化中不断优化了其身体结构。飞行是一项较特殊的运动，鸟类的躯干进化成了适合飞行的流线形；飞行也是一项需要付出高能量代价的运动，鸟类增强了翅膀、胸肌部位的功能，又改进了呼吸系统，以便给肌肉持续提供氧气。同时，鸟类在进化过程中舍弃了那些沉重的、效率低的身体部件。

参考立意

①企业经营应做好迭代优化。

②企业经营应有取舍。

③扬长弃短打造核心竞争力。

④扬长弃短势在必行。

⑤从鸟类飞行看效率优先。

⑥个人发展需不断提升。

⑦社会治理应不断革新。

参考答案

个人成长需要不断“优化”

鸟类为什么会飞？是因为它在进化中优化了利于飞行的身体部位、舍弃了不利于飞行的身体部位。和鸟类一样，个人也应不断“优化”，获得成长。

首先，不断“优化”是个人发展的主观需要。根据马斯洛需求层次理论，人在满足了自己的衣、食、住、行等方面的需求后，会存在更高精神层面的需求，比如自我价值的实现。一个人的自我价值是在成长过程中建立起来的，需要不断发挥其体力和智力的潜能，这其实就是一个不断“进化”的过程。

其次，不断“优化”是人才竞争的客观要求。由于社会分工的存在，人们往往只专注于某个领域进行深入的研究，但随着时代的发展，如果不能成为一名复合型人才，可能难以满足多样化、高端化的社会需求，当别人不断成长时，自我不“优化”，稍有不慎可能就会被淘汰。

然而，很多人做不到自我优化，认知缺陷是主要原因。一方面，由于缺乏对市场、环境、资源变化的判断，许多人意识不到自我优化的重要性；另一方面，即便是察觉到了需要改变，也“无从下手”。

不过，问题并非不可解决，提高认知需要“内省”“思齐”。一方面，我们应该加强信息的输入，可以通过持续不断地学习，改正自己的错误观念，对时事热点、行业状况、科研动态等做到心中有数；另一方面，我们应该畅通沟通的渠道，可以通过论辩等方式吸收他人的反馈，从而完善自身。

孟轲曾经说过：“故天将降大任于斯人也，必先苦其心志，劳其筋骨，饿其体肤，空乏其身，行拂乱其所为，所以动心忍性，曾益其所不能。”总之，人不能裹足不前，要不断“优化”！

（全文共629字，此参考答案来自吕建刚）

2021年管理类联考真题及详解

56. 论证有效性分析：分析下述论证中存在的缺陷与漏洞，选择若干要点，写一篇600字左右的文章，对该论证的有效性进行分析和评论。（论证有效性分析的一般要点是：概念特别是核心概念的界定和使用是否准确并前后一致，有无各种明显的逻辑错误，论证的论据是否成立并支持结论，结论成立的条件是否充分等。）（30分）

常言道："耳听为虚，眼见为实。"其实，"眼所见者未必实"。

从哲学意义上来说，事物的表象不等于事物的真相。我们亲眼看到的，显然只是事物的表象而不是真相。只有将看到的表象加以分析，透过现象看本质，才能看到真相。换言之，我们亲眼看到的未必是真实的东西，即"眼所见者未必实"。

举例来说，人们都看到旭日东升，夕阳西下，也就是说，太阳环绕地球转。但是，这只是人们站在地球上看到的表象而已，其实这是地球自转造成的。由此可见，眼所见者未必实。

我国古代哲学家老子早就看到了这一点。他说过，人们只看到房子的"有"（有形的结构），但人们没看到的"无"（房子中无形的空间）才有实际效用。这也说明眼所见者未必实，未见者为实。

老子还说，讲究表面的礼节是"忠信之薄"的表现。韩非解释时举例说，父母和子女因为感情深厚而不讲究礼节，可见讲究礼节是感情不深的表现。现在人们把那种客气的行为称作"见外"，也是这个道理。这其实也是一种"眼所见者未必实"的现象。因此，如果你看到有人对你很客气，就认为他对你好，那就错了。

谬误分析

①材料认为"我们亲眼看到的显然不是事物的真相"，"只有透过现象看本质才能看到真相"，难以成立。因为，我们看到的事物只要是客观存在的，那就可以说是真相；而透过现象看到的真相，指的是事物背后的规律，故此处存在偷换概念。

②"眼见为实"的意思是亲眼看见的是"真的"，而材料中"眼所见者未必实"的"实"指的是事物背后的规律，故此处也存在偷换概念。

③地球自转造成了太阳东升西落，这只能说明地球自转是太阳东升西落的原因，无法说明我们观察到的"太阳东升西落"这一现象是假的，因此，无法说明"眼所见者未必实"。

④材料由房子无形的空间才有"实际效用"，推断出"眼所见者未必实，未见者为实"，存在不妥。因为，前者中的"实"指的是实用价值，后者中的

“实”指的是真实，此处存在偷换概念。

⑤材料认为“父母和子女因为感情深厚而不讲究礼节，可见讲究礼节是感情不深的表现”，推断不当。因为，仅由父母和子女之间的感情和行为，无法得出人际交往的一般性结论，其他诸如朋友、邻里、同事等人际关系的法则，可能与亲子关系存在不同。

⑥由“见外”无法说明“如果你看到有人对你很客气，就认为他对你好，那就错了”。因为，存在对你很客气但对你不好的人，但也可能存在对你很客气且对你好的人。

（以上谬误分析引用和改编自教育部考试中心公布的官方参考答案。）

参考答案

所见未必为实吗？

上述材料认为“眼所见者未必实”，然而其论证存在多处逻辑漏洞，分析如下：

第一，材料认为“只有将看到的表象加以分析，透过现象看本质，才能看到真相”，因此“我们亲眼看到的显然不是事物的真相”，此处存在偷换概念。我们所见的“真相”仅仅指事实，而材料却把“真相”偷换成了“表象”之下的客观规律或者事件发生的原因。

第二，地球自转造成了太阳东升西落，这只能说明地球自转是太阳东升西落的原因，无法说明我们观察到的“太阳东升西落”这一现象是假的，因此，无法说明“眼所见者未必实”。

第三，材料认为房子中有形的结构没有实际效用，而无形的空间才有实际效用，因此，“眼所见者未必实，未见者为实”，存在不妥。此处“实际效用”不等同于“眼见为实”中的“实”。房子的空间有实际作用，并不能说明人们看见的房子是假的，不是事实。

第四，材料认为“父母和子女因为感情深厚而不讲究礼节，可见讲究礼节是感情不深的表现”，推断不当。因为，仅由父母和子女之间的感情和行为，无法得出人际交往的一般性结论，其他诸如朋友、邻里、同事等人际关系的法则，可能与亲子关系存在不同。

第五，由“见外”无法说明“如果你看到有人对你很客气，就认为他对你好，那就错了”。因为，存在对你很客气但对你不好的人，但也可能存在对你很客气且对你好的人。

综上所述，上述材料漏洞百出，其结论难以成立。

（全文共566字）

57. 论说文：根据下述材料，写一篇700字左右的论说文，题目自拟。

我国著名实业家穆藕初在《实业与教育之关系》中指出，教育最重要之点在道德教育（如责任心和公共心之养成，机械心之拔除）和科学教育（如观察力、推论力、判断力之养成）。完全受此两种教育，实业界中坚人物遂由此产生。

参考立意

①以教育促进实业发展。

②教育育人，实业兴邦。

③培养德才兼备的企业家势在必行。

④要道德教育，也要科学教育。

参考答案

以教育促进实业发展

发展实业的关键在于教育，而教育的重点在于道德教育和科学教育。

首先，对企业家进行道德教育，可以降低社会总成本。这体现在两个方面：一方面，它可以降低企业间合作的契约成本。如果企业家是诚实守信、遵守道德、具有契约精神的，那么企业就不必把更多的精力放在防范合作伙伴的道德风险上，这无疑会提高企业间的合作效率。另一方面，它可以降低消费者的交易成本。因为如果企业都遵守企业道德，则消费者就无须把过多的精力放在辨别商品的真假、好坏上。

其次，对企业家进行科学教育，可以减少决策失误。我们都知道，企业家决策能力的高低，往往会直接决定企业的命运。华为的成功，离不开任正非决策的恰当；乐视的失败，也反映出贾跃亭决策的问题。所以，对企业家进行科学教育，尤其是让企业家接受系统的战略、管理、营销、经济等方面的理论知识，会极大地提高企业家决策的科学性，从而减少决策失误。

可见，要培养出众的企业家、行业中的顶尖人才，离不开道德教育和科学教育。

一方面，我们要以道德教育为基础，推动人文精神的发展，用人文精神引导科学精神，让科学发展以道德为准则，让企业家自发自觉地诚信经营、承担社会责任。此外，对于一些违反道德的企业家，应该重拳出击，不能姑息。

另一方面，我们要以科学教育为根本，推动科学精神的发展，并把科学意识纳入实业发展的轨道，让企业家的终身学习成为可能。

所以，国家发展在于实业，实业发展在于教育，以道德教育和科学教育促进实业发展，势在必行。

（全文共614字，此参考答案来自吕建刚）

2020 年管理类联考真题及详解

56. 论证有效性分析：分析下述论证中存在的缺陷和漏洞，选择若干要点，写一篇 600 字左右的文章，对该论证的有效性进行分析和评论。（论证有效性分析的一般要点是：概念特别是核心概念的界定和使用是否准确并前后一致，有无各种明显的逻辑错误，论证的论据是否成立并支持结论，结论成立的条件是否充分等。）（30 分）

北京将联手张家口共同举办 2022 年冬季奥运会，中国南方的一家公司决定在本地投资建立一家商业性的冰雪运动中心。这家公司认为，该公司一旦投入运营，将获得可观的经济收益，这是因为：

北京与张家口共同举办冬奥会，必然会在中国掀起一股冰雪运动热潮。中国南方许多人从未有过冰雪运动的经历，会出于好奇心而投身于冰雪运动，这正是一个千载难逢的绝好商机，不能轻易错过。

而且，冰雪运动与广场舞、跑步等不一样，需要一定的运动用品，例如冰鞋、滑雪板与运动服，等等。这些运动用品价格不菲而具有较高的商业利润，如果在开展商业性冰雪运动的同时，也经营冬季运动用品，则公司可以获得更多的利润。

另外，目前中国网络购物已经成为人们的生活习惯，但相对于网络商业，人们更青睐直接体验式的商业模态，而商业性冰雪运动正是直接体验式的商业模态，无疑具有光明的前景。

谬误分析

①冰雪运动中心投入运营，未必能获得可观的经济效益。因为，材料仅仅讨论了在南方设立冰雪运动中心的可能收入，但是，未考虑诸如气候条件、消费习惯、消费水平、经营成本等诸多影响这一投资是否能够盈利的因素，因此，其投资结论过于乐观。

②“北京与张家口共同举办冬奥会”未必“会在中国掀起一股冰雪运动热潮”。因为，冰雪运动与夏季运动不同，它需要一定的气候和场地条件才能进行，仅靠冬奥会的带动就能掀起冰雪运动热潮未免过于乐观。

③仅仅因为好奇心未必能使南方人投身于冰雪运动。一方面，如前文所述，冰雪运动需要气候和场地条件；另一方面，好奇心驱使的行为，是否具备可持续性存在疑问。

④“开展商业性冰雪运动的同时也经营冬季运动用品”未必有利可图。因为，参与冰雪运动的人未必购买冬季运动用品，他们也有可能租用；而且，冬季运动用品价格不菲，也会成为大家购买冬季运动用品的阻力。

⑤材料认为“人们更青睐直接体验式的商业模态”缺少论据支持，难以成

立。因为网络购物也有其自身独特的优势，比如购物方便、价格低廉等。因此，人们未必更青睐直接体验式的商业模态。

⑥材料认为冰雪运动“无疑具有光明的前景”难以成立。直接体验式的商业模态形式多样，比如购物、餐饮、娱乐等，因此，即使人们更青睐直接体验式的商业模态，人们所青睐的也未必是冰雪运动。

（以上谬误引用和改编自教育部考试中心公布的官方参考答案。）

参考答案

投资冰雪运动中心真能获利吗？

材料认为“投资商业性的冰雪运动中心，能获得可观的经济效益”，但其论证存在多处逻辑漏洞，分析如下：

第一，“北京与张家口共同举办冬奥会”未必“会在中国掀起一股冰雪运动热潮”。因为，冰雪运动与夏季运动不同，它需要一定的气候和场地条件才能进行，仅靠冬奥会的带动就能掀起冰雪运动热潮未免过于乐观。

第二，仅仅因为好奇心未必能使南方人投身于冰雪运动。一方面，如前文所述，冰雪运动需要气候和场地条件；另一方面，好奇心驱使的行为，是否具备可持续性存在疑问。

第三，冰雪运动需要“价格不菲的运动用品”，不意味着“开展商业性冰雪运动的同时也经营冬季运动用品”就有利可图。既然这些运动用品价格不菲，那么它就可能让人望而却步，成为大家参与冰雪运动的阻力。如果没有人或很少人参与冰雪运动，那么从事此类商业活动如何盈利呢？

第四，材料认为“人们更青睐直接体验式的商业模态”缺少论据支持，难以成立。因为网络购物也有其自身独特的优势，比如购物方便、价格低廉等。因此，人们未必更青睐直接体验式的商业模态。

第五，材料仅仅讨论了在南方设立冰雪运动中心的可能收入，但是，未考虑诸如气候条件、消费习惯、消费水平、经营成本等诸多影响这一投资是否能够盈利的因素。因此，难以得出一定盈利的结论。

综上所述，材料的论证存在多处漏洞，“投资商业性的冰雪运动中心能获利”的投资结论过于乐观。

（全文共 582 字）

57. 论说文：根据下述材料，写一篇 700 字左右的论说文，题目自拟。（35 分）

据报道，美国航天飞机“挑战者”号采用了斯沃克公司的零配件，该公司的密封圈技术专家博易斯乔利多次向公司高层提醒：低温会导致橡胶密封圈脆裂而引发重大事故。但是，这一意见一直没有受到重视。1986 年 1 月 27 日，佛罗里达州卡纳维拉尔角发射场的气温降到零度以下，美国宇航局再次打电话给斯沃克公司，询问其对航天飞机的发射还有没有疑虑之处。为此，斯沃克公司召开会议，博易斯乔利坚持认为不能发射，但公司高层认为他所持理由还不够充分，于是同意宇航局发射。1 月 28 日上午，航天飞机离开发射平台，仅过了 73 秒，悲剧就发生了。

参考立意

①危机意识（海恩法则、墨菲定律）。

②善于听取异见。

参考答案

善于听取异见

古语有云："多见者博，多闻者智，拒谏者塞，专己者孤。"斯沃克高层不顾密封圈技术专家的多次反对，执意发射航天飞机，最终酿成惨剧。这个悲剧告诉我们：管理者要善于听取异见。

首先，听取异见可以使管理者取长补短。任何人都不可能是"百事通"，都有知识盲区和能力短板。在信息大爆炸的当下，管理者更不可能穷尽所有信息、洞察所有情况。不同的意见可以为决策者提供更广阔的视角和思路。所以，管理者在企业经营的过程中，要善于听取和接纳他人意见，做出科学决策、避免重大损失。

其次，听取异见可以少走弯路。英国哲学家培根曾言："能够听到别人给自己讲实话，使自己少走或不走弯路，少犯错误或不犯大的错误，这是福气和造化。"管理者个人的时间和精力有限，很难做到事必躬亲。管理者认真听取他人想法、广泛了解真实情况，在进行比较、综合、分析后，可以很大程度地摆脱局限性、片面性，在很多情况下也就能够实现"躬行"的目的，甚至达到事半功倍的效果。即使意见最终不能被采纳，管理者也能从中了解员工的具体需求、真实想法，有益于增强决策透明度和员工参与度，形成从谏如流的良好组织氛围，真正地调动组织成员的积极性。

如何做到接纳异见、广开言路呢？一方面，管理者要练就广阔的胸襟，包容不同意见，要允许各种不同声音的存在。只有听取各种不同的声音，才能全面客观地了解和掌握各方面情况，做出理性的判断和正确的决策。另一方面，管理者在广开言路、接纳异见的同时，也要准确分析市场，结合自身优势和事件发展状况，寻找到合理定位，在全盘考虑的基础上进行决策，不能刚愎自用，也不能人云亦云。

兼听则明，偏信则暗。管理者要从斯沃克高层身上吸取教训，别再让本可避免的悲剧重演！

（全文共 708 字，此参考答案来自吕建刚）